فلسفة مؤسسات فاقدي الرعاية
ودورها في
مواجهة ظاهرة الأطفال المشردين
في الشوارع

الدكتورة منى محمد علي زهران

٢٠١٠
الناشر
دار النهضة العربية

اسم الكتـــاب	فلسفــــة مؤسســات فاقــدي الرعايــة ودورهـا ودورها في مواجهة ظاهرة الأطفال المشردين في الشوارع
اسم المؤلــف	الدكتورة / منى محمد علي زهران
البريد الإليكتروني	e-mail: mzahran24@yahoo.com
رقم الإيـــداع	٢٠١٠/٢١٩٢
I.S.B.N	978-977-04-6349-5
سنة النشــر	٢٠١٠
عدد الصفحـات	٤٨٥ صفحة

شكر وتقدير

الحمد لله الذى هدانا لهذا وما كنا لنهتدى لولا أن هدانا الله ... الحمد لله على نعمه وفيض عطائه، والصلاه والسلام على خاتم أنبيائه سيدنا محمد عبده ورسوله وعلى آله وصحبه وتابعيه بإحسان إلى يوم الدين.

بعد السجود لله تعالى حمدا وشكرا، تتشرف الباحثة أن تتقدم بأسمى آيات الشكر والتقدير والامتنان إلى أستاذها الفاضل **الأستاذ الدكتور / صلاح الدين إبراهيم معوض** أستاذ أصول التربية بقسم أصول التربية - كلية التربية - جامعة المنصورة على مساعدته للباحثة ورعايته لها وتشجيعه وتوجيهه إياها خلال فترة إجراء البحث فلسيادته خالص الشكر والتقدير.

كما تتقدم الباحثة بأسمى آيات الشكر والعرفان بالجميل لأستاذها الدكتور/ **جابر محمود طلبة** أستاذ تخصص تربية الطفل ورئيس قسم رياض الأطفال بكلية التربية - جامعة المنصورة على ما بذله للباحثة من جهد صادق وتوجيهات علمية سديدة ومقترحات بناءة وتشجيع متواصل للباحثة فلم يبخل بوقت أو جهد فى سبيل خروج هذا العمل العلمى للنور فلسيادته خالص الشكر وعظيم الامتنان.

كما تتوجه الباحثة بكل التقدير والشكر للأستاذ الدكتور/ **تودرى مرقص حنا** أستاذ ورئيس قسم أصول التربية على تشريفه لها بمناقشة هذه الرسالة وعلى رعايته للباحثة وللباحثين فلسيادته جزيل الشكر.

كما تتقدم الباحثة بالشكر والتقدير للعالم الجليل الأستاذ الدكتور/**عصام الدين على هلال** أستاذ ورئيس قسم أصول التربية بكلية التربية بكفر الشيخ

- جامعة طنطا على تحمله عناء ومشقة السفر فى سبيل مناقشة هذه الرسالة فلسيادته خـالص الشكر وعظيم الامتنان.

كـما تتقـدم الباحثـة بخـالص الامتنـان للعـاملين بقسـم الدراسات العليا ومـديرى بعـض المؤسسات المعنية فى الدراسة على ما قدموه من جهد صادق لخروج هذا العمل للنور.

وأخيرا تتقدم الباحثة بالامتنان والحب لأفراد أسرتها والدتها وأخواتها وابن أختها وعمها عـلى كل ما بذلوه وما قدموه فى سبيل إخراج هذا العمل للنور فجزاهم اللـه عنى خير الجزاء.

وأخيرا أهدى هذا العمل لروح والدى الذى بذل الكثير والكثير فى بث الطموح العلمى لـدى وعلى ما بذله من تشجيع. أسكنه اللـه فسيح جناته.

و اللـه ولى التوفيـق،،،

الدكتورة منى

الفصـل الأول

الإطار العام لمشكلة الدراسة وأهدافها البحثية

- تمهيد
- الدراسة الاستطلاعية
- منطلقات الدراسة
- الدراسات السابقة
- مشكلة الدراسة
- مصطلحات الدراسة
- أهمية الدراسة
- أهداف الدراسة
- حدود الدراسة
- منهج الدراسة وأدواتها
- خطوات الدراسة
- خاتمة

الفصل الأول

الإطار العام لمشكلة الدراسة وأهدافها

أولاً: التمهيد:

"تعد مرحلة الطفولة أهم مرحلة فى البناء الإنسانى، ومن ثم يجب أن توجه جهود مؤسسات تربية الطفل نحو إشباع حاجات الأطفال الأساسية واحترام طبيعتهم الإنسانية، الأمر الذى يتطلب توفير عوامل الأمن التربوى والاجتماعى والنفسى، وحماية الأطفال من أشكال الإساءة والإهمال والتشرد خلال عملية التنشئة الاجتماعية" (١)

هذا وتعتبر التنشئة الاجتماعية عملية تحول مستمرة في حياة الطفل ولذلك فهى من أخطر العمليات شأناً فى حياته، لأنها تلعب دوراً أساسيا فى تكوين الشخصية الاجتماعية له، وما تحويه من عمليات يصبح بها الفرد واعياً مستجيباً للمؤثرات والضغوط الاجتماعية التي يتعرض لها ولذلك فإن آثار التنشئة الاجتماعية تنفذ إلى الطفل وتؤثر تأثيرا واضحا فى سلوكه وارتقائه وفى سماته الشخصية وتعاملاته الحياتية فيما بعد. (٢)

"وتحتل رعاية الطفولة أهمية خاصة وملحوظة فى الفكر التربوى والاجتماعي المعاصر، وذلك لأن الطفل هو المستقبل، وأي جهد يوجه لرعايته وحمايته هو فى نفس الوقت تأمين لمستقبل الأمة وتدعيم لسلامتها،

---

(١) جابر محمود طلبة: مستقبل تربية الطفل - بحوث ودراسات، ط١ سلسلة الطفل أصيل -٣، مكتبة جرير، المنصورة، ٢٠٠٢، ص١١٤.

(٢) هدي محمد قناوى: "الطفل تنشئته وحاجاته"، ط ٣، مكتبة الانجلو المصرية، القاهرة، ١٩٩١، ص ٩.

ولذلك تعتبر رعاية الأسرة والطفولة العملية البنائية الأساسية فى أي مجتمع يسعى إلى تحقيق ما يأمله من تكوين المجتمع السوى المتطور المتوازن البعيد عن الانحرافات والأمراض والعلل الاجتماعية، القادر على الخلق والابتكار المتجدد بالفكر والعمل، المتسم بوفرة الإنتاج والخدمات، المتمسك بالقيم الحميدة والأخلاق الفاضلة نتيجة التنشئة السوية" (١).

"وبناء على ما سبق فإنه من الضروري تربية الأطفال وحمايتهم من المخاطر والمشكلات التى تهدد حياتهم وتؤثر فى مستقبلهم وتحد من قدراتهم حيث يتأثر نمو الطفل جسديا وعقلياً واجتماعياً وسلوكياً وتعليمياً بما يواجه ويتعرض له من تلوث وضوضاء وحياة اجتماعية واقتصادية صعبة" (٢).

"ورغم الاهتمام بقضايا ومشكلات الطفولة فى مصر، إلا أن هناك فئات من الاطفال مازالت تعانى من ارتفاع نسبة من يعيشون فى ظروف صعبة ويتعرضون للحرمان سواء الجزئي أو الكلى، كما يتعرضون إلى العديد من الأوضاع المستغلة داخل المجتمع، وغالبا ما يرجع ذلك إلى أن الاهتمام بقضايا واحتياجات الطفولة مازالت لم تحصل على مكان الصدارة فى خطط التنمية العامة، فتنمية الطفولة ليست مجرد مشروعات اجتماعية أو اقتصادية جزئية سواء على المستوى الحكومي أو الفردي أو إستحداث لبعض المؤسسات أو التشريعات، ولكن لابد أن تتضمن سياسة شاملة متعددة

---

(١) أنور محمد الشرقاوى: "انحراف الاحداث"،ط٢، مكتبة الانجلو المصرية، القاهرة، ١٩٨٦، ص ٢٩.

(٢) ميادة محمد فوزي الباسل: "التعليم وعمالة الاطفال في المجتمعات الحرفية"، مجلة كلية التربية جامعة عين شمس، ج٣، العدد ١٨، ١٩٩٤، ص ٣٩٧.

المداخل ومتكاملة مع غيرها من السياسات التنمويه "[١]

ومن أهم المشكلات التربوية الاجتماعية التى تعانى منها فئة ليست بالقليلة من الأطفال، مشكلة انتشار وشيوع الأطفال المشردين فى الشوارع "حيث أصبحت مشكلة أطفال الشوارع باعتبارهم أطفالا معرضين للانحراف من الظواهر الهامة و التى تشغل مساحة كبيرة من مشاغل واهتمامات المجتمع المصري منذ فترة طويلة، لما لها من أبعاد وما يترتب عليها من آثار فى شتى الجوانب الاجتماعية والأمنية والاقتصادية، لأنها تعنى أن طائفة كبيرة من أبنائه فى طريقهم إلى عالم الجريمة وما تكشفه عن وجود خلل واضح فى أجهزة وأساليب التنشئة التى تتحقق عن طريقها التنشئة الاجتماعية للطفل، والتي من أهمها الأسرة والمدرسة، بالإضافة إلي ما تعكسه هذه الظاهرة من مشكلات عدم التكيف الاجتماعي، فمشكلات الأسرة والبيئة فى كل مظاهرها وأسبابها، ومشكلات الزواج العرفى وما قد ينتج عنه من وجود الأطفال مجهولى النسب،هى كلها مشكلات تؤدى في النهاية إلي نبذ الصغار فيهيمون على وجوههم بلا هدف أو غاية أو ارتباط أسرى، فيتخذون من الشارع مأوى لهم أو مجالا لكسب قوت يومهم، فتتلقفهم أيدي المنحرفين والعصابات ليستغلوا طاقاتهم ويدفعوهم إلي ارتكاب الجرائم والميل للسلوك المنحرف"[٢].

ويعتبر التفكك الأسرى الذى يسود قطاعا ليس بالقليل بين الأسر في

---

(١) محمد سيد فهمي: "أطفال الشوارع - مأساة حضارية في الألفية الثالثة"، ط١، المكتب الجامعي الحديث، الإسكندرية، ٢٠٠٠ م، ص ص ٣٠ - ٣١.

(٢) محمد سيد فهمي، مرجع سابق، ص ١٣١.

مصر من العوامل الهامة فى تشرد الأطفال، ودفعهم إلى العنف والجريمة والانحراف والهروب إلي الشارع بحثا عن الراحة، إذ يصبح المنزل مكانا يسوده القلق والاضطراب والمعاناة بدلا من أن يسوده الأمن والرعاية والإحساس بالأمان[(١)]

وفى مصر كان للمجتمع دوره في رعاية الأطفال المحرومين من الرعاية الأسرية والأطفال مجهولى النسب من خلال بعض الجهات الرسمية والأهلية، بإنشاء بعض المؤسسات للعمل في هذا المجال ومنها مؤسسات رعاية وتربية البنين والبنات، وقد تطورت الجهود الحكومية والأهلية في مصر بهذه المؤسسات التربوية والاجتماعية " نتيجة لزيادة التفهم والوعي المجتمعي بحاجات الأطفال الصغار وتلبية هذه الاحتياجات عبر تطوير السياسات التربوية والاجتماعية الموجهة لتربية الطفل حيث شرعت قوانين لحماية الطفل وتنظيم العمل بمؤسسات تربيته ورعايته"[(٢)]

وقد تطورت واستمرت مثل هذه المؤسسات حتى وقتنا الحالي في رعاية الأطفال المحرومين من الرعاية الأسرية، إلا أن هذا الدور المؤسسي لم يقتصر علي تقديم الخدمات الإيوائية فقط بل تعداها إلي تربية هؤلاء الأطفال وحمايتهم من التشرد والتعرض للانحراف والهروب للشارع، ومن ثم العمل على إدماجهم في المجتمع ليكونوا مواطنين صالحين بدلاً من أن

---

(١) المرجع السابق، ص ٥٤.

(٢) جابر محمود طلبة: توجهات البحث التربوي في مجال تربية الطفل بكليات التربية في مصر - دراسة حالة، بحث مقدم للمؤتمر السنوى الرابع عشر لقسم أصول التربية كلية التربية جامعة المنصورة بعنوان البحث التربوي.. مفاهيمه.. أخلاقياته.. توظيفه، المجلد(١)، ٢٣-٢٤ ديسمبر، ١٩٩٧م، ص ٢٧.

يكونوا قنابل موقوتة قد تنفجر في وجه المجتمع.

ثانياً: الدراسة الاستطلاعية:

قامت الباحثة بعمل دراسة استطلاعية لمؤسستي تربية البنين والبنات بمحافظة الدقهلية ومؤسستى البنين الإيوائية ودار الحنان للفتيات بمحافظة كفر الشيخ، وقامت بإجراء مقابلة في كل منهم مع عينة من العاملين متمثلة في مدراء هذه المؤسسات وعدد من الأخصائيين الاجتماعيين العاملين فيها والمشرفين الاجتماعيين وبعض الإداريين.

ويتمثل الغرض من هذه الدراسة الاستطلاعية فى الحصول على بعض المؤشرات التي يمكن أن تفيد في تحديد المشكلة وأهدافها البحثية.

ولقد أظهرت الدراسة الاستطلاعية:

١) اعتماد اللائحة النموذجية بقرار الشئون الاجتماعية رقم (٢١٠) لسنة ١٩٧٧ الصادر بتاريخ ١٩٧٧/٤/٥م للعمل بمؤسسات تربية البنين والبنات للمحرومين من الرعاية الأسرية في مصر.

٢) تدرج الطاقة الاستيعابية للمؤسسات من الأطفال من ١٠٩ طفلا عام ١٩٩٥ حتى وصلت إلى ١٣٢ طفلا عام ٢٠٠٢ فى مؤسسة تربية بنين المنصورة، وكذا التعرف على التوزيع الاستيعابى للأطفال النزلاء فى باقى مؤسسات الدراسة.

(أ) مؤسستا تربية البنين والبنات بمحافظة الدقهلية.

باختيار السنوات من عام ١٩٩٥ م-٢٠٠٢م كحدود زمنية للدراسة الاستطلاعية للتعرف علي توزيع الأعداد الملتحقة بمؤسسات تربية

المحرومين من الرعاية الأسرية من الجنسين خلال هذه السنوات تبين الآتي:

جدول رقم (١)

توزيع أعداد الأطفال الملتحقين بمؤسسة تربية البنين الإسلامية بالمنصورة خلال الأعوام من

(١٩٩٥-٢٠٠٢م)

السنة بالتقويم الميلادي	١٩٩٥	١٩٩٦	١٩٩٧	١٩٩٨	١٩٩٩	٢٠٠٠	٢٠٠١	٢٠٠٢
العدد الإجمالي للأبناء بالمؤسسة	١٠٩	١٣٧	١٣٧	١٣٧	١٢٧	١٣٧	١٣٧	١٣٢

ويتبين من جدول (١) ما يلي:

- وجود ثبات نسبي فيما تستوعبه المؤسسة من الأبناء عدا عام ١٩٩٥ حيث بلغ العدد الكلي للأطفال بالمؤسسة ١٠٩ طفل وعام ١٩٩٩م الذي بلغ إجمالي أعداد الأبناء بها ١٢٧ طفلاً آما العامين (٢٠٠٠، ٢٠٠١) فقد بلغ العدد الكلي لأبناء المؤسسة ١٣٧ طفلاً، ثم تناقص في عام (٢٠٠٢) ليصبح ١٣٢ إبناً.

- لا يعطي الثبات في الأعداد الموجودة في المؤسسة أو التناقص مؤشراً علي تقلص أو اطراد دور المؤسسة الاستيعابي للأبناء حيث أن العدد الإجمالي للأبناء بالمؤسسة لأي سنة يشتمل علي أعداد الملتحقين الجدد والمتخرجين نهائيا من المؤسسة.

- ورغم ذلك فقد أظهرت الدراسة الاستطلاعية أن سعة المؤسسة

المكانية لا يتسع سوي عدد من الأطفال قدره ١٢٠ طفلاً فقط, الأمر الذي يعكس وجود زيادة في أعداد الأطفال على ما يجب أن تستوعبه المؤسسة من حيث الإمكانات المادية المتوفرة لكل طفل بالمؤسسة

- تراوحت أعمار الأطفال بالمؤسسة من(٦-١٨)عاما وأقتصرت إقامة الأبناء بالمؤسسة لمـن تجاوز هذا العمر لمن لا يزال في مراحله التعليمية العليا.

- شهد عام ٢٠٠١م تخرج خمسة من أبناء المؤسسة وبذلك أصبح العـدد المتبقـي في نهايـة هذا العام ١٣٢طفلاً.

جدول رقم (٢)

توزيع أعداد الفتيات الملتحقـات بمؤسسة تربية البنات بالمنصورة خلال الأعوام من ١٩٩٥-٢٠٠٢م

٢٠٠٢	٢٠٠١	٢٠٠	١٩٩	١٩٩٨	١٩٩٧	١٩٩٦	١٩٩٥	السنة الميلادية
٦٥	٦٦	٦٣	٦٢	٦٢	٦٢	٦٢	٦٢	العدد الإجمالي للبنـــــات بالمؤسسة

ويتبين من جدول (٢) ما يلي:

- وجود ثبات نسبي لمن تستوعبهن المؤسسة من فتيات خلال سنوات الدراسة الاستطلاعية وهي أعداد تمثل الأعداد الملتحقة من الفتيات و المتخرجات (بزواجهن).

- هناك اتجاه للاطراد الطفيف فيمن تستوعبهن المؤسسة من أعـداد مـن الفتيـات ويتضح ذلك في زيادة الأعداد عام٢٠٠١م إلى ٦٦ فتاة. ثم التناقص الطفيـف للفتيـات الملتحقـات بالمؤسسة في عام (٢٠٠٢) مع

ثبوته ٦٥ فتاة ملتحقة.

- في ضوء المقابلة مع العاملين بالمؤسسة اتضح وجود تناسب بين هذه الأعداد وسعة المكان والإمكانات المتاحة نوعا ما.

- تراوحت غالبية أعمار الفتيات بالمؤسسة من (٦-١٨)عاما ويقتصر إبقاء الفتاة بالمؤسسة لمن تجاوزت هذا العمر إلى حين زواجها.

ب - المؤسسة الإيوائية للبنين ودار الحنان للفتيات بمحافظة كفر الشيخ:

جدول رقم (٣)

توزيع أعداد الأبناء الملتحقين بالمؤسسة الإيوائية للبنين بمحافظة بكفر الشيخ خلال الأعوام (١٩٩٨ – ٢٠٠٢م)

السنة ميلادية	١٩٩٨	١٩٩٩	٢٠٠٠	٢٠٠١	٢٠٠٢
العدد الإجمالي للأبناء بالمؤسسة	١٧	١٧	١٧	٢٠	١٨

ويتبين من جدول (٣) ما يلى:

- هناك ثبات نسبى فيما تستوعبه المؤسسة من أبناء منذ إنشائها عام ١٩٩٨ م حتى الآن، وإن شهدت إطراداً طفيفاً عام ٢٠٠١ حيث بلغ العدد إجمالى للملتحقين بها ٢٠ إبناً. ثم التناقص الطفيف مع الزيادة الطفيفة في عام (٢٠٠٢) حيث بلغ عدد الأبناء الملتحقين ١٨ ابناً.

- تراوحت أعمار الأطفال في المؤسسة من (٦- ١٨)عاما، وأقتصرت إقامة الإبن بالمؤسسة لمن لا يزال في مراحل تعليمه العليا، أما باقى الأبناء فيمن تجاوز السنة الثامنة عشره من عمره فيمكن إبقاؤه في دار الضيافة.

- من المقابلة مع بعض العاملين بالمؤسسة أتضح تناسب أعداد الأبناء

مع سعة المكان والأمكانات بحد أقصى ٣٠ ابناً في المؤسسة فقط، ولا تتحمل المؤسسة عدداً أكبر من ذلك.

- شهدت المؤسسة تخرج عدد ثلاثة من الأبناء لعام ٢٠٠١ ليصبح العدد ١٧ ابناً بالمؤسسة. ثم مع إلتحاق إبن واحد لعام ٢٠٠٢ يصبح العدد ١٨ ابناً.

جدول رقم (٤)

توزيع أعداد الفتيات الملتحقات بمؤسسة دار الحنان للفتيات بمحافظة كفر الشيخ لعام (٢٠٠٢م)

السنة ميلادية	٢٠٠٢
العدد الإجمالى للبنات بالمؤسسة	٨

ويتبين من جدول (٤) ما يلى:

- أن مؤسسة دار الحنان أنشئت عام ٢٠٠٢م.
- عدد الفتيات الملتحقات بمؤسسة تربية البنات بمحافظة كفر الشيخ ٨ فتيات فقط لعام (٢٠٠٢).
- أظهرت الدراسة الاستطلاعية أن سعة المؤسسة المكانية تناسب عدد الفتيات الملتحقات وتتحمل استقبال المزيد منهن.
- تقبل المؤسسة التحاق الفتيات من (٦-١٨) عاماً ولا تسمح بتخرج الفتيات من المؤسسة إلا بزواجهن طبقا للائحة التى تعمل من خلالها المؤسسة.

ثالثا: منطلقات الدراسـة:

على ضوء ما سبق وتحديدا لتوجهات الدراسة الحالية وسعيا وراء تحقيق أهدافها، فان هذه الدراسة تنطلق من المرتكزات التالية:-

١)   إن ضعف الاهتمام البحثي في دراسات أصول التربية بدراسة ظاهرة الأطفال المشردين، وتركيز الكثير من الدراسات على معالجة هذه الظاهرة من الجوانب والأبعاد النفسية والاجتماعية، يمكن أن يؤدى إلى إغفال الدور التربوي لمؤسسات تربية البنين والبنات المحرومين من الرعاية الأسرية في مواجهة ظاهرة الأطفال المشردين.

٢)   إن ما يتعرض له الأطفال ـ فاقدو الرعاية الأسرية ـ من ضعف إشباع احتياجاتهم الأساسية والنفسية يشكل إعاقة أمام نموهم النفسي. الأمر الذى يدعو للتقييم الدورى لتلك المؤسسات من جانب تحقيق أهدافها الواردة في لائحتها النموذجية من عدمه.

٣)   أن الوقوف على الوضع الراهن لمؤسسات تربية البنين والبنات المحرومين من الرعاية الأسرية والتعرف على الفلسفة التربوية لهذه المؤسسات من حيث القيم والأهداف، والتعرف علي دورها التربوي في مواجهة تشرد الأطفال والوقوف على أهم معوقات القيام بهذا الدور، يمهد للتوصل لتصور مقترح لتطوير هذه المؤسسات، لتكون مؤسسات تربوية متكاملة لرعاية الأطفال المشردين بعد الافادة من أهم الجهود التربوية الاجتماعية لمواجهة ظاهرة الأطفال المشردين.

رابعاً: مشكلة الدراسة:

إن عدم توافر البيئة الأسرية المستقرة لتربية الطفل وتنشئته بشكل سوي من أهم العوامل التى تدفع به وتعرضه لعالم الجريمة والانحراف والهروب ليصبح طفلاً مشرداً مضطرا أو راغباً، وبالرغم من وجود مؤسسات تعني بإيواء هؤلاء الأطفال فاقدي الرعاية الأسرية ومجهولي النسب وحمايتهم من التشرد،إلا أن أهمية هذا الدور المؤسسي يتوقف إلى حد كبير علي مدي قيام هذه المؤسسات بدورها التربوي والاجتماعي والنفسى- فى تنشئة هؤلاء الأطفال وحمايتهم من الانحراف، كما يتوقف ذلك علي مدي إدراك القائمين على إدارة هذه المؤسسات والعاملين بها لأدوارها التربوية وفلسفة قيامها والإيمان والعمل بها.

أن مشكلة الأطفال المشردين فى الشوارع لا تعد مجرد مشكلة نفسية فردية لطفل معين أو مجموعة من الأطفال يسلكون سلوكا غير سوى، وإنما تعد نتاجا لمجموعة من العوامل والأسباب الأسرية والاجتماعية والاقتصادية والبيئية المختلفة المحيطة بالطفل والتى تسهم فى نمو وتطوير هذا السلوك لديه، وبالتالى فإن أى جهود تهدف إلى التصدى للظاهرة يجب أن تعمل على عدة محاور (الطفل ذاته - الأقران - الأسرة - المجتمع المحلى المحيط بالطفل - المجتمع بوجه عام) وقائياً وعلاجياً بما يحقق تكاملاً بين جهود التصدى للظاهرة التى على وشك الانفجار.[(١)] ليس هذا فحسب ولكن هنا حاجة ملحة لدراسة مؤسسات تربية البنين والبنات توضيحا لفلسفتها

---

(١) المجلس العربى للطفولة والتنمية: أطفال الشوارع، ط١، القاهرة، ٢٠٠٠، ص٢٤٨.

وتحديدا لأهدافها، وتحليلا لأبعاد دورها في رعاية وتربية الأطفال، وحماية المجتمع من آثار هذا التشرد وهو ما تناولته مشكلة الدراسة الحالية.

ومن ثم كان من الضروري التعرف علي فلسفة هـذه المؤسسـات التربوية ومـدي تحقيقهـا لأهدافها التربوية الاجتماعية، والتعرف علي أهم العقبات التي تحـد مـن فعاليـة الـدور التربوي والاجتماعي لمؤسسات تربية البنين والبنات لمواجهة ظاهرة الأطفال المشردين، وصولاً إلى تقـديم تصور مقترح لتطوير تلك المؤسسـات لـكي تصبح مؤسسـات تربويـة متكاملـة لرعايـة الأطفال المشردين والمحرومين من الرعاية الأسرية، وهذا لا يتأتي إلا بعد الوقوف علي أهم الجهود التربوية الاجتماعية المبذولة لمواجهة ظاهرة الأطفال المشردين للإفادة منها في وضع الدراسة لهـذا التصـور المقترح.

وتحاول الدراسة الإجابة عن التساؤل الرئيس الآتي:

- مـا فلسفة وأبعاد أدوار مؤسسـات تربية البنين والبنـات في مواجهـة ظاهرة الأطفال المشردين في ضوء الاتجاهات التربوية وقيم المجتمع المصري؟ والذى يتفرع منه مجموعة التساؤلات الفرعية التالية:

١) ما أهم مظاهر اهتمام الفكر التربوى بتربية الأطفال المحرومين من الرعاية الأسرية؟

٢) مـا أهـم الجهـود التربويـة والاجتماعيـة المبذولـة لمواجهـة ظاهرة الأطفـال المشردين والمحرومين من الرعاية الأسرية في مصر؟

٣) ما دور مؤسسات تربية البنين والبنات في مصر في مواجهة ظاهرة الأطفال المشردين؟

٤) ما أهم المعوقات التي تحول دون تحقيق مؤسسات تربية البنين

والبنات لأهدافها التربوية والاجتماعية؟

خامساً: دراسات سابقة:

تتعرض الدراسة الحالية لبعض الدراسات السابقة ذات العلاقة بمؤسسات تربية البنين والبنات في مصر وظاهرة الأطفال المشردين وذلك على النحو التالى:

أ-الدراسات السابقة العربية المتعلقة بالمؤسسات الإيوائية:

١-دراسة إبتسام مصطفى عثمان سليمان ١٩٨٨. [١]

هدفت هذه الدراسة إلى تحقيق عدة أهداف أهمها:

- المقارنة بين أساليب التنشئة الاجتماعية في الأسرة العادية وأساليب التنشئة الاجتماعية في المؤسسات الإيوائية (الملاجئ).

- المقارنة بين أساليب التنشئة الاجتماعية في الأسرة العادية وأساليب التنشئة الاجتماعية في قرية الأطفال SOS.

- التعرف على أساليب التنشئة الاجتماعية في المؤسسات الإيوائية وأساليب التنشئة الاجتماعية في قرية الأطفال SOS.

- التعرف على واقع رعاية الأمهات في الأسرة العادية ومن يقمن بدورهن في المؤسسات الإيوائية (الملاجئ) وقرية الأطفال SOS لمطالب النمو الاجتماعى للأطفال.

---

(١)   إبتسام مصطفى عثمان سليمان: دراسة للتنشئة الاجتماعية في الأسرة العادية ودور الإيواء، رسالة دكتوراه غير منشورة، قسم أصول التربية، كلية التربية، جامعة الإسكندرية، ١٩٨٨، ص ص٣-١٧.

- واقع رعاية الأمهات فى الأسرة العادية ومن يقمن بـدورهن فى المؤسسـات الإيوائيـة (الملاجئ) وقرية الأطفال SOS لمطالب النمو العقلى والاجتماعى والجسمى للأطفال.

- المقارنة بين مدى تكيف الأطفال الشخصى والاجتماعى فى الأسرة العادية وتكيف الأطفال الشخصى والاجتماعى فى المؤسسات الإيوائية (الملاجئ).

ومن أهم ما أظهرته الدراسة:

- أن نمط التنشئة الاجتماعية فى الأسرة العادية يختلف عـن نمـط التنشئة الاجتماعيـة فى المؤسسات الإيوائية وذلك فى نسب استخدام كل منهما للأساليب المختلفة.

- أن نمط التنشئة الاجتماعية فى المؤسسـات الإيوائيـة (الملاجئ) يتسـم بأسـلوب التسـلط وأسلوب الإهمال والتسيب وأسلوب النبذ.

- أن أطفال الأسرة العادية أفضل تكيفا من أبناء المؤسسات الإيوائية (الملاجئ).

- تعمل الأسرة العادية وقرية الأطفال والمؤسسـات الإيوائيـة عـلى تـدريب أطفـالهم عـلى تحمل المسئولية بنفس المستوى تقريبا، لأن الفرق بين النسب راجع إلى الصدفة.

- تعمل الأسرة العادية عـلى تـدريب أطفالهـا عـلى احـترام الغـير، وتنميـة مسـتوى طمـوح الأطفال، وتشجيع الأطفال على التحصيل الدراسى، واحترام ملكية الغير.

وقد قامت الدراسة باقتراح عدة توصيات إجرائية لتنمية دور المؤسسات الإيوائية بما يتمشى مع النتائج السابقة.

وقد تشابهت هذه الدراسة والدراسة الحالية فى تناول المؤسسات

الإيوائية من زاوية مقابلتها لحاجات الأبناء، فى حين ركزت الدراسة الحالية على التعرف على دور هذه المؤسسات فى مواجهة ظاهرة الأطفال المشردين.

٢- دراسة سهير على الجيار ١٩٩٠.(١)

هدفت هذه الدراسة إلى:

- التعرف على ماهية المؤسسة الإيوائية وأغراضها.
- التعرف على الفكر الذى تسير فى ضوئه مؤسسات الإيواء.
- الوقوف على برامج الرعاية فى المؤسسات الإيوائية المقدمة للأطفال المحرومين من الرعاية الأسرية وعلى واقع الممارسات التربوية لهذه البرامج.
- التوصل إلى مقترحات لتطوير الدور التربوى بتلك المؤسسات.

ومن أهم ما أظهرته الدراسة أن:

- هذه المؤسسات هى دار لإيواء الأطفال المحرومين من الرعاية الأسرية من الجنسين بسبب اليتم أو تفكك وتصدع الأسرة وفقاً لما يسفر عنه البحث الاجتماعى.

(١) سهير على الجيار: الدور التربوى للمؤسسات الإيوائية فى مصر، بحث مقدم للمؤتمر السنوى الثالث بعنوان "الطفل المصرى (تنشئته ورعايته)"، مركز دراسات الطفولة بجامعة عين شمس، ١٠ - ١٣ مارس ١٩٩٠م، ص ص١١٠٨-١١٢٢.

- أن المؤسسة تقوم على أساسين يمثلان الفكر الذى تسير عليه وهما الجانب التعليمى المتمثل فى إتاحة فرصة التحاق الطفل بالمدرسة والتمتع بحقه فى التعليم، والجانب الاجتماعى والمتمثل فى إكساب الطفل للعادات والمعارف والقيم وإشباع حاجاته بالحب والحنان والمشاركة الفعالة من خلال الأنشطة التى تتيحها المؤسسة.

- أما بالنسبة لواقع الممارسات التربوية لبرامج الرعاية التى تقدمها المؤسسات الإيوائية **فإن مما أظهرته الدراسة ما يلى:**

أ) اتضح وجود نقص واضح فى بعض التخصصات كالأخصائيين النفسيين ثم الاجتماعيين وأيضاً مشرفى الأنشطة.

ب) أتضح أن مصادر التمويل غير كافية وأن المصدر الرئيسى لتمويلها يعتمد على التبرعات المالية والعينية والتى ليست مستمرة، أما ما تقدمه وزارة الشئون الاجتماعية من دعم فهو ضئيل جداً بالنسبة لاحتياجات المؤسسة.

وقد توصلت الدراسة لبعض المقترحات بهدف تطوير الدور التربوى للمؤسسات الإيوائية من أهمها ما يلى:

- اختيار الجهاز الوظيفى للمؤسسة بدقه بحيث يتوافر لديه الرغبة الصادقة فى العمل.
- الاستعانة ببعض العاملين فى مؤسسات البيئة المحيطة لتعويض النقص فى الجهاز الوظيفى خاصة فيما يتعلق بأنشطة الموسيقى والتربية الفنية والرياضة.
- تقييم دور المؤسسة باستمرار في ضوء ما تؤديه من وظائف وما

تحققه من أهداف وتحديد الصعوبات التي تعوقها عن أداء دورها حتى يمكن الوصول إلى حلول لتلك المشكلات بشكل دوري بدلا من تراكمها.

وقد تشابهت هذه الدراسة مع الدراسة الحالية في التعرف على الفكر الذى تسير في ضوئه المؤسسات الإيوائية، وتقييم واقع الممارسات التربوية لبرامج الرعاية التي تقدمها تلك المؤسسات، أما الدراسة الحالية فتسعى لوضع تصور مقترح لتطوير هذه المؤسسات لتكون مؤسسات تربوية متكاملة لرعاية وتربية الأطفال المشردين بجانب دورها فى رعاية أبنائها.

٣- دراسة مها صلاح الدين محمد ١٩٩٣ ^(١)

هدفت هذه الدراسة إلى:

- التعرف على الدور الفعلى الذى تؤديه المؤسسات الإيوائية فى رعاية الأطفال المحرومين من الرعاية الأسرية.

- التعرف على المعوقات التى تواجه هذه المؤسسات وتعوقها عن تأدية هذا الدور.

ومن أهم ما أظهرته الدراسة:

- إن من المعوقات التى تواجه الرعاية الاجتماعية والنفسية والرياضية فى المؤسسة الإيوائية:

١) قلة وجود متخصصين لتنفيذ برامج المؤسسة.

---

(١) مها صلاح الدين محمد: تقويم لبعض أساليب رعاية الأطفال فى المؤسسات الإيوائية، رسالة ماجستير غير منشورة، قسم الدراسات النفسية والاجتماعية، معهد الدراسات العليا للطفولة، جامعة عين شمس، ١٩٩٣ ص ص٨-٢٨٥.

٢) ضعف الميزانية المخصصة لتحقيق الأهداف المبتغاة.

٣) قلة توافر العدد المناسب من الأخصائيين النفسيين.

٤) قلة البحث عن أسباب مشكلات النزلاء والاقتصار على علاج المرضى فقط.

٥) قلة وجود إشراف رياضي مناسب داخل المؤسسة.

ومن أهم ما أوصت به الدراسة ما يلي:

- توفير ورش بالمؤسسات ذات الأعداد الكبيرة.

- توفير مشرفين للتربية الرياضية باستمرار داخل المؤسسة.

- صرف حوافز للعاملين بالمؤسسة وبما يتلاءم مع طبيعة العمل.

ويتضح هنا أن هذه الدراسة تتشابه مع الدراسة الحالية في تقييم المؤسسات الإيوائية من حيث مدى تحقيقها لأدوارها، وتختلف الدراسة الحالية عن تلك الدراسة في محاولة الوصول بتلك المؤسسات لتكون مؤسسات رعاية لكل من طفل المؤسسة والطفل المشرد بالشارع.

٤-دراسة إبراهيم السعودي إبراهيم ٢٠٠١. [١]

هدفت هذه الدراسة إلى التعرف:

- تحليل أهم ما جاء بالفكر التربوي في مجال تربية الأطفال اليتامى مع إلقاء الضوء على واقع هذه التربية في المجتمع المعاصر.

---

(١) إبراهيم السعودي إبراهيم، فلسفة قرى الأطفال (S.O.S) في ج.م.ع ودورها في تربية أطفال ما قبل المدرسة "دراسة تقييمية"، رسالة ماجستير غير منشورة، قسم أصول التربية، كلية التربية، جامعة المنصورة، ٢٠٠٠، ص ص٣٩٤-٣٩٧.

- توضيح الفلسفة التربوية لقرى الأطفال (S.O.S) من حيث الأهداف والوظيفه والموجهات الفكرية.
- الكشف عن طبيعة نظام تربية أطفال ما قبل المدرسة فى قرى الأطفال (S.O.S) من حيث الأطر والمحتويات والعمليات.
- تحديد أهم المعوقات التى تحول دون قيام قرى الأطفال (S.O.S) بتحقيق أهدافها فى تربية أطفال ما قبل المدرسة.
- طرح تصور مقترح يمكن قرى الأطفال (S.O.S) من تطوير نظامها ومن ثم تحقيق أهدافها فى تربية أطفالها فى ضوء معايير ثقافة المجتمع المصرى.

وأهم ما أظهرته الدراسة:

- وجود مشكلات تعوق الحياة اليومية بوجه عام وهى:

أ) عدم توفر أنشطه ثقافية وفنية وموسيقية ورياضية مع عدم وجود متخصصين للإشراف على هذه الأنشطة داخل القرى.

ب) خروج سلوك تغطية الشباب والشابات عن عادات وتقاليد المجتمع المصرى.

- إلتحاق بعض الأمهات للعمل بالقرى دون أى إعداد أو تأهيل للتعامل مع الأطفال.
- يغلب على الجمعية المصرية لقرى الأطفال (S.O.S) الاهتمام بجمع المال أكثر من توفير الرعاية التربوية للأطفال.

وقد قدمت الدراسة تصوراً مقترحاً لتطوير قرى الأطفال (S.O.S) بمصر- فى ضوء ثقافة المجتمع المصرى ومعطياته الدينية، وقد اشتمل هذا

التصور على (أهداف التصور، آليات التصور، السياسات التربوية المقترحة، متطلبات التطوير، الأداءات المتوقعة، طرق التقييم المقترحة للتأكد من تحقيق أهداف التصور وبعض الدراسات التى اقترحتها الدراسة).

وتتشابه هذه الدراسة والدراسة الحالية فى دراسة الأطفال المحرومين من الرعاية الأسرية (المعرضين للتشرد) فى حين تركز الدراسة الحالية على التعرف على دور مؤسسات رعاية هؤلاء الأطفال فى مواجهة ظاهرة التشرد.

ب - دراسات سابقة عربية متعلقة بالأطفال المشردين فى الشوارع:

١-دراسة نشأت حسن حسين ١٩٩٨[1].

من أهم ما هدفت إليه هذه الدراسة:

- استكشاف ووصف وتحليل ظاهرة أطفال الشوارع فى القاهرة الكبرى من خلال التعرف على طبيعة المفاهيم والاتجاهات وأنماط السلوك وأشكال التفاعل التى تميز أطفال الشوارع.

وأهم ما أظهرته الدراسة:

- أن من العوامل التى تؤثر وتزيد من نمو ظاهرة الطفل المشرد فى الشارع كثافة حجم الأسرة، وتأثير عامل مساحة المسكن على الطفل، وغياب دور الأسرة فى حياة الطفل، والهجرة الداخلية للمدن وغيرها.

---

(١) نشأت حسن حسين، ظاهرة أطفال الشوارع دراسة ميدانية فى نطاق القاهرة الكبرى، رسالة دكتوراه غير منشورة،قسم الدراسات النفسية والإجتماعية،معهد الدراسات العليا للطفولة، جامعة عين شمس، ١٩٩٨، ص ص١١٥-١٢٤.

- أن الغالبية العظمى من أطفال الشوارع هم أطفال عاملون ما بين العسل فى الورش والمصانع الصغيرة بشكل غير رسمى وغير منتظم.

- أن عملية تكوين جماعة من المشردين فى الشارع تتم من خلال ثلاثة طرق أساسية إما بالتجمع العشوائى أو من خلال الإنضمام الإختيارى لجماعة ما أو بالانضمام الإجبارى على غير رغبة الطفل لجماعة معينة.

ومما أوصت به الدراسة:

- ضرورة الإعتماد على إتجاهين متوازيين للتصدى لهذه الظاهرة: الإتجاه الوقائى بالتعامل مع الأسباب التى تسهم فى نمو الظاهرة. والإتجاه العلاجى بالتعامل مع الواقع والذى يتمثل فى وجود الأطفال فى الشوارع بعيدا عن دائرة الحماية والرقابة وذلك من خلال بعض التوصيات والتى منها:

- التوعية العامة بخطورة الظاهرة من خلال وسائل الإعلام والحملات الدعائية التى تتصدى للظاهرة.

- تشجيع الجمعيات الأهلية العاملة فى مجال تقديم الخدمات لطفل الشارع من خلال دعمها فنيا وماديا.

- إنشاء مكاتب متخصصة للتوافق الأسرى التى تعمل على حل مشكلات الطفل والأسرة.

وتتشابه هذه الدراسة مع الدراسة الحالية فى دراسة ظاهرة الأطفال المشردين فى الشوارع، بينما تركز الدراسة الحالية على كيفية تفعيل دور مؤسسات تربية المحرومين من الرعاية لمواجهة ظاهرة التشرد.

٢ - دراسة أحمد صديق ومصطفى قنديل ١٩٩٩ [١].

هدفت هذه الدراسة إلى:

- التعرف على العوامل والمؤثرات التى أسهمت فى تشكيل ظاهرة أطفال الشوارع.
- التعرف على احتياجات كل من الأطفال وأسرهم وأوجه الرعاية التى تحتاجها هذه الفئة.
- تقديم المقترحات والتوصيات اللازمة للوقاية والعلاج في التصدي لمشكلة أطفال الشوارع.

وأهم ما أظهرته الدراسة:

- أن الخلافات الزوجية تؤثر فى سلوك وتنشئة الأطفال حيث أشارت نسبة ٢١% من عينه البحث أن أسرهم تعانى من صراعات وخلافات بصفة دائمة.
- أن سلوك الوالدين نحو الطفل يتأثر بعوامل خارجية أهمها الخصائص المهنية للآباء، فالآباء الراضون عن عملهم هم أكثر نجاحا من غيرهم فى تربية الأبناء، أما البطالة والمستوى الاقتصادي المنخفض لرب الأسرة تجعله يدفع بأطفاله لبعض الأعمال لتحمل عبء المسئولية ليساعد أسرته.
- ارتفاع مفهوم الذات السلبية لدى الأفراد عينه الدراسة لكلا الجنسين

(١) أحمد صديق، مصطفى قنديل: مبادرة المدينة لرعاية أطفال الشوارع والعمل الهامشى، جـ١، مركز حماية وتنمية الطفل وحقوقه، القاهرة، ١٩٩٩م،ص ص١٦ - ١٤٨.

لصالح الذكور في مظاهر الشعور بالنقص والدونيه لافتقادهم التقدير والقبول من الآخرين والإحساس بالنبذ.

ومن أهم ما أوصت به الدراسة:

- فتح مراكز استقبال رعاية نهارية لأطفال الشوارع مع تطوير القائم منها على مستوى البرامج الخدمية وإلحاقهم ببرامج التدريب المهني وفقا للقانون.

وتتشابه هذه الدراسة مع الدراسة الحالية في أن هذه الدراسة تسعى لتقديم مقترحات لتحجيم ظاهرة التشرد في الشوارع، بينما تركز الدراسة الحالية على تقييم أدوار مؤسسات تربية المحرومين من الرعاية وكيف يتسنى لها التصدى للظاهرة محل الدراسة، بالإضافة للوقوف على أهم الجهود التربوية الاجتماعية المبذولة لمواجهة الظاهرة.

٣- دراسة صموئيل أديب وفهيمه لبيب ٢٠٠٠م [١]:

هدفت هذه الدراسة إلى:

- تحديد الأسباب التى أدت إلي ظاهرة أطفال الشوارع في بعض دول العالم.

- التعرف على أهم السمات والخصائص المميزه لأطفال الشوارع، بالاضافه لتحديد المشكلات المختلفة التي تقابلهم.

- التعرف على الجهود المبذولة للرعاية المتكاملة لأطفال الشوارع

---

(١) صموئيل أديب، فهيمه لبيب، أطفال الشوارع، الأسباب والمشكلات والجهود المبذولة لرعايتهم، دراسات تربوية واجتماعية، كلية التربية جامعة حلوان، يناير ٢٠٠٠م ص ص٣-٢٨.

ومعالجة مشكلاتهم.

- عرض لرؤية مستقبلية للرعاية المتكاملة لهؤلاء الأطفال وربطهم بالتعليم في ضوء الجهود المبذولة لرعايتهم.

ومن أهم ما أوضحته الدراسة:

- أن الأسباب الرئيسية لظاهرة أطفال الشوارع تحددت في البطالة والفقر والتفكك الأسرى والتسرب من التعليم.

- إن من أهم المشكلات التى تواجه هذه الفئة من الأطفال: عمل الأطفال وما يترتب عليه من إصابتهم بالكثير من الأمراض الجسدية والنفسية وحرمانهم من التعليم.

وقد قدمت الدراسة رؤيتها المستقبلية لرعاية أطفال الشوارع وربطهم بالتعليم من خلال:

١) تشجيع الجمعيات الأهلية على تبنى مشكلة رعاية وتشغيل أطفال الشوارع

٢) الاستفادة من جهود الدول لربط أطفال الشوارع بالتعليم مع التعديل اللازم ليناسب الواقع المصري.

وتشابهت هذه الدراسة مع الدراسة الحالية في عرض الدراستين لأهم الجهود المبذولة لرعاية الأطفال المشردين في الشوارع، ووضع التصور المقترح للرعاية المتكاملة لهؤلاء الأطفال وجاء اختلاف الدراستين في أن هذه الدراسة تناولت تلك الجهود لرعاية هذه الفئة من خلال استعراض الجهود المبذولة لبعض الدول في الرعاية المتكاملة لهم، أما الدراسة الحالية فتسعى لاستعراض جهود بعض الجمعيات الأهلية التابعة لوزارة الشئون

الاجتماعية في مواجهة ظاهرة تشرد الأطفال ومحاولة معالجة الظاهرة من خلال تطوير دور المؤسسات الإيوائية لرعاية المحرومين من الرعاية الأسرية لتصبح مؤسسات رعاية متكاملة لأبنائها بجانب الأطفال المشردين فى الشوارع.

٤- دراسة أيمن عباس الكومى ٢٠٠١ [(١)] :

هدفت هذه الدراسة إلى:

- التعرف على طبيعة علاقة بعض المتغيرات النفسية والاجتماعية والاقتصادية بمشكلة أطفال الشوارع

ومما أظهرته الدراسة:

- وجود علاقة دالة عند مستوى ٠.٠٠١ بين بعض المتغيرات الاجتماعية والاقتصادية وهى تدنى الحالة الأسرية والسكنية والتعليمية والصحية لأطفال الشوارع.
- وجود علاقة ارتباطية دالة عند مستوى ٠.٠٠١ بين بعض المتغيرات النفسية وهى نمو الشخصية والتوافق النفسى والإدمان بمشكلة أطفال الشوارع.
- وجود علاقة إرتباطية دالة عند مستوى ٠.٠١ بين بعض المتغيرات النفسية والاجتماعية والاقتصادية ذات الصلة بمشكلة أطفال الشوارع

(١) أيمن عباس الكومى: علاقة بعض المتغيرات النفسية والاجتماعية والاقتصادية بمشكلة أطفال الشوارع،دراسة استكشافية وصفية، رسالة دكتوراه غير منشورة، قسم الدراسات النفسية والاجتماعية، معهد الدراسات العليا للطفولة، جامعة عين شمس، ٢٠٠١م ص ص٦-١٨٠.

وهى (نمو الشخصية-التوافق النفسى-الإدمان-الممارسات الجنسية-الحالة الأسرية-الحالة

السكنية-الحالة التعليمية-الحالة الصحية).

ومما أوصت به الدراسة ما يلى:

- التجهيز لعقد مؤتمر قومى ينسق من خلال لجنة قومية لمواجهة مشكلة أطفال الشوارع

  من خلال اتخاذ الإجراءات نحو تغيير السياسات واللوائح والقوانين من خلال المؤتمر.

- وضع البرامج العلاجية لأطفال الشوارع داخل مؤسسات لتقويمهم وتعديل سلوكهم

  وإعدادهم للدور المطلوب منهم لخدمة أنفسهم أو مجتمعهم.

وتتشابه هذه الدراسة مع الدراسة الحالية فى دراسة ظاهرة أطفال الشوارع، ويكمن

الاختلاف فى أن الدراسة الحالية تقدم تصوراً مقترحاً لتحويل مؤسسات تربية البنين والبنات إلى

مؤسسات رعاية لكل من أبناء المؤسسة وأطفال الشارع.

ج - الدراسات السابقة الأجنبية:

١) دراسة جرين ورونالد وآخرون١٩٩٦ [1] **Green – Ronald– K and Others 1996**

وقد هدفت هذه الدراسة إلى:

- التعرف على مدى فاعلية البرامج المقدمة للأطفال المشردين لإعادة

---

(1) Green Ronald , K.and Others: "No Home , No Family: Homeless children in Rural Ohio", Journal of Human services in the Rural Environment, vol (19),No.(2), Ohio-, 1996, PP.9-13.

خلق الارتباط بين هؤلاء الأطفال وأسرهم مرة أخرى.

وقد توصلت هذه الدراسة إلى:

- أن فشل الأطفال المشردين فى إعادة خلق أرتباطهم مع أسرهم يرجع للمشكلات الأسرية التى يعانى منها هؤلاء الأطفال داخل أسرهم قبل تشردهم والتى لا تزال موجودة أو من مشكلات سلوكية أخرى يعانون منها.

تشابهت هذه الدراسة مع الدراسة الحالية في دراسة الأولى لمدى فاعلية الجهود والبرامج المقدمة للأطفال المشردين، في حين تسعى الدراسة الحالية للوقوف على أهم الجهود التربوية الاجتماعية في مواجهة الظاهرة، وتختلف معها في تجاوزها لهذه المعرفة إلى تقديم تصور مقترح للوصول بمؤسسات الإيواء للمحرومين من الرعاية الأسرية لمؤسسات تربوية متكاملة لرعاية الأطفال المشردين.

٢) دراسة دي-اوليفيرا وتانيا-شالهيب١٩٩٧[1] De-Oliveira,- Tania-Chalhub1997

وقد هدفت هذه الدراسة:

- التعرف على واقع ظاهرة أطفال الشوارع فى البرازيل من خلال إجراء المقابلات الشخصية والملاحظات التى تم تسجيلها بالنسبة لأطفال الشوارع، ومقارناتهم بالذين ينتمون لمنظمات غير حكومية من

---

(2) de-oliveira,-Tania- chalhub:"Homeless Children in Rio de Janeiro:Exploring The meanings of street life",Journal of Child and youth care forum,vol.(26),No.(3),Brazil,Jun1997,PP.163-174

الأطفال فاقدى الرعاية.

وقد توصلت الدراسة إلى:

- أن الأطفـال الـذين ينتسـبون لمـنظمات غـير حكومية (أهليـة) تـم إشباع الكثـير مـن احتياجاتهم الأساسية كالغذاء والمساعدات الطبية والتعليم وغيرها بالمقارنة بمجموعـة الأطفال الذين يعيشون على أرصفة الشوارع والطرقات أو ليس لهم مأوى ولا ينتمون لأى منظمة.

تشابهت هذه الدراسة مع الدراسة الحالية في التعرف علـى جهـود المـنظمات في مواجهة ظاهرة الأطفال المشردين في الشوارع واختلفا في أن الدراسـة الأولى قارنـت بـين تلك الجهـود لمنظمات أهلية في مساعدة هؤلاء الأطفال وبـين فئـة مـن الأطفـال فاقدى المأوى، أمـا الدراسـة الحالية فتسعى للتعرف على جهود منظمات حكومية وأهلية في مواجهـة ظاهـرة تشرد الأطفال والتوصل لتصور مقترح لمواجهة هذه الظاهرة.

٣) دراسة ماستين أن وآخرون ١٩٩٧ [1] Masten Ann , and others 1997

هدفت هذه الدراسة إلى:

- التعرف على المشكلات التعليمية للأطفال المشردين في الشوارع.

وقد توصلت الدراسة إلى: أن التحاق هؤلاء الأطفال بالمدارس لا يمثل مشكلة ولكـن المشكلات الأكثر أهمية تتمثل في عـدم اسـتمرارية هـؤلاء الأطفـال في التعلـيم وضعف قدراتهم التحصيلية بالإضافة لتنوع مشكلاتهم

---

(1)   Masten – Ann – s., and Others: "Educational Risk   for children Experiencing Homelessness, Journal of school Psychology", vol (35), No. (1) , 1997.PP.27-46.

السلوكية داخل فصول الدراسة.

ومما أوصت به الدراسة:

- ضرورة دراسة ظاهرة الأطفال المشردين الذين يعانون من مشكلات أسرية وتعليمية.

تشابهت هذه الدراسة مع الدراسة الحالية في دراسة ظاهرة الأطفال المشردين، واختلافاً في دراسة الأولى لهذه الفئة من جانب مشكلاتهم التعليمية في حين تسعى الدراسة الحالية لدراستهم من منظور مواجهة الظاهرة بشكل تربوى شامل من خلال مؤسسات تربية البنين والبنات.

٤)   دراسة رافيرتي ويفني ١٩٩٨ [1] Rafferty, Yvnne 1998

هدفت هذه الدراسة إلى:

- التعرف على مدي مقابلة المتطلبات التربوية للاطفال المشردين من خلال قانون مساعدة المشردين الصادر عام ١٩٨٧ (Stewart – B- Mckinney)

وقد توصلت الدراسة إلى:

أنه لا يمكن خلق نظام تعليمي منفصل او مستقل لهؤلاء الاطفال المشردين يلبي كافة احتياجاتهم التربوية.

ومما أوصت به الدراسة ما يلي:

- ضرورة تقييم كل السياسات المعرقلة لمساعدة هؤلاء الاطفال

---

(1)   Rafferty, Yvonne: "Meeting the Educational Needs of Homeless children", Journal of Educational leadership, vol (55) , No.(4), 1998,PP.48-52.

المشردين.

- أنه يجب على المعلمين مساعدة هؤلاء الاطفال لمواصلة لتعليمهم وحصولهم على كافة الخدمات التربوية المقدمة لهم.

- **تشابهت هذه الدراسة مع الدراسة الحالية** في التعرف على أهم المعوقات التي تحول دون مساعدة الاطفال المشردين ومواجهة الظاهرة، واختلافا في تقييم الأولى لمدى مقابلة المتطلبات التربوية للمشردين، أما الدراسة الثانية فركزت على التعرف على دور مؤسسات تربية البنين والبنات في مواجهة ظاهرة التشرد.

٥) **دراسة عن دورة حياة الأسرة المشردة:**

Study of the cycle of Family Homelessness: A social & Policy reader 1998 [1]

هدفت هذه الدراسة إلى:

- التعرف على الجهود المقدمة من مؤسسات الإيواء التي ترعى المشردين والتي تقدم تسهيلات إقامة وتسكين للأسر المشردة بصفة مستمرة.

- تقديم نموذج مقترح يتضمن برامج وتوصيات عن الأسر المشردة.

ومن أهم ما توصلت إليه الدراسة:

- أن الفقر هو أهم ما يميز الأسر المشردة.

- أن هناك علاقة بين التشرد والبطالة.

---

(1) The cycle of Family Homelessness:"A social policy Reader: Institute for children and poverty" ERIC, Vol (34), No.(4), 1998, P.172.

- وجود نسبة من الأطفال غير الشرعيين كانوا نتاجا لأمهات مشردات.

ومما أوصت به الدراسة ما يلى:

- أن توضع الأسر المشردة فى مؤسسات رعاية إيوائية.

- لابد أن يتم الوفاء بالاحتياجات التعليمية للأسر والأطفال المشردين.

وتتشابه هذه الدراسة مع الدراسة الحالية فى دراسة المشردين ودور المؤسسات الإيوائية فى مواجهة التشرد وتختلف الدراسة الحالية عن هذه الدراسة فى تقييمها لأدوار المؤسسات الإيوائية الخاصة برعاية الأطفال المحرومين من الرعاية وتفعيل هذه الأدوار فى القضاء على ظاهرة التشرد فى الشارع.

٦) دراسة ياماجشي- و باربارا وآخرون ١٩٩٨ [1] yamaguchi, Barbara and others

1998 هدفت هذه الدراسة إلى:

- التعرف على تأثير ظاهرة التشرد على الأطفال والشباب.

- التعرف على أهم العقبات التي تحول دون مواصلة الأطفال المشردين لتعليمهم.

وتوصلت الدراسة إلى:

- أن الأسر ذات الأطفال الأكثر عدداً ذات قابلية أكثر لتحول أفرادها لمشردين فى الشوارع.

---

(1)   Yamaguchi, Barbara and others: "Children who are Homeless Implications for Educational Diagnosticians", Journal of special services in the schools, vol.(13), No.(1),1998,PP.63-82

وأوصت الدراسة:

- ضرورة الاهتمام بدور الخبير المتخصص في تشخيص الأمراض النفسية والمشكلات التعليمية للأطفال.

وجاءت هذه الدراسة لتؤكد وجود ظاهرة التشرد وترصد تأثيراتها، أما الدراسة الحالية فإنها تسعى لمواجهة الظاهرة من خلال تفعيل أدوار مؤسسات تربية البنين والبنات.

٧) **دراسة زيما و بوني وآخرون** ١٩٩٨[1] Zima , - Bonnie – T., and others 1998.

هدفت هذه الدراسة إلى: التعرف على الاحتياجات التربوية الخاصة بالأطفال فاقدى المأوى وأسرهم والذين يعيشون فى ملاجئ حماية التشرد فى لوس أنجلوس (كاليفورنيا) من خلال:

- تحديد نسبة الأطفال المشردين والذين يحتمل أنهم يعانون من مشكلة سلوكية أو تعليمية.

- تحديد إلى أى مدى يتم تقييم العملية التعليمية لهؤلاء الأطفال.

- استكشاف مدى تقييم الأطفال أنفسهم للخدمات التعليمية والصحية وغيرها من المقدمة لهم.

ولقد توصلت الدراسة إلى:

- أن ٤٥% من الأطفال كانوا مشردين بلا مأوى لمدة تزيد عن

---

(1)   Zima , - Bonnie – T., and Others:"Sheltered Homeless children: Eligibility and unmet Need for special Educational Evaluations , ERIC,Vol.(35), No.(1) , 1998, P.37.

الشهرين.

- أن ٤٠% منهم غيروا مدارسهم مرتين إلى خمس مرات خلال اثنى عشر شهراً فقط.

- أن ٢٥% منهم كانوا فى حاجة لتقييم مشكلاتهم السلوكية.

- أن ٢٠% احتاجوا هذا التقييم لتحديد مستوى التأخر الدراسى وفقدان القدرة على التعليم.

وقد أوصت الدراسة بما يلى:

- ضرورة إجراء تقييم شامل لجميع الخدمات المقدمة لهؤلاء الأطفال المشردين.

- معرفة إلى أى مدى تم تأهيلهم لاستقبالهم فى هذه المؤسسات الإيوائية حتى يتم التوصل لحل سريع للتقليل من حجم المشردين الذين ليس لهم مأوى.

تشابهت هذه الدراسة مع الدراسة الحالية في التعرف على الاحتياجات التربوية للأطفال فاقدى المأوى، أما الدراسة الحالية فسعت لتقييم إشباع هذه الاحتياجات للأطفال المحرومين من الرعاية الأسرية بمؤسسات تربية البنين والبنات من خلال تقييم أدوار هذه المؤسسات ومحاولة تفعيلها للقضاء على ظاهرة التشرد.

٨) دراسة تايلور وآخرين ١٩٩٩ [1] Taylor and Others 1999

---

(1)   Taylor and Others: Runaways , ERIC , Vol (34), No.(12), 1999,P.27.

هدفت هذه الدراسة إلى:

- التعرف على واقع ومشكلات المشردين فى الشوارع.

وقد توصلت الدراسة إلى:

- أن الكثير من المشردين فى الشوارع عادة ما يتعرضون لأنواع عديدة من سوء المعاملة، مما ييسر لجوءهم فى النهاية للنشاط الإجرامى أو تعاطى المخدرات فى محاولة منهم للتكيف مع الواقع الذى يعيشونه.
- أن الطفل المشرد غالبا ما يتجه للشارع ومعه القليل من المال والقليل من مهارات البقاء على قيد الحياة (مهارات المعيشة) وبالتالى فهم معرضون للانحراف.
- إن من أهم أسباب تشرد الأطفال هو الصراع داخل الأسر وضعف الاتصال الأسرى.

وتتشابه هذه الدراسة مع الدراسة الحالية فى دراسة ظاهرة تشرد الأطفال إلا أن الدراسة الحالية تحاول إيجاد سبيل علاجى لتلك المشكلة عن طريق المؤسسات الإيوائية بعد تقييمها من حيث تحقيق أدوارها المنوطة بها.

٩) دراسة سترونجي وجاميس وآخرون١٩٩٩[1] Stronge , James and Others 1999

وهدفت هذه الدراسة إلى:

- التعرف على المشكلات التربوية للطلاب المشردين.

(1) Stronge, James- H., and Others: "Educating Homeless children and youth with Dignity and care", Journal for a Just and caring Education, vol.(5), No.(1), Jan 1999,PP.7-18.

وتوصلت الدراسة إلى:

- زيادة أعداد الأسر التي بها أطفال مشردون في سن المدرسة.

- زيادة بطالة الشباب وتشردهم في الشوارع في السنوات الحالية.

وأوصت الدراسة بما يلي:

- ضرورة تنسيق الخدمات المقدمة للطلاب ذوى الظروف الصعبة ومنها التشرد.

- ضرورة زيادة الوعي المجتمعي ومشاركة أسر هؤلاء الأطفال والشباب المشردين في مواجهة الظاهرة.

جاءت هذه الدراسة للتأكيد على زيادة حجم ظاهرة التشرد وسعت للتعرف على المشكلات التربوية للطلاب المشردين، أما الدراسة الحالية فإنها تقدم تصوراً مقترحاً يمكن من خلاله توفير الرعاية التربوية المتكاملة للأطفال المشردين من خلال مؤسسات تربية البنين والبنات في مصر.

١٠) دراسة سوميرينديكي، جينيفر ٢٠٠٠ [1] Somerindyke, Jennifer 2000

هدفت هذه الدراسة إلى:

- التعرف على التشريعات التي تعني بحقوق الأطفال المشردين.

- التعرف على الاحتياجات التربوية لهؤلاء الأطفال.

وتوصلت الدراسة إلى:

- أن المعلمين يمكنهم بحث وعلاج مشكلة التسرب التعليمي لهؤلاء

---

(1)   Somerindyke, Jennifer: Homeless, Not hopeless: "understanding children who live in poverty", Journal of Dimensions of Early childhood, vol.(28), No.(1), 2000 ,PP.11-15.

الاطفال وحثهم على مواصلة تعليمهم.

وأوصت الدراسة:

- بضرورة توجيه الوعي المجتمعي تجاه ظاهرة التشرد وكيفية الوقاية منه.

وجاءت هذه الدراسة للتعرف على الاحتياجات التربوية للأطفال المشردين،أما الدراسة الحالية فإنها تسعي لمقابلة هذه الاحتياجات بتقديم تصور مقترح لتطوير مؤسسات تربية البنين والبنات في مصر لتصبح مؤسسات تربوية متكاملة لرعاية الأطفال المشردين والمحرومين من الرعاية الأسرية.

تعليق عام على الدراسات السابقة:

١- ما أستخلصته الدراسة الحالية من الدراسات العربية:

أ) إن الأطفال المشردين في الشوارع وأطفال المؤسسات الإيوائية يرتفع لديهم مفهوم الذات السلبية والمتمثلة في مظاهر الشعور بالنقص والدونيه لافتقادهم التقدير والقبول من الآخرين وغيرها من الحاجات النفسية ويقل تكيفهم مع مجتمعهم.

ب) أن بعض المشرفين بمؤسسات رعاية المحرومين من الرعاية غير مؤهلين ولم يتم إعدادهم للتعامل مع الأبناء في هذه المؤسسات.

ج) ضرورة التقييم الدوري لأدوار مؤسسات تربية المحرومين من الرعاية الأسرية وتحديد الصعوبات التي تعوق تحقيقها لأهدافها.

د) إن نجاح أي مؤسسة إيوائية في تربية أبنائها يتطلب الرغبة الصادقة للجهاز الوظيفي للعمل وليس لمجرد الوظيفة.

٢ - ما استخلصته الدراسة الحالية من الدراسات الأجنبية:

أ)   أن أهم أسباب التشرد يتمثل في زيادة عدد الأطفال في الاسرة الواحدة، وزيادة بطالة الشباب.

ب) يرجع فشل الأطفال المشردين في إعادة خلق ارتباطهم مع أسرهم بعد تشردهم إما لمشكلات خاصة بالأسرة أو مشكلات سلوكية ترجع إليهم.

ج) ضرورة التعرف على مدى تأهيل الأطفال فاقدى الرعاية أو المشردين للالتحاق بالمؤسسات الإيوائية قبل التحاقهم بها.

د)   أن ظاهرة ومأساة الأطفال المشردين في الشوارع قد ترك أمر معالجتها لمؤسسات أهلية غير حكومية.

هـ) يلزم أن يكون هناك تقييم شامل لجميع الخدمات المقدمة للأطفال المشردين.

و)   ضرورة أن تقوم مؤسسات حكومية خاصة بالأطفال المشردين حتى يمكن لهم أن يعيشوا حياه كريمة مع أخذهم لقسط تعليمى فيها وحتى يتمكنوا من إعالة أنفسهم مستقبلياً.

ز)   توصية بعض الدراسات التربوية بضرورة دراسة مؤسسات تربية البنين والبنات لبيان فلسفتها وأهدافها [١].

―――――――――――――――――

(١) جابر محمود طلبة: توجهات البحث التربوى في مجال تربية الطفل بكليات التربية في مصر ـ "دراسة حالة"، مرجع سابق، ص٩٦.

سادسا: مصطلحات الدراسة:

الطفل المشرد Homeless child:

كل طفل ذكر او أنثى معروف أو مجهول النسب ليس له محل إقامة ويبيت فى أماكن غير معدة لذلك، قضى بها مدة سواء كان متمردا على سلطة والديه أو وصيه أو مكره على ذلك من إحداهما أو نتيجة عدم توافقه مع ظروفه الأسرية أو الاقتصادية أو النفسية أو التعليمية مما دفعه للجوء أو للهروب إلي الشارع [1].

والطفل المشرد (موضوع الدراسة) يختلف عن الطفل المتشرد (العدوانى) Violent child بأن الأخير يتعامل مع العديد من المواقف بانفعالات الغضب والتى يتخذ التعبير عنها حركياً في صورة صراخ مثلاً نتيجة لإحباط نفسى- أصاب هذا الطفل[2] أو نتيجة لتعرضه لصراعات وانفعالات مكبوتة لديه، وقد ينتج هذا الطفل سلوكاً مدمراً تجاه نفسه أو تجاه الآخرين أو الممتلكات أو المجتمع عموماً.

أطفال الشوارع Street children:

هم الأطفال الذكور والإناث المقيمون في الشارع بصورة دائمة أو شبه دائمة، ويعتمدون على حياة الشارع دون حماية أو رقابة أو إشراف من جانب أشخاص بالغين ... ويعتبر سن الطفولة حسب المواثيق الدولية

---

(١) أحمد صديق، مصطفى قنديل، مرجع سابق، ص٢٠.

(٢) على السيد سليمان،حمدى المليجى: سيكولوجية النمو والنمو النفسي،مكتبة عين شمس،القاهرة،١٩٩٤، ص ١٨٨.

لحقوق الطفل من الميلاد وحتى سن الثامنة عشرة [١].

مؤسسات تربية البنين والبنات Institutes of Boys & Girls Education:

هى مؤسسات حكومية لإيواء الأطفال المحرومين من الرعاية الأسرية مـن الجنسـين بسـبب اليتم أو تفكك وتصدع الأسرة وفقا لما يسفر عنه البحث الاجتماعي لها [٢]، وتتبع هذه المؤسسات المؤسسات وزارة الشئون الاجتماعية في مصر.

فلسفة مؤسسات تربية البنين والبنات:

Philosophy of Institutes of Boys & Girls Education

تقصد الدراسة بالفلسفة هنا الفكر التربـوى الـداعم لمؤسسـات تربيـة البنـين والبنـات بمـا يحتويه من مبادئ ونظريات مع نقد وتحليل هذا الفكر وعلاقته بالمبادئ التي تقوم عليهـا هـذه المؤسسات وبالأهداف والقيم التي تسعى إلى تحقيقها في المجتمع المصرى.

سابعاً: أهمية الدراسة:

تكمن أهمية الدراسة في النقاط التالية

١)   ندرة الدراسات التربوية في تناولها للبنية التنظيمية والهياكل الوظيفية

---

(١)   صموئيل أديب، فهيمة لبيب: مرجع سابق، ص٤.

(٢)   اللائحة النموذجية لمؤسسة تربية البنين والبنات والمحرومين من الرعاية الأسرية مـن الجنسـين، مديريـة الشئون الاجتماعية بالدقهلية، إدارة الأسرة والطفولة، قرار رقم ٢١٠ بتاريخ ١٩٧٧/٤/٥م.

لمؤسسات تربية البنين والبنات في مصر.

٢) محاولة إسهام الدراسة في تفعيل الدور التربوي لمؤسسات تربية البنين والبنات في مواجهة ظاهرة الأطفال المشردين بتقديم تصور مقترح لتطوير هذه المؤسسات لتصبح مؤسسات تربوية متكاملة لرعاية الأطفال المشردين.

٣) تعدد المستفيدين من الدراسة وهم:

- القائمون برسم وتطوير سياسات مؤسسات تربية البنين والبنات المحرومين من الرعاية الأسرية بوزارة الشئون الاجتماعية وإدارة الأسرة والطفولة.

- القائمون بإدارة مؤسسات تربية البنين والبنات فى مصر.

- الأخصائيون الاجتماعيون والنفسيون والعاملون بتلك المؤسسات.

- الأطفال الملتحقون بهذه المؤسسات وكذا الأطفال المشردون فى الشوارع.

ثامناً: أهداف الدراسة:

تهدف هذه الدراسة إلى:

١) توضيح تطور الفكر التربوى في رعاية الأطفال المحرومين من الرعاية الأسرية.

٢) إبراز أهم الجهود التربوية والاجتماعية المبذولة لمواجهة ظاهرة الأطفال المشردين فى مصر.

٣) تحليل أبعاد الدور التربوى والاجتماعى لمؤسسات تربية البنين والبنات.

٤) تشخيص الواقع الحالى لمؤسسات تربية البنين والبنات وإبراز المعوقات التى تحول دون تحقيقها لأهدافها التربوية والاجتماعية.

٥) تقديم تصور مقترح لتطوير مؤسسات تربية البنين والبنات لتكون مؤسسات تربوية متكاملة لرعاية الأطفال المشردين والمحرومين من الرعاية الأسرية.

تاسعاً: حدود الدراسة:

تطبق أدوات الدراسة على عينات عشوائية من أطفال مؤسسات تربية المحرومين من الرعاية الأسرية وكذا عينة عشوائية من العاملين على مؤسستى تربية البنين وتربية البنات بمحافظة الدقهلية بمدينة المنصورة والمؤسسة الإيوائية للبنين ودار الحنان للفتيات بمحافظة ومدينة كفر الشيخ.

عاشراً: منهج الدراسة وأدواتها:

استخدمت الدراسة المنهج الأثنوجرافى الذى يعمل على ملاحظة الظواهر عن قرب وتحليلها وتفسير العوامل المسببة لها بعد وصفها، ومن ثم فإن المنهج الكيفى الأثنوجرافى يسعى إلى الفهم العميق للواقع من خلال دراسة خبرة الحياة اليومية الحية داخل المؤسسة التربوية، ثم تفسيرها تأويليا فى إطار السياق الاجتماعى الذى تنشأ فيه الخبرة الإنسانية، فهو منهج يقع فى إطار المدرسة التأويلية التى تعالج مشكلات التربية كعمليات وخبرة معايشة وتحتاج إلى إستقراء الواقع وإستنطاقه للوصول إلى ما وراء الأحداث من عوامل وأسباب وأسرار. [١]

---

(١) جابر محمود طلبة: البحث التربوى فى مجال تربية الطفل والطرق العملية والممارسة البحثية، الجزء الأول، ط١، سلسلة الطفل أصيل، مرجع سابق، ص٤٥٧.

وقد أستخدمت الدراسة عدداً من الأدوات لتحقيق أهدافها هى:

١) استمارة استبيان لعينة عشوائية من العاملين بمؤسسات الدراسة للتعرف على مدى تحقيق المؤسسة لأدوارها ودورها فى مواجهة ظاهرة التشرد وأهم العقبات التى تحول دون تحقيق الأدوار المؤسسية وأهم مقترحات النهوض بهذه الأدوار.

٢) نموذج مقابلة مقننة مع عينة من الأبناء (بمؤسسات الدراسة) للتعرف على مدى إشباع المؤسسة لأهم الاحتياجات الأساسية والتربوية والاجتماعية والنفسية للأبناء.

حادى عشر: خطوات الدراسة:

بعد تحديد الإطار العام لمشكلة الدراسة سوف يتم إتباع الخطوات الآتية لتحقيق أهدافها وهى:

أ-تحديد الإطار لمشكلة الدراسة وأهدافها البحثية ويشتمل على عرض:

١) الدراسات الاستطلاعية.
٢) الدراسات السابقة.
٣) منطلقات الدراسة.
٤) مشكلة الدراسة.
٥) مصطلحات الدراسة.
٦) أهداف وأهمية الدراسة.
٧) حدود الدراسة.
٨) منهج الدراسة وأدواتها.
٩) خطوات الدراسة.

ب - تطور اهتمام الفكر التربوى بالأطفال المشردين:

ويتضمن هذا الفصل:

١) تطور الاهتمام بتربية الأطفال المشردين فى الحضارات.

٢) تطور الاهتمام بتربية الأطفال المشردين محليا.

٣) الديانات السماوية والاهتمام بالأطفال المشردين.

٤) تطور الاهتمام بالأطفال المشردين عالميا.

٥) الاهتمام الفكرى والفلسفى بالأطفال المشردين.

ج - ظاهرة الأطفال المشردين فى مصر (المفهوم – الخصائص):

وقد تضمن هذا الفصل:

١) مفهوم الأطفال المشردين فى الشوارع.

٢) سمات الأطفال المشردين فى الشوارع.

٣) عوامل شيوع ظاهرة تشرد الأطفال فى الشوارع.

٤) الأوضاع المعيشية للأطفال المشردين فى الشوارع.

٥) الآثار المترتبة على انتشار ظاهرة الأطفال المشردين فى الشوارع.

د-التشريع المصرى ومواجهة ظاهرة الأطفال المشردين ويتضمن:

١) التشريع المصرى وظاهرة تشرد الأطفال.

٢) التشريع المصرى وحماية الطفل الموصى عليه.

٣) الجهود الحكومية المبذولة لمواجهة ظاهرة التشرد.

٤) الجهود الأهلية المبذولة لمواجهة ظاهرة التشرد.

٥) الاهتمام العالمى بحقوق الأطفال عامة والأطفال المشردين خاصة.

هـ-دور مؤسسات تربية البنين والبنات فى مواجهة ظاهرة الأطفال المشردين ويتضمن:

١) فلسفة مؤسسات تربية البنين والبنات.

أ) ماهية مؤسسات تربية البنين والبنات.

ب)   القيم والمبادئ التى يقوم عليها العمل فى مؤسسات تربية البنين والبنات.

ج)   أهداف مؤسسات تربية البنين والبنات.

د)   سمات مؤسسات تربية البنين والبنات.

٢)   التطور التاريخى لنشأة مؤسسات تربية البنين والبنات.

٣)   بعض البيانات الخاصة بمؤسسات تربية البنين والبنات من سن ٦-١٨ عاما فى مصر.

٤)   لجنة مؤسسات تربية البنين والبنات.

٥)   مكونات إدارة مؤسسات تربية البنين والبنات.

٦)   متطلبات مؤسسات تربية البنين والبنات.

٧)   برامج وأنشطة مؤسسات تربية البنين والبنات.

٨)   العوامل المؤثرة على كفاءة مؤسسات تربية البنين والبنات.

٩)   أبعاد الدور الذى تقوم به مؤسسات تربية البنين والبنات.

١٠) أهم المعوقات التى تحد من دور المؤسسات الاجتماعية.

خاتمـة:

بدأ هذا الفصل باستعراض الدراسة الاستطلاعية لمؤسسات الدراسة ثم استعراض الدراسات السابقة التى صنفت إلى دراسات سابقة عربية تم تصنيفها إلى دراسات عربية متعلقة بالمؤسسات الإيوائية ودراسات عربية متعلقة بالأطفال المشردين فى الشوارع ثم دراسات سابقة أجنبية، ووفقاً لتوجهات الدراسة الحالية فقد تبع الدراسات السابقة منطلقات الدراسة وهى

المرتكزات التى قامت عليها الدراسة، ثم تبعها مشكلة الدراسة فمصطلحات الدراسة التى شملت مفاهيم الطفل المشرد فى الشارع، ومؤسسات تربية البنين والبنات، وفلسفتها، ثم تم عرض أهمية الدراسة وأهدافها وحدودها، ثم منهج الدراسة وأدواتها، وأخيراً خطوات الدراسة.

الفصل الثانى

ظاهرة الأطفال المشردين فى مصر

المفهوم - الخصائص

- مقدمـة.

- مفهوم الأطفـال المشردين فى الشارع

- سمات وخصائص الأطفال المشردين فى الشارع.

- عوامل شيوع ظاهرة تشرد الأطفـال فى الشوارع.

- الأوضاع المعيشية للأطفال المشردين فى الشوارع.

- الآثار المترتبة على انتشار ظاهرة الأطفال المشردين فى الشوارع.

- خاتمـة.

الفصل الثانى

ظاهرة الأطفال المشردين فى مصر

المفهوم - الخصائص

مقدمة:

تعتبر مرحلة الطفولة من أهم مراحل النمو تـأثيراً فى حيـاة الفـرد حيـث يتـم تكـوين نمـوه الجسمانى والنفسى والعقلى والانفعالى والاجتماعى، ومن ثم فهى مرحلة مـؤثرة فى بقيـة المراحـل اللاحقة، والطفل يولد باستعدادات جسمية ونفسية وانفعالية، وسرعان مـا يبـدأ فى التفاعـل مـع محيط عائلته ويستجيب للمثيرات من حوله فى عالمه الصغير، وبمرور الوقت ينمو الطفل وتـزداد مجالات اتصاله مع أفراد أسرته، ثم يبدأ فى تعلم أنماط سلوكية نابعة من هذا المجال الذى يعيش فيه ويحقق فيـه ذاتـه، ومرحلـة الطفولـة هـى الوعـاء الـذى يخـرج منـه الفـرد أفكـاره وقيمـه وسلوكياته سواء أكانت إيجابية كلها أو بعضها فيخرج ذا شخصية متكاملة متفاعلة مع المجتمـع، أو يصبح سلبى الشخصية فينعكس ذلك فى مضاداته للمجتمع وخروجه علـى تقاليـده وقيمـه وعاداته [(١)].

وفى ضوء أوضاع التغير التى ألمت ببنية الأسرة وأدوار ومكانة المرأة وخروجها للعمل وتضخم حجم الأسرة وقصور الإمكانيات المادية، أصبحت

---

(١)   فتوح أبو العزم: ظاهرة أطفال الشوارع مـن الناحيـة السـلوكية والنفسـية، بحـث مقـدم لمـؤتمر جمعيـة الحرية لتنمية المجتمع...بعنوان ظاهرة الأطفال المحرومين مـن الرعايـة وسـبل مواجهتهـا، الإسكندرية، نوفمبر ١٩٩٧، ص١.

الأسرة وهى الوسط الذى ينشأ فيه الطفل تعيش فى ظروف صعبة لا توفر البيئة الصالحة لرعاية الطفل وتربيته التربية الأسرية السليمة، ولعل فى ظهور نوعيات من الأطفال الذين يعانون من مشكلات خاصة كالأطفال مجهولى النسب والأيتام والمشردين فضلاً عن استغلال بعضهم فى التسول، أو ارتكاب بعض الجرائم الدليل الواضح على تأثير الهجرة واندماج الوالدين فى العمل خارج المنزل طوال اليوم، أيضا من جراء سياسات الانفتاح والهجرة التى تضعف من وظيفة الرعاية التى توفرها الأسرة لأطفالها إلى غيرها من الأبعاد [١].

"كما تعتبر الأحياء العشوائية أو ما يعرف بأحزمة الفقر رد فعل طبيعى لسياسات التحول الاقتصادى، والتى ساهمت بدورها فى تعزيز حدة الفقر وفى الدفع المستمر لأبناء الفقراء إلى الشارع وظهور ما يعرف بالأطفال المشردين فى الشوارع [٢].

أولاً: مفهوم الأطفال المشردين فى الشوارع:

تعددت المسميات فى تحديد مفهوم الأطفال المشردين بالشوارع بين عامة المجتمع الذى استخدم مصطلح أولاد الشوارع وبين رجال القانون الذين استبدلوه بمصطلح الأحداث المشردين والمعرضين للانحراف.

(١) أحمد وهدان وآخرون: الأنماط الجديدة لتعرض الأطفال للانحراف (أطفال الشوارع) دراسة استطلاعية، المركز القومى للبحوث الاجتماعية والجنائية، قسم بحوث الجريمة، القاهرة، ١٩٩٩، ص٤٩.

(٢) ثريا عبد الجواد: الأوضاع المتغيرة لظاهرة أطفال الشوارع فى التسعينات، سلسة دراسات وبحوث عن الطفل المصرى، مركز دراسات الطفولة، جامعة عين شمس، القاهرة، ٢٠٠٠، ص٢١٦.

وتعنى ظاهرة التشرد:عدم وجود محل إقامة معروف، ولا وسائل معيشية ولا مهنية، والركون للخمول رغم القدرة على العمل والاستناد إلى التسول والصدقات [١].

"ويعنى مصطلح الأطفال المشردين فى الشوارع بالمفهوم العام بأنه الطفل الذى يظل فترات طويلة أثناء اليوم فى الشارع، سواء كان يعمل أعمال هامشية مثل مسح زجاج السيارات أو جمع القمامة أو بيع سلع تافهه، أو يقوم بالتسول لجلب الدخل أو يخالط أصدقاء السوء أو يعمل أعمال غير قانونية (كالدعارة)، أو يقوم بأعمال عدوانية تجاه المارة والمرافق العامة، وعادة ما يفتقد هؤلاء الأطفال لمن يقوم بتربيتهم أو توجيههم إلى أنماط سلوكية وأخلاقية سليمة ". [٢]

كما يعرف الطفل المشرد بأنه كل طفل من أسرة تصدعت أو تفككت، ويعانى من ضغوط نفسية وجسدية واجتماعية، لم يستطع التكيف معها فأصبح الشارع مصيره، حيث لا يتوافر أى من سبل البقاء أو النمو أو الحماية الطبيعية، وحيث يعانى كل صنوف انتهاكات حقوق الطفل المعترف بها دولياً [٣].

(١)   ابتسام سيد محمد حسن: ظاهرة التسول فى مدينة القاهرة، دارسة انثروبولوجية لبعض جماعات المتسولين، رسالة دكتوراه غير منشورة، كلية الآداب، قسم الاجتماع، جامعة القاهرة، ١٩٩٦، ص أ.

(٢)   عزة على كريم: الأبعاد الاجتماعية والاقتصادية لمشكلة أولاد الشوارع، بحث مقدم لمؤتمر جمعية الحرية لتنمية المجتمع بعنوان "ظاهرة الأطفال المحرومين من الرعاية وسبل مواجهتها، الإسكندرية، نوفمبر، ١٩٩٧، ص٧.

(٣)   أحمد صديق:خبرات مع أطفال الشوارع فى مصر،ط١،مركز حماية وتنمية =

فالأطفال المشردون فى الشوارع هم أقل استقرارا فى عملهم ولا يعملون فى أعمال شاقة، وقد تحرروا تماما من الروابط الأسرية وهربوا لأسباب متعددة [(١)].

كما يعرف الأطفال المشردون بأنهم الذين بلا مأوى يبيتون فى الشارع ويتسولون أو يبيعون أشياء غير ذات قيمة أو يمسحون زجاج السيارات [(٢)].

أما منظمة الصحة العالمية فقد وسعت دائرة المفهوم ليشمل [(٣)]:

- الأطفال الذين ينتقلون بين أصدقائهم حيث لا مأوى لهم.
- الأطفال الذين يعيشون فى مؤسسات إيوائية ولا مأوى لهم.
- الأطفال ولا سيما (الإناث) اللاتى يعملن فى خدمة المنازل أو تجارة الجنس والدعارة.

ويعرف الطفل المعرض للانحراف (المشرد) بأنه من ليس له عائل ولا وسيلة مشروعه للتعيش ويتعرض لعدوى الانحراف من مخالطة غيره من

= الطفل وحقوقه، القاهرة ١٩٩٥، ص٢٦.

(١) محمد جمال الدين عبد المتعال: جمعية رجال الأعمال بأسيوط - مصر، ط١، المجلس العربى للطفولة والتنمية، القاهرة، ٢٠٠٠، ص ١٢٩.

(٢) صادق الخواجا: ظاهرة أطفال الشوارع فى الأردن، ورقة عمل مقدمة للمجلس العربى للطفولة والتنمية، ورشة عمل للتصدى لظاهرة أطفال الشوارع، القاهرة، (١٤-١٦سبتمبر ١٩٩٩)، ص١.

(٣) طارق عكاش: التصدى لظاهرة أطفال الشوارع فى الجمهورية العربية السورية، وزارة الشئون الاجتماعية والعمل، المجلس العربى للطفولة والتنمية، بحث مقدم لورشة عمل للتصدى لظاهرة أطفال الشوارع، القاهرة، ١٤-١٦ سبتمبر ١٩٩٩، ص٢.

المنحرفين أو بتردده على الأماكن التى يعيش فيها المنحرفون أو المعرضون للانحراف [١].

وقد عرفت المؤسسات الدولية الطفل المشرد فى الشارع على النحو التالى: [٢]

- فى عام (١٩٨٦) قامت الأمم المتحدة بتعريف طفل الشارع على أنه أى طفل ذكر أم أنثى قد أتخذ من الشارع (بما يشتمل عليه المفهوم من أماكن مهجورة ...الخ) محلاً للحياة والإقامة دون رعاية أو حماية أو إشراف من جانب أشخاص راشدين مسئولين.

- وفى عام (١٩٨٦) أيضا قامت منظمة اليونسيف بمحاولة التميز بين فئتين من الأطفال ذوى الارتباط بالشارع وهما – الأطفال العاملون Working children الذين يعملون فقط أثناء النهار أو لعدة أيام متتالية، ثم يعودون إلى أسرهم بصورة منتظمة، والأطفال المشردون فى الشارع Street children الذين يقيمون بالشارع، ويعتمدون على حياة الشارع دون وجود اتصال مباشر أو منتظم بأسرهم.

وفى عام (١٩٩١) قامت منظمة الصحة العالمية، بتوسيع دائرة ونطاق التعريف من خلال إضافة الأطفال الذين ينتقلون بين الأصدقاء والأطفال المقيمين فى المؤسسات الإيوائية ويخشى من عودتهم إلى الحياة بدون مأوى

---

(١)   جلال عبد الخالق: الدفاع الاجتماعى من منظور الخدمة الاجتماعية.. الجريمة والانحراف، المكتب العلمى للكمبيوتر والنشر والتوزيع، الإسكندرية، ١٩٩٥، ص ٥٣.

(٢)   أحمد صديق، مصطفى قنديل: مرجع سابق، ص ص ١٦-١٧.

باعتبارهم أطفال شوارع.

كما عرف الطفل المشرد بالشارع بأنه هو كل طفل ذكر أو أنثى ليس له محل إقامة ويبيت فى أماكن غير معدة لذلك، أمضى بها ستة أشهر فأكثر، سواء كان متمردا على سلطة والديه أو وصيه، أو مكره على ذلك من إحداهما أو نتيجة عدم توافقه مع ظروفه الأسرية أو الاقتصادية أو النفسية أو التعليمية مما دفعته للهروب إلى الشارع. [١]

كما يعرف الأطفال المشردون فى الشارع بأنهم أطفال بلا مأوى ويواجهون أقصى أشكال العنف الجسدى والنفسى، ويقضون معظم أوقاتهم بالشارع ويرتبطون بالوقت ذاته بجماعة الأقران سيئى السمعة ولا يخضعون لرقابة أفراد أسرهم من الكبار [٢].

كما يمكن تعريف الأطفال المشردين بأنهم [٣]: شريحة الأطفال الذين فقدوا انتماءهم لأسرهم واتخذوا الشارع مأوى لهم أو الذين يقضون معظم أوقاتهم بالشارع ويترددون بشكل شبه منقطع بأسرهم أو الأطفال المتوقع خروجهم للشارع بسبب الظروف المحيطة بهم ليصبحوا أطفال شارع.

كما يعرف الأطفال المشردين فى الشوارع " بأنهم الأطفال الذين يقل

---

(١) المرجع السابق، ص ٢٠.

(٢) المجلس اليمنى لرعاية الأمومة والطفولة: مشروع تأهيل وحماية أطفال الشوارع، المجلس العربى للطفولة والتنمية، ندوة بعنوان واقع الطفل فى الوطن العربى، القاهرة، ١٩٩٠، ص١.

(٣) نبيل صمويل وآخرون: تقرير ورشة عمل أطفال الشوارع - التداخلات، مقدم للندوة المصرية الفرنسية، والمجلس القومى للطفولة والأمومة، السفارة الفرنسية بالقاهرة، القاهرة، ١٩٩٥، ص ٨٨.

عمرهم عن ١٨ سنة ويعيشون ويناموت ويأكلون فى الشوارع منهم من لا يعمل، والبعض الأخر يعمل فى الشوارع بشكل غير رسمى وغير مرخص به، وعلاقتهم بأسرهم غالباً إما متقطعة أو مقطوعة ". (١)

وأخيراً يمكن تعريف الأطفال المشردين على انهم الأطفال الذين تم استبعادهم من قبل النظام الاقتصادى-الاجتماعى بكل مؤسساته الاقتصادية والاجتماعية، بما فى ذلك المؤسسات التعليمية أو التربوية أو الصحية بما يتضمن فى ذلك أيضا الأسرة كمؤسسة اجتماعية، وهكذا ينخرط الصغار المستبعدون فى عالمهم الجديد المستقل عن عالم الكبار التقليدى وفى علاقات مع عوالم الكبار المهمشين مثلهم، وتصعب المصالحة بين العالمين أو إعادة الاندماج فى العالم التقليدى طالما أن العالم الجديد يحقق للطفل حاجاته التى افتقدها فى العالم التقليدى (٢).

فتيات الشوارع:

إن بنات الشوارع لهن نفس ظروف أولاد الشوارع الأسرية، بل قد تتضاعف قسوة تلك الظروف عليهن، والتى تؤدى بهن فى نهاية المطاف إلى الوصول للشارع، وقد تتشابه بعض الأسباب العامة بين أولاد وبنات الشارع فى الهروب لعالم الشارع، مثل التفكك الأسرى أو الفقر فيتم

(١) محمد سيد فهمى: أطفال الشوارع مأساة حضارية فى الالفية الثالثة، مرجع سابق، ص ٣٤.

(٢) عزة عبد المحسن خليل: أطفال الشوارع فى العالم العربى أسباب المشكلة - الحجم - المواجهة، ط١، المجلس العربى للطفولة والتنمية، القاهرة، ٢٠٠٠، ص١٩.

تشغيلهن دون رعاية فيتعرضن لأبشع أنواع الاستغلال، فالمجتمع واحد وأحيانا كثيرة تخرج مثل هذه الظروف كلا من الولد والبنت إلى الشارع ومن أسرة واحدة، إلا أن وضع البنت يتميز بالخصوصية، وذلك فى وضعها داخل الأسرة، فالأم تخاف على طفلتها من زوجها الجديد فهو غريب عن الطفلة ويجئ الحل فى تشغيل ابنتها كخادمة وتبرر لنفسها بأنه الحل الأمثل، أو قد تكون الطفلة غير مرغوبة من الأم أو الأب بعد الطلاق فلا تجد من يستقبلها فى بيته، فتشعر الطفلة بأنها بلا جذور وأنها أصبحت غير مرغوب فيها من أقرب الناس إليها - والديها الذى أنجباها - فأين تذهب؟! فلم يعد أمامها إلا الشارع، وفى أحيانا أخرى تكون القسوة مع الأبناء ناتجة من الفقر والدخل شبه المنعدم للأب وحصار الأبناء الجوعى له، وهو أمامهم عاجز فيولد ذلك الإحباط والقسوة معهم من قبل هذا الأب، فلا يكون واقع ذلك إلا الهروب للشارع، وقد تتعرض الفتاة لقسوة زوج أمها أو محاولته الاعتداء عليها جنسياً فتهرب البنت إلى الشارع بعدها إلى غير ذلك من أسباب هروب الفتاة للشارع [1].

وفى الشارع تتعرض الفتاة لنفس المخاطر التى يتعرض لها الذكور فى الشارع، بل أن الفتيات تتعرضن لمخاطر أكثر تتمثل فى الاعتداءات والممارسات الجنسية الغير صحية، ولكونها أنثى فهى تحتاج بإستمرار إلى الاعتماد على حماية، غالباً ما يصعب الحصول عليها بدون التعرض للاستغلال والمضايقات والعنف والابتزاز، ومن ناحية أخرى فإن إثبات الذات بالنسبة لفتاة فى الشارع مرتبط إرتباطاً وثيقاً بإثبات الأنوثة مما يطغى

(١) أحمد صديق: خبرات مع أطفال الشوارع، مرجع سابق، ص ص ١٥٠-١٥٢.

على شخصيتها ويحدد علاقاتها بالآخرين على هذا الأساس، ومن هنا تبرز صعوبة التداخلات الفعالة مع الفتيات من أجل تعدى هذه النظرة الضيقة للذات، ومحاولة إعادة بناء الهوية بإكسابها مهارات وقدرات شخصية تساعدها على تحسين أوضاعها وإيجاد بدائل عن حياة الشارع، مما يبرز بقوة الاحتياج إلى إيجاد أماكن إيواء مستديمة لهؤلاء البنات توفر لهن الحماية اللازمة والتنشئة الاجتماعية السوية [١].

وتعرف الباحثة مفهوم الطفل المشرد بأنه كل طفل قاصر ليس له علاقة حقيقية بأسرته ويتخذ عالم الشارع مأوى له ويتعايش معه إما بمزاولة أعمال تافهة غير مرخصة، أو بممارسة التسول، وهو يعانى كافة أشكال الإساءة من أفراد المجتمع.

كما يمكن تصنيف المشردين من حيث العوامل [٢] التى أدت إلى تشردهم:

١) تشرد أولى: ينجم عن الانقلابات الطبيعية مثل المجاعات، الزلازل والأوبئة، أو فى الحروب.

٢) تشرد بنائى: حيث ينتج التشرد مباشرة نتيجة التركيب الاجتماعى فى مجتمع معين مثل المطردين فى مجتمع قائم على التصارع، أو الذين هجرتهم أسرهم.

كما يصنف الأطفال المشردون إلى أفراد متنقلين يقطنون فى منازل لا

---

(١) الجمعية المصرية لسلامة المجتمع EASS: وثيقة برنامج العمل الاجتماعى فى الشارع مع الأطفال والشباب، القاهرة، يونيو ٢٠٠٠، ص١٠.

(٢) الجمعية المصرية لسلامة المجتمع EASS: مرجع سابق، ص٢١.

يملكونها أساساً، وأفراد يتواجدون فى تجمعات خيرية (فى الملاجئ)، وأفراد الشوارع الذين يعيشون على الأرصفة ويقيمون فى الأماكن العامة (مواقف السيارات - الجراجات-الأزقة - الحدائق العامة ...)[1]

وأيضاً يمكن تصنيف الأطفال المشردين فى الشوارع بأنهم [2]:

- أطفال مشردون فى الشوارع ليس لهم علاقة بأسرهم وهجروا أسرهم وهم يمثلون الجزء الأكبر من الأطفال المشردين فى الشوارع.
- أطفال تخلت عنهم أسرهم وهجرتهم.
- أطفال عاملون يقيمون بأعمال هامشية أو يتم تشغيلهم كخدم بالمنازل.

"والحدث المشرد يوجد فى حالة خطره تنذر باحتمال إقدامه على ارتكاب الجريمة وإن كان التشرد فى حد ذاته ليس جريمة، وغالباً ما يرجع التشرد إلى ظروف أسريه والى عدم توافر وسائل العيش والرعاية اللازمة لوقاية الحدث من الانحراف". [3]

كما يمكن تصنيف هؤلاء الأطفال على أنهم [4]:

(١) أبو بكر مرسى محمد: ظاهرة أطفال الشوارع.. المفهوم - الانتشار - العوامل- المخاطر -الجهود المبذولة، رؤية عبرة حضارية، ط١، مكتبة النهضة المصرية،القاهرة، ٢٠٠١،ص ص ٤٠ -٤١.

(3) Jean pierre: Blossoms in the dust street children in Africa, France ,1995 , P. 59.

(٣) غريب سيد أحمد: الجريمة وانحراف الأحداث، المكتب العلمى للكمبيوتر والنشر والتوزيع، ١٩٩٩، ص ٥٨.

(4) Gary. T.Mooore and Others: "Urban Children and the Physical Environment" Street and Homeless Children and their use of the urban Environment, internet Http: //WWW. Website, edith wilkins. Com/ street children html.

- الأطفال الذين يعملون بالشارع وبعضهم يعود إلى المنزل بعد العمل.
- الأطفال الذين يعتبرون حياة الشارع بمثابة حياتهم بالمنزل ويقضون فيه أياماً وليالى وربما توجد صلة ضعيفة بأسرهم.

"هذا ويطلق على الأطفال المشردين فى الشوارع تسميات مختلفة فى بعض الدول تدور كلها حول معنى التشرد " ففى بولونيا يسمونهم " أطفال الشوارع "، وفى الكاميرون يسمونهم "الصيصان"،وفى فيتنام يسمونهم "الأولاد السيئون"، وفى هندوراس يسمونهم "المتمردون الصغار" [(١)].

"وفى كولومبيا يطلق عليهم بالمتشردين **gamines** أو أولاد الغبار، أما فى السلفادور يطلقون عليهم المنبوذين **Hoelepegas**، وفى البرازيل يطلق عليهم بالأطفال المهملين **Tigueres**، أما فى المكسيك فيطلق عليهم بالأطفال المتخلى عنهم من قبل أسرهم **Pelones**، أما فى الهند فيطلق عليهم البائعين المتجولين من غير رخصة أو المتشردين **Vagranls**، أما بالولايات المتحدة وكندا فيطلقون عليهم بأطفال أو شباب الشوارع **Street youth or kids**، أو الصغار بلا مأوى **young homeless**، أما فى السودان يطلقون عليهم بأولاد الشوارع **Street children** ، أما فى مصر فيطلقون عليهم بالمتشردين أو الأحداث **Juveniles** أو أطفال

(١) سامى عصر: أطفال الشوارع الظاهرة والأسباب، بحث مقدم لندوة جهود المجلس العربى للطفولة والتنمية لفئة الأطفال ذوى ظروف صعبة، المجلس العربى للطفولة والتنمية، مركز دراسات الطفولة، معهد دراسات العليا للطفولة،جامعة عين شمس، القاهرة، ٢٠-٢٥ نوفمبر ١٩٩٩، ص ص ٣٨-٣٩.

الشوارع ويطلقون هم على أنفسهم لقب السوس [١].

ومن الملاحظ مما سبق أنه يمكن تصنيف هؤلاء الأطفال من حيث نظرة المجتمع إليهم إلى:

١) أطفال ينظر إليهم نظرة متعاطفة بأنهم لا ذنب لهم وأنهم ضحايا ظروف أسرية ومجتمعية خارجة عن إرادتهم.

٢) أطفال ينظر إليهم نظرة غير متعاطفة بأنهم سبب المشكلات والذين يستاء منهم المجتمع من حيث الأعمال غير الرسمية للتشرد مثل (التسول - السرقة ...). [٢]

وبناء على ما سبق فإن الطفل المشرد أو طفل الشارع يشير ببساطة إلى كل من يعيش بدون منزل أو بعيداً عن أسرته، هائما على وجهه ويمثل الشارع مأوى له وهم أطفال بلا مأوى هائمون بالشوارع يقيمون تحت الجسور وفى المجارى [٣].

فالأطفال المشردون هم أطفال معرضون للانحراف ليس لهم مأوى أو رعاية والديه وهم أطفال مهملون يسترزقون من الشارع، هامشيون يقضون معظم أوقاتهم فى الشارع وليس لهم دخل ثابت [٤].

---

(١) أيمن عباس الكومى: مرجع سابق، ص٩.

(٢) أيمن عباس الكومى: مرجع سابق، ص ٩.

(٣) خلف الله إسماعيل: مشكلة تشرد الأطفال فى السودان، بحث مقدم لعروض جمعيات السودان، المجلس العربى للطفولة والتنمية، القاهرة، ١٩٩٩، ص ٤.

(٤) شهندا الباز وآخرون: أطفال الشوارع - السياسات، تقرير مقدم لورشة عمل الندوة المصرية الفرنسية، المجلس القومى للطفولة والأمومة، السفارة الفرنسية=

ثانيا: سمات وخصائص الأطفال المشردين في الشوارع:

"أن توافق الطفل يتأثر بصورة واضحة بالضغوط التى يواجهها، وليس من الضرورى أن تكون هذه الضغوط خارجية (أى من البيئة)، ولكنها قد تكون داخلية كالشعور بالنقص أو العيوب الخلقية أو الصراع النفسى ــ الذى يحول دون تحقيقه لدوافعه ورغباته، فينتج عنها الإحباط والصراع أو القلق، فإما أن يواجه الطفل أو الفرد عامة هذه الضغوط بتعديل سلوكه وتغلبه على مصدر الضغط ليكون سلوكه متوافقاً، أو أن يلجأ إلى الحيل الدفاعية محققاً هدفاً معيناً تتمثل فى خفض توتره، ولكنه لن يستطيع التعرف على مصدر الضغوط فيظل معانياً من الإحباط أو الصراع وبالتالى يستمر فى سوء توافقه "[1].

وقد يسلك الطفل سلوكاً أخر متوافقا فيه مع ما يتطلبه الشارع،وفى هذا الشأن فإن جماعات هؤلاء الأطفال غالباً ما تظهر لهم سمات مشتركة.

" فهم يعيشون منعزلين، يعانون من سوء التغذية منذ ولادتهم، يفتقدون للعطف والتعليم، ويعيشون على السرقة والعنف، يحتفظوا لأنفسهم بأسرار تمنحهم شعوراً غير حقيقى بالأمان داخل تركيب أسرى لم يعهدوه من قبل، هم أطفال يستغلهم الغير بلا حرج ويسيئون معاملتهم، أطفال يرون فى الكبار اعداءاً لهم؛ أطفال لا يبتسم لهم أحد ولا يخفف آلامهم أحد، أطفال كلما زاد

=   بالقاهرة، القاهرة، ١٩٩٥، ص ٨٢.

(١)   مايسة أحمد النيال: التنشئة الاجتماعية مبحث فى علم النفس الاجتماعى، دار المعرفة الجامعية، الإسكندرية، ٢٠٠٢، ص ١٥٥.

شعورهم باليأس والمرارة وضيق الأمل، زاد شعورهم بالاغتراب"[١].

ويمكن عرض بعض ما يميزهم من سمات فيما يلى:

أ- السمات النفسية والاجتماعية لأطفال الشوارع:

١-العدوانيـة:

معظم أطفال الشوارع لديهم نوع من العدوانية، وهذا يـأتى نتيجـة الإحبـاط النفسى- الـذى أصابهم، ونتاج لموقف أسرهم معهم، وفقدانهم لحب الأسرة لهم، وهذا الميل إلى العدوانية يـزداد نتيجة تواجدهم فى بيئة الشارع، ومع مرور عـدة شـهور عـلى بقـائهم فى الشـارع يتحولـون هـم أنفسهم للعدوان على الأطفال فى الشارع، حيث تفرض عليهم حرب البقاء للأقوى، وحيث يفـرض عليهم العنف، كما يتعلمون أسلوب الرد الدفاعى المضـاد لأى اعتـداء علـيهم، وهـم مـع الوقـت يتعلمون بالخبرة أن العنف هو الحياة فى الشارع.[٢]

ويعرف العدوان بأنـه السـلوك الظـاهر والـذى يهـدف لإلحـاق الأذى بـالآخرين أو بالـذات ويعتبر هذا السلوك، تعويضا عن الإحباط الذى يعانيه الشخص المعتدى[٣].

---

(١) جمال مختار حمزه: أطفال الشوارع.. رؤية نفسية، مجلة جامعـة القـاهرة للخدمـة الاجتماعيـة، جــ١، العدد السابع، القاهرة، ١٩٩٦، ص ص ٢٣٣ - ٢٣٤.

(٢) محمد سيد فهمى: أطفال الشوارع "مأساة حضارية فى الألفية الثالثة، مرجع سابق، ص ٦٧.

(٣) حسنى عبد الفتاح الفنجرى: بعض المتغيرات البيئيـة وعلاقتهـا بالسـلوك العـدوانى لـدى الأطفـال دراسـة حضارية مقارنة بين الأطفال الـريفيين فى مصر- والإمـارات، بحـث مقـدم لمـؤتمر معهـد الدراسـات العليـا للطفولة بالتعاون مع هيئة الإغاثة =

ومن أهم مسببات العدوانية [1] ما يلى:

- تعرض الطفل لأزمات نفسية ومواقف وتجارب جديدة انفعالية وعاطفية كدخول المدرسة لأول مرة.

- نتيجة الشعور بالفشل والحرمان من العطف نتيجة صراعات وانفعالات مكبوتة لديه.

- نتيجة لعوامل جسمية كالتعب والجوع.

- رغبة الطفل فى الاستقلال عن الكبار، والتحرر من السلطة التى تحول دون تحقيق رغباته.

- نتيجة لنوع التربية تسلطيه كانت أم ديمقراطية،ونوع العلاقات البيئية والخبرات التى يمر بها الطفل.

- شعور الطفل بعدم الأمان أو بالنبذ أو الغيرة.

فالحدث المعرض للانحراف يستجيب إلى تجربة الحرمان بتحطيم العائق وإزالته، بغض النظر عن النتائج، وهنا يأخذ السلوك المنحرف أشكاله العدوانية المختلفة، كالغضب والكذب والاعتداء على الأشخاص والممتلكات والسرقة والتخريب، أما إذا كانت عوائق الإشباع كثيرة متلاحقة فإن تجربة الحرمان، تؤدى هنا لحالة من القلق والتوتر للحدث المشرد والتى

= الإسلامية العالمية، بعنوان الطفل المصرى بين الخطر والأمان، القاهرة، ابريل ١٩٩٥، ص ٣٧٥.

(١) محمد عبد المؤمن حسين، مشكلات الطفل النفسية، دار الفكر الجامعى، الإسكندرية، ١٩٨٦، ص ١٠٩.

قد تؤدى للاضطراب الشديد فى سلوكه [١].

٢-الغيرة الشديدة:

والغيرة حالة انفعالية يشعر بها الفرد فى صورة "غيظ" من نفسه ومن المحيطين أو أحدهم وهو انفعال مركب وإحساس بالغضب بسبب وجود عائق أمام تحقيقه لغاية مهمة لديه [٢].

فطفل الشارع نتيجة لما يكابده من حرمان عاطفى وعدم إشباع سواء أكان كلى أم جزئى لحاجاته، تتولد لديه غيره بداخله عن من هم فى مثل سنه، والغيرة انفعال معقد ليس بالبسيط، وهى تأخذ صوراً متباينة مثل الغضب والعدوان والتخريب وفقد الشهية وشدة الحساسية إلى غير ذلك والطفل الغيور لا يشعر بالسعادة كبقية الأطفال لأنه يعتقد انه قد فشل فى الحصول على الحب والرعاية ممن حوله فى حين حصل عليه غيره. [٣]

ومن أهم العوامل التى تؤدى بالطفل للشعور بالغيرة الإخفاق والفشل بمروره بمواقف الإحباط، وعدم قدرته على إثبات ذاته كالآخرين، ويزداد

(١) فاطمة بلال، كوثر السعيد: تأثير برنامج ترويج رياضى مقترح على كل من مفهوم الذات والانحرافات السلوكية للفتيات الجانحات، بحث مقدم للمؤتمرالسنوى الرابع بعنوان " الطفل المصرى وتحديات القرن الواحد والعشرين " المجلد الأول، معهد الدراسات العليا للطفولة، جامعة عين شمس، ٢٧-٣٠ أبريل ١٩٩١، ص٣٣٤.

(٢) زكريا الشربينى: المشكلات النفسية عند الأطفال، ط١، دار الفكر العربى،، القاهرة، ١٩٩٤، ص ٥٥.

(٣) على السيد سليمان، حمدى المليجى: مرجع سابق، ص ١٨١.

الشعور بالغيرة نتيجة سوء معاملته، والقسوة معه أو معايرته [١].

٣-عدم اتباعهم لمبدأ الصواب والخطأ:

أطفال الشوارع لا يمكن استجابتهم للنظام واحترام القوانين واتباعهم لمبدأ الصواب والخطأ، حيث هم غالبا من أسر سلبت كامل إرادتهم بالتوجيهات الكثيرة، واستخدام أسلوب العقاب البدنى القاسى لتنفيذها، وبهروب الطفل للشارع، أصبح لا يملك أى نوع من الضبط عليه ولا يسعد به، فيسير حسب الظروف التى تتلقفه فى الشارع ليشكل نفسه حسب الموقف، وحسب احتياجه العضوى الملح من جوع أو عطش أو نوم، فهو ليس له نظام معين فى حياته [٢].

٤-قضم الأظافر:

وهى عادة مدرجة على أنها صفة جديرة بالملاحظة فالطفل الرضيع الذى يشعر بالحرمان أو عدم الطمأنينة يقوم بالمص الشديد لإصبعيه، وهكذا الحال لهؤلاء الأطفال الذين لدى شعورهم بمواقف الحرمان المختلفة والإحباط يلجأون لعادة قضم الأظافر [٣].

٥- التلعثم أو اللجلجة:

وهو التحدث بتقطع أو حدوث احتباس فى النطق، ترافقه إطالة أو إعادة للمخارج الصوتية، أما التأتاة فتعنى اضطرابات فى الإيقاع الصوتى لدى

---

(١) محمد عبد المؤمن حسين: مرجع سابق، ص ١٢٢.

(٢) صموئيل أديب نخله، فهميه لبيب بطرس: مرجع سابق، ص ٩.

(٣) عبد العلى الجسمانى: الطفل السوى وبعض انحرافاته، ط١، الدار العربية للعلوم، بيروت، ١٩٩٤، ص ١٤.

هؤلاء الأطفال [١].

٦- الحركات اللاإرادية

فيلحظ أن الأطفال المشردين فى الشوارع عادة ما يهزون أرجلهـم بطريقـة شبه مستمرة أو تغميض أعينهم بسرعة بطريقة شبه متواصلة، أو تحريك جوانب الأنف أو تحريك الفم من أحـد جوانبه وتحريك رقابهم [٢].

٧-التمثيل والكذب:

أطفال الشوارع تعودوا على التمثيل، فهو من ناحية أحد وسائلهم الدفاعية ضـد أى أخطار يواجهونها، أو حين يقبض عليهم، ومن ناحية أخرى يتهمون أقرانهم بسلوك أو فعل أشياء معينـة لم يفعلها هؤلاء الأطفال [٣]. وهم يرون أن الكذب وسيلة لحماية أنفسهم من المخاطر التى تحيط بهم فى عالم الشوارع.

٨- القلـق:

يعتبر القلق نذيراً بالخطر الذى يهدد أمن الطفل وسلامته، وهو أمر مصاحب للصرـاع الـذى يواجه طفل الشارع فى كل لحظات حياته، والتى عن طريقه يتعلم الطفل أساليب غير سوية مـن السلوك التى من خلالها

---

(١)   حنان مرزوق حسين: المشكلات السلوكية لعينة من الأطفال ساكنى المقابر مـن سـن ٦-٩ سنوات، رسالة ماجستير غير منشورة،قسم الدراسات النفسية والاجتماعية،معهد الدراسات العليا للطفولة،جامعة عـين شمس،١٩٩٧،ص ٣٧.

(٢)   المرجع السابق، ص ٣٩

(٣)   محمد سيد فهمى: أطفال الشوارع "مأساة حضارية فى الألفية الثالثة"، مرجع سابق، ص ٦٨.

يستطيع أن يخفض من قلقه بدرجة تخلصه من توتره، وقد يكون القلق عقبه أمام تعلم الطفل

للأعمال المعقدة التى تتطلبها السيادة المبدئية للاستجابات المنحرفة.[١]

٩- التقليد والمشاركة:

يعتبر التقليد من الأنماط السلوكية الشائعة لدى أطفال الشوارع الذى يمتزج بالنقد

والسخرية والتهكم وإتقان المداعبات والفكاهة وإلقاء النكت الجنسية، كما يميل أطفال الشوارع

لمشاركة الأقران فى اللعب والعمل والحديث والنوم والانضمام لعصابات الأطفال.[٢]

ب- السمات الحسيه والحركية والثقافية للأطفال المشردين فى الشوارع:

١-الذاكرة البصرية:

يتمتع الطفل المشرد فى الشارع بذاكرة بصرية عالية تمكنه من التمييز بين الأشياء والتفرقـة

بين أوجه الشبه والاختلاف بين الأشخاص والأشكال والأماكن، وتـزداد نشـاط هـذه المهـارات فى

مواقف القلق والخوف والترقب والحذر، باعتبارها درعاً واقياً لحماية الـذات مـن الخطر الـذى

يقترب منه ليتخذ السلوك المناسب للابتعاد عن مواقف التهديد وخاصة عند مطاردة الشرطة لهم

حيث تظهر هذه لبسمة.[٣]

---

(١)   أحمد صديق، مصطفى قنديل: مرجع سابق، ص ٣٩.

(٢)   أحمد صديق، مصطفى قنديل، مرجع سابق، ص ٢٩.

(٣)   المرجع السابق، ص ٢٧.

٢-المهارة اليدوية ومهارة استخدام الأرجل:

يتميز الطفل المشرد في الشارع باستخدام الأرجل للقفز في مواقف الهروب من الخطـر الـذى يهدده، كما تساعده على القيام بأعمال وأنشطة قد يرغب فيها أو يتجنبها، وتصلح هـذه المهـارة لتوظيفها في بعض البرامج والأنشطة الرياضية والأعمال التى تتطلب سرعة الإنجاز في بعـض الأنشطة البيئية عند إعادة تأهيله. [١]

٣-وجود هوية مشتركة خاصة بالأطفال المشردين في الشوارع:-

وهـى ليسـت نتـاج رغبـة ذاتيـة، ولكنهـا تمثل رد فعل طبيعى لنظرة المجتمع تجـاههم باعتبارهم يمثلون جماعة منحرفة ذات تأثير سلبى على المجتمع، وبالتالى فهـم ينعزلون وتتولد بينهم هوية مشتركة وتبدأ جماعات أطفال الشوارع بتكوين ما يسمى بالثقافة الفرعيـة الخاصـة بهم. [٢]

٤-اللغة المشتركة:

على الرغم من عدم وجود لغة محددة مشتركة للاتصال والتعامل بين الأطفال المشردين في الشوارع بوجه عام، إلا أن هناك مجموعة من العبارات والكلمات التى تستخدم للتعاريف فيما بينهم أو للإشارة لبعض الأشياء، أو الأنشطة المرتبطة بواقع حياتهم اليومية والتى تمثل نتاجا لتفاعلهم المستمر معا على مستوى الشارع ولإدراكهم المشترك بوجود

---

(١)   المرجع السابق، ص ٢٦.

(٢)   سامى عصر: مرجع سابق، ص ٥٤.

مشكلات مشتركة تهددهم.(١)

ثالثا: عوامل شيوع ظاهرة تشرد الأطفال فى الشوارع:

لا يمكن أن يتجانس الأطفال المشردون فى الشوارع من حيث الظروف أو الأسباب الدافعة لأى منهم للشارع، أو حتى فى الشخصية المميزة لكلا منهم، فقد يخرج الطفل للشارع لإمداد الأسرة بالمال أو الغذاء من خلال عمله بالشارع، أو يخرج للشارع كهروب من الحياة الأسرية التى تتسم بالفقر أو نتيجة لمرض الوالدين أو لغياب الرقابة الأسرية...إلخ (٢).

وقد ترجع ظروف تنشئة الأطفال المشردين إلى العديد من العوامل، ولكنها فى مجملها العام جاءت نتيجة لأسباب منها عدم تكيف المعرضين للانحراف للإقامة بالمؤسسات الإيوائيه، أيضاً جماعة رفقاء السوء ومشكلة البطالة ...الخ (٣).وعامة يمكن تصنيف أسباب الظاهرة إلى:

١- عوامل بيئية داخلية وتشمل:

أ) البعد الاقتصادى والمعيشى.

ب) البعد الأسرى.

---

(١) نشأت حسن حسين: مرجع سابق، ص ٨٢.

(2) Ahmed Tawfik: welfare / training & Drug Abuse prevention for working/ street children, meeting of Experts and organizations Representatives Regarding street children project, Arab council for childhood and Development, April 27-28, Cairo, 1998, P.1.

(3) Education of Homeless children and youth: Published by the National coalition for the Homeless, U.S.A, June,1999 ,P.1.

٢- عوامل بيئية خارجية وتشمل:

أ)   البعد الاجتماعى ويشمل:

١)   عوامل مدرسية.   ٢) العمل.   ٣)   الرفاق والأصدقاء.

ب)   البعد الإعلامى والتغيرات الثقافية بالمجتمع

ج)   البعد السياسى.   د) البعد الجغرافى.

وفيما يلى عرض لهذه العوامل تفصيلاً:

١- عوامل بيئية داخلية:

أ)   البعد الاقتصادى والمعيشى:

يعتبر المستوى الاقتصادى من أهم العوامل فى ظروفنا المعيشية الحالية، فكلما ارتفع المستوى الاقتصادى للأسرة، كلما أتيحت فرص العناية والرقابة للأطفال، وتوفير الفرص التعليمية والثقافية لهم، أما الأسر الفقيرة وكثيراً منهم تحت خط الفقر، فيستحيل عليهم رعاية أبنائهم، بل على العكس يصل بهم الحد إلى استغلالهم فى سوق العمل لمساعدة الأسرة اقتصادياً [١]

١- الفقر:

" شهد المجتمع المصرى فى الحقبة الأخيرة تغيرات سريعة شملت مختلف مجالات الحياة فى المجتمع، وكان أكثر هذه المجالات سرعة فى التغير هو المجال الاقتصادى، حيث جرى تبنى سياسة الانفتاح الاقتصادى والتى فى إطارها اتجهت الدولة لتشجيع القطاع الخاص ورفع الدعم عن

---

(١)   فتوح أبو العزم: مرجع سابق، ص ٣.

السلع وارتفاع الأسعار بصفة عامة نتيجة للاعتبارات الاقتصادية الدولية، فأدى ذلك إلى انتشار الفقر بين العديد من الأسر، وقد أشارت العديد من الدراسات إلى أنه عادة ما ينتمى أطفال الشوارع إلى أسر منخفضة الدخل وأن هؤلاء الأسر عادة ما تعيش عند خط الفقر أو دونه، مما يجعل الوالدين يدفعون أبناءهم إلى ممارسة أعمال التسول أو التجارة فى بعض السلع الهامشية طوال اليوم لمساعدتهم، وأحياناً أخرى يتعرض هؤلاء الأطفال للقسوة والحرمان الشديدين من أسرهم، مما يجعلهم يهربون منها إلى الشارع فيتعرضون لمختلف أساليب الاستغلال والعنف والانحراف ".[١]

فالفقر عامل مساعد ومهيئ للانحراف، فالطفل يتأثر بظروف الأسرة الاقتصادية المنخفضة سواء أكان عارضاً أو غير عارض فإذا تأثر دخل الأسرة بسبب الكوارث كما فى حالات وفاة الأب أو مرضه مرضاً مقعداً أو بطالتة، افتقد الطفل الأمن فى حياته الأسرية وانعكس ذلك على سلوكه الذى يؤدى به إلى الانحراف،[٢] ولذلك فإن تأثير الظروف الاقتصادية السيئة، على الأسرة وبالتالى على الطفل لا شك أنها تنعكس بشكل كبير على خروج الطفل للعمل أو التسول وخلافه ومن ثم تعرضه للانحراف والتشرد.

وقد أوضحت إحدى الدراسات فى ضوء خبرات الأطفال المشردين بأنهم كابدوا مختلف المشكلات وعانوا من كثير من الضغوط المتصلة

---

(١) محمد سيد فهمى: أطفال الشوارع "مأساة حضارية فى الألفية الثالثة"، مرجع سابق، ص ٤٤.

(٢) خيرى خليل الجميلى: السلوك الانحرافى فى إطار التخلف والتقدم، المكتب الجامعى الحديث،الإسكندرية،١٩٩٨، ص ٢٣٥.

بالإنفاق ومشكلات الديون والفقر ومن صعوبة إشباع كثير من الاحتياجات الأساسية كالغذاء [١].

"ومن هنا كان المستوى الاقتصادى من أهم العوامل المؤثرة على الطفل، حيث انه إذا ما توفر المستوى الذى يتيح للأسرة فرص العناية بالأطفال وتوفير الفرص التعليمية والثقافية لهم، نشأ الطفل غالباً تنشئة سوية، أما كثير من أسر أطفال الشوارع فهم دون خط الفقر – وغالباً يصعب عليهم رعاية أبنائهم، بل على العكس يدفعوا بهم للقيام ببعض الأعمال لمساعدة الأسر اقتصادياً ". [٢]

٢- الظروف السكنية:

فللمسكن تأثير واضح فى قوة العلاقات الاجتماعية التربوية، ويلعب المسكن كذلك دوراً بالغاً فى تماسك الجماعة الأسرية أو تفككها، ذلك من حيث اتساعه أو ضيقه أو من حيث فتحاته وتهويته أو مرافقه، أو من حيث قدمه أو جدته، فالمساكن المتسعة التى يجد فيها أفراد الأسرة فرصة للتجمع بداخلها، وممارسة الألعاب الداخلية والترويح تزيد من الراحة فيه والعكس فى المساكن الضيقة السيئة التهوية التى تدفع أفراد الأسرة لقضاء وقت اكبر

---

(1) Hall, Stuart Powney and others: The Impact of Homelessness on families, Research Report series, ERIC, Vol.(36), No.(5), May 2001, P. 140.

(٢) محمود مطريد: أطفال الشوارع المعرضون للانحراف ودور الشرطة والجهات الأمنية للحد من هذه الظاهرة، بحث مقدم لجمعية الحرية لتنمية المجتمع بعنوان "ظاهرة الأطفال المحرومين من الرعاية وسبل مواجهتها، الإسكندرية، ١٩٩٧، ص ٩٠.

خارج المنزل، مما يضعف من الروابط الأسرية ويؤدى للاندفاع للخارج حيث الانحراف [١].

" فالبيئة المزدحمة بالمساكن غير الصحية والفقيرة يتربى فيها الطفل ويتدرب على مناخ لا يحترم السلطة وينشأ متعوداً على السب والاعتداء، ويعتبر المسكن مؤثراً بيئياً داخلياً كما يعتبر مؤثراً بيئياً خارجياً، وقد يؤدى الازدحام وكثرة عدد أفراد الأسرة بمعيشتهم فى حجرة واحدة إلى الانصراف عن الترويح الداخلى إلى الترويح الخارجى الذى قد يؤدى بدوره لانحراف الأطفال" [٢].

فعدم ملاءمة المسكن من كافة النواحى يمكن اعتباره مكانا مهيئاً للانحراف، وخاصة انحراف الصغار، لأن عدم ملاءمة المسكن يؤثر على الحالة البدنية والنفسية خاصة للصغار، مما يؤدى ذلك من زيادة الصراعات داخله [٣].

"فعندما تعيش أعداد كبيرة من البشر فى مساكن فقيرة أقيمت فى مناطق مزدحمة وغير صحية فإن الأمراض المعدية تنتشر بسهوله وينتج عن ذلك ارتفاع معدلات الأمراض وبصفة خاصة بين الأطفال" [٤]، كما أن افتقار

---

(١)   أنور محمد الشرقاوى: مرجع سابق، ص ٢٠٤.

(٢)   خيرى خليل الجميلى: مرجع سابق، ص ٢٣٦.

(٣)   ماجدة فؤاد: العلاقة بين المناطق العشوائية وانحراف الأحداث، بحث مقدم لندوة عن أوضاع الطفل فى المناطق العشوائية، المركز القومى للبحوث الاجتماعية والجنائية، القاهرة، ١٩٩٨، ص ٣٢..

(٤)   حمدى عبد الحارس البخشونجى: التدخل المهنى فى مجال تنمية المجتمعات المحلية، المكتب العلمى للكمبيوتر والنشر والتوزيع، الإسكندرية، ١٩٩٦، ص ص ٩٩ - ٨٩.

المساكن للمرافق والخدمات الأساسية كالمياه والمجاري والكهرباء من العوامل والظروف السكنية التى تشكل ضغوطاً نفسيه بالسلب على أفراد الأسرة، الأمر الذى يؤدى إلى ظهور بعض المشكلات الاجتماعية كالإجرام والتشرد والعنف وهروب الطفل من منزله للشارع لقضاء الوقت الأكبر خارج هذا المنزل.

وبمعنى آخر فالطفل الذى يفتقد وأسرته المسكن الطبيعى يحرم من الأمن العاطفى قبل حرمانه من المأوى وما يرتبط بذلك من العنف الأسرى وسوء التغذية والمشكلات الصحية المرتبطة بالفقر، ومن ثم كان فقد الطفل للمسكن طريق يسلكه لعالم التشرد حيث يصبح الشارع مأوى له [1].

٣- البطالة:

البطالة نتاج الأزمة الاقتصادية المجتمعية وهى تتراوح بين البطالة الموسمية بالقرية أو البطالة نتيجة تفتيت الملكية الزراعية وزيادة عدد السكان، والعوامل الطاردة من القرية للمدن، حيث الدخول لسوق العمل مع عدم التأهيل المناسب لإداء الأعمال، فإذا أضيف لذلك عنصر ـ الأطفال المتسربين من التعليم والراغبين فى الدخول فى سوق العمل فإن المنافسة تكون صعبة تماماً ونجد الأطفال يعملون فى ظروف صعبة وأوقات غير مناسبة وأجور متدنية، الأمر الذى يشجع على تشغيل الأطفال وتهرب أصحاب العمل من الالتزامات الوظيفية، ومن الجانب الآخر قد يسهم هذا

---

(1) Vissing and Yvonne M: Homeless children: Addressing the challenge in Rural Schools, ERIC Digest, Vol.(34), No.(4), 1999, P.4.

العمل غير الملائم للطفل لدفعه للشارع [١].

"فمن الطبيعى أن يترتب على انتشار البطالة وفقدان التوازن بين المدن والقرى، والاستسلام للفقر ورتابة الحياة اليومية، والمخاطرة من أجل الحصول على القوت اليومى متاعب كثيرة خاصة بالأطفال الذين فى طور النمو" [٢].

" وتعتبر العوامل المادية من أهم الأسباب التى تحدد مدى كون الأسرة مشردة أم لا، فتكلفة الاحتياجات الأساسية للأسر الفقيرة يتجاوز دخل الأسر العاملة، وتقريباً أكثر من ٢٠% من الأطفال ذوى الظروف الصعبة كما أشارت إحدى الدراسات كانوا نتاجاً لعدم عمل والديهم وبطالتهم ورغم كفاح بعض الآباء فى الأعمال المؤقتة غير المستمرة، إلا أن ذلك لم يمنع من اطراد فى حجم ظاهرة تشرد الأطفال " [٣].

" فالبطالة هى السبب الرئيسى لتشرد كثير من الأسر، فعدم وجود دخل أسرى معيشى للأسرة، وعدم إشباع الاحتياجات الأساسية كالحاجة للغذاء والدواء، والعمل المؤقت للأباء أو بطالتهم، كان من عوامل تشرد الأسرة وخاصة أطفالها" [٤].

---

(١) سامى عصر: مرجع سابق، ص ٥٠.

(٢) شهيناز محمد محمد عبد الله: بعض الابعاد النفسية لأطفال المناطق العشوائية بمحافظة أسيوط، دراسة ميدانية، مجلة كلية التربية بأسيوط، المجلد ٢، العدد ١١، مطبعة جامعة اسيوط، يونيه ١٩٩٥، ص ٩١٢.

(3) The others America: Homeless Families the shadow of the new Economy Family in Homeless in Kentucky, tennessee and the carolinas, ERIC,Vol.(36),No.(8),Aug2001, P.206.

(4) Dworkin, Jule: Families Hardest Hit ; Effects of Welfare

ب-البعد الأسـرى:

يشير هذا البعـد إلى أوضـاع التغـير التـى ألمـت ببنيـة الأسرة المصرـية وأدوار ومكانـة المـرأة المصرية، وطبيعة العلاقات الأسرية والمستوى التعليمى للأسرة والرؤية الاجتماعية للطفـل، فـالأب الغائب فى الخارج من أجـل البحـث عـن الـثروة، وألام المنهمكـة فى تـدبير شـئون الأسرة والوفـاء باحتياجاتها، والعمـل خـارج نطـاق الأسرة لتـدبير النفقـات ومتطلبـات الحيـاة المتزايـدة فى ظـل التضخم وارتفاع الأسعار، فضلا عما يحدث من مؤثرات وقلق ومنازعـات وعلاقـات ماديـة داخـل الأسرة بسبب تغير الأدوار واضطرار المرأة أن تمارس أدوار مزدوجة ومهـام كـان يقـوم بهـا الرجـل الغائب أو المنهك فى أكثر من مهنة، ينعكس آثارها سلبيا على رعايـة الأطفـال أو حمايـتهم، ومـن هنا أصبحت الأسرة وهى الوسط الذى ينشا فيه الطفل، تعيش فى ظـروف صـعبة، يصـعب معهـا توفير البيئة الصالحة لرعاية الطفل وتربيته التربية الأسرية السـليمة، فـانعكس ذلـك عـلى ظهـور نوعيات من الأطفال ذوى المشكلات الخاصة مثل الأطفال مجهولى النسب والأيتام والمشردين [1].

" وترتبط ظاهرة جناح الصغار وتشردهم ارتباطاً وثيقاً بالتنشـئة الأسريـة التـى يتعـرض لهـا هؤلاء الأطفال، وإذا كانت الطفولة هى صانعة المستقبل،

Reformon Homeless Families, ERIC., Vol. (36), No.(9), SEP 2001, P. 187.

(١) عبد الفتاح عبد النبى، ثريا عبد الجواد وآخرون: الأحداث المعرضون للانحراف فى مصرـ قـراءة إحصـائية اجتماعية، المجلة الجنائية القومية، مجلد ٣٧، العدد ٣، القاهرة، نوفمبر ١٩٩٤، ص ص ١٢٨ - ١٢٩.

وأن طفل اليوم هو رجل الغد، فإن عدم تنشئة الطفل تنشئة أسرية سوية، تخلق فيه طفلا جانحاً غير سوى، كما أن من المعروف أنه ا يمكن لجهود فى عمل ما أن تكلل بالنجاح إذا اقتر التخطيط على الاعتبارات المادية فقط دون البشرية – بالتخطيط لمستقبل أطفالنا – والعمل على تنشئتهم تنشئة أسرية سليمة حتى تتوفر لهم ظروف مناسبة سوية لطفولة سعيدة "[1].

فالأسرة مركز عالم الطفل وهى وسيلة للتعرف على نفسه وعلى الكون من حوله، وعلى الاندماج فى العلاقات والأنماط المختلفة بالمجتمع سواء أكانت جيدة أم سيئة، وفى ضوء متطلبات الحياة الحديثة وانهيار كثير من الأسر أمام تلك المتطلبات التى وقعت على كاهلها كالبطالة وفقر تلك الأسر والعنف،بات من المتوقع خروج الطفل عن الإطار السوى أثناء تعامله مع الأسرة والمجتمع [2].

فللأسرة تأثير كبير على شخصية الطفل وسلوكه، فنوع العلاقات السائدة فى الأسرة بين الوالدين، وبينهما وبين الأطفال يحدد نمط شخصية الطفل والى أى مدى سيتفاعل مع المجتمع بشكل سوى [3].

" ومما لا ريب فيه أن يصاحب مولد الطفل فى أسرة صغيرة كثيراً من

---

(١)   محمد بيومى على: الأحداث الجانحون وتنشئتهم الأسرية، دراسة ميدانية بالمدينة المنورة، ندوة الطفل والتنمية،وزارة التخطيط بالمملكة العربية السعودية، ٢٤-٢٦ نوفمبر ١٩٨٧، ص ١٥١١.

(٢) VEDP. VARMA: The Management of children with Emotional and Behavioural Difficulties, New York, ١٩٩٠, P. ١٣٧.

(٣)   مجدى أحمد محمد عبد الله: الطفولة بين السواء والمرض،دار المعرفة الجامعية، الإسكندرية، ١٩٩٧،ص٢٦٨.

التوقعات المتباينة التى قد يكون بعضاً منها إيجابياً والبعض الأخر سلبياً، وفقاً لعوامل كثيرة محيطة بالجو العائلى للزوجين"[1]. والتى تؤثر فى رسم الهيكل العام لشخصية الطفل، فإذا لم تتوافر التنشئة الأسرية السوية لهذا الطفل فإنه من الممكن أن يتعرض للانحراف، ومن أهم الأسباب الأسرية لظاهرة الأطفال المعرضين للانحراف (المشردين):

١- العلاقة بين الأبوين والطفل:

يتأثر الطفل بالمناخ الأسرى ويظهر ذلك جليا على شخصيته وفى تعامله مع المحيطين به، فالمناخ الأسرى المستقر بين الأبوين ينعكس على شعور الطفل بالأمان النفسى ـ ويخرج مواطناً صالحاً للمجتمع، أما إذا خرج الطفل من منزل يسوده المشاجرات بين الوالدين مع تمزق الطفل بينهما، فلن يجد فى الغالب غير الشارع ليهرب إليه بعيداً عن مناخ المنزل. وقد يرجع ذلك أيضاً لتخلى بعض الآباء عن رعاية أطفالهم وتربيتهم حيث يفتقد الأبوان سريعاً اهتمامهم بالطفل بعد ميلاد طفل آخر أو ترك كلاً من الوالدين مسئولية تربيته للآخر [2].

٢- الإفراط فى عملية العقاب:

فالقسوة فى معاملة الطفل فى مرحلة الطفولة قد تؤدى إلى ردود فعل عدوانية من قبل الطفل تأخذ أشكالاً من السلوك غير الاجتماعى، وقسوة أحد الوالدين فى معاملة الطفل تدفعه إلى الميل إلى الطرف الأخر، كما أن

(١) ماهر محمود عمر: سيكولوجية العلاقات الاجتماعية، ط٢، دار المعرفة الجامعية، الإسكندرية، ١٩٩٢، ص٣٨٥.

(2) **Ben whitney: child protection for teachers and school, London, 1996, P.8**

التناقض فى المعاملة فيما بين الوالدين يؤدى إلى عدم مقدرة الطفل فى تحديد المعايير السلوكية المرغوبة وبالتالى أضعاف قيمه العليا "[1].

" وقد يكون الإفراط فى عملية العقاب أسلوباً آخراً من أساليب التربية الخاطئة تتبعه الأسرة مستهدفة به منع الطفل بالقوة من القيام بسلوك خاطئ لا ترتضيه، وأيضاً تتخذه الأسرة كأسلوب قهرى لتربية الطفل على اتباع الطاعة والنظام، وخطورة عملية العقاب غير العادل إنما يتمثل فى نوعه المقدم أهو بدنى أو نفسى، وفى درجته من حيث الشدة مما يولد فى نفس الطفل الكراهية وبزيادة شدته يلجأ الطفل لأحد سبل الخضوع أو الانسحاب والفرار من المنزل "[2].

" وهنا يشير أحد الباحثين بأنه يجب تجنب القسوة الزائدة - باستخدام أساليب العقاب الصارم مع الطفل أو التذبذب فيها أو الإهمال بتركه دون تشجيع أو عدم متابعة سلوكه - لكى ينعم الطفل بأساليب التنشئة الاجتماعية السوية ".[3]

٣- التدليل الزائد للطفل:

" قد يحدث نتيجة غياب أحد الوالدين عن المنزل سواء بالوفاة أو بالاستغراق فى العمل ويتصور الطرف الأخر بأن هذا الأسلوب يعوض

(١) المرجع سابق، ص ٢٤٣.

(٢) وزارة الشئون الاجتماعية، الجمعية العامة للدفاع الاجتماعى، بحث ميدانى عن ظاهرة غياب الصغار عن مسكن الأسرة، كفر الشيخ، بدون سنة، ص ٤٣.

(٣) محمد شفيق: الإنسان والمجتمع، المكتب الجامعى الحديث، الإسكندرية، ١٩٩٧، ص ٥١.

الطفل عما ينقصه، مما يكون له الأثر فى خلق شخصيات هشه ضعيفة غير قادرة على مواجهة أعباء الحياة وتحمل مسئولياتها ".[1]

لذا فتدليل الطفل الشديد والحماية الزائدة له تفسده بل وتجعله عاجزاً عن مقاومة المتغيرات، أو مواجهة المواقف المختلفة مع ضعف القدرة على تحمل المسئولية، الأمر الذى يؤدى به إلى الهروب من المنزل أو المدرسة أو العمل"[2].

٤- الإهمال:

إن لإهمال الأطفال من قبل الأسرة تأثيراً كبيراً فى إحساس الطفل بعدم الأمان والشعور بالاغتراب والاضطراب والقلق، مما يدفع به للبحث عن الأمان فى أى جهة أخرى بعيدة عن الأسرة مثل الرفاق أو فى الشارع.

٥- الطلاق والتفكك الأسرى:

يعتبر انفصال الأبوين سببا يجعل حياة الأطفال حياة يسودها القلق والاضطراب وعدم الاستقرار،ولذلك يجب إزالة هذا التوتر والاضطراب لتعود حياة الطفل طبيعية ومتكيفة مع هذا الوضع المعيشى الجديد، حيث أن ترك الطفل فى ضوء تلك المتغيرات دون المحاولة لجعله يتعايش مع ظروف انفصال أبويه، فإن هذا الانفصال سيترك عند الطفل صورة مهزوزة عن الوفاء والحب والالتزام مادام واقع الأبوين يعكس صورة

---

(١) وزارة الشئون الاجتماعية، الجمعية العامة للدفاع الاجتماعى، بحث ميدانى عن ظاهرة غياب الصغار عن مسكن الأسرة، مرجع سابق، ص ٤٥.

(٢) خيرى الجميلى: مرجع سابق، ص ٢٤٣.

مغايرة لتلك القيم بينهما [1]، وكلما زادت حالات الطلاق بين الأبـوين زاد أعـداد أبنـاء المطلقـين، الذين قد لا يجدوا اهتماما متكافئاً من أبويهم أو رعاية اجتماعية أو عوناً مالياً منهم، فضـلاً عـن أن الطلاق قد يصيبهم بصدمة نفسية قوية تدفعهم لفقد الهوية والانحراف [2].

"فالتفكك الأسرى بفقدان رعاية أحد الوالدين من العوامل الهامة فى التشرد، إذ يصبح المنـاخ داخل البيت غير متكامل ينقصه. أما الأب فيفتقد إلى التوجيـه الـلازم أو الأم فيفتقـد إلى الحنـان والرعاية، ويؤدى فقدان أحد الوالدين إلى شعور الطفل بالنقص والحرمان مما يدفعه إلى الاندفاع نحو العنف والجريمة والانحراف بسهوله، ويزداد الأمر صـعوبة فى حالـة مـا إذا كـان الأب أو الأم متزوجين من غير أباء الأطفال فيقود هذا إلى تفسخ شخصية الطفل والإحساس بالغربة خاصـة فى حالة قسوة هؤلاء الأزواج أو الزوجات مما يدفعه للهـروب للشـارع بحثـاً عـن الراحـة، إذ يصـبح المنزل مكاناً يسوده القلق والاضطراب والمعاناة بدلاً مـن أن يسـوده الأمـن والرعايـة والإحسـاس بالأمـان، ومـن هـذا المنطـق نجـد أن الكثـيرين مـن أولاد الشـوارع يتركـون أسرهـم دون عـودة ويفضلون التسول فى الشارع بحثاً وراء لقمة العيش". [3]

(1) محمد عبد الرحيم عدس: الإباء وتربية الأبناء، دار الفكر، الأردن، ١٩٩٥، ص ص ٥٧ - ٥٨.

(2) معن خليل عمر: علم اجتماع الأسرة، ط١، دار الشروق للنشر والتوزيع، الأردن، ١٩٩٤، ص ٢٣٣.

(3) محمد سيد فهمى: أطفال الشوارع "مأساة حضارية فى الألفية الثالثة"، مرجع سابق، ص ٥٤.

"وأيضاً من مظاهر تفكك الأسر وفاة الأب أو الأم أو كليهما أو انفصالهما أو غياب أو مرض أحد الوالدين، الأمر الذى ينعكس بصورة سلبية على الأطفال بهروبهم من هذه المواقف بأساليب غير سوية من خلال تأثير رفقاء وأصدقاء السوء إلى الشارع". [1]

"وكثيراً ما تؤدى هذه المظاهر من فقدان الأبوين أو إحداهما بالموت أو السجن أو المرض أو الانفصال.. الخ إلى نتائج سيئة تهئ الطفل للانحراف، نتيجة للقلق الناتج بسبب غياب هذا الوالد أو بسبب رد الفعل الذى يجده عند الطرف الأخر من الوالدين، وقد يصحب الانفصال والطلاق فى معظم الحالات مؤثرات انفعالية للأطفال مما يعرضهم للانحراف ". [2]

٦- كبر حجم الأسرة:

" يعتبر زيادة حجم الأسرة من إحدى سمات الأسر منخفضة المستوى الاجتماعى والاقتصادى خاصة التى تقع عند خط الفقر وتحته والتى عادة ما ينتمى إليها أولاد الشوارع، وعادة ما يتجه الأباء لكثرة الإنجاب لعدم وعيهم الكامل بالمشكلات والصعوبات التى يجلبها عليهم كثرة العدد من حيث الإنفاق والرعاية، إذ غالباً لا تتحمل هذه الأسر مسئولية التنشئة والإعالة الكاملة لهؤلاء الأبناء فيدفعونهم إلى الشارع فى حالة عدم قدرتهم على الإنفاق عليهم، وفى هذه الأسر كبيرة العدد يقل مقدار الوقت والرعاية

(١) خيرى الجميلى: مرجع سابق، ص ٢٤٨.

(٢) محمد سلامه محمد: الانحراف الاجتماعى ورعاية المنحرفين ودور الخدمة الاجتماعية معهم، المكتب الجامعى الحديث، مطبعة الانتصار، الإسكندرية، ١٩٨٩، ص ١٢٣.

والمال الذى يخصص لأطفالها، كما يحرم الطفل من أدوات اللعب والتسلية الملائمة لمثل سنه - التى تساعد على نموه النفسى والعقلى السليم - كما قد يحرم من التعليم لارتفاع تكاليفه وكثرة التزاماته، كما يترتب على كثرة عدد أفراد الأسرة نقص وسوء تغذية أفرادها، ونظراً لجميع هذه الضغوط والمشكلات التى تتعرض لها الأسرة، فغالباً ما تدفع أولادها إلى العمل أو إلى الشارع تخلصا من كثرة الأعباء المادية ورغبة لمساعدتهم فى رفع دخل الأسرة ".[1]

٧- ضعف الإطار القيمى للأسرة:

" الأسرة هى وحدة اجتماعية تقوم بمجموعة من الوظائف المحددة تترك آثارها فى عملية التنشئة الاجتماعية، واستمرار المجتمع بأسره يتوقف عليها، وإن أية محاولة لتعويض دعائم النظام الأسرى هى شئ ضد الطبيعة البشرية والقانون الطبيعى، وهو وضع اصطناعى معرض للفشل آجلاً أو عاجلاً "[2] " فعلى الأسرة مسئولية كبرى ودور هام فى تقرير النماذج السلوكية التى يبدو عليها الطفل فى كبره، فلا شك فى أن شخصية الإنسان وفكرته عن هذا العالم، وما تشرب به من تقاليد وعادات وقيم ومعايير للسلوك إنما هى نتاج لما يتلقاه الطفل فى أسرته منذ يوم ميلاده، وهو إذ ما تشرب المواقف والقواعد غير السوية ونماذج السلوك المنحرفة من غيره

---

(١) محمد سيد فهمى: أطفال الشوارع "مأساة حضارية فى الألفية الثالثة"، مرجع سابق، ص ص ٥٢-٥٣.

(٢) زينب زهيرى، صالح الزين: دراسات علم الاجتماع والانتروبولوجيا، ط١، الدار الجماهيرية للنشر والتوزيع والإعلان، بنى غازى، ١٩٩٠، ص ٣٥.

من أفراد الأسرة سيؤثر بدوره على الإطار القيمى له ".[١]

كما تتسبب ضعف رقابة الآباء على الأبناء إلى الانحلال الخلقى أو إلى تشرد الطفل أو إلى انطوائه تحت لواء العصابات التى يجد فى ظلها أسباب التعبير عن الذات وإشباع حاجته إلى العطف والتقدير الذى يفتقدهما فى محيط أسرته أو فى جماعة العمل أو المدرسة وهؤلاء قد لا يرتكبون أفعالاً يمكن اعتبارها جرائم ومع ذلك يمرون فى مرحلة التخصيب للجريمة ".[٢]

" فانحلال الروابط الأسرية وضعف الضبط الأسرى، وانخفاض المعايير والمستويات الأخلاقية للوالدين وضعف علاقتهما بأطفالهما يؤدى بدوره إلى الانحلال الأخلاقى للأبناء "[٣].

وقد ينتج عن الاهتزاز القيمى بالأسرة عدة مظاهر رئيسية منها عدم احترام التقاليد والأعراف المجتمعية، تغليب الغرائز والاستسلام لها والعدوانية أو الاستيلاء على ممتلكات الغير.

٨- انخفاض المستوى التعليمى للوالدين:

" رغم أن التعليم حق من حقوق الفرد ويعتبر حجر الزاوية لتقدم المجتمع، ورغم المحاولات العديدة للحد من الأمية إلا أن نسبة الأمية ما زالت مرتفعه، خاصة بين الفئات الدنيا التى ينتمى إليها الأطفال المشردون

---

(١) محمد شفيق: مرجع سابق، ص ص ١٠٩ – ١١٠.

(٢) السيد رمضان: الجريمة والانحراف (رعاية الأحداث والمجرمين)، دار المعرفة الجامعية، الإسكندرية، ٢٠٠٠، ص ٢٥٩.

(٣) مصطفى الخشاب: الاجتماع العائلى، مكتبة القاهرة الحديثة، القاهرة، ١٩٩٦، ص ١٨٦.

فى الشوارع، فارتفاع نسبة الأمية للآباء تساعد على عدم وعيهم بأهمية وقيمة التعليم، مما يجعلهم لا يوفرون الرعاية التعليمية الملائمة للأبناء، ويساعد ذلك على ترك الأبناء للمدرسة ولجوئهم إلى الشارع دون مقاومة من الأسرة، بل فى كثير من الأحيان تكون الأسرة هى الدافع الأساسى لخروج أبنائهم من المدارس والهروب منها إلى الشارع أو عدم التحاقهم بها".[١]

٢- العوامل البيئية الخارجية:

أ- البعد الاجتماعى ويشمل

١-عوامل مدرسية:

تعتبر المدرسة الوسط الاجتماعى الذى يحتك به الطفل بعد الأسرة التى ولد فيها، وهى وإن كان ينظر إليها أساساً كمعهد للتعليم فإنه لا يمكن إغفال دورها الكبير فى تثقيف الطفل وتنمية ملكة الذكاء عنده وكذلك تكوين شخصيته كلها[٢].

والطفل التلميذ قد يصطدم بالتزامات النظام المدرسى الصارم إذ لم يجد يد الرعاية والتوجيه فتكون النتيجة هروبه من المدرسة، كما أن نفوره من المنهج الدراسى لعدم قدرته على استيعابه، أو قيام المدرسة بطرده عند تأخره دون إخطار ولى أمره، أو طول المسافة التى يقطعها من منزله إلى

(١) محمد سيد فهمى: أطفال الشوارع مأساه حضارية فى الألفية الثالثة، مرجع سابق، ص ٥٠.

(٢) محمد عبد الحميد مكى: مبادئ علم الإجرام، مطبعة جامعة طنطا، ١٩٩٩ - ٢٠٠٠، ص ٢٦٢.

مدرسته كلها تعمل مجتمعة على تشتته وقد تؤدى بـه للهـروب إلى الشـارع، ويمكـن التعـرف على بعض الأسباب المدرسية المؤثرة فى تسرب وهروب الطفل من المدرسة إلى الشارع والتى منها:[١]

أ-كراهية الطفل للمدرسين والمدرسة:

ذلك لأنه قد يفرض على الطفل من قبل مدرسيه أسلوباً لا يناسبه فى الحفـظ والاسـتيعاب فى موضوعات دراسية هو غير قـادر عـلى الاسـتجابة معهـا، أو لابتعادهـا عـن ظـروف حياتـه التـى يحياها، مما يشعر الطفل بالإحباط والعجز ويفقد الثقة بنفسه.

ب- العقاب المدرسى:

يتجسد ذلك فى ضرب الطفل والقسوة عليه، فبعض المدرسين يستخدمون هذا الأسلوب، أمـا لعدم أداء التلميذ لبعض الواجبات المدرسية الموكلة إليه، أو لارتباط ذلـك بعـدم التحـاق الطفـل بمجموعات دراسية خاصة بالمدرس، أو لخطأ معين ارتكبه الطفل داخل المدرسة، وفى أحيان كثـيرة يتمرد الطفل على عملية ضربه فيتم تكرار ضربه بقسوة أشد، فلا يجد التلميذ مفراً من ذلك كله إلا بترك المدرسة للشارع.

ج- زيادة تكلفة التعليم:

نظراً لزيادة تكلفة التعليم على الأسرة – قياساً بظروفها الاجتماعية القاسـية – تضـطر الأسرة لإخراج الطفل من المدرسة، وذلك تحت دعوى أنه ليس قـادراً عـلى الدراسـة والاسـتيعاب، ويـتم إلحاقه بورشة ليساهم فى

(١) أحمد صديق، مصطفى قنديل: مرجع سابق، ص ص ٦٨ – ٧٠.

إعالة الأسرة.

فالدراسة بالمدرسة تكلف مالاً متمثلاً فى أدوات مدرسية وزى مدرسى يحتاج إليه الطفل، ووقتاً يمكن أن يعمل به وغير ذلك من متطلبات مواصلة الطفل للتعليم، ومن ثم يكون ذلك دافعاً له لترك المدرسة [١].

لذلك فمثلما كانت المسئولية الاجتماعية على الأسر التى فشلت فى اتخاذ الإجراءات الوقائية لإثراء البيئة المكسبة لقيم ومعايير التنشئة السوية للطفل، كان فى المقابل مسئولية المدارس التى فشلت أيضاً فى إدراك كيفية الخروج من مأزق خروج الأطفال من المدرسة للشارع بلا عودة [٢].

د- التسرب التعليمى:

يعتبر التسرب من التعليم من أهم المشكلات التى تواجه العملية التعليمية، ويعنى التسرب الانقطاع عن الدراسة بعد التسجيل فى الصف الأول الابتدائى، وعدم الاستمرار إلى نهاية المرحلة الإلزامية، وقد أفادت بعض الدراسات أن هناك عدة عوامل تضافرت لوجود ظاهرة التسرب مثل صعوبة المناهج مع كثافة الفصول وتعدد الفترات وعدم التزام المدرس بالشرح الوافى، واحتياج التلاميذ إلى مساعدات خارجية وكثرة تكاليف التعليم، والحاجة إلى عمل الأطفال، ونزوح الطفل للشارع (التشرد)، حيث يلقى تشجيع من رفقائه المشردين بترك الدراسة، الأمر الذى أدى بهم للفشل والتسرب الدراسى خاصة لأبناء الأسر منخفضة المستوى الاقتصادى

---

(1) Jean pierre: opcit , p.17

(2) Chetty, Vanitha R; Street children in Durban , An Exploratory investigation, ERIC, Vol.(33) No.(12), Dec. 1998, P.93.

والاجتماعى، والتى لا تستطيع مواجهة كل هذه المشكلات التعليمية التى يتعرض لها أبناؤها أثناء التحاقهم بالتعليم.[1]

فمما لا شك فيه أن من أكثر الآثار وضوحاً التى تقع على الأطفال المشردين حصرهم فى مجال الأمية أو التعليم المنخفض،إذ عادةً ما يفتقد هؤلاء الأطفال إلى الرعاية الأسرية المشجعة للاستمرار فى التعليم أو الالتحاق به، وهم عادةً ما ينتمون إلى أسر مفككة فقيرة غير سوية، مما يساعدهم هذا على الهروب، وبالتالى عدم الالتحاق بالمدارس نهائياً، وبذلك نجد أن هؤلاء الأطفال غالباً ما يلجئون للشارع بدلاً من التعليم ويحكم عليهم بالحرمان من حقهم الأساسى فى التعليم، والترقى فى المستوى الاجتماعى والاقتصادى على المدى البعيد.[2] بالإضافة لذلك يمكن إرجاع ظاهرة تسرب الطفل من التعليم لقلة وعى الأباء بقيمة التعليم وانخفاض مستوى تعليمهم، وتشجيع الآباء لأبنائهم للعمل الهامشى وخاصة فى الأسر الأكبر عدداً.[3]، حيث يقل وعى الآباء بقيمة التعليم، وبالتالي ترتفع نسبة الأمية بين هؤلاء الأباء فتكون اتجاهاتهم سلبية نحو تعلم الآبناء[4] ودفعهم للعمل

(١) عزة كريم: أطفال فى ظروف صعبة: الأطفال العاملين وأولاد الشوارع، مرجع سابق، ص ص ١١٨ - ١٢٠.

(٢) محمد سيد فهمى: أطفال الشوارع "مأساة حضارية فى الألفية الثالثة"، مرجع سابق، ص ٥٨.

(٣) عادل عزر وآخرون: ظاهرة عمالة الأطفال، المركز القومى للبحوث الاجتماعية والجنائية، قسم بحوث التعليم والقوى العاملة، القاهرة، ١٩٩١، ص ١٠١.

(٤) أمانى عبد الفتاح: عمالة الأطفال كظاهرة اجتماعية - ريفية، ط١، عالم الكتب، القاهرة، ٢٠٠١، ص ٨٣.

غير الملائم لهم والذى يعمل على الهروب إلى الشارع ومن ثم الخروج من التعليم جزئياً ثم كلياً أو التسرب من التعليم بشكل نهائياً.

٢-العمـل:

هناك أطفال حرموا من ممارسة طفولتهم العادية نتيجة قيامهم بأعمال مقابل أجر لمساعدة أسرهم وهؤلاء الأطفال هم الأطفال العاملون (١).

" ويقصد بالطفل العامل كل طفل يعمل لقاء أجر مهما كان نوعه عينياً أو مادياً فى خدمة صاحب عمل وتحت سلطته وأشرافه، بحيث يقل عمره عن ١٥ سنة، وعمالة الأطفال تأخذ شكلين رئيسين هما العمل الدائم ويقصد به عمل الطفل طوال الوقت بصفة مستمرة وتفرغه لهذا العمل، والعمل بعض الوقت ويقصد به عمل الطفل فى بعض الأوقات كمواسم جنى المحصول فى الريف أو العمل خلال فترة العطلة الصيفية للمدارس "(٢).

ويشكل عمل الأطفال فى مصر مشكلة خطيرة تستدعى اهتمام فورى، وقد ازدادت هذه المشكلة تفاقما فى السنوات الأخيرة بسبب التغيرات الاجتماعية والاقتصادية والاختلالات الهيكلية، والتفاوت فى الدخل بين سكان الريف والحضر، ويعمل الأطفال فى مصر عادة فى القطاعين الريفى والحضر، وغالباً ما تكون ظروف عمل الأطفال قاسية للغاية لا تتلاءم مع

---

(1) The united Nations Educational: Working With Street Children, France , 1995, p.12

(٢) سمير عبد الهادى عبد الحميد: دراسة عن عماله الأطفال من منظور اجتماعى واقتصادى واثرها على المجتمع، بحث مقدم للمعهد القومى للدفاع الاجتماعى، القاهرة، بدون سنة، ص ١٦.

أعمارهم الصغيرة متعرضين لأذى شديد وأمراض خطيرة [١].

" فانتشار الفقر وجهل الوالدين وانعدام الترابط الأسرى، وهدف مساعدة الأسر ماديا، فى مقدمة العوامل المسببة لعمالة الأطفال، كذلك فإن الغالبية العظمى من الإناث يعملن رغبة فى توفير بعض المال لمعاونة الأسرة وللتجهيز لزواجهن، بينما يغلب على بعض الذكور من الناشئين الرغبة فى العمل المكسب للإنفاق على الذات "[٢].

" وعلى وجه العموم فإن عمل الطفل يعتبر نوعاً من الإساءة إليه من حيث المهام التى يؤديها والآلات والمواد التى يتعامل معها وساعات العمل، فطبيعة العمل داخل الورش تجعلهم يتعاملون مع الآلات شديدة الخطورة، كالمخرطة وأيضا العمل فى أفران شديدة الحرارة وغيرها " [٣].

وتؤثر ظروف العمل بطريقة مباشرة أو غير مباشرة على سلوك الطفل ومستقبله المهنى ويمكن التعرف على هذا الجانب من خلال عاملين وهما:

(١) ليلى عبد الجواد: عمل الأطفال فى ظروف صعبة.. تصورات مستقبلية، بحث مقدم لمؤتمر معهد الدراسات العليا للطفولة بالتعاون مع هيئة الإغاثة الإسلامية العالمية بعنوان " الطفل المصرى بين الخطر والأمان"، القاهرة، أبريل،١٩٩٥، ص ٥٠٠.

(٢) اسما حسين حافظ: "مواجهة مشكلة عمالة الأطفال من منظور إعلامى"بحث مقدم لمؤتمر معهد الدراسات العليا للطفولة بالتعاون مع هيئة الإغاثة الإسلامية العالمية بعنوان " الطفل المصرى بين الخطر والأمان"، القاهرة، أبريل،١٩٩٥،ص ٦٢٥.

(٣) علا مصطفى أنور: الإساءة إلى الأطفال فى الورش الصناعية، المؤتمر العلمى الثامن المركز التعليم الطبى، كلية الطب، جامعة القاهرة بعنوان "انتهاك الأطفال "، القاهرة، ٢٥-٢٦ نوفمبر، ١٩٩١، ص ٤.

أ) نوعية العمل. ب) ظروف وعلاقات العمل.

ج) الأعمال التى يمارسها الأطفال المشردون.

أ- نوعية العمل:

"قد يلتحق الطفل بعمل يشبع به حاجاته لتحقيق ذاته وقدرته على كسب عيشه، وبأنه أصبح عضواً نافعا فى مجتمعه، هذا من شأنه قد يحميه من خطر الانحراف، إلا أن الفشل فى العثور على العمل المناسب له قد يدفعه للشعور بالفشل ومن ثم الانحراف.

ويمكن تقسيم العمل غير المناسب إلى الأقسام الآتية:

- الأحوال التى يكون فيها العمل شاقا مضنيا أو صعبا معقدا ويكون الطفل ضعيف البنية.
- الأحوال التى يكون فيها العمل بسيطا سهلا أو آليا أو مملا حينما يكون الطفل بوجه عام قوى البنية.
- الأحوال التى يكون فيها مجهود الطفل العامل مستحقا للتقدير الأدبى أو المكافأة أو زيادة الأجر ولكنه لا يحصل على شئ من ذلك.
- الأحوال التى يعتقد فيها الطفل العامل ان عملية القيام بعمل أخر سيكون مناسبا له ولميوله، ولكنه لا يستطيع تغييره، ففى هذه الأحوال جميعها يتحقق عنصر عدم التلاؤم بين العمل وبين الطفل العامل ويصبح العمل غير مناسب له" [(١)].

" وقد يكلف الطفل بما لا يتناسب مع قدراته الجسمية مثل حمل الأشياء

(١) منير العصره: مرجع سابق، ص ص ١٩٧ - ١٩٨.

الثقيلة، أو غيرها من الأعمال التى لا تتناسب وقدراته الجسيمة أو العقلية، أو الأعمال التى لا تناسبه نفسياً الأمر الذى يدفعه إلى ترك العمل وعدم الاستفادة منه، وكثرة التنقل وتكون النتيجة الهروب والتشرد "[١].

ب- ظروف وعلاقات العمل:

" فظروف العمل قد تؤثر بصورة مباشرة أو غير مباشرة فى انحراف الأطفال، فعدم قدره الطفل الجسمية على تحمل أعباء العمل، قد تدفعه للهرب منه أو قد لا تسمح له قدراته العقلية على استيعابه لما يوكل إليه من أعمال، ويكون من نتائج ذلك الشعور بالفشل وممارسة السلوك العدوانى، ويؤثر ذلك على الطفل العامل بالإضافة لتأثير ظروف العمل الأخرى عليه مثل قلة الأجر، وساعات العمل الطويلة التى يقضيها فى عمله يوميا بما لا يتناسب مع قدراته وإمكانياته الجسمية والعمرية "[٢].

كما أن معاملة أصحاب العمل للطفل العامل بقسوة، يجعل من الصعب استمرار الطفل فى عمله، ويجعله عرضه لتركه العمل وبالتالى عرضه للتعرف على رفقاء السوء وانحرافه.

ج-الأعمال التى يمارسها الأطفال المشردون فى الشوارع

يصنف الأطفال العاملون فى الشوارع إلى ثلاثة أصناف [٣]:

(١) خيرى الجميلى: مرجع سابق، ص ٢٥٨.

(٢) محمد سلامه محمد: مدخل علاجى جديد لانحراف الاحداث العلاج الاسلامى ودور الخدمة الاجتماعية فيه، ط٢، المكتب الجامعى الحديث، الاسكندرية، ١٩٨٩، ص٧٨.

(3) **Jean Pierre: opcit, p, 60**

- الأطفال الذين يعملون داخل أسرهم.
- الأطفال الذين يعملون لأنفسهم وبإرادتهم.
- الأطفال الذين يعملون أعمالاً هامشية.

ومن الأعمال التى يمارسها الأطفال المشردون فى الشارع:

١- خدمة المنازل:

يعتبر الأطفال العاملون بالمنازل من أكثر الفئات تعرضا للإهمال والاستغلال والقهر، فغالبا ما يخضع هؤلاء الأطفال لظروف عمل خاصة، إذ عادة ما يضطرون للمبيت فى منزل مخدوميهم، مما يساعد استخدام المخدوم للطفل طوال اليوم دون تحديد ساعات للعمل أو الراحة، وقد يتعرض الطفل خلال عمله بالمنازل للضرب والإهانة، وأحيانا للعدوان الجنسى- وقد يتلقى أجراً ضعيفاً[(١)].

٢- عمال التراحيل:

عمال التراحيل هم اولئك العمال الذين يرحلون وراء فرص العمل الموجودة خارج حدود المجتمع المحلى، الذى يعيشون فيه وهذه الفئة عادة ما تعانى من أوضاع اجتماعية واقتصادية قلقة، كما أنها عادة لا تلقى إعدادا من التعليم والتدريب، ويؤدون أعمالا غير ماهرة، ولا يمنحون مكافأة أو تعويضاً فى حالة الاستغناء عن أعمالهم، وقد أشارت بعض الدراسات إلى أن بعض هؤلاء الأطفال ينتسبون لأسر تعانى أوضاعا متدنية، وإنهم عادة

(١) عزة كريم: أطفال فى ظروف صعبة الأطفال العاملين وأولاد الشوارع، بحث مقدم للمجلس القومى للطفولة والأمومة، القاهرة، يونيو، ١٩٩٧، ص ص ٥٣-٥٤.

ما يرثون هذا النوع من العمل من آبائهم الذين يعملون بهذه الأعمال [1].

٣- أعمال هامشية والباعة الجائلون:

ولكى يستطيع هؤلاء الأطفال العيش والتكيف فى الشارع، لابد من مزاولتهم بعض الأعمال التى يستطيعون عن طريقها جمع المال، اللازم للإنفاق على احتياجاتهم وهذه الأعمال تعتمد على بيع السلع البسيطة أو مسح زجاج السيارات فى إشارات المرور، أو التسول وإدعاء المرض أو العمل فى مواقف الأتوبيسات وسيارات الأجرة، أو ورش الميكانيكا وغيرها، وفى بعض الأحيان يتم استغلالهم بواسطة أطفال شوارع قضوا سنوات طويلة فى الشارع، وانخرطوا فى مجتمع الجريمة، فاستطاعوا السيطرة على أطفال الشوارع الجدد ليعملوا لصالحهم فى أعمال غير مشروعة، مثل نقل وتوزيع المخدرات والممارسات الجنسية الشاذة.. إلخ مقابل حمايتهم فى الشارع [2].

فطفل الشارع يعمل ويصبح طفلاً عاملاً، والطفل العامل قد يتحول لطفل الشارع، وفى الشارع يبيع الصحف أو الألبان، أو الأكياس البلاستيك أو التقاط الأوعية البلاستيك القديمة من صناديق القمامة [3].

---

(١) عزة كريم: أطفال فى ظروف صعبة الأطفال العاملين وأولاد الشوارع، مرجع سابق، ص ٥٦.

(٢) عبلة البدرى:جمعية قرية الأمل لرعاية أطفال الشوارع،ط١،المجلس العربى للطفولة والتنمية،القاهرة ٢٠٠٠،ص١١٨.

(٣) احمد عبد الله احمد: بين طفل الشارع والطفل العامل اجتماع الخبراء وممثلئ المنظمات، دراسة مقترحة مقدمة لمشروع التصدى لظاهرة أطفال الشوارع بالعالم العربى، المجلس العربى للتنمية والطفولة، القاهرة، ٢٧-٢٨ أبريل ١٩٩٨، ص١.

وأيضا من الأعمال التى تمارسها تلك الفئة فى عالم الشارع:

- تلميع الأحذية وغسل السيارات وحمل الأمتعة وبيع الزهور وبيع اللب والسودانى كبائعين متجولين فى القطارات، والأتوبيسات.
- غسيل الأطباق داخل المطاعم فى مقابل أكل الفضلات أو جمعها.
- بيع المصاحف والكروت والمناديل أو بيع المياه فى الأتوبيسات [١].
- إعادة بيع أكياس البلاستيك أو تنظيف الأسواق.
- الاتجار فى الخردة (المعادن والأشياء المستعملة) [٢].
- وأيضا بيع السجائر والأكياس وحمل الأغراض إلى الأسواق وقد يتحول الأمر إلى التسول والنشل وسرقة أجهزة الراديو والمسجلات من السيارات [٣] وهنا يتحول الأمر من عمل الأطفال المشردين فى الشارع إلى ممارسات انحرافية.

٤- الرفاق والأصدقاء:

" يعتبر الرفاق والزملاء فى العمل والدراسة أو الجيرة مؤثرات بيئية خارجية على درجة عالية من الأهمية، إلا أنه فى بعض الأحيان يكون عاملا من عوامل تعرض الطفل للانحراف وخاصة إذا كان الطفل يعانى

---

(١) عزة كريم: الأبعاد الاجتماعية والاقتصادية لمشكلة أولاد الشوارع، مرجع سابق، ص ٢٠.

(2) **Jean pierre: opcit, pp 62 - 63**

(٣) محمد المنير أحمد صفى: رأى مبدى حول ظاهرة أطفال الشوارع اجتماع الخبراء وممثلى المنظمات، دراسة مقترحة لمشروع التصدى لظاهرة أطفال الشوارع بالعالم العربى، المجلس العربى للتنمية والطفولة، القاهرة، ٢٧-٢٨ ابريل ١٩٩٨م، ص٢.

من قسوة زائدة داخل الأسرة، أو فشل دراسى أو تفكك أسرى أو فقر إلى غير ذلك، ويندفع الطفل للبحث عن متنفس له خارج المنزل مع رفقاء السوء من الأصدقاء، ودفعهم إياه لترك المنزل وإغرائه بالحرية خارجه، مما ينتج عنه تسربه من المدرسة أو التسول والتسكع فى الطرقات وتهيئته لان يكون مجرماً بعد ذلك.

أ- البعد الإعلامى والتغيرات الثقافية بالمجتمع:

أن ثقافة الطفل مسئولية اجتماعية خاصة فى ظل عصر كادت تتلاشى فيه الحدود الثقافية بين الدول، حيث الثورة العلمية والتكنولوجية التى أعطت الدول المتقدمة حق السيادة الثقافية، ومن هنا بات من الضرورى الاهتمام ببناء شخصية الطفل الثقافية، التى هى ضمن منظومة التنمية، التى لا يمكن أن تكتمل إلا إذا كفلت للأفراد على اختلاف مستوياتهم الغذاء الروحى الذى لا يقل أهمية عن الغذاء المادى، وذلك كله يقتضى تخطيطاً ثقافيا واسع النطاق يسير فى خطى مدروسة، ويستعان فيه بجميع الكفايات العلمية والثقافية والأدبية والفنية [١].

ويمكن أن يلعب الإعلام فى مواجهة ظاهرة الأطفال المشردين فى الشوارع دوراً أساسياً، فمن ناحية يستطيع التأثير فى وعى المواطنين من حيث تغيير الرؤية السلبية لأطفال الشوارع، ويمكن من ناحية أخرى إنتاج أفلام عن أطفال الشوارع، لتعبئة الجهود التطوعية وحثها على المشاركة فى

---

(١) نبيلة اسماعيل رسلان:، حقوق الطفل فى القانون المصرى، ط١، الهيئة المصرية العامة، القاهرة، ١٩٩٨، ص١٦٣.

حل المشكلة من الناحية المادية أو الاجتماعية أو النفسية [(١)].

ورغم ذلك فإنه قد يتسبب بطريقة غير مباشرة فى زيادة ظاهرة التشرد، إلا أن لوسائل الإعلام أهمية بالغة فى نقل التراث الثقافى للمجتمع ولأفراده ومواكبه ما هو جديد محلياً وعالمياً، بالإضافة إلى كونه أداة توجيه ووسائل ترفيه، ومن أهم وسائل الإعلام الإذاعة والتليفزيون والسينما والصحف وفيما يلى إيجاز لتأثيرها على الأطفال بوجه خاص:-

ب- التلفزيون والإذاعة والسينما:

برغم ما للتليفزيون والإذاعة من أهمية عظمى فى مجالات تعليم الكبار والتثقيف الجماهيرى فى شتى المجالات السياسية والعلمية والاجتماعية والدينية والاقتصادية، فضلا عن أنها وسيلة ترفيهية يمكن أن توجه للتأثير الإيجابى على أفراد المجتمع، إلا أن هناك جوانب أخرى تؤثر بالسلب على النشىء.

فجهاز التليفزيون من الوسائل الكاشفة للعمليات العنيفة فى شتى أنحاء العالم، وبما أنه يتشكل من صورة وصوت فهو يجذب انتباه الصغار قبل الكبار، ليبدأ التأثير فيهم إيحاء وحركة وتقليداً وتبلداً فى الإحساس والعواطف، وقد تعرض مشاهد ترفع من شأن المجرم ويعجز فيها رجال القانون عن اللحاق بالمجرمين والإمساك بهم، مما يدفع الطفل باللاوعى عن

(١) رئاسة مجلس الوزراء: المجلس القومى للطفولة والأمومة مشروع استراتيجية حماية وتأهيل الأطفال بلا مأوى لأطفال الشوارع فى جمهورية مصر العربية، مارس ٢٠٠٣، ص ١٩.

عدم احترام رجل الأمن وتقليد صورة الجريمة للشهرة وكسب المال [1].

" وكذا السينما التى تعتبر من وسائل الترفيه لدى الصغار حيث تجذب انتباههم وتستحوذ على تفكيرهم بطريقة تجعلهم يقعون فريسة للعديد من المشكلات، والتى من أهمها مشكلات التحايل على أولياء الأمور لارتيادهم بعض حفلات دور السينما، وقد يلجأون إلى الهروب من المدرسة واختلاس أى وقت للذهاب للسينما، وقد يلجأ الطفل إلى سرقة النقود من الوالدين أو الأصدقاء، حتى يتسنى له حضور العروض السينمائية التى يحدثه عنها أصدقاؤه، وفى مثل هذه السن الصغيرة نجد أن القابلية للمحاكاة لدى الأطفال كبيرة مما يجعلهم يحاولون محاكاة بعض الأدوار لأبطال الروايات أو أبطال المسلسلات التليفزيونية أو الإذاعية، والتى قد تتضمن أدوارهم بعض الأفكار التى تعتبر خرقاً لقيم وتقاليد المجتمع "[2].

ج-البعد السياسى الأيديولوجى:

أدى قيام الحرب العالمية الثانية لإرتفاع نسبة المنحرفين ارتفاعاً كبيراً، وذلك فى جميع الدول التى شهدت الحرب أو تم أحتلالها، وقد أدت الاعتقالات والإبعاد لأسباب سياسية إلى تفكك عدد لا يحصى من الأسر، كذلك أدت مشكلة سوء التغذية إلى زيادة الانحرافات الاقتصادية الطابع مثل السرقة والتبديد والتجارة المحرمة، وكل ذلك كان عائقاً أمام النمو الجسمانى والنفسى ـ لدى شريحة من الأطفال، الذين تعرض كثير منهم للهرب والتشرد والاضطراب النفسى ـ الناجم عن القلق والخوف إزاء صور الموت والقنابل

(١)   جليل وديع شكور: الطفولة المنحرفة، ط١، الدار العربية للعلوم، ١٩٩٨، ص١٣.

(٢)   خيرى خليل الجميلى، مرجع سابق، ص ٢٧٠.

المتفجرة والاعتقال والفاقة،وهى صور أحدثت لدى الطفل اضطرابات عاطفية أفسدت قيمه الإنسانية الأساسية، وكان ذلك من عوامل انحراف الأحداث وانتشار الدعارة بين الفتيات [١].

" وفى القرن العشرين ومع التدقيق لإعلان الدولة عن عقد حماية الطفل المصرى ورعايته (١٩٨٩ - ١٩٩٩) يلحظ التركيز على الجوانب الصحية، ويحدد مواعيد محددة للقضاء على بعض الأمراض التى تصيب الأطفال مثل التيتانوس أو شلل الأطفال بحلول عام ١٩٩٤م ... الخ، فى حين يهمل أو يتضاءل الإحساس العام بمشاكل الطفولة، كالذين يهيمون بالشوارع دون عمل ويقعون ضحايا لعصابات المخدرات وجماعات العنف، كما أن برامج الأحزاب السياسة فى مصر- على اختلاف توجهاتها - تكاد تخلو من أية تصورات محددة حول قضية الطفولة، بالإضافة إلى أن غيبة التصور أو عدم وضوح السياسات على هذا النحو له انعكاساته السلبية على واقع الطفولة فى مصر، ويحد من قدرة المجتمع ومؤسساته المختلفة على التصدى لمشكلات الطفولة التى يفرزها هذا الواقع، ومنها مشكلة الأطفال المشردين فى الشوارع "[٢].

د-البعد الجغرافى – التوزيع الجغرافى:

فى القرن العشرين ارتبطت مشكلة الأطفال المشردين فى البلدان النامية بظاهرة التحضر وازدياد حركة التصنيع فى المدن، كما تركز النشاط

---

(١)   جان شازال: انحراف الصغار،ترجمة محمود حامد وآخرون،مكتبة الانجلو المصرية،القاهرة،١٩٧٠، ص ص ١-٢.

(٢)   احمد وهدان وآخرون: مرجع سابق، ص ص ٤٩ – ٥٠.

السكانى فى تلك المدن الأقل نمواً سكانياً، فارتبطت المشكلة بظاهرة الهجرات غير المرشَّدة من الريف للمدن، وما صاحبه من هجرة الأطفال بلا مأوى إليها [1] فهجرة الفقراء للمدن يجعلهـم على هامش الحياة فى المدينة فيضغطون على أطفالهم بقسوة للعمل فى الـورش، التى لا يرحم أصحابها ظروف هؤلاء الأطفـال فيقسـون عليـهم، وتكون المحصـلة النهائية هروب الطفل إلى الشارع باحثاً عـن الرحمة فيه [2] وقد ترجع تلك الهجـرة إلى الخلـل فى السياسات التنمويـة والسكانية الناتجة عن عدم الاهتمام بالتنمية المتوازنة أو عدم الاهتمام بالريف، والتى ينتج عنها هجرة داخلية واسعة من الريف للمدينة سعيا وراء فرص عمل ومستوى معيشـة وخدمات اجتماعية وصحية وتعليمية أفضل، الشئ الـذى يخلـق فجـوة بـين زيادة احتياجات السـكان فى المدن، وما يستطيع القطاع العام والخاص توفيره من مساكن، وتكون المحصلة النهائية هى نسبة كبيرة من عوالم عشوائية تتميز بالمستوى المعيشيـ المتـدنى ويحـدث – ترييـف المـدن – ويمـارس سكانها أعمالا هامشية فى القطاع غير الرسمى، وتصيب المدينة بالاختناق ويدخل فى هذه النسبة الأطفال الفارون من أسرهم فى الريف بدافع الحلم فى تحقيق الكثير من الآمال فى المدينة، وهـم يحطون فى المناطق العشوائية متحولين لأطفال شوارع [3].

---

(١)   عبد الباسط مرغنى: رؤية جديدة حول تكامـل خـدمات الرعايـة والتأهيـل، ورقة عمـل لورشة أطفال الشوارع، المجلس العربى للطفولة والتنمية، القاهرة، سبتمبر ١٩٩٩، ص١.

(٢)   احمد صديق: خبرات مع أطفال الشوارع فى مصر، مرجع سابق، ص ٣٨.

(٣)   عزة عبد المحسن خليل: مرجع سابق، ص ص ٣٣-٣٤.

وما سبق كان عرضاً لبعض العوامل التى ساعدت على انتشار الظاهرة يضاف لذلك غياب أى مؤشر يسمح بعمل قاعدة معلومات لتحديد حجم الظاهرة ومعالجتها، حيث إنهم موجودون بالشارع وليس بأى مؤسسة.

وأيضا من أسباب تزايد الظاهرة:

- تزايد ظاهرة الأسر التى تعولها النساء (اسر وحيدة العائل) مع غلبه طابع العنف الأسرى والفقر نتيجة الضغوط الأسرية [١]، أيضا عدم وجود تخطيط لسياسة تعليمية تقابل وتشبع احتياجات الأطفال المشردين، بحيث تقابل احتياجاتهم بإيجاد وظائف تناسب ما تعلموه بالفعل عند إتمامهم تعليمهم [٢].
- يضاف إلى ذلك ضعف إشباع احتياجات الأطفال الأساسية مثل الغذاء، وعدم وجود أى عمل لعائل الأسرة من أهم العوامل التى لا تسهم بالشىء القليل فى تحجيم ظاهرة التشرد [٣].
- كما تعتبر التجمعات العشوائية هى البؤرة الأساسية المعززة والمستقبلة لأولاد الشوارع، حيث أن غالبيتهم يتشردون ويعيشون فى هذه التجمعات التى تتميز بالمستوى الردئ فى المساكن وافتقارها للمرافق والخدمات الأساسية كالمياه والمجارى والكهرباء، وضيق الشوارع

---

(1) Nunez, - Ralph-da- costa: Day to day.. Parent to child the Future of violence among children in America, Journal of children and pover, Vol. (4), No. (1), 1998, P.P.85-94.

(2) Norum, Karen E: En Lighten Me, Don't lose me: homeless youth and Education system, ERIC, Vol. (37), No.(4), APR 1999, P.35.

(3) Déjà vu; Family Homelessness in New york city, ERIC, Vol, 36, No.11, Nov. 2001 , P. 189.

وتعرجها وافتقار هذه المناطق للملاعب أو للمساحات الخضراء وما يعانيه سكانها من سوء الحالة الصحية، فيدفع ذلك بأسرة الطفل لسوء توافقه الاجتماعى فينتهى بخروجه للشارع [١].

- أيضا طغيان الطابع القمعى الزاجر على تصرف السلطات تجاه هؤلاء الأطفال، بدلا من الطابع الإنسانى الرحيم فإن غالباً ما يكون وجه ممثلى السلطات عبوسا لا يعمل على حل المشكلة بل يعمل على تفاقهما [٢].

رابعا: الأوضاع المعيشية للأطفال المشردين فى الشوارع:

أ- بعض ممارسات الأطفال المشردين فى الشوارع [٣]:

- ممارسة التسول من المارة خاصة أمام المساجد وفى الشوارع بشكل عام.
- جمع القمامة والمخلفات مثل جمع الورق المستعمل وقطع البلاستيك وقطع القماش الممزقة والزجاجات والعلب والقطع المعدنية وأكوام النفايات وحاويات القمامة لبيعها أو لإعادة استخدامها.

(١) هيام على حامد: جماعات المساعدة المتبادلة وتحقيق التوافق الاجتماعى لأطفال الشوارع: دراسة مطبقة على جمعية قرية الأمل (فرع حدائق القبة)، رسالة دكتوراه غير منشورة، قسم طرق الخدمة الاجتماعية، كلية الخدمة الاجتماعية بالفيوم، جامعة القاهرة، ٢٠٠٢، ص ٤٥.

(٢) محمد بركات: دور السلطات فى التصدى لظاهرة أطفال الشوارع، ط١، المجلس العربى للطفولة والتنمية، القاهرة، ٢٠٠٠، ص١٧٠.

(٣) محمد سيد فهمى: أطفال الشوارع "مأساة حضارية فى الألفية الثالثة"، مرجع سابق، ص ص ٦٤ -٦٥

- الانضمام إلى العصابات الإجرامية التى تتولى النشل والسرقة وتوزيع المخدرات والبغاء.
- حمل مبخرة والمرور على المحلات لتبخيرها وهو شكل من أشكال الشحاذة.

ب - أماكن تواجد ومبيت الأطفال المشردين فى الشوارع:

من الأماكن التى ينتشر فيها الأطفال المشردون فى الشوارع ما يلى:

" فى الحدائق العامة وفى مواقف الأتوبيسات وداخل المساجد أو بجوارها وفوق أكوام الرمل أو الزلط، أو بداخل مواسير المجارى التى لم يتم تركيبها، وحول النافورات والميادين العامة، وفى الحارات الجانبية وبعض الأماكن الأخرى "[١].

ج- الأساليب التى يحصل منها الأطفال المشردون فى الشوارع على الطعام:

- أحيانا يتناولون سندوتشات الفول والطعمية أو الجبنة ويدفعون ثمنها من قيمة ما باعوه طوال اليوم.
- تناول بقايا فضلات الطعام فى المطاعم، مقابل غسيل الأطباق بها أو نظافة الأرضية [٢].
- تناول بقايا فضلات الطعام من القمامة الموجودة فى الشوارع [٣].

---

(١) احمد صديق، مصطفى قنديل: مرجع سابق، ص ص ٢٣-٢٤.

(٢) عزة كريم: أطفال فى ظروف صعبة – الأطفال العاملين واولاد الشوارع، مرجع سابق، ص ٧٣.

(٣) محمد سيد فهمى: أطفال الشوارع "مأساة حضارية فى الألفية الثالثة"، مرجع سابق، ص ٦٦.

د- الأساليب التى يحصل منها أطفال الشوارع على الملبس:-

" أطفال الشوارع فى أشد الحاجة للأحذية والملابس لذلك تنتشر سرقة الملابس والبطاطين من الأسواق، وسرقة الأحذية من المساجد أو التجار"[1].

خامساً: الآثار المترتبة على انتشار ظاهرة الأطفال المشردين فى الشوارع:

يتعرض الأطفال المشردون فى الشوارع للعديد من المخاطر والمشاكل والسلبيات، والتى انعكست ليس فقط على هذه الفئة وإنما امتدت آثار انتشار هذه الظاهرة على المجتمع ككل ومن هذه الآثار:

أ - الاستغلال الجنسى:

من أخطر ما يتعرض له الأطفال المشردون في الشارع هو الاستغلال الجنسى سواء من العصابات، أو من الأفراد المستغلين ضعفهم، لصغر سنهم وعدم قدرتهم على مواجهة الإساءة الجنسية، سواء من قبل مرتكبيها أو من الوسطاء، ورغم خطورة ذلك إلا أن العادات والتقاليد في المجتمع المصرى والعربى وقفت عائقاً في الحصول على معلومات دقيقة دالة على حجم هذه المشكلة، لعدم الاعتراف بها أو الإبلاغ عنها، وقد أفادت دراسات وبيانات عديدة بأنه توجد صلات مباشرة بين الاستغلال الجنسى وأطفال الشوارع، حيث يساعد في هذا تدنى ظروفهم الاجتماعية وافتقارهم للرعاية الأسرية، الأمر الذي يجعلهم غير واعين لمدى خطورة هذه الممارسات، التى تؤدى بهؤلاء الأطفال للعديد من المخاطر الصحية، بما في ذلك من الأمراض النفسية والتناسلية، وإدمان المخدرات، بالإضافة لأن ذلك يجعل

---

(١)   احمد صديق، مصطفى قنديل: مرجع سابق، ص ٢٥.

من هؤلاء الأطفال رهائن لواقع مشوه يسود فيه الضعف وفقدان الثقة بالآخرين والإحساس بالعار والنبذ من قبل المجتمع. [1]

وعلى الرغم من أن الفتيات فى كثير من الثقافات يتعرضن للإهمال والإساءة أكثر من الأولاد، إلا أنه يلاحظ عدم وجودهن بكثرة بين أطفال الشوارع وهذا ليس معناه قلة عدد فتيات الشوارع بالقياس إلى عدد الذكور المتواجدين بالشارع، إلا أن الإناث قد يفرون من منازلهن إلى العمل فى البيوت كخادمات وقد يعملن فى البغاء، وهذه النوعيات من الصعب رصدها لعدم تواجدهن المباشر فى الشارع، كما أن طبيعة تنشئة ومتابعة الأسر للأنثى يفرض عليها قيوداً فى حرية الحركة، ومن ثم فقرار الهروب من المنزل ليس بالأمر الهين بالنسبة للأنثى، فبهروبها يكون اللجوء للعمل كخادمات فى المنازل وتتعرض كثيرات منهن للامتهان والقسوة من أصحاب المنازل فيكون الهروب مرة أخرى ولكن هذه المرة إلى الشارع، وفى حياة الشارع نجدهن يتعرضن لأقصى- درجات الاستغلال خاصة الاستغلال الجنسي، وبعضهن يتعرضن يومياً للتحرش الجنسى من كثيرين بالشارع، وأحياناً ممارسة الرذيلة مقابل المال تحت ضغط الحاجة للطعام والملبس، وقد يعملن فى الاتجار فى المخدرات والتسول وفى استقطابهن للشباب الصغير الذين يبحثون عن المتعة المؤقتة وفى ذلك الإستمرار لمسلسل التحلل الأخلاقى للفتيات [2].

(١) عزة على كريم: الأبعاد الاجتماعية والاقتصادية لمشكلة أولاد الشوارع، مرجع سابق، ص ١٦.

(٢) أبو بكر مرسى محمد: مرجع سابق، ص ص٧٢-٧٤.

وقد تعانى الفتاة فى الشارع من عدة مشكلات كالحمل غير الشرعى والولادة لأبناء ناقصى- النمو مما يعرض حياتها للخطر [١].

كذلك تعانى من مشكلات صحية عديدة مثل حالات الإجهاض والأمراض الجنسية المختلفة والمشكلات النفسية الناجمة عن الاعتداءات الجنسية،والتى تتمثل فى الصدمات النفسية العنيفة، فضلا عن تعرضهن للمشكلات التى يتعرض لها أطفال الشوارع من الذكور [٢].

وعامة فإنه نتيجة لتعرض الأطفال لتلك الاعتداءات الجنسية أثناء عملهم المشروع أو الغير مشروع فى الشارع، يصاب الأطفال بالاعتلالات البدنية والنفسية فضلا عن الإصابة بالأمراض الجنسية الخطيرة من جراء تلك الممارسات الشاذة مع الأطفال [٣].

فالأطفال المشردون فى الشارع يواجهون كثيراً من العقبات فى إطار حياة الشارع، منها أنهم عرضة فى الشارع للاعتداء الجنسي من المشردين الأكبر سنا، ثم ما تلبث تلك الاعتداءات إلى أن تكون ممارسات جنسية مع ارتفاع فى معدلات إدمان المواد المخدرة بينهم والإصابة بأمراض نقص المناعة [٤].

(1) Hart shegos, Eller: Homeless Its Effects on childern , ERIC, No.36No.b, Vol.(36),No.(10), Oct. 2001,P.193.

(٢) نشأت حسن حسين: مرجع سابق، ص ٩٥.

(3) Jean - pierre: Opcit , PP. 61-62.

(4) Wiener, Leonard: Back on the beat, U.S. News, Vol. (132) , P.(34), (Auc Library) , 2002, P.2

ب - الشذوذ الجنسى:

ينتشر الشذوذ الجنسى بين الأطفال المشردين فى الشوارع فاقدى المأوى "حيث ينام البعض منهم فى الحدائق العامة مشتركين فى شراء غطاء (بطانية) لهم، ويناموا ملتصقين مع بعضهم مما يساعد على انتشار الشذوذ الجنسى بينهم".[١]

ج- التعرض للأمراض:

يشترك الأطفال المشردون فى الشوارع في الإصابة بسوء التغذية وضعف الصحة العامة، فكثير منهم يعتمدون على وجبة واحدة طوال اليوم، أو على بقايا الطعام فى أكوام القمامة، وكثير منهم يتعاطى المخدرات والكحوليات التى تؤثر على عقولهم ومقاومتهم للأمراض[٢].

ومما يتعرض له هؤلاء الأطفال فى الشوارع:

١-التسمم الغذائى:

ويحدث نتيجة تناول طفل الشارع لأطعمة فاسدة انتهت فترة صلاحيتها، ولا تصلح للاستخدام الآدمى، ويجمعها الأطفال من القمامة، أو بتناول علب "سلمون" تم تخزينها بطريقة خاطئة ولا تصلح للإستخدام الآدمى.[٣]

(١) محمد سيد فهمى: أطفال الشوارع "مأساة حضارية فى الألفية الثالثة"، مرجع سابق، ص ٦٦.

(2) Jean pierre: opcit, p.61.

(٣) أحمد صديق: خبرات فى أطفال الشوارع فى مصر، مرجع سابق، ص ١٢٦

٢ -الأنيميا:

عادة ما يأكل الأطفال المشردون فى الشوارع الفول بكميات كبيرة، ويعتمدون عليه فى معظم وجبات اليوم لرخصه، مما يجعلهم يصابون بالأنيميا لعدم حصولهم على باقى أنواع البروتينات والفيتامينات. [١]

٣ - الجـرب:

وهو يصيب معظم أطفال الشوارع لعدم استحمامهم وتواجدهم فى أماكن قذرة بها العديد من المواد الملوثة، وهو عبارة عن بقع بيضاء تنتشر فى كل أنحاء الجسم. [٢]

٤ - متاعب الحنجرة والصدر:

نتيجة تعرض أطفال الشوارع بفترات كبيرة لعوادم السيارات بالشارع طوال اليوم، ولتدخينهم للسجائر وعدم توافر أغطية للنوم شتاءاً خاصة فى البرد، كل ذلك ينتج عنه إصابتهم بالسعال المستمر وأمراض الصدر بالإضافة لمتاعب الحنجرة وانسداد الأذنين لتعرضهم للأتربة والملوثات [٣].

٥ - أمراض أخرى:

كالإصابة بالتيفود نتيجة تناولهم لخضروات غير نظيفة أو لجمعها من

---

(١)   محمد سيد فهمى: أطفال الشوارع "مأساة حضارية فى الألفية الثالثة"، مرجع سابق، ص ٦١.

(٢)   عزة كريم: الأبعاد الاجتماعية الاقتصادية لمشكلة أولاد الشوارع، مرجع سابق، ص ١٧.

(٣)   احمد صديق: خبرات فى أطفال الشوارع فى مصر، مرجع سابق، ص ١٠٧.

القمامة، وأيضاً الإصابة بالملاريا لتعرضهم لكميات كثيرة من الناموس الحامل لفيروس الملاريا أثناء نومهم فى الحدائق العامة ليلاً أو فى أماكن غير مناسبة دون أغطيه تحميهم، أيضاً يتعرض هؤلاء الأطفال للبلهارسيا نتيجة تجمعهم سوياً ونزولهم للاستحمام فى الترع، كما يتعرض كثيرٌ منهم للإصابة بتقيحات الجروح، أو نتيجة للإصابة بالجروح وإهمالها، فتنتشر معظم هذه الأمراض لعدم النظافة أو الأكل من القمامة، كما يتعرض هؤلاء الأطفال أيضاً للإرهاق وضعف البصر والعديد من الأمراض والاضطرابات النفسية.[(١)]

كما أن كثيراً من تلك المشكلات الصحية لهؤلاء الأطفال المشردين في الشوارع غالباً تنتج من الأوساخ المتعلقة بملابسهم وندرة استحمامهم[(٢)].

د- استغلال العصابات للأطفال المشردين فى الشوارع:

من أكثر المخاطر التى تمثل خطورة بالغة على هؤلاء الأطفال بوجه خاص، والمجتمع بأسره بوجه عام هو استقطاب الجماعات الإجرامية والمنظمات الإرهابية لهم، إذ تتخذ هذه المجموعات من هؤلاء الصغار أدوات سهلة ورخيصة للأنشطة غير المشروعة سواء باستخدامهم كأدوات مساعدة فى الترويج والتوزيع للممنوعات أو إحداث الاضطرابات والعنف

---

(١) محمد سيد فهمى: أطفال الشوارع "مأساة حضارية فى الألفية الثالثة"، مرجع سابق، ص ٦١ - ٦٢.

(٢) سمير سالم الميلادى: مشروع رعاية وتأهيل أطفال الشوارع فى السودان، بحث مقدم لمؤتمر المجلس العربى للطفولة والتنمية بعنوان " واقع الطفل العربى"، القاهرة، ١٩٩٠، ص ١٢٦.

أو استغلالهم فى الأعمال المتصلة بالدعارة والفسق. [١]

فتشير الدراسات إلى أن غالبية عدد الهاربين للشارع فقراء، وهم يصلوا للشارع مع قليل من المهارات وقليل جداً من المال، حينئذ يكونون مادة استغلال لعصابات الشوارع وممارسي الأنشطة الإجرامية [٢].

هـ- حوادث ومخاطر الطريق:

تتعرض هذه الفئة من الأطفال – الأطفال المشردين فى الشوارع – للعديد من مخاطر الطريق، حيث إنهم يسافرون على أسطح القطارات للتهرب من دفع ثمن التذكرة، مما يعرضهم للسقوط من فوقه، كما يتعرضون لحوادث السيارات لتواجدهم المستمر فى الشارع والجرى فيه سواء من أجل الشحاذة أو لبيع السلع التافهة. [٣]

و- الاضطرابات السلوكية القيمية للأطفال المشردين فى الشوارع:

يتمثل الاضطراب السلوكى عند أطفال الشوارع فى السلوك غير الأخلاقى والخارج على القانون، وتتعدد أشكاله تبعاً للاستعدادات الخاصة والأوضاع البيئية مثل التدخين، الشجار، الكذب، السرقة، الهروب من المدرسة، الفشل الدراسى، الإدمان وغير ذلك من ألوان السلوك المضطرب، فاضطراب أساليب التنشئة وأخطائها والتساهل فى إكساب الأطفال للقيم،

(١)   المرجع السابق، ص ٦٢- ٦٣.

(2)   Toylor, Jennifer Mosteller, Frederick: Runaway: A Review of the Lilerature, ERIC, Vol. 34 , NO. 12, Aug 1999, P.27.

(٣)   عزة كريم: الأبعاد الاجتماعية والاقتصادية لمشكلة أولاد الشوارع، مرجع سابق، ص ١٧.

يجعل الطفل ضعيفاً لا يتحمل مواجهة الصعوبات بالشكل الإيجابي فيعمد إلى الأسلوب السهل فى حل مشكلاته والهروب منها، ومن هنا نجد أن طفل الشارع يعانى من نقص فى البصيرة والتبصر بعواقب الأمور، وغير قادر على تأجيل رغباته نتيجة عدم الاستقرار فى حياته العاطفية وقابليته الشديدة للإيحاء وعدم قدرته على ضبط النفس فى كثير من الأحيان، الأمر الذى يدفعه لسلوكيات غير سوية.[(١)]

ز- تعاطى المخدرات:

يزداد تعاطى الأطفال المشردين فى الشوارع للمخدرات نتيجة للهروب من مشكلات الأسرة وتحت الضغوط النفسية وتعرف المادة المخدرة على أنها المادة الكيميائية التى تغير المزاج والإدراك والشعور، والتى قد يساء استخدامها فتسبب ضرراً بالغاً للفرد والمجتمع.[(٢)]

ورغم تنوع المخدرات فإن أطفال الشوارع ينحصر تعاطيهم للمخدرات والمسكرات مثل: الكحوليات -السجائر- الحشيش - المهدئات بالإضافة لاستنشاق الحشرات كالنمل والصراصير، واستنشاق بعض أنواع الأحبار، الأمر الذى يؤدى لتغير الحالة النفسية واختلال مظاهر النشاط العقلى، وأكثر الأنواع انتشاراً فى عالم الشارع هو الكولا حيث تؤدى أيضاً لتغير سريع

(١) أحمد صديق، مصطفى قنديل: مبادرة المدينة لرعاية أطفال الشوارع وأطفال العمل الهامشى، ج٢، مركز حماية وتنمية الطفل وحقوقه، القاهرة، ٢٠٠٠م،ص ص ١١٠ - ١١١.

(٢) محمد الطيب: مشكلات الأبناء من الجنين إلى المراهق، ط١، دار المعرفة الجامعية، الإسكندرية، ١٩٨٩، ص ٨٣.

فى الحالة النفسية والمزاجية.

ح - الخدمة فى المنازل:

حيث يتعرض هؤلاء الأطفال للخدمة فى المنازل خاصة الإناث، حيث يتعرضن للعديد من الضغوط والتى منها:

- افتقاد الأهل فهى منزوعة من وسط أسرتها، سواء بحكم فقر الأسرة أم لخلاص الأب أو ألام منها بعد طلاق كل منهما، فالطفلة الخادمة فاقدة لكل حنان وشعور بالأمن بداخلها.
- انعدام وجود حياة خاصة لها بعد انتقالها لمسكن مخدومها.
- طول ساعات العمل قد تتعدى ١٥ ساعة يومياً.
- حرمانها من الإجازات الأسبوعية.
- الاتهامات المستمرة لها بالسرقة والإهمال.
- القسوة والتعذيب أثناء خدمتها.[١]

خاتمـة:

بدأ هذا الفصل باستعراض المفاهيم الخاصة للطفل المشرد فى الشارع والتصنيفات الخاصة بالأطفال المشردين، ثم تم عرض السمات الخاصة بالأطفال المشردين فى الشوارع من حيث السمات النفسية والاجتماعية والحركية والثقافية بحياة الشارع، حيث تتكون لدى هؤلاء الأطفال ثقافة خاصة بهم وبحياتهم فى الشارع، تبعه عرض للعوامل والأسباب التى تدفع

---

(١) أحمد صديق: خبرات مع أطفال الشوارع فى مصر، مرجع سابق، ص ١٦١.

الطفل لعالم الشارع، ثم الأوضاع المعيشية للأطفال المشردين داخل الشارع، ثم انتهى هذا الفصل

بعرض الآثار المترتبة على انتشار ظاهرة الأطفال المشردين ذكوراً وإناثاً.

الفصل الثالث

التطور التاريخى للفكر التربوي

لرعاية الأطفال المحرومين من الرعاية الأسرية

- مقدمـة:

- تطور الاهتمام بالأطفال المحرومين من الرعاية الأسرية عبر العصـور.

- الشرائع السماوية والاهتمام بالأطفال المحرومين من الرعاية الأسرية.

- تطور الاهتمام بالأطفال المحرومين من الرعاية محليا فى العصر الحديث.

- تطور الاهتمام بالأطفال المحرومين من الرعاية عالميا.

- الاهتمام الفكرى والفلسفى بالأطفال المحرومين من الرعاية.

- خاتمـة

الفصل الثالث

التطور التاريخى للفكر التربوي لرعاية

الأطفال المحرومين من الرعاية الأسرية

مقدمة:

عمل الإنسان منذ بداية التاريخ البشري على حل المشكلات الاجتماعية التي تواجهه, وخاصة تلك التي تتمثل في مشكلات الفقر والحرمان ورعاية الفئات الخاصة والفاقدة للرعاية, فنجد كافة الأديان والفلسفات تصدت لمساعدة الفقراء وتحسين أحوالهم , ولقد أعطت الثورة الصناعية دفعة قوية نحو إعادة تنظيم العلاقات الاجتماعية بين الطبقات الاجتماعية , ووضعت بعض القوانين لتحسين أوضاع الطبقات العاملة من خلال النشاط الاقتصادي بإعادة تنظيم ساعات العمل وظروفه وعمالة الأطفال , وبتطور عملية التصنيع صارت الطبقة العاملة تمثل جماعة الضغط, ولذلك سعت الطبقة العليا للتحول إلى أنشطة الرعاية الاجتماعية - ببذل المساعدات المالية والعينية للفقراء واليتامى والمحتاجين - للمحافظة على استقرار الوضع الطبقي لهم وتجنب حدوث الصراع بين الأغنياء والفقراء.[١]

وقد أسهمت الحرب العالمية الأولى في ازدهار أنشطة الرعاية الاجتماعية من خلال المنظمات الحكومية والتطوعية , فعملت المؤسسات

(١) محمد البدوي الصافي: الرعاية الاجتماعية ومكافحة الفقر , مجلة دراسات في الخدمة الاجتماعية والعلوم الإنسانية, العدد٦ , جامعة حلوان , ٦ابريل ١٩٩٩ , ص٣٤٧

الاجتماعية الحكومية والأهلية على تقديم المساعدة لأعداد كبيرة من المرضى والمعاقين ,
والذين يعانون من أمراض سوء التغذية والفقراء والأطفال فاقدى الرعاية والمحتاجين.[1]

وفي العصر الحالي ومع وضع الرعاية الاجتماعية والتربوية في بؤرة الاهتمام المحلي والعالمي ,
كان الاهتمام متزايداً بالرعاية الاجتماعية بالأطفال فاقدى الرعاية -مجهولي النسب وطفل
الشارع والطفل العامل وغيرهم من تلك الفئات ذات الظروف الصعبة القادمة من الشريحة
الدنيا والفقيرة - من خلال تصنيف طبقات أو شرائح المجتمع.

وتعج مجتمعاتنا بالمشردين , فأعدادهم في تزايد مستمر بسبب ارتفاع أسباب الوفاة التي
تمس البالغين بالخصوص، أو لأسباب مثل التفكك الأسرى وغيرها، ومن المؤكد أن الطفل فاقد
العائل كان في ظل المجتمعات الإسلامية التقليدية , يجد السند عادة في أفراد عائلته , أما مع
تحولات الحياة الاجتماعية , وحدوث تضييق في العلاقات الاجتماعية للأسرة وتباعدها عن
الأقارب , أصبح من الصعوبة وجود متكفل به من بين أولئك في حالة فقده لأسرته , ومع أن
المؤسسات الإيوائية تحاول التخفيف من حجم الأزمة , إلا أنها لا تستوعب جميع الأطفال فاقدى
المأوى ولا تشبع كل احتياجاتهم، كما أنها لا تغطى جميع المناطق، بهذا أضحى مصير الأطفال
فاقدى المأوى والرعاية مهدداً، بحيث لا يجد فى حالات كثيرة سوى الشارع بكل ما يرافقه من
مخاطر[2].

---

(١)   المرجع السابق، ص٣٤٧.

(٢)   رجاء ناجي: الأطفال المهمشون...قضاياهم وحقوقهم , منشورات المنظمة الإسلامية للتربية العلوم
       والثقافة , ايسسكو , ١٩٩٩، ص١٣.

ويركز هذا الفصل على تطور الاهتمام بالأطفال فاقدى المأوى والرعاية محليا وعالميا ودينيا من خلال عدد من المحاور الآتية:

أولا: تطور الاهتمام بالأطفال المحرومين من الرعاية عبر العصور:

لقد ظهر الاهتمام برعاية الأطفال فاقدى المأوى والرعاية (المشردين) والفقراء والمحتاجين منذ القدم وقبل ظهور الأديان، وقد تجلى ذلك فى حضارات العصور القديمة منها:

أ-المحرومين من الرعاية في عصر القدماء المصريين والعصور الوسطى:

كان المصريون في عهد الدولة القديمة مؤلفين من طبقتين هما الطبقة الحاكمة وطبقة عامة الشعب التي تشمل طبقة الفلاحين المرتبطين بالأرض وعددهم كبير , ولم يكن الفلاح يحصل إلا على القليل الذي يمكنه من العيش والاستمرار في العمل , ورغم ذلك فقد كانت تجمع التبرعات من حفلات يرأسها الملوك وتوزع على الفقراء واليتامى والمحتاجين والمشردين، وقد تجلى ذلك في لوحة وجدت على قبر أمنمحت الثالث جاء فيها: "لقد أعطيت الخبز للجائع , وسمحت لمن لا يستطيع عبور النيل أن يستخدم قاربي , وكنت أبا لليتيم وزوجا للأرملة ووافيا لمن يعاني الفقر" (١).

ورغم أن الجزء الأكبر من الشعب كان يعيش حياة البؤس والفقر ويساقون للسخرة في بناء المعابد و المقابر والأهرامات أو منهم من يعمل في تكسير الأحجار وغيره من مظاهر العيش في حياة الحرمان (٢) إلا أنه

(١) محمد عبد الفتاح: الرعاية الاجتماعية "أسس نظرية"، المكتب العلمى للكمبيوتر والنشر والتوزيع، الإسكندرية، ١٩٩٦، ص ص١٤٠-١٤١.

(٢) المرجع السابق، ص١٤٢.

كان هناك دور موجه نحو الفقراء والأرامل وفاقدى العائل وكان الإحسان والصدقة متأثرة بعوامل سياسية لمنع الفقراء والطبقات الكادحة من التمرد أو الثورة على النظام الطبقي السائد آنذاك.

وفي العصور الوسطي كانت هناك رعاية تتميز بطابع الإحسان والصدقة للفقراء والمسنين والأرامل والمشردين والجنود، و كان هذا الإحسان متأثرا بعوامل سياسية أو دينية لمنع تمرد الفقراء أو كنوع للتقرب للآلهة، وانهارت الحضارة الفرعونية القديمة وسقطت مصر فريسة للحكم الفارسي الذي كان أشد ظلما و قسوة علي الشعب المصري، إلي أن غزاها الرومان فزاد الفقر والبؤس وساءت الأحوال الاقتصادية و الاجتماعية، وحينما أصبحت المسيحية الدين الرسمي للإمبراطورية الرومانية، فقد حثت تعاليمها علي مساعدة الضعيف واليتيم والفقير ومد يد العون للمحتاجين، وكانت تقوم الكنائس بجمع الصدقات وتوزيعها علي الفقراء، ثم انهارت الحضارة الرومانية في مصر أمام الحضارة الإسلامية، والتي اهتمت بتنظيم أعمال البر وفرضت الزكاة لتحقيق التكامل الاجتماعي، كما قام بعض المحسنين بوقف بعض أملاكهم للإنفاق منها علي أعمال الخير، وقام كثيرون بإنشاء مؤسسات خيرية مثل الملاجئ والمستشفيات وغيرها من الخدمات للفئات الضعيفة في المجتمع [١].

وفى عهد المماليك أنشئت وخصصت دور للعبادة خصص بعضها لرعاية النساء المطلقات أو المهجوري العائل، كما أنشئت المستشفيات التي كانت تقدم العلاج بالمجان للفقراء والأيتام، وما إن بدأ القرن السادس عشر

(١) المرجع السابق، ص ص ١٥٣-١٥٤.

حتي سقطت مصر تحت الحكم العثماني، الذي أدي لتدهور الحياة الاجتماعية والإقتصادية في البلاد، وازداد أعداد المتسولين واقتصرت الرعاية علي مجرد الإحسان بدافع ديني وكانت النتيجة تسلل النفوذ الأجنبى ليمسك بزمام الحياة فى مصر.[١]

ب - المحرومون من الرعاية فى المجتمع الصينى القديم:[٢]

كانت الأسرة هى المسئولة عن إرساء قواعد تربية الصغار قبل ذهابهم إلى المدرسة، وكانت مهمة المدرسة الأولية تلقين الطفل نصوص مختلفة تتضمن القيم الأخلاقية والعقائد الدينية والعلاقات الاجتماعية ويقول مطلع القراءة الأول للأطفال الصينيين القدماء: "إن الناس عند مولدهم يكونون بالقطع طيبين ولو أنهم يتفقون فى هذه الظاهرة إلا أنهم يختلفون بعضهم عن البعض، فإذا لم يتعلموا فإن طبيعتهم الطيبة تسوء" وأيضا "أنه لمن خطأ الأب أن ينشأ إبنه دون أن يعلمه، وأن تعليم الصغار تعليما غير جاد لهو دلالة على كسل المعلم، وأن إهمال تعليم الصغار عمل ليس فيه عدل..."، فتربية الأطفال فى الصين قديما كانت تربية تعد الصغار على تقديس القديم وعدم التغيير فى الثقافة المتوارثة جيلاً بعد جيل وكان شاغلها التربية الدينية والأخلاقية والسلوكية، أما النواحى الأخرى كتربية الجسم والوجدان أو التربية الفنية فلم يكن لهما وجود فى العهود القديمة.

---

(١) المرجع السابق , ص ص١٥٦-١٦٠.

(٢) فتحية حسن سليمان: تربية الطفل بين الماضي والحاضر، دار الشروق، ١٩٧٩، ص ص٣٣-٣٥.

ج- المحرومون من الرعاية في عصر الإغريق:

انتشرت المدن اليونانية في مناطق جبلية اشتهرت بقلة الإنتاج مما أدى لهجرة كثير من السكان لخارج بلادهم واتخاذ الحرب وسيلة لكسب الرزق، ففي اسبرطه كانت سلامة الدولة في عهد اليونان متوقفة علي سلامة أفرادها وقوة أجسامهم ومهارتهم الحربية، فكانت تعرض الأطفال الضعفاء أو أصحاب العاهات للهلاك في الجبال القفاري وكانت رعاية الأطفال الأصحاء بدنيا وسيلة لغاية معينة هي المحافظة علي سلامة الدولة[١].

وتكون الشعب اليوناني من طبقة النبلاء الذين كانوا يملكون الأرض ويقيمون الشعائر الدينية وإدارة أعمال الدولة، وطبقة الفلاحين وطبقة العمال، وكان أكثر ما يشكو منه عامة الشعب هو قانون الديون، فقد كان الفلاحون يقترضون من الأغنياء ما يحتاجونه من مال بأرباح فاحشة، مما يرهقهم ويجعلهم غير قادرين علي السداد، غير أن في حالة الفقر الحاد كان يعاد توزيع الأرض الزراعية كإجراء استثنائي للإعانة عند الأزمات ولامتصاص حالات الثورة بين العامة[٢].

ورغم ذلك لم تكن هناك سياسة ثابتة للإحسان والمساعدات وإنما كانت تقوم علي سبيل العطاء والسخاء والكرم من قبل الدولة أو لاتقاء شر أفراد الشعب المحتاجين خوفا من تمردهم علي السلطة، إلى أن صدر قرار بتحرير الشعب من الأحكام التي توقع عليهم بسبب الديون، وقامت الدولة

---

(١)   صباح الدين علي: <u>الخدمة الإجتماعية</u>، الهيئة العامة للتأليف والنشر، القاهرة، ١٩٧٢، ص ٢٢

(٢)   محمد عبد الفتاح، الرعاية الاجتماعية "أسس نظرية"، مرجع سابق، ص ١٤٥.

بتقديم وجبات غذائية لعامة الشعب من المحتاجين من الخزانة العامة للدولة وأيضا في أوقات الكوارث والمجاعات والفيضانات والزلازل [١].

كما اهتم المجتمع الإغريقي بفتح دور لإيواء الأطفال فاقدى المأوى والفقراء والتي سميت حين ذاك "بالمنازل التي لا أبواب لها"، كما تركز الاهتمام المجتمعي بتعليم أبناء الفقراء خاصة أيتام الحروب والأطفال المشردين، وتوزيع الغلال علي الفقراء في أوقات الطوارئ[٢].

د-المحرومون من الرعاية في عصر الرومان:

لقد أدت الظروف المكانية إلي أن تجعل من سكان روما طبقتين، طبقة الأشراف يسكنون فوق التلال وطبقة عامة الشعب وهم أتباع يلحقون بالأشراف ولا حقوق ولا كيان لهم، وقد كان الفقر والجدب حافزين لغرس الروح الحربية فيهم، فدفعهم الفقر والحاجة للفتح و الغزو والإغارة علي الجيران[٣].

ولقد كانت الدولة الرومانية توزع المساعدات علي الفقراء والمعوزين ومساعدة الأسر المنكوبة التي يذهب أفرادها ضحية الحروب، أو المحتاجين

---

(١) مصطفي الحسيني النجار: المدخل إلي الرعاية الإجتماعية والخدمة الإجتماعية، دار الثقافة والنشر والتوزيع، الفجالة، ١٩٩٠، ص ٤٣

(٢) ماهر أبو المعطي علي: مقدمة في الرعاية الإجتماعية والخدمة الاجتماعية، الكتاب السابع، مركز نشر وتوزيع الكتاب الجامعي، جامعة حلوان، منظمة اليونسكو، ١٩٩٩، ص ٥٢

(٣) محمد عبد الفتاح، أميرة منصور: الأسس النظرية للرعاية الاجتماعية، المكتب العلمى للكمبيوتر والنشر والتوزيع، الإسكندرية، ١٩٩٥، ص ص١٤٧-١٤٨.

وذلك ليس بهدف المسؤلية بقدر ما هو حماية للدولة من تمردهم [١].

ورغم ذلك فعندما كانت تصيب روما المجاعات القاتلة ويموت عدد كبير من الرجال والنساء والأطفال والشيوخ من الجوع، كان يطلب معونة من مجلس الشيوخ، وكان الأمير يعين مندوبا للأسواق لشراء كميات ضخمة من الحبوب من البلاد الأخرى ويبيعها للناس بأسعار زهيدة أو يوزعها النبلاء بدافع الرحمة علي الفقراء والمحتاجين والأطفال فاقدى الرعاية. [٢]

ثانيا: الشرائع السماوية والاهتمام بالأطفال المحرومين من الرعاية:

لقد لاقى الأطفال المشردون اهتماماً منذ القدم وقبل ظهور الأديان السماوية ولكنها كانت تجرى بصفة فردية من أشخاص مدفوعين بدافع الرحمة والعطف، ثم جاءت الأديان السماوية لتنظم الاهتمام بفئات المجتمع الفقيرة والتى لا مأوى لها وغيرها، وتنادى بضرورة الصدقة وبذل المال للطبقة الفقيرة.

أ- الديانة اليهودية والاهتمام بالأطفال فاقدى الرعاية:

كان اليهود يعتقدون في "مملكة الله في الأرض " حيث تسود العدالة الربانية والحق الإلهي، ومادامت الأرض ملكا لله فإن من حق الفقراء أن يتمتعوا بما تنتجه هذه الأرض، ولذلك عرف اليهود الإحسان الحقيقي فكانوا يتصدقون يوميا بالطعام، وفي كل يوم جمعة يتصدقون بالمال، وكان رب العائلة يتنازل عن عشر محصوله للرهبان والأغراب، واليتامى وفاقدى

(١) عبد الفتاح عثمان وآخرون: مقدمة في الخدمة الاجتماعية، مكتبة الأنجلو المصرية، ١٩٩٤، ص ١٩

(٢) مصطفي الحسيني النجار، مرجع سابق، ص٤٧.

الرعاية وكان يزرع للفقراء زاوية الحقل التي يجب ألا تقل عن جزء من ستين من مساحة الأرض المزروعة [(١)].

وقد وجهت الشريعة الموسوية (نسبة إلى موسى عليه السلام) العناية بالفقير والمسكين وفاقدى الرعاية (المشردين) وقد نزلت في ذلك بعض الوصايا التي تحض عليها مثل:

" افتح يدك لأخيك المسكين والفقير " [(٢)]

" أقضوا للذليل ولليتيم، أنصفوا المسكين والبائس، نجوا المسكين والفقير" [(٣)]

" من يرحم الفقير يقرض الرب، وعن معروفه يجازيه " [(٤)]

"أليس أن تكسر للجائع خبزك، و أن تدخل المساكين التائهين إلي بيتك، و إذا رأيت عريانا أن تكسوه، حينئذ ينفجر مثل الصبح نورك " [(٥)]

وتعتبر الشريعة الموسوية من أقدم الشرائع السماوية، التي عرفت اليهود مبادئ العدل والمساواة بفضل وصايا موسي العشرة والتعاليم الدينية التي حددت واجباتهم نحو الله والناس، وقد أولت الشريعة الموسوية عنايتها للطفل فاقد الرعاية كما سبق الإيضاح ومن تلك الوصايا:

---

(١) محمد سيد فهمي: مدخل الرعاية الاجتماعية من المنظور الإسلامي، المكتب الجامعي الحديث، الإسكندرية، ١٩٨٨، ص ص ٣٥-٣٦.

(٢) سفر التثنية، ١٠ إصحاح ١٥ آية ١٠، ١١

(٣) مزامير: إصحاح ٧٢ آية ٤

(٤) أمثال: إصحاح ١٩ آية ١٧

(٥) أشعياء: إصحاح ٥٨ آية ٨٢٧

" إذا حصدت في حقلك ونسيت حزمة، لا ترجع لتأخذها فهي للغريب واليتيم والأرملة، وعندما تحصد حصيد أرضك لا تكمل زوايا حقلك في الحصاد، ولفائض حصيدك لا تلتقط فللمسكين والغريب تتركه " [١]

ب- الديانة المسيحية والاهتمام بالأطفال المحرومين من الرعاية:

أولت الديانة المسيحية جل عنايتها بالمحرومين من الرعاية، فقد جاء في رسالة بولس إلي العبرانيين (الديانة الطاهرة.. هي إفتقاد الأيتام والأرامل في ضيقهم وحفظ الإنسان نفسه بلا دنس)، وكانت تعاليم الرسل مليئة بالتوصيات للأساقفة بما يتعلق برعاية المحرومين من الرعاية والمحتاجين، ومن هذه التعاليم: "أيها الأساقفة عندما تجمعوا الغلات قدموها للمحتاجين وفرقوها علي الأخوة الأيتام و الأرامل". "ويقول يسوع إن أردت أن تكون كاملا فاذهب وبع أملاكك وأعط الفقراء، فيكون لك كنز في السماء وتعال اتبعني " [٢].

لذا فقد اهتمت الديانة المسيحية في عهد عيسي- عليه السلام وحواريه برعاية المشردين والمحتاجين وأعترفت ببعض النظم الاجتماعية كتبني اليتامى والمساكين، وإنشاء بيوت لرعاية المشردين [٣].

كما قامت العديد من الأديره بتخصيص مدارس لتربية الأطفال، ولقد اهتم المسئولون عن إدارة مدارس الأديره بتعليم الموسيقى للصغار على يد

---

(١) محمد عبد الفتاح وأميرة منصور يوسف: مرجع سابق، ص ٤١

(٢) أنجيل متي، الأصحاح ١٩، آية ٢١ - ٢٢

(٣) عبد المحيى محمود صالح:الرعاية الاجتماعية "تطورها - قضاياها، دار المعرفة الجامعية، الإسكندرية،١٩٩٩، ص٩١.

راهب متخصص فى الموسيقى الدينية، كما كان يعين راهب آخر يختص بمراقبة الصغار لكى يحافظ عليهم من الانحراف أو إرتكاب الذنوب. [1]

كما دعت المسيحية إلى توزيع الصدقات علي المشردين والفقراء والمساكين، سواء كانت صدقة فردية أو صدقة جهورية كالعشور والنذور والبكور والوقف الخيري حيث تقدم للأساقفة لتوزع عن طريق الشماسة [2].

الديانة المسيحية ومصادر الصدقة: [3]

١) الصدقة الفردية وتعطي في الخفاء للأسر التي فقدت عائلها أو في حالة الكوارث.

٢) الصدقة الجماعية وتشمل:

- العشور وهو عشر ما يرزق به الإنسان ويعتبر حقا للفقير وليس صدقة بل إجباريا إخراجه.
- النذور أي كل ما ينذره الإنسان لله وهي اختيارية تقدم للفقراء والمحتاجين.
- البكور وهي أوائل ثمار الأرض أو معاصر الزيت أو اللبن أو كل خير للإنسان وهي إجبارية.
- الوقف الخيري أي كل ما يوقفه الإنسان في حياته أو بعد موته علي جهة معينة لتنتفع بها هذه الجهة دون غيرها، كالوقف علي رعاية فاقدى الرعاية والأرامل وهي اختيارية.

---

(١) فتحية حسن سليمان: مرجع سابق، ص٦٦.

(٢) محمد عبد الفتاح: مرجع سابق، ص ص ٤٦ - ٤٧

(٣) ماهر أبو المعاطي علي: مرجع سابق، ص ص ٧١ - ٧٢.

ج-الإسلام والاهتمام بالمحرومين من الرعاية:

لقد نمت فى الجزيرة العربية عدة حضارات قبل الإسلام أشهرها سبأ، ثم ظهر الإسلام وتعاليمه التى حضت على رعاية الفقراء والمساكين، والمحرومين من الرعاية والتى من مظاهرها:

حقوق الأطفال فاقدى العائل والمساكين في الإسلام:

١-الحق فى الإطعام:

قال تعالي فى سورة البلد آيات ١١-١٦:

ويلحظ أن الله تعالي قد جعل مرتبة من يطعم اليتيم القريب أو المسكين فاقد الرعاية في يوم يشتد فيه الجوع و يعز فيه الطعام كمن عتق رقبة الأسير، وكلاهما بهذا العمل يقتحم العقبة ويبلغ النجاة من النار [1].

(فلا اقتحم العقبة، وما أدراك ما العقبة، فك رقبة، أو إطعام في يوم ذي مسغبة، يتيماً ذا مقربة، أو مسيكنا ذا متربة)

ومن مظاهر اهتمام الهدى النبوى بالفقراء والمحرومين من الرعاية يتجلى فى:

قال رسول الله صلى الله عليه وسلم "أيما مسلم كسا مسلماً ثوبا على عرى، كساه الله تعالى من خضر الجنة، وأيما مسلم أطعم مسلما على جوع، أطعمه الله تعالى يوم القيامة من ثمار الجنة، وأيما مسلم سقى مسلما على

(١) إيمان عبد الحكيم هاشم: اليتيم بين الكتاب المقدس والقرآن الكريم، دراسة مقارنة، ط١، مكتبة الآداب، القاهرة، ٢٠٠١، ص١٠٢.

ظمأ، سقاه الله تعالى يوم القيامة من الرحيق المختوم" [١].

كما قال رسول الله صلى الله عليه وسلم "أفضل الأعمال أن تدخل على أخيك المؤمن سروراً، أو تقضى عنه ديناً، أو تطعمه خبزاً" [٢].

٢- الحق في النفقة:

لقد فرض الإسلام للفقراء فى أموال الأغنياء حقاً معلوماً، يفيض به الآخرون على -المحتاجين وفاقدى الرعاية والمشردين، وابن السبيل - سداً لحاجاتهم وتفريجاً لكربتهم وتيسيراً لأبناء السبيل. [٣]

ويتمثل الحث في الإنفاق علي الفقراء والمحرومين من الرعاية الذين لا يجدون ما ينفقونه علي أنفسهم في قوله تعالي:

(يسئلونك ماذا يُنفقون قل ما أنفقتم من خير فللوالدين والأقربين واليتامى والمساكين وابن السبيل وما تفعلوا من خير فإن اله به عليم) [٤].

"أي يسألونك عن النفقة فأجابهم عنها فقال: " قل ما أنفقتم من خير " أي مال قليل أو كثير فأحق الناس بالتقديم هم الوالدين الواجب برهما ومن أعظم العقوق ترك الإنفاق عليهما، ومن بعدهما الأقربون علي اختلاف طبقاتهم

(١) رواه أحمد وأبو داود.

(٢) رواه ابن أبي الدنيا وحسنه الألباني.

(٣) أبو بكر عبد الرازق: الشيخان الأفغاني ومحمد عبده، مكتبة مصر، الفجالة، ١٩٩٢، ص٨٦.

(٤) سورة البقرة آية ٢١٥.

علي حسب القرب والحاجة، فالإنفاق عليهم صدقة وصلة، واليتامى وهم الصغار الذين لا كاسب لهم، فهم في مظنة الحاجة لعدم قيامهم بمصالح أنفسهم وفقد الكاسب، فوصى الله بهم عباده رحمة منه بهم و لطفا ثم وصي بالمساكين وابن السبيل لآخر الآية [1].

٣- الحق في الزكاة:

ويتمثل في قوله تعالي: (**لَيْسَ الْبِرَّ أَنْ تُوَلُّوا وُجُوهَكُمْ قِبَلَ الْمَشْرِقِ وَالْمَغْرِبِ وَلَكِنَّ الْبِرَّ مَنْ آَمَنَ بِاللَّهِ وَالْيَوْمِ الْآَخِرِ وَالْمَلَائِكَةِ وَالْكِتَابِ وَالنَّبِيِّينَ وَآَتَى الْمَالَ عَلَى حُبِّهِ ذَوِي الْقُرْبَى وَالْيَتَامَى وَالْمَسَاكِينَ وَابْنَ السَّبِيلِ وَالسَّائِلِينَ وَفِي الرِّقَابِ وَأَقَامَ الصَّلَاةَ وَآَتَى الزَّكَاةَ وَالْمُوفُونَ بِعَهْدِهِمْ إِذَا عَاهَدُوا وَالصَّابِرِينَ فِي الْبَأْسَاءِ وَالضَّرَّاءِ وَحِينَ الْبَأْسِ أُولَئِكَ الَّذِينَ صَدَقُوا وَأُولَئِكَ هُمُ الْمُتَّقُونَ**) [2].

وهذه الآية تلخص ماهية البر في ستة خصال هي: أولهم الإيمان بخمس و ثانيها إيتاء المال لستة أصناف منهم المحرومين من الرعاية سواء كانوا مساكين أو يتامى أو سائلين وابن السبيل وثالثها إقامة الصلاة ورابعها إيتاء الزكاة وخامسها الوفاء بالعهد وسادسها الصبر في ثلاثة أحوال [3].

(١) عبد الرحمن بن ناصر السعدى: تيسير الكريم الرحمن فى تفسير كلام المنان، ط١، مؤسسة الرسالة، بيروت، ٢٠٠٠م، ص٩٦.

(٢) سورة البقرة، آية ١٧٧.

(٣) إيمان عبد الحكيم هاشم، مرجع سابق، ص١٣٩.

٤-الحق في التركة التي يحضرون قسمتها:

فشرع الله للفقراء الذين يحضرون قسمة المواريث حقا في أموال الأغنياء وذلك بقوله تعالى:

(وَإِذَا حَضَرَ الْقِسْمَةَ أُولُو الْقُرْبَى وَالْيَتَامَى وَالْمَسَاكِينُ فَارْزُقُوهُمْ مِنْهُ وَقُولُوا لَهُمْ قَوْلًا مَعْرُوفًا (٨) وَلْيَخْشَ الَّذِينَ لَوْ تَرَكُوا مِنْ خَلْفِهِمْ ذُرِّيَّةً ضِعَافًا خَافُوا عَلَيْهِمْ فَلْيَتَّقُوا اللَّهَ وَلْيَقُولُوا قَوْلًا سَدِيدًا) [١].

ومن هنا يظهر اهتمام الأديان السماوية بفئات المجتمع الأكثر عوزاً وفقراً من خلال تشريعاتها وتعاليمها.

٥-الحق في التعليم:

"إن الدين الإسلامى حمل راية العلم والتعليم فى كل أرض دخلها المسلمون وأسلم أهلها، وكان التعليم لأبناء الخاصة والعامة على حد سواء بعد أن كان قاصراً على فئة قليلة من الناس هى الطبقة المقتدرة، لكن الإسلام الذى جاء بمبدأ الإخاء والمساواة بين الناس والذى جعل العلم فريضة على المسلمين دفع أغنياء القوم لأن يسارعوا بفتح المكاتب لأبناء غير المقتدرين حتى انتشر التعليم فى أنحاء العالم الإسلامى". [٢]

---

(١)   سورة النساء، الآيتين ٨، ٩.

(٢)   فتحية حسن سليمان: مرجع سابق، ص ص٨٩-٩٠.

ثالثا: تطور الاهتمام بالأطفال فاقدى الرعاية محلياً في العصر الحديث:

"يري المؤرخـون أن تـاريخ الحملـة الفرنسية علـي مصرـ سنة ١٧٩٨ شـكلت بدايـة العصرـ الحديث، وكانت أول ظاهرة تواجهها هذه الحملة هي ظاهرة انتشار الشحاذين والمشردين في الشوارع، وقد سنت الحملة أول تشريع سنة ١٧٩٨ حرمت بمقتضاه الشحاذة والتشرد والذى تضمن التشريع بعدد من البنود:

١)   كل من يضبط متلبسا بجريمة التسول يوقع القبض عليـه ويتم إيداعـه فى سجن القلعـة وليستسنى من ذلك غير القادرين على العمل.

٢)   تقوم كـل طائفـة دينيـة بإنشـاء مأوى للمتسولين غـير القـادرين علـى العمـل لإيوائهم ورعايتهم.

٣)   يتعاون رئيس الطائفة الدينية مع أعضاء الطائفة على نفقات المأوى ووضع النظام الخاص بالمكان، وكان هذا أول تشريع يختص بالمتسولين والمشردين فى مصر.

"ولم تلبث الحملة الفرنسية أن غادرت مصر نتيجة لمقاومة الشعب المصري لهـا، إلي أن عـاد مرة أخري الحكم العثماني على مصر، وحينما تـولي محمـد علـي الحكم أهتم بتعلـيم المواطنين وأرسل البعثات لأوروبا إلا أن السلاطين الذين خلفوه أخذوا في الإنفاق ببذخ، إلي أن تسلل النفوذ الأجنبي إلي مصر، ليمسكوا بزمام الحياة الاقتصادية" [١].

ويجدر بالذكر أن عهد محمد علي تغلب عليه طابع المساعدات

---

(١)   فتحية حسن سليمان: مرجع سابق، ص ص ١٦٠ – ١٧٠

الاجتماعية الخيرية وزاد الاهتمام بالأرامل والأطفال فاقدى العائل والمشردين، بل لقد خصص لهم في الميزانية العامة للدولة ٣٠٠٠٠ جنيها فقط ثلاثون ألف جنيهاً كانت تصرف للأرامل كمرتبات لمساعدتهن علي العيش الشريف وحماية لأطفالهن من الحرمان والتشرد، كما عني محمد علي بإقامة ملاجئ إيوائية للفقراء والمحرومين من الرعاية والمرضي [١].

وفي منتصف القرن التاسع عشر كانت مصر مسرحا للتدخل الأجنبي، وكان الحكام يستعينون بالأجانب في كثير من الأمور وشجعوا الإرساليات الأجنبية علي فتح المدارس والأديرة والمستشفيات، وكانت كل جالية تهتم بتنظيم الرعاية الاجتماعية لرعاياها وكانت تشمل الخدمات التعليمية والطبية والمساعدات المادية والعينية، وتعالج الفقراء المصريين بأجور زهيدة، لكن الهدف الرئيسي من هذا لم يكن سوى نشر الثقافة الأجنبية وخصوصا الدينية فى مصر، وكان رد فعل الوطنيين المصريين بإنشاء المجمع العلمي عام ١٨٥٥، وكان يضم نخبة من العلماء، تلاها إنشاء جمعية المعارف عام ١٨٦٨، ثم تكونت الجمعية الخيرية الإسلامية الأولي عام ١٨٧٨، التي اهتمت بتأسيس مدارس مصرية لتعليم البنين والبنات ومساعدة الأسر الفقيرة، تلاها جمعية التوفيق القبطية التي تكونت عام ١٨٩١، كما قامت جمعية المساعي الخيرية بجمع الصدقات والتبرعات وتوزيعها علي الفقراء، كما تكونت جمعية العروة الوثقى الخيرية الإسلامية بالإسكندرية عام ١٨٩٢

(١) سلوي عثمان، السيد رمضان: مدخل في الرعاية الاجتماعية، المكتب الجامعي الحديث، الإسكندرية، ١٩٩١، ص ١٢٨

لمساعدة الأيتام ومجهولى النسب وابن السبيل ورعايتهم اجتماعيا [١].

وفي القرن العشرين شهدت مصر جهود الهيئات الأهلية في رعاية الأحداث المنحرفين والأطفال المعرضين للانحراف والأطفال اليتامى أو الذين حرموا من رعاية أسرهم نتيجة للظروف الاقتصادية والاجتماعية، فلجأت تلك الهيئات لإنشاء عدد من الملاجئ لرعاية هؤلاء الأطفال لحمايتهم من الانحراف، وتدريبهم علي بعض الحرف اليدوية مثل صناعة الخيرزان والسجاد وغيرها، وقد ساهمت المجالس البلدية ومجالس المديريات في إنشاء مثل هذه الملاجئ وحتي شملت كل المحافظات تقريبا، إلا أن هذه الملاجئ تحولت إلي أماكن للإيواء وأصبحت تضم خليطاً من الأطفال المكفوفين والصم والبكم والمقعدين وضعاف العقول إلي جانب الأيتام واللقطاء وكانت هذه الملاجئ تخضع لإشراف وزارة الداخلية [٢].

ونظرا لضعف الرقابة الحكومية علي هذه الملاجئ فقد سادها الإهمال والفساد، فشكلت لجنة بوزارة الداخلية عام ١٩٣٨ لدراسة حالة هذه الملاجئ وتقويمها إلى أن أصبحت خاضعة لإشراف وزارة الشئون الاجتماعية، وفي عام ١٩٥٠ صدر قانون الضمان الاجتماعي تمشيا مع الاتجاهات العالمية في الدول الحديثة وضرورة رعايتها للفئات الأكثر احتياجا في المجتمع، ورأت الدولة إصدار قانون يكفل صرف مبلغ نقدي شهرياً يطبق علي جميع المواطنين من الفئات المحتاجة وتتكفل الدولة

(١) محمود حسن: مقدمة الخدمة الاجتماعية، دار الكتب الجامعية، الإسكندرية، ١٩٧٥، ص ١٨٩

(٢) محمد عبد الفتاح محمد، مرجع سابق، ص ص١٧٠-١٧٤.

بتمويله فصدر قانون رقم (١١٦) لسنة ١٩٥٠ [١].

وبمقتضي هذا القانون يصرف نوعين من الإعانات (المعاشات) للفئات الآتية [٢]:

- الأرامل ذات الأولاد.
- الأيتـام.
- الأرملة التي يقل سنها عن ٦٥ سنة و ليس لها أولاد.
- الأسرة التي يصاب عائلها بعجز جزئي أو كلـي.
- الأسرة التي مرض عائلها أو أحد أفرادهـا.
- الأسرة التـي سجن عائلهـا.
- الأسرة التي عائلها في حالـة بطالـة.
- الأسرة التي لا تجد مصروفات جنازة أحد أفرادها.
- الأشخاص العاجزون عن العمل عجزاً كلياً أو الذين بلغوا سن الشيخوخة.

ثم صدر قانون التأمينات الاجتماعيـة رقـم (٩٢) لسـنة ١٩٥٩ الـذي عـدلت بعـض أحكامـه ليصبح قانون رقم (٦٢) لسنة١٩٦٤والـذي هـدف لإقامـة العدالـة الاجتماعيـة بتـوفير الطمأنينـة للعاملين بالدولة [٣].

"ثم صدر قانون رقم (٣٠) لسنـة ١٩٧٧ الذي أضاف للفئات السابقة

(١) محمد عبد الفتاح محمد، مرجع سابق، ص١٧٥.

(٢) نبيل رمزي: الأمن الاجتماعي والرعاية الاجتماعيـة مـن وجهـة نظـر سوسـيولوجية، دار الفكـر الجـامعي، الإسكندرية، ٢٠٠٠، ص ٢٩٤

(٣) محمد عبد الفتاح محمد: مرجع سابق، ص ١٧٧.

التي تستحق المعاشات ما يلي:

- أولاد المطلقة إذا توفيت أو تزوجت أو سجنت.

- التي لم يسبق لها الزواج و بلغت سن ٥٠ عاما.

- أسرة المسجون لمدة لا تقل عن ١٠ أعوام.

- المطلقة سواء لها أولاد أو لا تعول.

ثم صدر القانون رقم (١٣٣) لسنة ١٩٨٠ بمنح معاش السادات لكل من بلغ سن ٦٥ عاما أو تجاوزها أو لعجزه الكامل.

كل هذا كان من مظاهر الرعاية الاجتماعية بالفقراء واليتامى وغيرهم من فئات المجتمع، غير أنه من الواجب أن نشير إلي أن تطور تلك الرعاية في مصر يجب أن ينظر إليه باعتباره جاء نتيجة لجذور ثقافية إمتدت عبر آلاف السنين منذ حضارة قدماء المصريين وتأثرا بالتعاليم الدينية السماوية خاصة الإسلام وأخير تأثرا بالحضارات العربية والعالمية التي نادت بأهمية رعاية فئة اليتامى والفقراء وغيرهم" (١).

رابعاً: تطور الاهتمام بالأطفال فاقدى المأوى والرعاية عالميا:

١-الدول الأوروبية:

بظهور الأديان السماوية احتل الكهنة مكانة عالية في المجتمع، وأصبحوا مسئولين عن حماية الفقراء والضعفاء وكان الدافع الديني هو الأساس للحصول على رضا الرب وخلاص النفس، وفي أوروبا قامت

---

(١)   محمد سلامة وآخرون: مدخل في الرعاية الاجتماعية والخدمة الاجتماعية، المكتب التجاري الحديث،

المؤسسات برعاية الفقراء أو إلحاقهم بالأديرة كملاجئ وانتشر نظام جمع الصدقات فى جميع أرجاء أوروبا بعد أن أصبح نظاما يحترمه المجتمع. (١)

- انجلترا:

لقد سيطرت علي أوروبا فكرة الإحسان بدافع الحصول علي رضا الرب، وكانت الكنيسة تحث الناس علي مساعدة الأرامل والأيتام والعطف عليهم، والقيام بالبر والإحسان علي الفقراء والمحتاجين لتخفيف وطأة الألم كواجب ديني هام، وقد كان لرعاية الفقراء في انجلترا في العصور الوسطي شأن الدول الأوروبية الأخرى ممثلا فى الصدقات التي تقدمها الكنيسة، والتي كانت تخصص ثلث وربع العشور والهبات التي تجمعها لرعاية الفقراء وتقديم المساعدات لهم، وفي القرن الخامس عشر ازداد عدد الأديرة التي تقدم هذه المساعدات وتوفر المأوي والصدقة والطعام والملبس للأيتام والفقراء والمشردين (٢).

وفي عام ١٥٣٦ أصدر البرلمان الإنجليزي أول قانون يعترف بمسئولية الحكومة نحو المحرومين من الرعاية الأسرية والفقراء بجمع التبرعات وتوفير العمل للقادرين منهم، وفي عام ١٥٧٢ وقعت الملكة إليزابيث قانوناً برلمانيا يقضي بفرض ضريبة عامة لتمويل مساعدة الفقراء وتعيين مراقبين للإشراف علي شئون الفقراء وتنفيذ هذا القانون، وفي عام ١٥٧٦ أنشئت بيوت الإصلاح ليأوي إليها المحتاجون ومن لا مأوي لهم (٣).

الإسكندرية، ١٩٨٨، ص ص ١٤٨ -١٥٠.

(١) عبد المحيى محمود صالح، مرجع سابق، ص١٣٧.

(٢) محمد عبد الفتاح: مرجع سابق، ص ١٨٣.

(٣) المرجع السابق، ص ١٨٤.

وفي عام ١٦٠١ صدر قانون إليزابيث للفقراء فاقدى الرعاية والذي تضمن كافة القوانين الصادرة لتنظيم المساعدات للفقراء، أما الجانب الجديد كان في إعالة الأجداد ومعاملتهم كالآباء في حالات الفقر أو العجز، وحدد القانون فئات الفقراء بما يلي [1]:

أ) الفقراء القادرون (المتسولون القادرون على العمل).

ب) الفقراء العاجزون عن العمل (كالمرضي والشيوخ والأمهات ذوات الأطفال).

ج) الأطفال المعولون وهم الأيتام واللقطاء والمهجورون أو ممن بلغ الفقر بآبائهم درجة تجعلهم عاجزين عن إعالتهم والإنفاق عليهم.

وقد كان هؤلاء الأطفال يسلمون لأي مواطن يبدي رغبة أكيدة في تربيتهم بلا مقابل، أما إذا لم يتوفر مثل هذا فكان يسلم الطفل لمن يتقدم بأقل مبلغ يتلقاه نظير تربية الطفل، أما الأطفال من سن الثامنة فأكثر والقادرين علي القيام بالأعمال المنزلية فكانوا يسلموا لبعض سكان المدن للعمل بمنازلهم دون مقابل نظير إعالتهم، وفي حالة إمكان إبقائهم مع آبائهم الفقراء زودوا بالمواد الأولية، حتي يستطيعوا كسب عيشهم عن طريق الصناعات المنزلية لحساب أصحاب الحرف أو تجار المدن، وفي حالة تعذر ذلك يدفع الطفل إلى بيوت الفقراء، وبعد ذلك صدر قانون مؤسسات العمل في عام ١٦٩٦ والذى استهدف استخدام المواد الأولية كالصوف والحديد وتحويلها لسلع تعد للتصدير، وقد استخدم الفقراء المعوزين فى تدريبهم للعمل على هذه الصناعات المختلفة وغيرها، وفي عام ١٧٩٥ صدر قانون يسمح بتقديم

(١) محمد عبد الفتاح، أميرة منصور: مرجع سابق، ص ١٨٥.

المساعدات الجزئية للفقراء في بيوتهم حسب أعداد أفراد الأسرة [١].

وفي عام ١٩١١ صدر قانون التأمين الاجتماعي القومي، وفي عام ١٩٢٥ صدر قانون يمنح معاشات للأرامل واليتامى والمساكين فوق الخامسة والستين للرجال والستين للنساء، ومع النمو الصناعي في انجلترا تطورت الخدمات الاجتماعية التي توفرها المؤسسات و الهيئات الاجتماعية لمساعدة المواطنين الفقراء علي التغلب علي مشكلاتهم [٢].

● رومانيا:

قامت الدولة بزيادة دور الحضانة التي ترعى الأطفال من سن الولادة حتي سن الثالثة من العمر، وفي الريف أنشئت دور حضانة موسمية تعمل في أوقات الحصاد و تمنح معاشات شهرية للأطفال فاقدى العائل حتي سن الثالثة عشر أو العشرين إذا كانوا مستمرين في دراستهم، أما يتامى الأب والأم فإنهم يمنحون معاشات شهرية حتى سن الخامسة و العشرين أو حتي استكمال دراستهم [٣].

● هولندا:

صدر قانون عام ١٥٣٦ يقضي بإنشاء صندوق لتمويل المساعدات المحلية وتنظيم الإحسان، وتخصيص موظفين عموميين لتوزيع الصدقات، تبع ذلك ظهور حركات اجتماعية صاحبت الدعوة إلى الحرية والإخاء والمساواه، أدى ذلك بدوره لتشغيل العاطلين والمشردين وتيسير فرص

---

(١)   المرجع السابق، ص ١٨٦.

(٢)   محمد عبد الفتاح: مرجع سابق، ص ص ١٩١ – ١٩٨.

(٣)   المرجع السابق: ص ص ٢٠٥ – ٢٠٩.

العمل وتنظيمها وإنشاء خدمات متخصصة منها حماية الأطفال ومساعدة الفقراء [١].

● ألمانيا: [٢]

وجه (مارتن لوثر) نداء عاما لنبلاء الدولة الألمانية للقضاء علي التسول بإنشاء صناديق التمويل العامة، وبعد استلام المال والطعام والملابس يتم توزيعها علي الفقراء والمحتاجين، وقد دعا لوثر إلي أن توجه التبرعات بالإضافة للهبات الإختيارية لهذه الصناديق.

وفي عام ١٥٢٠ م وجه (مارتن لوثر) نداء عاما للنبلاء الألمان يحثهم علي استخدام نفوذهم لمنع التسول، وأن يقوموا بتكوين صندوق لكل منطقة تجمع منه التبرعات العينية والمالية، وتوزع علي الفقراء لكل منطقة بانتظام، ويتم تمويل الصندوق من خلال التبرعات والمنح المنتظمة من الأغنياء، إلا أن هذا البرنامج لم ينجح في مواجهة مشكلة الفقر لضعف التبرعات، وفي عام ١٧٨٨ م قامت مدينة هامبورج بشمال ألمانيا بتطبيق برنامج "فيف"، وأسند للأشراف علي تنفيذه أحد أعضاء مجلس شيوخ المدينة فشكل لجنة من المتطوعين قامت بتقسيم المدينة إلي حوالي ٦٠ منطقة ومقابلة كل أسرة وتقدير احتياجاتهم وتقديم المساعدة وإلحاق أبنائهم بمدارس صناعية للتدريب بها ثم إيجاد طرق لكسب الرزق، ولكن البرنامج لم يسفر عنه تغير يذكر في أحوال الفقراء.

(١)   عبد الفتاح عثمان وآخرون: مرجع سابق، ص ٧١

(٢)   السيد عبد الحميد عطية: التشريعات ومجالات الخدمة الاجتماعية، المكتب الجامعي الحديث، الإسكندرية، ٢٠٠١، ص ٧

وفي عام ١٧٩٠ طبق نظام مماثل في مدينة ميونخ للقضاء علي المتسولين والمشردين وضعه "بنيامين طومسون" حيث أنشأ مصنعا حربيا لصنع ملابس الجنود وحشد فيه جميع المتسولين والمشردين القادرين علي العمل بمعاونة لجان تطوعية محلية، كما قام بتوفير المواد الخام اللازمة للصناعة التى يقوم بها الفقراء الراغبون في كسب معاشهم.

- بلجيكا: [١]

تأثرت الرعاية بها برأي " جان لويس فيف " الفيلسوف الأسباني الذي أكد علي أن الأسرة هي أساس المجتمع و دعا أن توجه الخدمات إليها، كما اقترح أن يقوم مندوبو هيئات المساعدات بزيارة الأحياء التي يسكنها الفقراء ودراسة حالات الأسر واقتراح ما يرون بشأن كل أسرة علي حدة، علي أن تقدم المساعدات المادية للشيوخ و العجزة والمرضي بأمراض عقلية والمتعطلين القادرين علي العمل علي أن يأهلوا مهنيا ويتم تشغيلهم، أما الأطفال مجهولو النسب فيجب تربيتهم ورعايتهم وتأهيلهم وفق مقدرتهم العقلية والجسمية، وقامت المجالس البلدية بتنظيم الإحسان بجمع التبرعات الاختيارية من الناس دون الإلتجاء لفرض الضرائب، ويعد مجلس بلدية " بيبرس " أشهر المجالس التي ظهرت في بلجيكا، لأنه اتبع نظام يحرم التسول، حيث قامت فكرته علي وجود جماعة من الأهالي يعملون متطوعين بدون أجر لجمع التبرعات والأشراف علي توزيعها، ولقد لاقت هذه الفكرة بعد ذلك استحسانا في دول أوروبا لما صادفها من نجاح فأخذت بعض الدول بها.

(١) ماهر أبو المعاطي: مرجع سابق، ص ص ٩٣ - ٩٥.

- فرنسا:

قامت الكثير من مجالس المدن بإنشاء ما يعرف " بموائد الفقراء " وأصدرت قوانين لتنظيم المساعدات، كما تأسست مراكز الإحسان وطبقت أفكار " فيف " لمساعدة أسر الفقراء وفاقدى الرعاية، وقام في باريس مركز رئيسي لمساعدة المحتاجين يتكون أعضاؤه من رهبان وقضاه ومحامين يقومون بتنفيذ اقتراحات المركز وأوامر الحاكم و يعاونهم زائرون متطوعون لتقصي أحوال الفقراء وتقديم المساعدات المناسبة لهم، وقد عممت هذه المكاتب في كل حي، وعلي نفس النظام وسميت "بشركات الإحسان" لأنها كانت تفرض ضريبة لتمويل الإحسان، وكذلك نشر الراهب الفرنسي "فينسان دي بول" فكرته الإنسانية لمساعدة الفقراء مؤداها أن توكل مهمة الخدمات والمساعدات الإنسانية لأشخاص لديهم نوازع إنسانية ومدربين علي هذا النوع من العمل [(١)].

ثم قامت سيدات وفتيات الطبقة الراقية بنشر دعوة "دى بول"، وتكونت من بينهن "جماعات سيدات وفتيات الإحسان"، وما لبثت هذه الفكرة أن عممت في أنحاء أوروبا من المتطوعين والمتطوعات، وتكونت جمعيات تحمل اسم " جمعيات فينسان دي بول " وأدت تلك الجمعيات خدمات إنسانية جليلة، ومع ظهور الثورة الفرنسية وما صاحبها من دعوة إلي الحرية والإخاء والمساواة، بدأت حركات الإصلاح الاجتماعي والاهتمام بالتعليم، وتشغيل العاطلين وتيسير فرص العمل وتنظيمها، وكذلك قامت خدمات متخصصة لحماية الأطفال اليتامى ورعاية المرضي ومساعدة الفقراء، ولكن

(١) عبد الفتاح عثمان وآخرون: مرجع سابق، ص ٦٣.

بالرغم من هذا لم ينتظم الإحسان أو الخدمات الإنسانية لزيادة الإعتقاد بأن الدولة وحدها المسئولة عن تقديم المساعدات، حتى قلت تلك المساعدات الدينية أو التي من المؤسسات الأهلية وكذا انسحب ذلك علي غالبية أقطار أوروبا، إلا أن مع مقدم القرن التاسع عشر تحملت السلطات الحكومية العبء الأكبر في هذا الشأن، بإنشاء المستشفيات والملاجئ، ثم عادت مرة أخري إلي تقديم المساعدات في المنازل فتأسست لذلك مكاتب لتنظيم الإحسان، وتم تخصيص لجان مشتركة للمساعدات التي اقتصرت علي الملاجئ وعلي غير القادرين علي العمل [١].

● الولايات المتحدة الأمريكية:

كان طابع الإحسان متمثلا في إنشاء الجمعيات وتقديم المساعدات ففي عام ١٦٦٠ أنشأ أول جمعية للصداقة، لتقديم الإحسان في مدينة بوسطن بالولايات المتحدة، وقد تلا ذلك إنشاء جمعيات الحماية ضد الفقر الشديد في كل من نيويورك وبالتيمور وفيلادلفيا [٢].

فقد كان الإحسان الفردي هو طابع نظام المساعدات في العصور الوسطي عن طريق ما تقدمه مؤسسات الكنيسة من مساعدات لأبناء الطائفة الدينية عن طريق القساوسة من خلال زيارة بيوت المرضي والأرامل

---

(١)   محمد نجيب توفيق: أضواء علي الرعاية الاجتماعية في الإسلام وارتباط الخدمة الاجتماعية بها بنائيا ووظيفيا، مكتبة الأنجلو المصرية، القاهرة، ١٩٨٤، ص ص ٢١ – ٢٢

(٢)   أحمد مصطفي خاطر: الرعاية الاجتماعية.. التطور التاريخي.. إسهامات الحضارات المختلفة.. بحوث في مجالاتها، المكتبة الجامعية، الإسكندرية، ٢٠٠١، ص ١١١

والأيتام، وبعد منتصف القرن السابع عشر أنشئ أول بيت من بيوت الإحسان في مدينة نيويورك عام ١٦٥٧ وأعقب ذلك إنشاء بيت للتشغيل في مستعمرة بلموت عام ١٦٥٨، وفي عام ١٦٦٠ أنشأت بوسطن بيتاً للصدقة وبدأ استخدامها لرعاية الأطفال اليتامى والفقراء بدلا من إيداعهم لدي بعض الأسر بحيث يدفع بالمشردين الذين يتمردون علي العمل إلي بيوت التشغيل، ونظرا لعدم اتساع هذه البيوت لتشغيل جميع المتشردين والمتسولين، فقد تم تسليم هؤلاء المشردين إلي بعض الأهالي عن طريق مناقصة يسلم فيها المشردون إلي من يطلب أقل مبلغ مقابل إعالتهم[١].

وفي عام ١٨٠٩ قامت جمعية إنسانية بمدينة نيويورك بعمل بحث شامل في أسباب الفقر وفي بحث حالة الفقراء في أمريكا، ومع زيادة عدد المؤسسات والهيئات الأهلية الخاصة برعاية الفقراء والأيتام ومجهولي النسب، ظهرت حالة من الفوضى والاضطراب في إدارة هذه المؤسسات، ولذلك دعت الضرورة لإنشاء مجلس لتنظيم الرعاية المقدمة من هذه المؤسسات [٢].

ثم تكونت جمعية لتنظيم الإحسان بهدف مساعدة الأسر المحتاجة وتوعية المجتمع بوسائل محاربة الفقر في عام ١٨٧٧، كما هدفت للقضاء علي أسباب الفقر لكل حالة، وإنشاء جهاز مركزي لتسجيل الحالات المعانة لمنع ازدواج الإعانة، ولإيجاد التعاون بين مؤسسات المساعدات مع التوسع في

---

(١) محمد عبد الفتاح: مرجع سابق، ص ص٢٢٩ - ٢٣٣.

(٢) المرجع السابق، ص ٢٣٤.

الاستعانة بالمتطوعين[1].

وفى عام ١٩٠٩ عقد مؤتمر البيت الأبيض للطفولة والذى اعتبر نقطة تحول فى ميدان رعاية الطفولة وأصدر عدة قرارات كان من أهمها[2]:

١)   أن حياة الأسرة هى أغلى وأجمل ما أنتجته الحضارة ولا يجب أن يحرم منها الأطفال إلا تحت ظروف قهرية.

٢)   إذا حتمت الظروف رعاية الأطفال خارج أسرهم فيجب وضعهم فى بيوت خاصة او بديلة.

٣)   لا ينزع الطفل او يحرم من أسرته بسبب الفقر فقط.

وفي عام ١٩٣٢ تبني الرئيس فرانكلين روزفلت تأسيس قوانين فيدرالية لرعاية المحتاجين من السكان والقضاء علي مشكلة الكساء والغذاء وإيجاد المأوي للمشردين والنازحين للبلاد، كل ذلك أعطي دفعة قوية لتأسيس قانون الضمان الاجتماعي عام ١٩٣٥ بموافقة الكونجرس الأمريكي ومع بداية الستينات في عهد الرئيس الأمريكي جونسون ١٩٦٣- ١٩٦٨ حدثت إصلاحات اجتماعية واقتصادية لصالح الفقراء والمعوقين وكبار السن، وعرف ذلك ببرنامج المجتمع العظيم وتم الموافقة علي تقديم الخدمات المختلفة للفقراء وحماية الحقوق المدنية و تعليم الأطفال الفقراء والأيتام، أما عهد الرئيس الأمريكي كارتر فقد اتسم بضعف برامج الرعاية الاجتماعية فيها و معارضة عمليات الإصلاح الواسعة لارتفاع التكلفة الاقتصادية، أما فترة حكم ريجان فكانت أشد قسوة علي الفقراء والمعوزين، إذ جري

---

(١)   عبد الفتاح عثمان وآخرون: مرجع سابق، ص ٧١

(٢)   مها صلاح: مرجع سابق، ص ص ٥٨، ٥٩.

تخفيضا جذريا في برامج المساعدات علي اعتبار أن الإنفاق علي برامج الرعاية الاجتماعية يتعارض مع النمو الاقتصادي للولايات المتحدة الأمريكية [١].

وفي عام ١٩٨١ أنشئت صناديق تمويل الخدمات الاجتماعية لتوفير خدمات الرعاية للمواطنين، وفي عام ١٩٨٣ تم إنشاء وزارة الصحة والتعليم والرعاية، وفي عام ١٩٨٨ أصدر قانون الأسر وتم توجيه معونات للأطفال المحرومين من الرعاية الأسرية، وفي التسعينيات انتقلت فلسفة الرعاية الاجتماعية إلي العمل في ظل حكم الرئيس كلينتون لرفع السياسة الثقافية من الإعانات الاجتماعية إلي العمل [٢].

خامسا:الاهتمام الفكري الفلسفي بالأطفال فاقدى الرعاية:

لقد شغل الاهتمام باليتامى حيزا كبيرا من اهتمامات الفلاسفة والمفكرين العرب والغربيين ومن هؤلاء المفكرين:

١- من المفكرين العرب:

أ-رفاعة الطهطاوي (١٨٠١ - ١٨٧٣م)

كان من المبعوثين للدول الأوروبية ثم عاد إلي مصر من بعثته عام ١٨٤٠، وكان يحث الأغنياء علي التبرع ودفع بعض أموالهم للإنفاق علي الفقراء والمشردين والمحتاجين، وأنشأ الجمعيات الخيرية لهذه الفئات، وأنشأ مكاتب لتعليم البنات خاصة فاقدات البصر، كما حث علي إقامة المستشفيات

(١) محمد البدوي الصافي: مرجع سابق، ص ٣٥١ - ٣٥٢

(٢) ماهر أبو المعاطي: مرجع سابق، ص ١١٥

لعلاج المرضي الفقراء والاهتمام بالأيتام والشيوخ و ضعاف العقول [١].

ب-علي باشا مبارك (١٨٢٣- ١٨٩٣)

تولى في عصر الخديوي إسماعيل، عام ١٨٦٨ نظارة المعارف، وقد عمل علي إتاحة التعليم لكل راغب فيه دون أي تمييز بين المسلمين والأقباط وكذلك بين الأغنياء والفقراء [٢].

ج - جمال الدين الأفغاني (١٨٣٨ - ١٨٩٧)

وفد لمصر في عام ١٨٧١، وقام بعقد مجالس العلم واستخدمها في حث أهل العلم وأصحاب الأقلام اللذين يحضرون مجالسه علي الكتابة في الموضوعات الاجتماعية والعلمية، لإصلاح الأفكار وتهذيب الأخلاق، وقد كانت لهذه الجهود الفضل في إنشاء الكثير من الجمعيات الخيرية ورفع مستوي الوعي الاجتماعي لمشكلات المجتمع ومشكلات الفقراء[٣].

د-عبد الرحمن الكواكبى (١٨٤٨ - ١٩٠٢):

نادى الكواكبى بالتمسك بما دعت به الأديان السماوية وترك البذخ والترف الشديد من قبل الأغنياء فى إنفاقهم على ملذاتهم، وعدم تفكرهم فى الفقراء الذين ينامون فى الظلام بلا مأوى، فاستبداد الأغنياء سيؤدى بدوره

(١) محمد عبد الفتاح: مرجع سابق، ص ١٥٨

(٢) فؤاد بسيوني متولي: التربية ومشكلة الأمومة والطفولة، الملف المفتوح للطفولة، المكتبة التربوية، الكتاب السادس، دار المعارف الجامعية، الإسكندرية، ١٩٩٠،ص ٥٣

(٣) المرجع السابق، ص ١٥٨

للتخلف والفقر والقهر والإذلال للطبقات الفقيرة. [1]

هـ-محمد عبده (١٨٤٩ - ١٩٠٥):

قام بتأسيس أكبر المشروعات الإصلاحية والخيرية فى المجتمع المصرى مثل تأسيس الجمعيـة الخيرية الإسلامية، كما ساعد على نشر الثقافات المجتمعية بين الطبقات الفقيرة، ودعـا النـاس إلى الخير والبعد عن الشرور، واستعمال أسلوب التـراحم والتآخى بـين الطبقات العليا والطبقـات الفقيرة، كما ساعد على بث الوعى القومى فى نفوس الضعفاء والفقراء، وحذر من تداعيات وآثار انفصال الزوجين وتفكك الأسرة لأنه سيؤدى بدوره إلى تشرد الأطفال وحرمانهم مـن الجـو الأسرى وقد يجرف بهم لعالم الجريمة. [2]

و-طه حسين (١٨٨٩ - ١٩٧٣)

طالب طه حسين أن يكون التعليم حقا للجميع دون تمييز وألا يحرم منه الفقيـر، وأن الفقـر والعدم ليس عيبا أساسيا في طبيعة الفقراء والمعدمين يحرمهم من الحقوق ما يباح لغيرهم، وإنمـا الفقر والغني عرضا من أعراض الدنيا لا ينبغي أن يكون لهما أثر في تحقيق العدل والمساواة بـين الناس، وقد أكد علي مبدأ تكافؤ الفرص التعليمية وإرساء قواعد ديمقراطية التعليم ومجانيته [3].

(١)   عبد الله عبد الرحمن، تطور الفكر الاجتماعى، دار المعرفة الجامعية، الإسكندرية، ١٩٩٩، ص٢٧٣.

(٢)   المرجع السابق، ص ص٢٠٦-٢٢٣.

(٣)   المرجع السابق، ص ص ٥٨ - ٥٩.

٢- من المفكرين و الفلاسفة الغربيين:

أ- جون أموس كومينوس (١٥٩٢ – ١٦٠٢)

أكد علي التربية الدينية والخلقية وناصر تربية البنات وناصر الفلاحين والفقراء والعمال وأشار لضرورة أن يدرسوا لمدة ساعتين يوميا بعد انتهائهم من عملهم لإزالة أميتهم والعمل على تعليمهم، حيث أكد أن التعليم لا يجب أن يحرم منه أحد من اللذين فاتهم في الصغر حتى لو كان من طبقة الكادحين[١].

ب- جان جاك روسو (١٧١٢ – ١٧٧٨)

ارجع أصل عدم المساواة إلى تحيز النظم والقوانين لصالح الأغنياء، حيث يتفق الأغنياء على تدعيم مكانتهم فيسنون أنظمة عامة تصون لكل فرد من الأغنياء ملكه وتوطد السلام، ويذعن الفقراء الضعفاء لهذه القوانين كي يدفعوا الشر عن أنفسهم، وهنا يتوطد الصراع الطبقي بين الناس ومن ثم كان ينادي روسو بضرورة تغيير الوضع الاجتماعي حتى يتحقق العدل و المساواة[٢].

ج- يوحنا هنري بستالوتزي (١٧٤٦ – ١٨٢٧)

من مبادئه أن اللجوء إلى التربية فيه تخليص الفقراء من البؤس والشقاء

---

(١)   ثناء يوسف العاص: تربية الطفل.. نظريات وآراء، ط١، دار المعرفة الجامعية، الإسكندرية، ١٩٩٤، ص ١٠٨

(٢)   شبل بدران: الاتجاهات الحديثة في تربية طفل ما قبل المدرسة، ط١، الدار المصرية اللبنانية، القاهرة، ٢٠٠٠، ص ٢٤.

ومن مقولته:

"إذا أردنا أن نمد يد العون إلى الفقير والبائس فلا يوجد سوى طريق واحد هو تغيير المدارس إلى أماكن للتربية الحقيقية، حيث يتاح للقوى الخلقية و العقلية والجسمية التي منحتنا إياها الطبيعة، أن تعمل وتظهر وبذلك يمكن للإنسان أن يحيا كما يجب أن يحيا، راضيا عن نفسه ومرضيا لغيره"، وقد نادى بضرورة أن يمنح كل الأطفال الفرص المتكافئة للتعليم حتى لا يحرموا من التربية المجدية النافعة لهم، ومن صيحاته أن يعمل الأغنياء من أجل الفقراء، وأن التعليم صحيح كفيل بأن يهيئ للفقراء حياة أسعد [١].

وقد أسس مدرسة لأبناء الفقراء في (نيوهون) عام ١٧٧٥ كان يقوم فيها بتربية الأطفال، كما أسس ملجأ لفاقدى الرعاية في قرية ستانز عام ١٧٨٩، وهكذا وجد بستالونزي الفرصة في تعليم وتربية الصغار وفقا لنظرياته ومبادئه [٢].

د- سان سيمون (١٧٦٠ – ١٨٢٥) [٣]

ولد بباريس ونادى بضرورة أن تتعدل أوضاع الطبقة الكادحة الفقيرة بحيث يكونوا أغنياء أيضا، وعلل ذلك أن هؤلاء الفقراء لو تركوا كما هم

---

(١)   سعد مرسى احمد، كوثر حسين: تربية الطفل قبل المدرسة، عالم الكتب، القاهرة، ١٩٨٣، ص ص١٧٧-١٩٠.

(٢)   شبل بدران: مرجع سابق، ص ص١٥٦-١٥٧.

(٣)   بول لويس: الفكر الاشتراكي في مائة وخمسين عاما، ترجمة عبد الحميد الدواخلي، الجزء الأول، الهيئة المصرية العامة للكتاب، ١٩٧٢، ص ٧

سيتحولون في النهاية إلي مشردين ولصوص.

س- روبرت أوين (١٧٧١ - ١٨٥٨) [1]

من أشهر مقولاته: "إن الجهل والبؤس والفقر والعلل والرذيلة والجريمة يمكن درؤها عند جميع الشعوب من خلال إعادة تنظيم المجتمع علي مبادئ أساسية صحيحة".

وأنه لا يمكن أن توجد سعادة حقيقية بين الجميع بدون المساواة بينهم وخاصة في الوضع الاجتماعي وفي تلقي التعليم وفي باقي الحقوق وفي العناية بالأطفال مهما كانت انتماءاتهم الطبقية.

ن -ماريا مونتسورى (١٨٧٠ - ١٩٥٢) [2]

اهتمت بحقوق الأطفال، وكانت مربية متفانية فى سبيل جعل تربية الأطفال تربية مثمرة وخصوصا الأطفال المحرومين منهم، والأطفال الفقراء التى كانت "مونتسورى" تقوم بتربيتهم فى دور الأطفال بروما، وذلك لأن بيئتهم الأسرية لم تكن مهيأة لذلك.

و- مكارنيكو (١٨٨٨ - ١٩٣٩)

أتاح له عمله في إصلاحية الأحداث بعد الثورة البلشفية الفرصة لتطبيق الكثير من آرائه التربوية، وقد استفيد به كخبير في التربية للأحداث عام ١٩٣٦، والتي سرعان ما جعل برامجه التربوية قابلة للتطبيق في كل مكان ولم تعد قاصرة علي الجانحين والأحداث فقط لأنه لم يتعامل معهم كجانحين

(١) المرجع السابق: ص ٥٥.

(٢) فتحية حسن سليمان: مرجع سابق، ص١٦٨.

سوى فترة صغيرة أصبحوا بعدها عاديين [١].

وقد واصل عمله في مؤسسة أخرى للأحداث ضمت مجموعة من الأطفال المشردين، والذين لا عائل لهم من الأولاد والبنات وقام بتدريبهم علي إتقان عمليات الإنتاج المختلفة داخل ورش النجارة والحدادة والخياطة وغيرها [٢].

خاتمـة:

ومن خلال هذا الفصل تم عرض تطور الاهتمام بتربية الأطفال المحرومين من الرعاية في حضارات مصر القديمة، وفي عصرـ الإغريق والرومان، ثم استعراض الاهتمام بالمحرومين من الرعاية من قبل الأديان السماوية اليهودية والمسيحية وأخيراً الإسلامية، ثم قامت الدراسة باستعراض الاهتمام المحلي والعالمي بهؤلاء الأطفال، وانتهى الفصل باستعراض اهتمام عدد من مفكري العرب والغرب بالأطفال المحرومين من الرعاية.

---

(١) سيد إبراهيم الجبار: دراسات في تاريخ الفكر التربوي، مكتبة غريب، الفجالة، ١٩٧٧، ص ص ٢٠٠ - ٢٠٣.

(٢) شبل بدران: مرجع سابق، ص ٢١٩.

الفصل الرابع

التشريع المصرى ومواجهة ظاهرة الأطفال المشردين

- مقدمـة:

- الاهتمام العالمى بحقوق الأطفال عامة والمشردين خاصـة.

- التشريع المصرى وحماية الطفل الموصى عليـه.

- الجهود الحكومية والأهلية المبذولة لمواجهـة ظـاهرة الأطفال.المشردين فى
  الشوارع فى مصر

أ)   الجهود الحكومية فى مجال رعاية الطفولة خاصة الأطفال المشردين.

ب) الجهود الأهلية فى مجال رعاية الطفولة وخاصة الأطفال المشردين.

- التشريع المصرى وظاهرة تشـرد الأطفـال.

- خاتمـة.

الفصل الرابع

التشريع المصرى ومواجهة ظاهرة الأطفال المشردين

مقدمة:

تعد مرحلة الطفولة – باعتبارها مرحلة الأساس فى بناء الإنسانية – أهم جزء فى البناء الإنسانى الذى يبنى عليه جوانب شخصية الطفل فى مراحلها وأطوارها المتداخلة، فتلك المرحلة الطفولية تترك بصماتها وقسماتها واضحة جلية على حاضر الطفل ومستقبل حياته، ومن هنا كانت لتلك المرحلة أهمية تربوية واجتماعية ونفسية قصوى فى تشكيل حياة الإنسان فى كل مكان وزمان، فالطفل يحياها - مرحلة الطفولة – مرة واحدة فى حياته فلن يستطيع استعادتها إذا طلب إعادتها، ولهذا أصبح الطفل الذى لا يسمح له الكبار بأن يلعب لعبا جميلا يستريح فيه وإليه من ضغوط الحياة المجتمعية غير المعدة له، قد خسر طفولته إساءة وإهمالا وظلما، وسلب مباهجها غصبا وكرها وقهرا[1].

ومن فئات الأطفال من ذوى الظروف الصعبة الأطفال المشردون فى الشوارع، فهم يعيشون تحت شروط حياتية تغمرها الفوضى والخطر، لذلك كان لابد من تضافر الجهود الحكومية والأهلية وإبراز التشريعات التى عنيت بهذه الظاهرة.

---

(١) جابر محمود طلبة: البحث التربوى فى مجال تربية الطفل (الطرق العلمية – الممارسة البحثية)، مرجع سابق، ص ص أ-د١.

أولا: الاهتمام العالمى بحقوق الأطفال عامة والمشردين خاصة:

لقد شهدت العقود الأخيرة اهتماما دوليا بالموضوعات الخاصة بالطفل والـذى تبلـور منـه العديد من المواثيق والاتفاقيات الدولية التى منها:

أ-إعلان جنيف لحقوق الطفل عام ١٩٢٤. (١)

يعتبر إعلان جنيف لحقوق الطفل الذى صـدر فى خمـس نقـاط عـن إتحـاد يسمى الاتحـاد الدولى لحماية حقوق الأطفال، أول إعلان متخصص للتأكيد على حقوق الطفولة فى تاريخ القانون الدولى المعاصر، ومما جاء فى ديباجة الإعلان أن البشرية مدينة بأفضل مـا عنـدها وما يمكن أن تقدمه إلى الطفولـة والأطفـال دون أى تمييـز قـائم عـلى أسـاس العـرف أو الـدين أو العقيـدة والمذهب أو الجنسية وجاء فى **المبدأ الأول**: أن الطفل يجب أن يتمتع بجميع الوسائل اللازمـة والضرورية كى ينعم بنمو عقلى وجسمانى سليم.

أما **المبدأ الثانى**: فيركـز عـلى ضرورة تـوفير الغـذاء للطفـل الجائـع والعـلاج الطبـى للطفل المريض والعناية الملائمة للطفل المتخلف وإعادة تأهيل الحـدث وتـوفير المـأوى للأيتـام والأطفـال المشردين.

وينص **المبدأ الثالث**: على أن يكون للطفل الأولوية فى الإسعاف والإنقاذ فى أوقـات الحـروب والكوارث.

أما **المبدأ الرابع**: فينص على ضرورة حماية الطفل من جميع صور سوء الاستغلال والمعاملـة السيئة.

---

(١) نجوى على عتيقة: حقوق الطفل فى القانون الدولى، دار المستقبل العربى، القاهرة، ١٩٩٥، ص ص٦٣-٦٤.

وينص المبدأ الخامس: على وجوب تربية الطفل على ضرورة الاستفادة من مواهبـه وقدراتـه فى خدمة البشرية، ويعد هذا الإعلان النواة التى إعتمد عليها واضعو إعلان هيئـة الأمـم المتحـدة لحقوق الطفل فى العشرين من تشرين الثانى عام ١٩٥٩.

ب - إعلان حقوق الطفل الصادر عن الأمم المتحدة عام ١٩٥٩.

وتفصيلاً فإن الجمعية العامة للأمم المتحدة تبنت فى ٢٠ نوفمبر ١٩٥٩ إعلان حقوق الطفل وقد ترجم هذا الاتجاه بأن أعلنت الجمعية عن وثيقة رعاية الطفل واتجاهاته النفسية والرعايـة السليمة له وينص جوهر الوثيقة على: "أن البشريـة مدينـة للطفـل بأفضـل مـا لـديها" وأهابـت بالمؤسسات والآباء والأمهات بأن تعترف بهذه الحقوق وتعمـل بهـا والمتضـمنة فى عشـرة مبـادئ هى:

المبدأ الأول: يجب أن يتمتع الطفل بكافة الحقوق الـواردة فى هـذا الإعلان ويحق لكل الأطفال التمتع بهذه الحقوق دون أى استثناء أو تمييـز بسـبب العنصر ـ أو اللـون أو الجنـس أو اللغة أو الدين أو أى وضع آخر له ولأسرته.

المبدأ الثانى: يجب أن يكون للطفل حق التمتع بوقاية خاصة وأن تتاح له الفرص والوسائل وفقا لأحكام القانون وغير ذلك لكى ينشأ من النواحى البدنية والروحيـة والاجتماعيـة علـى غـرار طبيعى وفى ظروف تتسم بالحرية والكرامة، وفى سبيل تنفيذ أحكام القانون فى هذا الشأن يجـب أن يكون الاعتبار الأعظم لمصالح الطفل.

المبدأ الثالث: يجب أن يكون للطفل منذ ولادته الحق فى أن يعرف بأسم

وبجنسية معينة.

المبدأ الرابع: يجب أن يتاح للطفل التمتع بمزايا الأمن الاجتماعى وأن يكون له الحق فى أن ينشأ وينمو فى عافية... وتحقيقا لهذا الهدف يجب أن تمنح الرعاية والوقاية له ولأمه قبل ولادته وبعدها، وينبغى أن يكون للطفل الحق فى التغذية الكافية والمأوى والرياضة والعناية الطبية.

المبدأ الخامس: يجب توفير العلاج الخاص والتربية والرعاية التى تقتضيها حالة الطفل المصاب بعجز بسبب إحدى العاهات.

المبدأ السادس: ولكى يكون للطفل شخصية متكاملة متناسقة يجب أن يحظى قدر الإمكان بالمحبة والتفاهم، كما يجب أن ينمو تحت رعاية والديه ومسئوليتهما.

المبدأ السابع: للطفل الحق فى الحصول على وسائل التعليم الإجبارى المجانى على الأقل فى المرحلة الأولى، كما يجب أن تتيح له هذه الوسائل ما يرفع مستوى ثقافته العامة ويمكنه من أن ينمى قدراته ويحسن تقديره للأمور وشعوره بالمسئولية الأدبية والاجتماعية لكى يصبح عضوا مفيدا فى المجتمع، ومن الواجب أن تتاح له فرصة للترفيه عن نفسه باللعب والرياضة والذين يجب أن يستهدفا نفس الغاية التى ترمى التربية والتعليم إلى بلوغها، وعلى المجتمع والذين يتولون السلطات العامة أن يعملوا على إتاحة الاستمتاع الكامل بهذا الحق للطفل.

المبدأ الثامن: يجب أن يكون للطفل المقام الأول فى الحصول على الوقاية والإغاثة فى حالة وقوع الكوارث.

المبدأ التاسع: يجب ضمان الوقاية للطفل من كافة ضروب الإهمال

والقسوة والاستغلال، وينبغى أيضا ألا يكون معرضا للاتجار بـه بـأى وسـيلة مـن الوسـائل، ومـن الواجب ألا يبدأ إستخدام الطفل قبل بلوغه سنا مناسبا، كما يجب ألا يسـمح لـه بـأى حـال مـن الأحوال أن يتولى حرفة أو عملا قد يضر بصحته أو يعرقـل وسـائل تعليمـه أو يعـترض نمـوه مـن الناحية البدنية أو الخلقية أو العقلية.

المبدأ العاشر: يجب أن تتاح للطفل وسائل الوقاية من الأعـمال والتـدابير التـى قـد تبـث فى نفسه أى نوع من التميز من الناحيتين العنصرـية والدينيـة، وأن تتسـم تنشـئته بـروح التفـاهم والتسامح والصداقة بين كافة الشعوب، وكذلك بمحبة السلام والإخوة الشاملة وأن يشـعر شـعوراً قوياً بأن من واجبه أن يكرس كل ما يملك من طاقة ومواهب لخدمة إخوانه فى الإنسانيـة.(١)

وترى الباحثة أن هذا الإعلان وإن عنى بضرورة حماية الطفل من الإهـمال والقسـوة إلا أنـه ركز على الحاجات الأساسية العضوية للطفـل أكـثر مـن الاحتياجـات التربويـة والاجتماعيـة علـى الرغم من أنه تعرض لكثير من الجوانب الخاصة بالطفل بشـكل أشـمل مـن إعـلان جنيـف عـام ١٩٢٤.

ثم كان التعبير القوى فى الاهتمام بالطفولة والمتجلى فى اتفاقية حقوق الطفل التى اعتمدتها الأمم المتحدة فى ٢٠ نوفمبر ١٩٨٩ والتى وقعت على

---

(١) حافظ فرج أحمد: رؤية مستقبلية لتربية طفل ما قبل المدرسـة، ورقـة عمـل مقدمـة للمـؤتمر السـنوى الأول لمركز رعاية وتنمية الطفولة، بعنوان "تربية الطفل من أجل مصر المسـتقبل - الواقـع والطمـوح، جامعـة المنصورة، ٢٥-٢٦ ديسمبر، ٢٠٠٢، ص ص٦٨٥-٦٨٦.

هذه الاتفاقية جميع دول العالم باستثناء دولتيـن.[1]

ج-اتفاقية حقوق الطفل لسنة ١٩٨٩: [2]

جاء فى الديباجة لهـذه الاتفاقيـة أن الـدول الأطـراف فى هـذه الاتفاقيـة، إذ تـرى أنـه وفقـاً للمبادىء المعلنة فى ميثاق الأمم المتحدة، يشكل الاعتراف بالكرامة المتأصلة لجميع أعضـاء الأسرة البشرية وبحقوقهم المتساوية وغير القابلة للتصرف، أساس الحرية والعدالة والسلم فى العالم، وإذ تضع فى اعتبارها أن شـعوب الأمـم المتحـدة قـد أكـدت مـن جديـد فى الميثـاق إيمانهـا بـالحقوق الأساسية للإنسان وبكرامة الفرد وقـدره، عقـدت العـزم عـلى أن تـدفع بـالرقى الاجتماعـى قـدماً وترفع مستوى الحياة فى جو من الحرية أفسح، وإذ تدرك أن الأمم المتحدة قد أعلنت، فى الإعـلان العالمى لحقوق الإنسان وفى العهدين الـدوليين الخاصـين بحقـوق الإنسـان، أن لكـل إنسـان حـق التمتع بجميـع الحقـوق والحريـات الـواردة فى تلـك الصـكوك، دون أى نـوع مـن أنـواع التمييـز كالتمييز بسبب العنصر أو اللون أو الجنس أو اللغة أو الدين أو الرأى السياسى أو غيره أو الأصل القومى أو الاجتماعى أو الثروة أو المولد أو أى وضع آخر، واتفقـت عـلى ذلـك، وإذ تشـير إلى أن الأمـم المتحـدة قـد أعلنـت فى الإعـلان العـالمى لحقـوق الإنسـان إن للطفولـة الحـق فى الرعايـة والمساعدة.

واقتناعاً منها بأن الأسرة، باعتبارها الوحدة الأساسية للمجتمع والبيئة

---

(١) المجلس العربى للطفولة والتنمية: أطفال الشوارع، مرجع سابق، ص٢٦.

(٢) اليونيسيف، اتفاقية حقوق الطفل لسنة ١٩٨٩، دار الكتب المصرية،٢٠٠٢، ص ص ٥-٣١.

الطبيعية لنمو ورفاهية جميع أفرادها وبخاصة الأطفال، ينبغى أن تولى الحماية والمساعدة اللازمتين لتتمكن من الاضطلاع الكامل بمسؤولياتها داخل المجتمع.

وإذ تقر بأن الطفل، كي تترعرع شخصيته ترعرعاً كاملاً ومتناسقاً، ينبغى أن ينشأ فى بيئة عائلية تتوفر فيها جو من السعادة والمحبة والتفاهم، وإذ ترى أنه ينبغى إعداد الطفل إعداداً كاملاً ليحيا حياة فردية فى المجتمع وتربيته بروح المثل العليا المعلنة فى ميثاق الأمم المتحدة، وخصوصاً بروح السلم والكرامة والتسامح والحرية والمساواة والإخاء، وإذ تضع فى اعتبارها أن الحاجة إلى توفير رعاية خاصة للطفل قد ذكرت فى إعلان جنيف لحقوق الطفل العام ١٩٢٤ وفى إعلان حقوق الطفل الذى اعتمدته الجمعية العامة فى ٢٠ تشرين الثانى / نوفمبر ١٩٥٩ والمعترف به فى الإعلان العالمى لحقوق الإنسان وفى العهد الدولى الخاص بالحقوق المدنية والسياسية (ولا سيما فى المادتين ٢٣ و٢٤) وفى العهد الدولى الخاص بالحقوق الاقتصادية والاجتماعية والثقافية (ولا سيما فى المادة ١٠) وفى النظم الأساسية والصكوك ذات الصلة للوكالات المتخصصة والمنظمات الدولية المعنية بالطفل، وإذ تضع فى اعتبارها أن الطفل، بسبب عدم نضجه البدنى والعقلى، يحتاج إلى إجراءات وقاية ورعاية خاصة، بما فى ذلك حماية قانونية مناسبة، قبل الولادة وبعدها، وذلك كما جاء فى إعلان حقوق الطفل، وإذ تشير على أحكام الإعلان المتعلق بالمبادىء الاجتماعية والقانونية المتصلة بحماية الأطفال ورعايتهم، وإلى الإعلان بشأن حماية النساء والأطفال أثناء الطوارىء والمنازعات المسلحة، وإذ تسلَم بأن ثمة أطفالاً فى جميع بلدان العالم يعيشون فى ظروف صعبة للغاية، وبأن هؤلاء

الأطفال يحتاجون إلى رعاية خاصة، وإذ تأخذ فى الاعتبار الواجب أهمية تقاليد كل شعب وقيمه الثقافية لحماية الطفل وترعرعه ترعرعاً متناسقاً، وإذ تدرك أهمية التعاون الدولى لتحسين ظروف معيشة الأطفال فى كل بلد، ولا سيما فى البلدان النامية، وقد اتفقت على ما يلى:

المادة (١):

لأغراض هذه الاتفاقية، يعنى بالطفل كل إنسان لم يتجاوز الثامنة عشرة، ما لم يبلغ سن الرشد قبل ذلك بموجب القانون المنطبق عليه.

المادة (٢):

١) تحترم الدول الأطراف الحقوق الموضحة فى هذه الاتفاقية وتضمنها لكل طفل يخضع لولايتها دون أى نوع من أنواع التمييز، بغض النظر عن عنصر الطفل أو والديه أو الوصى القانونى عليه أو لونهم أو جنسهم أو لغتهم أو دينهم أو رأيهم السياسى أو غيره أو أصلهم القومى أو الاجتماعى، أو ثرواتهم، أو عجزهم، أو مولدهم، أو أى وضع آخر.

٢) تتخذ الدول الأطراف جميع التدابير المناسبة لتكفل للطفل الحماية من جميع أشكال التمييز أو العقاب القائمة على أساس مركز والدى الطفل أو الأوصياء القانونيين عليه أو أعضاء الأسرة، أو أنشطتهم أو آرائهم المعبر عنها أو معتقداتهم.

المادة (٣):

١) فى جميع الإجراءات التى تتعلق بالأطفال، سواء قامت بها مؤسسات الرعاية الاجتماعية العامة أو الخاصة، أو المحاكم أو السلطات

الإدارية أو الهيئات التشريعية، يولى الاعتبار لمصالح الطفل الفضلى.

٢   تتعهد الدول الأطراف بأن تضمن للطفل الحماية والرعاية اللازمتين لرفاهيته، مراعية حقوق وواجبات والديه أو أوصيائه أو غيرهم من الأفراد المسئولين قانوناً عنه، وتتخذ، تحقيقاً لهذا الغرض، جميع التدابير التشريعية والإدارية الملائمة.

٣   تكفل الدول الأطراف أن تتقيد المؤسسات والإدارات والمرافق المسئولة عن رعاية أو حماية الأطفال بالمعايير التى وضعتها السلطات المختصة، ولا سيما فى مجالى السلامة والصحة وفى عدد موظفيها وصلاحيتهم للعمل، وكذلك من ناحية كفاءة الإشراف.

المادة (٦):

١   تعترف الدول الأطراف بأن لكل طفل حقاً أصيلاً فى الحياة.

٢   تكفل الدول الأطراف إلى أقصى حد ممكن بقاء الطفل ونموه.

المادة (٧):

١   يسجل الطفل بعد ولادته فوراً ويكون له الحق منذ ولادته فى اسم والحق فى اكتساب جنسية، ويكون له قدر الإمكان، الحق فى معرفة والديه وتلقى رعايتهما.

٢   تكفل الدول الأطراف إعمال هذه الحقوق وفقاً لقانونها الوطنى والتزاماتها بموجب الصكوك الدولية المتصلة بهذا الميدان، ولا سيما حيثما يعتبر الطفل عديم الجنسية فى حال عدم القيام بذلك.

المادة (٨):

١) تتعهد الدول الأطراف باحترام حق الطفل في الحفاظ على هويته بما في ذلك جنسيته، واسمه، وصلاته العائلية، على النحو الذي يقرره القانون، وذلك دون تدخل غير شرعي.

٢) إذا حرم أي طفل بطريقة غير شرعية من بعض أو كل عناصر هويته، تقدم الدول الأطراف المساعدة والحماية المناسبتين من أجل الإسراع بإعادة إثبات هويته.

المادة (٩):

١) تضمن الدول الأطراف عدم فصل الطفل عن والديه على كره منهما، إلا عندما تقرر السلطات المختصة، رهناً بإجراء إعادة النظر قضائياً، وفقاً للقوانين والإجراءات المعمول بها، إن هذا الفصل ضروري لصون مصالح الطفل الفضلى. وقد يلزم مثل هذا القرار في حالة معينة مثل حالة إساءة الوالدين معاملة الطفل أو إهمالهما له، أو عندما يعيش الوالدان منفصلين ويتعين اتخاذ قرار بشأن محل إقامة الطفل.

٢) في أية دعاوى تقام عملاً بالفقرة (١) من هذه المادة، تتاح لجميع الأطراف المعنية الفرصة للاشتراك في الدعوى والإفصاح عن وجهات نظرها.

٣) تحترم الدول الأطراف حق الطفل المنفصل عن والديه أو أحدهما في الاحتفاظ بصورة منتظمة بعلاقات شخصية واتصالات بكلا والديه، إلا إذا تعارض ذلك مع مصالح الطفل الفضلى.

٤) في الحالات التي ينشأ فيها هذا الفصل عن أي إجراء اتخذته دولة من

الدول الأطراف، مثل تعريض أحد الوالدين أو كليهما أو الطفل للاحتجاز أو الحبس أو النفى أو الترحيل أو الوفاة (بما فى ذلك الوفاة التى تحدث لأى سبب أثناء احتجاز الدولة للشخص)، تقدم تلك الدولة الطرف عند الطلب، للوالدين أو الطفل، أو عند الاقتضاء، لعضو آخر من الأسرة، المعلومات الأساسية الخاصة بمحل وجود عضو الأسرة الغائب (أو أعضاء الأسرة الغائبين) إلا إذا كان تقديم هذه المعلومات ليس لصالح الطفل. وتضمن الدول الأطراف كذلك أن لا تترتب على تقديم مثل هذا الطلب، فى حد ذاته، أى نتائج ضارة للشخص المعنى (أو الأشخاص المعنيين).

المادة (١٢):

١)   تكفل الدول الأطراف فى هذه الاتفاقية للطفل القادر على تكوين آرائه الخاصة حق التعبير عن تلك الآراء بحرية فى جميع المسائل التى تمس الطفل، وتولى آراء الطفل الاعتبار الواجب وفقاً لسن الطفل ونضجه.

٢)   ولهذا الغرض، تتاح للطفل، بوجه خاص، فرصة الاستماع إليه فى أى إجراءات قضائية وإدارية تمس الطفل، إما مباشرة، أو من خلال ممثل أو هيئة ملائمة، بطريقة تتفق مع القواعد الإجرائية للقانون الوطني.

المادة (١٨):

١)   تبذل الدول الأطراف قصارى جهدها لضمان الاعتراف بالمبدأ القائل أن كلا الوالدين يتحملان مسئوليات مشتركة عن تربية الطفل ونموه. وتقع على عاتق الوالدين أو الأوصياء القانونيين، حسب الحالة،

المسئولية الأولى عـن تربيـة الطفـل ونمـوه. وتكـون مصالح الطفـل الفضـلى موضوع اهتمامهم الأساسى.

٢) فى سبيل ضمان وتعزيز الحقوق المبينة فى هـذه الاتفاقيـة، علـى الـدول الأطـراف فى هـذه الاتفاقية أن تقدم المساعدة الملائمة للوالدين وللأوصياء القانونيين فى الاضطلاع بمسئوليات تربية الطفل وعليها أن تكفل تطوير مؤسسات ومرافق وخدمات رعاية الأطفال.

٣) تتخذ الدول الأطراف كل التدابير الملائمة لتضمن لأطفال الوالدين العاملين حـق الانتفاع بخدمات ومرافق رعاية الطفل التى هم مؤهلون لها.

المادة (١٩):

١) تتخذ الدول الأطراف جميع التدابير التشريعية والإداريـة والاجتماعيـة الملائمـة لحمايـة الطفل من كافة أشكال العنف أو الضرر أو الإساءة البدنيـة أو العقليـة أو الإهمال أو المعاملة المنطوية على إهمال، وإساءة المعاملة أو الاستغلال، بما فى ذلك الإساءة الجنسية، وهو فى رعاية الوالـد (الوالـدين) أو الـوصى القـانونى (الأوصيـاء القانونيين) عليـه، أو أى شخص آخر يتعهد الطفل برعايته.

٢) ينبغى أن تشمل هذه التدابير الوقائية، حسب الاقتضاء، إجـراءات فعالة لوضع بـرامج اجتماعية لتوفير الدعم اللازم للطفل ولأولئك الذين يتعهدون الطفل برعـايتهم، وكذلك للأشكال الأخرى من الوقاية، ولتحديد حالات إساءة معاملـة الطفل المـذكورة حتى الآن والإبلاغ عنها والإحالة بشأنها والتحقيق فيها ومعالجتها ومتابعتها وكذلك لتدخل

القضاء حسب الاقتضاء.

المادة (٢٠):

١) للطفل المحروم بصفة مؤقتة أو دائمة من بيئته العائلية أو الذى لا يسمح له، حفاظاً على مصالحه الفضلى، بالبقاء فى تلك البيئة الحق فى حماية ومساعدة خاصتين توفرهما الدولة.

٢) تضمن الدول الأطراف، وفقاً لقوانينها الوطنية، رعاية بديلة لمثل هذا الطفل.

٣) يمكن أن تشمل هـذه الرعاية، فى جملة أمور الحضانة، أو الكفالة الـواردة فى القانون الإسلامى، أو عند الضرورة، الإقامة فى مؤسسات مناسبة لرعاية الأطفال. وعند النظر فى الحلول، ينبغى توجيه الاعتبار لاستصواب الاستمرارية فى تربية الطفل ولخلفية الطفـل الدينية والثقافية واللغوية.

المادة (٢١):

تضمن الدول التى تقر /أو تجيز نظام التبنى إيلاء مصالح الطفل الفضلى الاعتبار الأول والقيام بما يلى:

أ) تضمن ألا تصرح بتبنى الطفل إلا السلطات المختصة التى تحدد وفقاً للقوانين والإجراءات المعمول بها وعلى أساس كل المعلومات ذات الصلة الموثوق بها أن التبنى جائز نظراً لحالة الطفل فيما يتعلق بالوالدين والأقارب والأوصياء القانونيين وأن الأشخاص المعنيين، عند الاقتضاء، قد أعطوا عن علم موافقتهم على التبنى على أساس حصولهم على ما قد يلزم من المشورة.

ب) تعترف بأن التبنى فى بلد آخر يمكن اعتباره وسيلة بديلة لرعاية الطفل، إذا تعذرت إقامة الطفل لدى أسرة حاضنة أو متبنية، أو إذا تعذرت العناية به بأى طريقة ملائمة فى وطنه.

ج) تضمن، بالنسبة للتبنى فى بلد آخر، أن يستفيد الطفل من ضمانات ومعايير تعادل تلك القائمة فيما يتعلق بالتبنى الوطنى.

د) تتخذ جميع التدابير المناسبة كى تضمن، بالنسبة للتبنى فى بلد آخر، أن عملية التبنى لا تعود على أولئك المشاركين فيها بكسب مالى غير مشروع.

المادة (٢٥):

تعترف الدول الأطراف بحق الطفل الذى تودعه السلطات المختصة لأغراض الرعاية أو الحماية أو علاج صحته البدنية أو العقلية فى مراجعة دورية للعلاج المقدم ذات الصلة بإيداعه.

المادة (٢٦):

١) تعترف الدول الأطراف لكل طفل بالحق فى الانتفاع من الضمان الاجتماعى، بما فى ذلك التأمين الاجتماعى، وتتخذ التدابير اللازمة لتحقيق الإعمال الكامل لهذا الحق وفقاً لقانونها الوطنى.

٢) ينبغى منح الإعانات، عند الاقتضاء، مع مراعاة موارد وظروف الطفل أو الأشخاص المسئولين عن إعالة الطفل، فضلاً عن أى اعتبار آخر ذى صلة بطلب يقدم من جانب الطفل أو نيابة عنه للحصول على إعانات.

المادة (٢٧):

١) تعترف الدول الأطراف بحق كل طفل فى مستوى معيشى ـ ملائم لنموه البدنى والعقلى والروحى والمعنوى والاجتماعى.

٢) يتحمل الوالدان أو أحداهما أو الأشخاص الآخرون المسئولون عن الطفل، المسئولية الأساسية عن القيام، فى حدود إمكانياتهم المالية وقدراتهم، بتأمين ظروف المعيشة اللازمة لنمو الطفل.

٣) تتخذ الدول الأطراف، وفقاً لظروفها الوطنية وفى حدود إمكانياتها، التدابير الملائمة من أجل مساعدة الوالدين وغيرهما من الأشخاص المسئولين عن الطفل، على إعمال هذا الحق وتقدم عند الضرورة المساعدة المادية وبرامج الدعم، ولا سيما فيما يتعلق بالتغذية والكساء والإسكان.

٤) تتخذ الدول الأطراف كل التدابير المناسبة لكفالة تحصيل نفقة الطفل من الوالدين أو من الأشخاص الآخرين المسئولين مالياً عن الطفل، سواء داخل الدولة الطرف أو فى الخارج، وبوجه خاص، عندما يعيش الشخص المسئول مالياً عن الطفل فى دولة أخرى غير الدولة التى يعيش فيها الطفل، تشجع الدول الأطراف الانضمام إلى اتفاقات دولية أو إبرام اتفاقات من هذا القبيل، وكذلك اتخاذ ترتيبات أخرى مناسبة.

المادة (٢٨):

١) تعترف الدول الأطراف بحق الطفل فى التعليم، وتحقيقاً للإعمال الكامل لهذا الحق تدريجياً وعلى أساس تكافؤ الفرص، تقوم بوجه خاص بما يلى:

أ) جعل التعليم الابتدائي إلزامياً ومتاحاً مجاناً للجميع.

ب) تشجيع تطوير شتى أشكال التعليم الثانوى؛ سواء العام أو المهنى، وتوفيرها وإتاحتها لجميع الأطفال، واتخاذ التدابير المناسبة مثل إدخال مجانية التعليم وتقديم المساعدة المالية عند الحاجة إليها.

ج) جعل التعليم العالى؛ بشتى الوسائل المناسبة متاحاً للجميع على أساس القدرات.

د) جعل المعلومات والمبادىء الإرشادية التربوية والمهنية متوفرة لجميع الأطفال وفى متناولهم.

هـ) اتخاذ تدابير لتشجيع الحضور المنتظم فى المدارس والتقليل من معدلات ترك الدراسة.

٢) تتخذ الدول الأطراف كافة التدابير المناسبة لضمان إدارة النظام فى المدارس على نحو يتمشى مع كرامة الطفل الإنسانية ويتوافق مع هذه الاتفاقية.

٣) تقوم الدول الأطراف فى هذه الاتفاقية بتعزيز وتشجيع التعاون الدولى فى الأمور المتعلقة بالتعليم، وبخاصة بهدف الإسهام فى القضاء على الجهل والأمية فى جميع أنحاء العالم وتيسير الوصول إلى المعرفة العلمية والتقنية وإلى وسائل التعليم الحديثة. وتراعى بصفة خاصة احتياجات البلدان النامية فى هذا الصدد.

المادة (٢٩):

١) توافق الدول الأطراف على أن يكون تعليم الطفل موجهاً نحو:

أ) تنمية شخصية الطفل ومواهبه وقدراته العقلية والبدنية إلى أقصى

إمكاناتها.

ب) تنمية احترام حقوق الإنسان والحريات والمبادىء المكرسة فى ميثاق الأمم المتحدة.

ج) تنمية احترام ذوى الطفل وهويته الثقافية ولغته وقيمه الخاصة، والقيم الوطنية للبلد الذى يعيش فيه الطفل والبلد الذى نشأ فيه فى الأصل، والحضارات المختلفة عن حضارته.

د) إعداد الطفل لحياة تستشعر المسئولية فى مجتمع حر، بروح من التفاهم والسلم والتسامح والمساواة بين الجنسين والصداقة بين جميع الشعوب والجماعات الإثنية والوطنية والدينية والأشخاص الذين ينتمون إلى السكان الأصليين.

هـ) تنمية احترام البيئة الطبيعية.

٢) ليس فى نص هذه المادة أو المادة (٢٨) ما يفسر على أنه تدخل فى حرية الأفراد والهيئات فى إنشاء المؤسسات التعليمية وإدارتها، رهناً على الدوام بمراعاة المبادىء المنصوص عليها فى الفقرة (١) من هذه المادة وباشتراط مطابقة التعليم الذى توفره هذه المؤسسات للمعايير الدنيا التى قد تضعها الدولة.

المادة (٣١):

١) تعترف الدول الأطراف بحق الطفل فى الراحة ووقت الفراغ، ومزاولة الألعاب وأنشطة الاستجمام المناسبة لسنه والمشاركة بحرية فى الحياة الثقافية وفى الفنون.

٢) تحترم الدول الأطراف وتعزز حق الطفل فى المشاركة الكاملة فى

الحياة الثقافية والفنية وتشجع على توفير فرص ملائمة ومتساوية للنشاط الثقافى والفنى والاستجمامى وأنشطة أوقات الفراغ.

المادة (٣٢):

١) تعترف الدول الأطراف بحق الطفل فى حمايته من الاستغلال الاقتصادى ومن أداء أى عمل يرجح أن يكون خطيراً أو أن يمثل إعاقة لتعليم الطفل، أو أن يكون ضاراً بصحة الطفل أو بنموه البدنى، أو العقلى، أو الروحى، أو المعنوى، أو الاجتماعى.

٢) تتخذ الدول الأطراف التدابير التشريعية والإدارية والاجتماعية والتربوية التى تكفل تنفيذ هذه المادة ولهذا الغرض، ومع مراعاة أحكام الصكوك الدولية الأخرى ذات الصلة، تقوم الدول الأطراف بوجه خاص بما يلى:

أ) تحديد عمر أدنى أو أعمار دنيا للالتحاق بعمل.

ب) وضع نظام مناسب لساعات العمل وظروفه.

ج) فرض عقوبات أو جزاءات أخرى مناسبة لضمان إنفاذ هذه المادة بفعالية.

المادة (٣٣):

تتخذ الدول الأطراف جميع التدابير المناسبة، بما فى ذلك التشريعية والإدارية والاجتماعية والتربوية، لوقاية الأطفال من الاستخدام غير المشروع للمواد المخدرة والمواد المؤثرة على العقل، حسبما تحددت فى المعاهدات الدولية ذات الصلة، ولمنع استخدام الأطفال فى إنتاج مثل هذه المواد بطريقة غير مشروعة والاتجار بها.

المادة (٣٤):

تتعهد الدول الأطراف بحماية الطفل من جميع أشكال الاستغلال الجنسي والانتهاك الجنسي. ولهذه الأغراض تتخذ الدول الأطراف - بوجه خاص - جميع التدابير الملائمة الوطنية والثنائية والمتعددة الأطراف لمنع:

أ)   حمل أو إكراه الطفل على تعاطي أي نشاط جنسي غير مشروع.

ب)   الاستخدام الاستغلالي للأطفال في الدعارة أو غيرها من الممارسات الجنسية غير المشروعة.

ج)   الاستخدام الاستغلالي للأطفال في العروض والمواد الداعرة.

المادة (٣٥):

تتخذ الدول الأطراف جميع التدابير الملائمة الوطنية والثنائية والمتعددة الأطراف لمنع اختطاف الأطفال أو بيعهم أو الاتجار بهم لأي غرض من الأغراض أو بأي شكل من الأشكال.

المادة (٣٦):

تحمي الدول الأطراف الطفل من سائر أشكال الاستغلال الضارة بأي جانب من جوانب رفاهية الطفل.

المادة (٣٧):

تكفل الدول الأطراف:

أ)   ألا يعرض أي طفل للتعذيب أو لغيره من ضروب المعاملة أو العقوبة القاسية أو اللاإنسانية أو المهينة. ولا تفرض عقوبة الإعدام أو السجن مدى الحياة بسبب جرائم يرتكبها أشخاص تقل أعمارهم عن ثماني

عشرة سنة دون وجود إمكانية للإفراج عنهم.

ب) ألا يحرم أى طفل من حريته بصورة غير قانونية أو تعسفية. ويجب أن يجرى اعتقال الطفل أو احتجازه أو سجنه وفقاً للقانون ولا يجوز ممارسته إلا كملجأ أخير ولأقصر ـ فترة زمنية مناسبة.

ج) يعامل كل طفل محروم من حريته بإنسانية واحترام للكرامة المتأصلة فى الإنسان، وبطريقة تراعى احتياجات الأشخاص الذين بلغوا سنه وبوجه خاص، يفصل كل طفل محروم من حريته عن البالغين، ما لم يعتبر أن مصلحة الطفل الفضلى تقتضى خلاف ذلك، ويكون له الحق فى البقاء على اتصال مع أسرته عن طريق المراسلات والزيارات، إلا فى الظروف الاستثنائية.

د) يكون لكل طفل محروم من حريته الحق فى الحصول بسرعة على مساعدة قانونية وغيرها من المساعدة المناسبة، فضلاً عن الحق فى الطعن فى شرعية حرمانه من الحرية أمام محكمة أو سلطة مختصة مستقلة ومحايدة أخرى، وفى أن يجرى البت بسرعة فى أى إجراء من هذا القبيل.

المادة (٣٨):

١) تتعهد الدول الأطراف بأن تحترم قواعد القانون الإنسانى الدولى المنطبقة عليها فى المنازعات المسلحة وذات الصلة بالطفل وأن تضمن احترام هذه القواعد.

٢) تتخذ الدول الأطراف جميع التدابير الممكنة عملياً لكى تضمن ألا يشترك الأشخاص الذين لم تبلغ سنهم خمس عشرة سنة اشتراكاً

مباشراً فى الحرب.

٣) تمتنع الدول الأطراف عن تجنيد أى شخص لم تبلغ سنه خمس عشرة سنة فى قواتها المسلحة. وعند التجنيد من بين الأشخاص الذين بلغت سنهم خمس عشرة سنة ولكنها لم تبلغ ثمانى عشرة سنة، يجب على الدول الأطراف أن تسعى لإعطاء الأولوية لمن هم أكبر سناً.

٤) تتخذ الدول الأطراف، وفقاً لالتزاماتها بمقتضى القانون الإنسانى الدولى بحماية السكان المدنيين فى المنازعات المسلحة جميع التدابير الممكنة عملياً لكى تضمن حماية ورعاية الأطفال المتأثرين بنزاع مسلح.

المادة (٣٩):

تتخذ الدول الأطراف كل التدابير المناسبة لتشجيع التأهيل البدنى والنفسى وإعادة الاندماج الاجتماعى للطفل الذى يقع ضحية أى شكل من أشكال الإهمال أو الاستغلال أو الإساءة، أو التعذيب أو أى شكل آخر من أشكال المعاملة أو العقوبة القاسية أو اللاإنسانية أو المهينة، أو المنازعات المسلحة. ويجرى هذا التأهيل وإعادة الاندماج هذه فى بيئة تعزز صحة الطفل، واحترامه لذاته، وكرامته.

وترى الباحثة أن إتفاقية حقوق الطفل لسنة ١٩٨٩ جاءت بكثير من النقاط التى تحسب لها منها: وضع المشرع لمعايير تحكم إختيار العاملين فى المؤسسات الخاصة بالأطفال كما جاء فى المادة (٣) من الاتفاقية، أيضا بوضع المشرع لتدابير لحماية الطفل من أشكال العنف والإساءة كما جاء فى مادة (١٩)، ويحمد للمشرع وضعه لتدابير يحاول بها عدم ترك الطفل

للمدرسة وبالتالي مواجهة ظاهرة التسرب وذلك بإدخال المجانية على المرحلة الابتدائية. تيسير التعلم في المراحل الأخرى كما في مادة (٢٨). كما وضعت الاتفاقية معايير لحماية وأمن الطفل العامل ونظمت شروط عمله كما في مادة (٣٢) وحماية الطفل من الاستغلال الجنسي ـ كما في المادة (٣٤). كما قضت الاتفاقية بعدم فرض أي عقوبة سواء أكانت إعداماً أو سجناً مدى الحياة لطفل يقل عمره عن ١٨ عاماً وهو ما يحسب لهذه الاتفاقية.

ثانيا: التشريع المصري وظاهرة تشرد الأطفال:

إن أطفال الشوارع في نظر القانون هم الأطفال المعرضون للانحراف أو للخطر والمهيئون من ثم لارتكاب الجرائم، نتيجة حرمانهم من الحقوق الأساسية من بيئة عائلية أو تربية قويمة، فيمثل وجودهم أحد مظاهر الظلم والقسوة في المجتمع ويجعل المجتمع عرضه لأخطارهم اليوم وغداً، والقانون بوجه عام والقانون الجنائي بوجه خاص عني بأمرهم تهذيباً لسلوكهم ووقاية لهم وحماية للمصالح الاجتماعية [١]

حيث أصبحت ظاهرة الأطفال المشردين في الشوارع باعتبارهم أطفالاً معرضين للانحراف، من الظواهر الهامة التي تشغل مساحة كبيرة من شواغل واهتمام المجتمع المصري منذ فترة طويلة، لمالها من أبعاد وما يترتب عليها من آثار في شتى النواحي، وما تكشفه من وجود خلل واضح

---

(١) البشرى الشوربجي: معالجة التشريع والقضاء لظاهرة أطفال الشوارع، بحث مقدم لمؤتمر جمعية الحرية لتنمية المجتمع بعنوان "ظاهرة الأطفال المحرومين من الرعاية وسبل مواجهتها"، الإسكندرية، نوفمبر ١٩٩٧، ص ٤.

في أجهزة وأساليب التنشئة في المجتمع لهؤلاء الأطفال.[١]

ولذلك فإن التجربة المصرية تميزت في مواجهة ظاهرة أطفال الشوارع بأنها جاءت من خلال النصوص القانونية، وفي إطار الالتزام بالشرعية وتحقيق كافة الضمانات المقررة قانوناً، فضلاً عن كونها أسبق تاريخياً من ناحية توفير قضاء متخصص للأحداث، وإدخال كافة الاتجاهات الحديثة في معاملة الصغار في إطار تشريع موحد وهي الاتجاهات التي انتهى إليها المجتمع الدولي من خلال المواثيق الصادرة عنه.[٢]

وليس المشرع المصرى فحسب الذى عنى بحماية الطفل المعرض للإنحراف وتقديم العون له بكافة أشكاله، بل كان هذا الأمر أيضا فى بؤرة الإهتمام العالمى كما فى الإعلان العالمى لحقوق الطفل والذى أقرته الجمعية العامة لهيئة الأمم المتحدة لحقوق الطفل عام ١٩٥٩، وأيضا قواعد بكين فى معاملة الحدث المشرد قانونيا.

"وعربيا كان هناك إهتمام بالطفل المعرض للإنحراف كما فى مبادئ الرياض التوجيهية عام ١٩٩٠، والتى أخذت فى إعتبارها ذلك العدد الضخم من صغار السن الذين ليسوا فى نزاع مع القانون، ولكنهم يعانون من النبذ والإهمال وسوء المعاملة ويعيشون فى ظروف هامشية ويتعرضون بوجه

(١) أحمد وهدان: اتجاهات التغيير في تشريعات الصغار المعرضين للانحراف، المركز القومي للبحوث الاجتماعية والجنائية، المجلة الجنائية، ع٣٧، مجلد ٣، القاهرة، ١٩٩٤، ص١.

(٢) مدحت إدريس: رؤية تقييمية للقانون رقم (٣١) لسنة ١٩٧٤م في شأن مواجهة تعرض الصغار للانحراف، المركز القومي للبحوث الاجتماعية والجنائية، المجلة الجنائية، مجلد ٣، ع٣٧، القاهرة، ١٩٩٤، ص٧٩.

عام للمخاطر الإجتماعية" [1].

لذا فقد عنى المشرع المصرى بمعالجة مشكلة الأطفال المشردين في الشوارع عناية ملحوظة، ومن مظاهر هذه العناية إصدار التشريعات الآتية[2]:

أ- القانون رقم (٢) لسنة ١٩٠٨ بشأن الصغار المشردين:

اعتبر هذا القانون أن الصغير سواء ذكر كان أم أنثى والمعرض للانحراف هو طفل دون الخامسة عشرة سنة ميلادية إذا تسول فى الطريق العام أو فى محل عمومى، ليس له محل إقامة مستقر ولا وسيلة للعيش، وكان أبواه متوفيين أو محبوسين أو كان الطفل سيء السلوك ومارقاً عن سلطة أبيه أو وصية أو أمه أو كان عديم الأهلية.

وجعل هذا القانون تدبير الإدخال فى مدرسة إصلاحية أو محل آخر شبيه بها معين من قبل الحكومة هو التدبير الوحيد للطفل المشرد فى أحد الظروف المذكورة على ان يخلى سبيله إذا بلغ الثامنة عشرة سنة فوراً.

وترى الباحثة أن المشرع عرف فى صياغته للقانون رقم (٢) لسنة ١٩٠٨ الطفل المعرض للانحراف تعريفا إجرائيا بأنه هو طفل دون الخامسة عشرة...إلخ، إلا أنه ساوى بينه وبين الحدث بجمع كل من المعرض للانحراف والطفل الحدث بإحدى المؤسسات الإصلاحية، ولم

---

(١) خالد صيام: الجهود الدولية فى مواجهة ظاهرة أطفال الشوارع رؤية نقدية، المركز القومى للبحوث الإجتماعية والبيئية، المجلة الجنائية، مجلد ٣، ع ٣٧، القاهرة، ١٩٩٤، ص٨٥.

(٢) البشرى الشوربجى: مرجع سابق، ص ص٥-١١.

يضع أكثر من تدبير يناسب حالات التشرد للأطفال فوق الخامسة عشر سنة، وساوى بين المرحلة السنية المبكرة للطفل ومراحل الطفولة الوسطى والمتأخرة له من حيث التدابير المتخذة.

ب- الأمر العسكرى رقم (٤٧٦) لسنة ١٩٤٤:

ظهر كنتيجة لمواجهة ظروف الحرب العالمية الثانية وما أدت إليه من انتشار ظاهرة تشرد الأطفال، وقد رفع هذا الأمر العسكرى سن التعرض للانحراف إلى ثمانى عشرة عاماً وجعل لهؤلاء الأطفال تدابير علاجية وتهذيبيه لتأهيلهم اجتماعياً،علاوة على أنه أضاف إلى صور التشرد التى صدر بها القانون رقم (٢) لسنة ١٩٠٨ ما يلى:

جمع أعقاب السجائر، وبيع السلع التافهة، والاشتغال بالدعارة أو القمار، عرض الألعاب البهلوانية بقصد التسول ومخالطة المتشردين والأشخاص ذوى السيرة السيئة.

وترى الباحثة أن المشرع يحمد له بإضافته لحالات أخرى للتشرد برزت فى المجتمع فى أعقاب الحرب العالمية الثانية، كما يحمد له بإضافته لتدابير علاجية وتهذيبية لتأهيل الأطفال إجتماعياً.

ج- القانون رقم (١٢٤) لسنة ١٩٤٩:

صدر القانون رقم (١٢٤) لسنة ١٩٤٩ والخاص بالأحداث المشردين بعد إنتهاء الحرب العالمية الثانية. وقد اعتبر هذا القانون الحدث مشرداً إذا كان لم يبلغ ثمانية عشر سنة ميلادية كاملة ووجد فى أحد الحالات الآتية:-

١) إذا وجد متسولاً (ويعد من أعمال التسول عرض سلع تافهة أو القيام

بألعاب بهلوانية).

٢)   إذا مارس جمع أعقاب السجائر أو غيرها من الفضلات أو المهملات.

٣)   إذا قام بأعمال متصلة بالدعارة أو الفسق أو إفساد الأخلاق أو القمار أو خدمـة مـن يقومون بهذه الأعمال.

٤)   إذا خالط المشردين أو المشتبه فيهم أو الذين أشتهر عنهم سوء السيرة.

٥)   إذا كان سيء السلوك ومارقاً من سلطة أبيه أو وصية أو أمه إذا كان الولى متوفى أو غائباً أو عديم الأهلية.

٦)   إذا لم يكن له محل إقامة مستقر أو كان يبيت عادةً فى الطرقات.

٧)   إذا لم يكن له وسيلة مشروعة للتعيش ولا عائل مؤتمن وكان أبـواه متـوفيين أو مسجونين أو غائبين.

ونص هذا القانون على إنذار متولى أمر الحدث بمراقبته لضمان حسـن سيره، وحق التظلم من هذا الإنذار وبعض التدابير الأخرى فى حالة عودته لإحدى الحالات السابقة، كما نص القانون على عقوبة توقع على متولى أمر الحدث فى حالة إهماله رقابته، وعلى تعرض الحدث لإحدى حالا ت التشرد أو ارتكاب الجرائم.

وترى الباحثة أن القانون رقم (١٢٤) لسنة ١٩٤٩ تميز بتحديد أكثر شمولية لحالات التشرد كما أنه وضع تدابير يحاول المشرع من خلالها عودة المشرد لأسرته ليحاول من خلالها دعم البناء الأسرى وفرض رقابة أسرية على الطفل ومعاقبة ولى أمر الحدث فى حالة إهمال رقابته.

د- القانون رقم (٣١) لسنة ١٩٧٤ (بشأن الأحداث):

استحدث المشرع المصرى القانون رقم (٣١) لسنة ١٩٧٤ بشأن الأحداث وقد شمل هذا القانون ثلاثة أمور خاصة بتعرض الأحداث للانحراف، وإجرام الأحداث بالإضافة لشموله التدابير المقررة للأحداث وفيما يلى عرض هذا القانون من جانب مسألة تعرض الأحداث للانحراف وماهية التدابير المقررة للأحداث.

فقد نصت المادة الأولى من القانون رقم (٣١) لسنة ١٩٧٤ على أنه "يقصد بالحدث فى حكم هذا القانون من لم تجاوز سنه ثمانى عشرة سنة ميلادية كاملة وقت ارتكابه الجريمة أو عند وجوده فى إحدى حالات التعرض للانحراف".

كما نصت المادة الثانية من هذا القانون على أن "تتوافر الخطورة الإجرامية للحدث إذا تعرض للانحراف فى أى من الحالات الآتية "

١)   إذا وجد متسولاً، ويعد من أعمال التسول عرض سلع أو خدمات تافهة أو القيام بألعاب بهلوانية أو غير ذلك مما لا يصلح مورداً جدياً للعيش.

٢)   إذا مارس جمع أعقاب السجائر أو غيرها من الفضلات أو المهملات.

٣)   إذا قام بأعمال تتصل بالدعارة أو الفسق أو بإفساد الأخلاق أو القمار أو المخدرات أو نحوها أو بخدمة من يقومون بها.

٤)   إذا لم يكن له محل مستقر أو كان يبيت عادة فى الطرقات أو فى أماكن أخرى غير معدة للإقامة أو المبيت فيها.

٥)   إذا خالط المعرضين للانحراف أو المشتبه فيهم أو الذين اشتهر عنهم

سوء السيرة.

٦) إذا اعتاد الهروب من معاهد التعليم أو التدريب.

٧) إذا كان سيء السلوك ومارقاً من سلطة أبيه أو وليه أو وصيه أو من سلطه أمه فى حالة وفاة وليه أو غيابه أو عدم أهليته،ولا يجوز فى هذه الحالة اتخاذ أى إجراء قبل الحدث،ولو كان من الإجراءات الاستدلال إلا بناءاً على إذن من أبيه أو وليه أو وصيه أو أمه حسب الأحوال.

٨) إذا لم يكن له وسيلة مشروعة للعيش ولا عائل مؤتمن.

٩) تتوافر الخطورة الاجتماعية للحدث الذى يقل سنه عن السابعة إذا صدرت منه واقعة تعد جناية أو جنحة.

١٠) يعتبر الحدث ذا خطورة اجتماعية إذا كان مصاباً بمرض عقلى أو نفسى- أو ضعف عقلى وأثبتت الملاحظة وفقاً للإجراءات والأوضاع المبينة فى القانون، أنه فاقد كلياً أو جزئياً القدرة على الإدراك أو الاختيار بحيث يخشى منه على سلامة الغير.

هـ- التدابير المقررة للأحداث:

أشارت المادة السابقة من قانون الأحداث إلى التدابير التى يجوز أن يحكم بها على الحدث الذى لا يتجاوز سنه خمسة عشر سنة ويرتكب جريمة على النحو التالى:

١-التوبيخ: حيث نصت المادة الثامنة من قانون الأحداث على أن التوبيخ هو توجيه المحكمة اللوم والتأنيب إلى الحدث على ما صدر منه وتحذيره بألا يعود إلى مثل هذا السلوك مرة أخرى.

٢-التسليم: حيث نصت المادة التاسعة على أن يكون تسليم الحدث إلى أحد أبويه أو الى من له الولاية أو الوصاية عليه، فإذا لم تتوافر فى أيهما الصلاحية للقيام بتربيته سلم إلى من يكون أهلاً لذلك من أفراد أسرته، فإن لم يوجد سلم لأى شخص مؤتمن يتعهد بتربيته وحسن سيره أو إلى أسرة موثوق بها يتعهد عائلها بذلك، وإذا كان الحدث ذا مال أو كان له من يلزم بالإنفاق عليه قانوناً وطلب من حكم بتسليمه إليه تقرير نفقة له، وجب على القاضى أن يعين فى حكمه من يتسلم المبلغ الذى يحصل من مال الحدث أو يلزم به المسئول عن النفقة، وذلك بعد إعلانه بالجلسة المحددة ومواعيد أداء النفقة، ويكون تحصيلها بطريق الحجز الإدارى، ويكون الحكم بتسليم الحدث إلى غير الملزم بالإنفاق لمدة لا تزيد على ثلاث سنوات.

٣-الالتحاق بالتدريب المهنى: حيث نصت المادة العاشرة من هذا القانون بأن يكون الإلحاق بالتدريب المهنى، بأن تعهد المحكمة بالحدث إلى أحد المراكز المخصصة لذلك أو إلى أحد المصانع أو المزارع أو المتاجر التى تقبل تدريبه، ولا تحدد المحكمة فى حكمها مدة لهذا التدبير، على ألا تزيد مدة بقاء الحدث فى الجهات المشار إليها على ثلاث سنوات.

٤-الإلزام بواجبات معينة: نصت المادة الحادية عشرة من هذا القانون بأن يحظر ارتياد أنواع من المحال أو بغرض الحضور فى أوقات محددة أمام أشخاص أو هيئات معينة، أو بالمواظبة على بعض الاجتماعات التوجيهية، و غير ذلك من القيود التى تحدد بقرار من وزير الشئون الاجتماعية، ويكون الحكم بهذا التدبير لمدة لا تقل عن ستة أشهر ولا تزيد على ثلاث سنوات.

و- الاختبار القضائي:

يكون بوضع الحدث في بيئته الطبيعية تحت التوجيه والإشراف، ومع مراعاة الواجبات التي تحددها المحكمة ولا يجوز أن تزيد مدة الاختبار القضائي على ثلاث سنوات، فإذا فشل الحدث في الاختبار عرض الأمر على المحكمة لتتخذ ما تراه مناسباً من التدابير الواردة بالمادة السابقة وهذا ما نصت عليه المادة (١٢) من هذا القانون.

١)   الإيداع في إحدى مؤسسات الرعاية الاجتماعية للأحداث: حيث نصت المادة (١٣) من هذا القانون على أن تتيح هذه المؤسسات التابعة وزارة الشئون الاجتماعية، وبعضها يكون معترفاً بها، إذا كان الحدث ذا عاهة ويكون الإيداع في معهد مناسباً لتأهيله، ولا تحدد المحكمة مدة للإيداع ويجب ألا تزيد مدة الإيداع على عشر ـ سنوات في الجنايات، وخمس سنوات في الجنح وثلاث سنوات في حالات التعرض للانحراف، وعلى المؤسسة التي أودع بها الحدث أن تقدم إلى المحكمة تقريراً عن حالته وسلوكه كل ستة أشهر على الأكثر لتقرر المحكمة ما تراه في شأنه.

٢)   الإيداع في إحدى المستشفيات المتخصصة: يلحق المحكوم عليه بإيداعه إحدى المستشفيات المتخصصة بالجهة التي يلقى فيها العناية التي تدعو إليه حالته (إذا كان مريض)، وتتولى المحكمة الرقابة على بقائه تحت العلاج في فترات دورية لا يجوز أن تزيد أي فترة منها على سنة، يعرض عليها خلالها تقارير الأطباء وتقرير إخلاء سبيله إذا تبين لها ان حالته تسمح بذلك، وإذا بلغ الحدث سن الحادية

والعشرين وكانت حالته تستدعى استمرار علاجه، نقل إلى إحدى المستشفيات المتخصصة لعلاج الكبار (مادة ١٤)

وترى الباحثة أن المشرع فرق فى قانون رقم (٣١) لسنة ١٩٧٤ بين تعرض الأطفال للانحراف وإجرام الأحداث، كما وضع التدابير متنوعة وخاصة بهذه الفئات وفئات الأطفال المصابين عقليا أو نفسيا وتتوافر بهم الخطورة الاجتماعية وانقسمت هذه التدابير إلى شقين الأول: خاص بإعادة تأهيل وتهذيب الطفل من خلال تدابير (التسليم والالتحاق بالتدريب المهنى والإلتزام بواجبات معينة)، والثانى: خاص بالاختبار القضائى للتأكد من نجاح عملية التأهيل السابق للإختبار، وهنا أتاح المشرع للطفل العديد من الفرص قبل إيداعه المؤسسات الإصلاحية لإعادة تأهيله وهو ما يميز هذا القانون.

ز- قانون الطفل - القانون رقم (١٢) لسنة ١٩٩٦: [(١)]

فى الرعاية البديلة:

مادة (٤٦):

يهدف نظام الأسر البديلة إلى توفير الرعاية الاجتماعية والنفسية والصحية والمهنية للأطفال الذين جاوزت أعمارهم سنتين، والذين حالت ظروفهم دون أن ينشأوا فى أسرهم الطبيعية، وذلك بهدف تربيتهم تربية سليمة وتعويضهم عما فقدوه من عطف وحنان، وتحدد اللائحة التنفيذية القواعد والشروط المنظمة لمشروع الأسر البديلة والفئات المنتفعة به.

---

(١) الجريدة الرسمية: قانون الطفل رقم (١٢) لسنة ١٩٩٦، القاهرة، العدد رقم (١٣)، ٢٨ مارس ١٩٩٦.

مادة (٤٧):

يعتبر نادى الطفل مؤسسة اجتماعية وتربوية تكفل توفير الرعاية الاجتماعية للأطفال من سن السادسة إلى الرابعة عشرة، عن طريق شغل أوقات فراغهم بالوسائل والأساليب التربوية السليمة، ويهدف النادى إلى تحقيق الأغراض الآتية:-

١) رعاية الأطفال اجتماعياً وتربويا خلال أوقات فراغهم أثناء فترة الإجازات وقبل بدء اليوم الدراسى وبعده.

٢) استكمال رسالة الأسرة والمدرسة حيال الطفل والعمل على مساعدة أم الطفل العاملة لحماية الأطفال من الإهمال البدنى والروحى ووقايتهم من التعرض للانحراف.

٣) تهيئة الفرصة للطفل لكى ينمو نمواً متكاملاً من جميع النواحى البدنية والعقلية والوجدانية لاكتساب خبرات ومهارات جديدة، والوصول إلى أكبر قدر ممكن من تنمية قدراته الكامنة.

٤) معاونة الأطفال على زيادة تحصيلهم الدراسى.

٥) تقوية الروابط بين النادى وأسر الأطفال.

٦) تهيئة أسرة الطفل ومدها بالمعرفة ونشر ـ التوعية حول تربية الطفل، وعوامل تنشئته وإعداده وفق الأساليب التربوية الصحيحة.

وتبين اللائحة التنفيذية كيفية إصدار اللائحة النموذجية لنوادى الطفل.

مادة (٤٨):

يقصد بمؤسسة الرعاية الاجتماعية للأطفال المحرومين من الرعاية

الأسرية كل دار لإيواء الأطفال الذين لا يقل سنهم عن ست سنوات ولا تزيد على ثماني عشرة سنة، والمحرومين من الرعاية الأسرية بسبب اليتم أو تصدع الأسرة أو عجزها عن توفير الرعاية الأسرية السليمة للطفل.

ويجوز أستمرار الطفل فى المؤسسة إذا كان ملتحقا بالتعليم العالى، إلى أن يتم تخرجه متى كانت الظروف التى أدت إلى التحاقه بالمؤسسة قائمة واجتاز مراحل التعليم بنجاح.

وتبين اللائحة التنفيذية كيفية إصدار اللائحة النموذجية لتلك المؤسسات.

مادة (٤٩):

يكون للأطفال الآتى بيانهم الحق فى الحصول على معاش شهرى من وزارة الشئون الاجتماعية وفقا للشروط والقواعد المبينة فى قانون الضمان الاجتماعى الصادر بالقانون رقم (٣٠) لسنة ١٩٧٧، بشرط ألا يقل هذا المعاش عن عشرين جنيها شهريا لكل طفل:

١)   الأطفال الأيتام أو مجهولي الأب أو الأبوين.

٢)   أطفال المطلقة إذا تزوجت أو سجنت أو توفيت.

٣)   أطفال المسجون لمدة لا تقل عن عشر سنوات.

فى رعاية الطفل العامل:

مادة (٦٤):

يحظر تشغيل الأطفال قبل بلوغهم أربع عشرة سنة ميلادية كاملة، كما يحظر تدريبهم قبل بلوغهم اثنتى عشرة سنة ميلادية.

ويجوز بقرار من المحافظ المختص، بعد موافقة وزير التعليم،

الترخيص بتشغيل الأطفال من سن اثنتى عشرة إلى أربع عشرة سنة فى أعمال موسمية لا تضرـ بصحتهم أو نموهم ولا تخل بمواظبتهم على الدراسة.

مادة (٦٥):

تبين اللائحة التنفيذية نظام تشغيل الأطفال والظروف والشروط والأحوال التى يتم فيها التشغيل، وكذلك الأعمال والحرف والصناعات التى يعملون بها وفقا لمراحل السن المختلفة.

مادة (٦٦):

لا يجوز تشغيل الطفل اكثر من ست ساعات فى اليوم، ويجب أن تتخلل ساعات العمل فترة أو اكثر لتناول الطعام والراحة لا تقل فى مجموعها عن ساعة واحدة، وتحدد هذه الفترة أو الفترات بحيث لا يشتغل الطفل اكثر من أربع ساعات متصلة.

ويحظر تشغيل الأطفال ساعات عمل إضافية، أو تشغيلهم فى أيام الراحة الأسبوعية أو العطلات الرسمية. وفى جميع الأحوال لا يجوز تشغيل الأطفال بين الساعة الثامنة مساءا والسابعة صباحاً.

مادة (٦٧):

يلتزم كل صاحب عمل يستخدم طفلا دون السادسة عشرة بمنحه بطاقة تثبت أنه يعمل لديه، وتلصق عليها صورة الطفل، وتعتمد من مكتب القوى العاملة وتختم بخاتمه.

مادة (٦٨):

على صاحب العمل الذى يقوم بتشغيل طفل أو اكثر:

١) أن يعلق فى مكان ظاهر من محل العمل نسخة تحتوى على الأحكام التى يتضمنها هـذا الفصل.

٢) أن يحرر أولاً بأول كشفا موضحا به ساعات العمل وفترات الراحة.

٣) أن يبلغ الجهة الإدارية المختصـة بأسـماء الأطفال الجارى تشغيلهم وأسـماء الأشخاص المنوط بهم مراقبة أعمالهم.

مادة (٦٩):

على صاحب العمل أن يسلم الطفل نفسه أو أحد والديه اجره أو مكافآتـه وغيـر ذلـك مـما يستحقه، ويكون هذا التسليم مبرئا لذمته.

فى المعاملة الجنائية للأطفال:

مادة (٩٤):

تمتنع المسئولية الجنائية على الطفل الذى لم يبلغ من العمر سبع سنين كاملة.

مادة (٩٥):

مع مراعاة حكم المادة (١١٢) من هذا القانون، تسرى الأحكـام الـواردة فى هـذا البـاب علـى من لم يبلغ سنه ثماني عشرة سنة ميلادية كاملة وقت ارتكاب الجريمـة أو عنـد وجوده فى إحـدى حالات التعرض للانحراف، ولا يعتد فى تقدير سـن الطفل بغيـر وثيقـة رسـمية، فـإذا ثبـت عـدم وجودها تقدر سنه بواسطة خبير.

جاء قانون رقم (١٢) لسنة ١٩٩٦ مراعيا للعديد من الجوانب فى حياة الطفل والتى أغفلتها القوانين السابقة ومن أهم هذه الجوانب توفير الرعاية البديلة للطفل التى حالت الظروف فى تنشئته فى أسرته الطبيعية، وذلك بتوفير أوجه الرعاية النفسية والتربوية والصحية وغيرها له كما جاء فى المادة (٤٦) من هذا القانون.

وترى الباحثة أن ما جاء فى بعض المواد – مثل المادة (٤٧) من نفس القانون والتى أوضحت أهداف نادى الطفل بإعتباره مؤسسة إجتماعية وتربوية لرعاية الطفل فى أوقات الفراغ، ثم جاء المشرع فى المادة (٤٨) موضحا لماهية وأغراض مؤسسات المحرومين من الرعاية لما لها من أهمية فى حماية الطفل من التشرد، ثم تحديد الفئات المستحقة للمعاش من الأطفال مجهولى النسب والأيتام وغيرها كما أكدته المادة (٤٩)، ثم رعاية الطفل العامل فى المواد من (٦٤) حتى المادة (٩٥) والذى حدد فيها الشروط المتوافرة لرعاية الأطفال العاملين، ويلحظ من ذلك العمل على وقاية الطفل وحمايته من أن يصبح مشرداً من خلال هذه التشريعات.

ثالثا: التشريع المصري و حماية الطفل الموصى عليه:

حرص المشرع علي أن ينبت الصغير الموصى عليه في بيئة تتميز بالأخلاق و التنشئة الحسنة و لهذا سلب الولاية عن كل من يسئ استخدامها و قد حدد القانون رقم (١١٨) لسنة ١٩٥٢ الحالات التي تسلب الولاية و تسقط كل ما يترتب عليها من حقوق في عدة حالات [١].

---

(١) محمد أحمد بيومي: التشريعات الاجتماعية، دار المعرفة الجامعية، الإسكندرية، ١٩٩٧، ص ١٢٦

و من هذه الحالات ما يلي: [1]

جريمة انتهاز احتياج أو ضعف أو هوى نفس القاصر:

نصت المادة (٣٣٨) عقوبات من القانون المشار إليه رقم (١١٨) لسنة ١٩٥٢ علي أنه " كل من انتهز فرصة احتياج أو ضعف أو هوى نفس شخص لم يبلغ سنه الحادية والعشرين سنه كاملة أو حكم بامتداد الوصية عليه من الجهة ذات الاختصاص، وتحصل منه أضرار به على كتابة أو ختم سندات أو مخالفة متعلقة بإقراض أو اقتراض مبلغ من النقود أو شيء من المنقولات علي تنازل عن أوراق تجارية أو غيرها من السندات الملزمة التمسكية يعاقب أيا كانت طريقة الاحتيال التي استعملها بالحبس مدة لا تزيد علي سنتين، ويجوز أن يزاد عليه غرامة لا تتجاوز مائة جنيه مصري، وإذا كان الخائن مأمورا بالولاية أو الوصاية علي الشخص المغدور به فتكون العقوبة السجن من ثلاث سنوات إلي سبع سنوات.

رابعا: الجهود الحكومية والأهلية المبذولة لمواجهة ظاهرة الأطفال المشردين فى مصر:

يعتبر الاهتمام بالأطفال اهتمام بحاضر المجتمع ومستقبله، وذلك لأن أطفال اليوم هم شباب الغد وقادة المستقبل وعليهم تعقد الآمال فى إصلاح المجتمع وتقدمه، لذا كان من الضرورى إعداد وتربية الأطفال على الوجه الأمثل حتى يمكن تحقيق الأهداف المجتمعية والحفاظ على كيان الأمة. [2]

---

(١) محمود أحمد طه: الحماية الجنائية للطفل المجني عليه، أكاديمية نايف العربية للعلوم الأمنية، الرياض، ١٩٩٩، ص ٢٣٨ - ٢٤٠

(٢) محمد أحمد محمد عوض: تربية الطفل قبل التعليم النظامى فى مصر وبعض =

ورغم ذلك فان فئة المشردين فى الشوارع من الأطفال تتطلب تضافر الجهود لبذل اكثر جهد فى سبيل القضاء على تلك الظاهرة، والذى يؤدى انتشارها لإهدار الطاقة البشرية للأمة فيما بعد.

فظاهرة التشرد أصبحت تهدد جميع المجتمعات على السواء، فهى تحتاج لكافة جهود الجهات المعنية لتحديد حجم الظاهرة والوقوف على خصائصها، وتقديم يد العون والمساعدة الكافيين لحلها [1].

وقد قامت وزارة الشئون الاجتماعية بتخصيص مؤسسات حكومية خاصة بالأطفال فاقدى الرعاية الأسرية وقامت بالإشراف الكامل على المؤسسات الخاصة بالأحداث ودعمها فنيا وماديا، أما بالنسبة للأطفال المشردين فى الشوارع فتبرز أهم الجهود المبذولة تجاه الظاهرة فيما يلى:

أ-الجهود الحكومية فى مجال رعاية الطفولة خاصة الأطفال المشردين:

١-جهود الحكومة فى مجال رعاية الطفل:

أ-قانون الطفل رقم (١٢) لسنة ١٩٩٦: [٢]

مادة (٩٦):

يعتبر الطفل معرضا للانحراف فى أى من الحالات الآتية:-

= الدول العربية، دراسة مقارنة، المجلة التربوية، كلية التربية بسوهاج، العدد ٥، ج١، مطبعة الجامعة بسوهاج، يناير ١٩٩٠، ص٣١٥.

(١) محمد المنير أحمد: مراكز الاستقبال المفتوحة ودورها فى إعادة تأهيل أطفال الشوارع: بحث مقدم لورشة عمل بشأن التصدى لظاهرة أطفال الشوارع عربياً، المجلس العربى للطفولة والتنمية، القاهرة، ١٤-١٦ سبتمبر ١٩٩٩، ص١.

(٢) الجريدة الرسمية: قانون الطفل رقم (١٢) لسنة ١٩٩٦، مرجع سابق.

١) إذا وجد متسولا، ويعد من أعمال التسول عرض سلع أو خدمات تافهة أو القيام بألعاب بهلوانية وغير ذلك مما لا يصلح مورداً جدياً للعيش.

٢) إذا مارس جمع أعقاب السجائر أو غيرها من الفضلات أو المهملات.

٣) إذا قام بأعمال تتصل بالدعارة أو الفسق أو بإفساد الأخلاق أو القمار أو المخدرات أو نحوها أو بخدمة من يقومون به.

٤) إذا لم يكن له محل إقامة مستقر أو كان يبيت عادة في الطرقات أو في أماكن أخرى غير معدة للإقامة أو المبيت.

٥) إذا خالط المعرضين للانحراف أو المشتبه فيهم أو الذين أشتهر عنهم سوء السيرة.

٦) إذا اعتاد الهروب من معاهد التعليم أو التدريب.

٧) إذا كان سيئ السلوك ومارقاً من سلطة أبيه أو وليه أو وصيه أو من سلطة أمه في حالة وفاة وليه أو غيابه أو عدم أهليته، ولا يجوز في هذه الحالة اتخاذ أى إجراء قبل الطفل ولو كان من إجراءات الاستدلال إلا بناء على إذن من أبيه أو وليه أو وصيه أو أمه بحسب الأحوال.

٨) إذا لم يكن له وسيلة مشروعة للتعيش ولا عائل مؤتمن.

مادة (٩٧):

يعتبر معرضا للانحراف الطفل الذى تقل سنة عن السابعة إذا توافرت فيه إحدى الحالات المحددة في المادة السابقة أو إذا حدثت منه واقعة تشكل جناية أو جنحة.

مادة (٩٨):

إذا ضبط الطفل فى إحدى حالات التعرض للانحراف المنصوص عليها فى البنود من ١ إلى ٦ من المادة (٩٦) وفى المادة (٩٧) من هذا القانون أنذرت نيابة الأحداث متولى أمره كتابة لمراقبة حسن سيره وسلوكه فى المستقبل، ويجوز الاعتراض على هذا الإنذار أمام محكمة الأحداث خلال عشرة أيام من تاريخ تسلمه، ويتبع فى نظر هذا الاعتراض والفصل فيه الإجراءات المقررة للاعتراض فى الأوامر الجنائية، ويكون الحكم فيه نهائياً.

وإذا وجد الطفل فى إحدى حالات التعرض للانحراف المشار إليها فى الفقرة السابقة بعد صدور الإنذار نهائيا أو وجد فى إحدى الحالتين المنصوص عليهما فى البندين ٧،٨ من المادة (١٠١) من هذا القانون، فإذا كان الطفل لم يبلغ السابعة من عمره فلا يتخذ فى شأنه إلا تدبير التسليم أو الإيداع فى أحد المستشفيات المتخصصة.

مادة (٩٩):

يعتبر الطفل معرضا للانحراف إذا كان مصابا بمرض عقلى أو نفسى أو ضعف عقلى وأثبتت الملاحظة - وفقا للإجراءات والأوضاع المبينة فى القانون - أنه فاقد كليا أو جزئيا القدرة على الإدراك أو الاختيار بحيث يخشى ـ منه على سلامته أو سلامة الغير، وفى هذه الحالة يودع بالمستشفيات المتخصصة وفقا للإجراءات التى ينظمها القانون.

مادة (١١٣):

يعاقب بغرامة لا تتجاوز مائة جنيه من أهمل، بعد إنذاره طبقا للفقرة الأولى من المادة (٩٨) من هذا القانون، مراقبة الطفل، وترتب على ذلك تعرضه للانحراف فى إحدى الحالات المشار إليها فى المادتين (٩٦) و (٩٧) من هذا القانون.

مادة (١١٤):

يعاقب بغرامة لا تجاوز مائتى جنيه من سلم إليه الطفل وأهمل أداء أحد واجباته إذا ترتب على ذلك ارتكاب الطفل جريمة أو تعرضه للانحراف فى إحدى الحالات المبينة فى هذا القانون.

مادة (١١٦):

مع عدم الإخلال بأى عقوبة أخرى أشد منصوص عليها قانوناً، يعاقب بالحبس من عرض طفلا للانحراف أو لإحدى الحالات المشار إليها فى المادة (٩٦) من هذا القانون بأن أعده لذلك أو ساعده أو حرضه على سلوكها أو سهلها له بأى وجه ولو لم تتحقق حالة التعرض للانحراف فعلاً.

وتكون العقوبة الحبس مدة لا تقل عن ثلاثة أشهر إذا استعمل الجانى مع الطفل وسائل إكراه أو تهديد أو كان من أصوله أو من المسئولين عن تربيته أو ملاحظته أو كان مسلما إليه بمقتضى القانون.

وفى جميع الأحوال إذا وقعت الجريمة على أكثر من طفل ولو فى أوقات مختلفة كانت العقوبة الحبس لمدة لا تقل عن ستة أشهر ولا تزيد على خمس سنوات. ويفترض علم الجانى بسن الطفل ما لم يثبت أنه لم يكن

فى مقدوره الوقوف على حقيقة سنه.

مادة (١١٧):

يكون للموظفين الذين يعينهم وزير العدل بالاتفاق مع وزير الشئون الاجتماعية فى دوائر اختصاصهم سلطة الضبط القضائى فيما يختص بالجرائم التى تقع من الأطفال أو بحالات التعرض للانحراف التى يوجدون فيها.

مادة (١١٨):

يصدر باختيار المراقبين الاجتماعيين وتحديد الشروط الواجب توافرها فيهم قرار من وزير الشئون الاجتماعية.

مادة (١٢١):

تشكل محكمة الأحداث من ثلاثة قضاه ويعاون المحكمة خبيران من الأخصائيين أحدهما على الأقل من النساء ويكون حضورهما إجراءات المحاكمة وجوبياً، وعلى الخبيرين أن يقدما تقريرهما للمحكمة بعد بحث ظروف الطفل من جميع الوجوه وذلك قبل أن تصدر المحكمة حكمها.

ويعين الخبيران المشار إليهما بقرار من وزير العدل بالاتفاق مع وزير الشئون الاجتماعية وتحدد الشروط الواجب توافرها فيمن يعين خبيرا بقرار من وزير الشئون الاجتماعية.

ويكون استئناف الأحكام الصادرة من محكمة الأحداث أمام محكمة استئنافية تشكل بكل محكمة ابتدائية من ثلاث قضاة، اثنان منهما على الأقل بدرجة رئيس محكمة.

مادة (١٢٣):

يتحدد اختصاص محكمة الأحداث بالمكان الذى وقعت فيه الجريمة أو توافرت فيه إحدى حالات التعرض للانحراف أو بالمكان الذى ضبط فيه الطفل أو يقيم فيه هو أو وليه أو وصيه أو أمه بحسب الأحوال. ويجوز للمحكمة عند الاقتضاء أن تنعقد فى إحدى مؤسسات الرعاية الاجتماعية للأطفال التى يودع فيها الطفل.

مادة (١٢٧):

يجب على المحكمة فى حالات التعرض للانحراف وفى مواد الجنايات والجنح وقبل الفصل فى أمر الطفل أن تستمع إلى أقوال المراقب الاجتماعى بعد تقديمه تقريرا بحالته يوضح العوامل التى دفعت الطفل للانحراف أو التعرض له ومقترحات إصلاحه كما يجوز للمحكمة الاستعانة فى ذلك بأهل الخبرة.

وترى الباحثة أن قانون رقم (١٢) لسنة ١٩٩٦ اهتم بتحديد حالات التشرد ووضع التدابير المختلفة للطفل المعرض للانحراف كما فى المواد من (٩٨) إلى (١٢٧) من هذا القانون.

ب-المجلس القومى للأمومة والطفولة وحماية الأطفال المعرضين للخطر [1]:

قام المجلس القومى للأمومة والطفولة بحماية الأطفال المشردين فى

---

(١) المجلس القومى للأمومة والطفولة: حماية الأطفال المعرضين للخطر، القاهرة، ص ص٨-١٨.

الشوارع والمهمشين والمعرضين للإنحراف من خلال محورين هما:

المحور الأول: حماية وتأهيل وإدماج أطفال الشوارع:

حيث تنطلق جهود المجلس القومى من ركيزة مؤداها ضرورة دعم الأسر المهمشة والمعرضة للخطر من خلال تضافر الجهود الحكومية والشعبية. فيسعى المجلس إلى تحقيق تلك الرسالة فى إعادة تأهيل وإدماج الأطفال المشردين فى الشوارع فى مجتمعهم عن طريق تحقيق أهداف هى:

١) تغيير نظرة المجتمع لطفل الشارع وتبنى نظرة إيجابية تنعكس على السياسات والتدخلات للتصدى للظاهرة.

٢) بناء قاعدة بيانات شاملة عن أطفال الشارع بناء على تعريف موحد بين مختلف الأطراف المعنية، وذلك لحصر جوانب المشكلة والتعامل معها بناء على أساس واقعى.

٣) المراجعة القانونية والتشريعية فيما يخص أطفال الشوارع وفصلهم قانونا من باب المعاملة الجنائية، وإتساع إختصاص محاكم الأسرة كى يشمل الأطفال المعرضين للخطر.

٤) توفير الأعداد الكافية من الكوادر المؤهلة والمتخصصين للتعامل مع مشكلات الأطفال بلا مأوى بإستخدام مناهج علمية ونفسية سليمة.

٥) جذب الطفل وتمكينه من الاندماج المجتمعى السليم، ودمجهم فى الثروة البشرية فى إطار فكرى "حقوقى" جديد يحول هذه الفئة من أطفالنا من شريحة مهمشة إلى إضافة حقيقية للطاقة.

٦) توسيع شبكة الضمان الاجتماعى والتصدى للظروف التى تدفع الطفل إلى الشارع وذلك لمنع حدوث الظاهرة من الأساس.

٧) توفير وتعبئة الموارد الوطنية لتمويل وتنفيذ برامج حماية وتأهيل أطفال الشوارع.

وقد يظهر جليا إنجازات المجلس القومى للأمومة والطفولة فى هذا المجال والتى من أهمها:

١) إعلان إستراتيجية "حماية وتأهيل وإدماج" أطفال الشوارع تحت رعاية السيدة الفاضلة سوزان مبارك والتأكيد على إعتبارها جزء لا يتجزأ من الخطط القومية لتنمية الثروة البشرية وأن يتم معالجة هذه الظاهرة فى إطار تكاملى وليس بحلول جزئية.

٢) عقد ثلاث ورش عمل تضع البرامج والمشروعات اللازمة وآليات تنفيذهم من خلال مشاركة كافة الجهات المعنية والمتخصصين فى مجال رعاية وحماية أطفال الشوارع والخروج من هذه اللقاءات بخطة عمل تفصيلية ومهام كل جهة من الجهات التنفيذية وسبل التنسيق والمتابعة اللازمة.

٣) القيام بالتعاون مع مكتب الأمم المتحدة لمكافحة المخدرات والجريمة لتطبيق مشروع "دعم القدرات المؤسسية لمكاتب الأحداث وإدارة الدفاع الاجتماعى وستة جمعيات أهلية فى مصر عاملة فى مجال أطفال الشوارع".

٤) عقد ورشتين عمل مع كافة الأطراف المعنية (الحكومية والأهلية والأكاديمية) لتحديد محتويات الدليل التدريبى الذى سعى المجلس إلى إعداده ليصبح مرجعا نظريا وعمليا فى كيفية التعرف على مشكلات طفل الشارع والتعامل العلمى والإنسانى الفعال معها.

(٥) الانتهاء من إعداد دليل على "أطفال الشوارع: سبل الحماية من الخطر والمخدرات"، وذلك بالتنسيق مع أطباء نفسيين ومتخصصين في مجال أطفال الشوارع.

(٦) عقد ثلاث ورش عمل مع ٦ جمعيات أهلية، بالإضافة إلى الوزارات المعنية وإدارة الدفاع الاجتماعى لتدريبهم على "رعاية أطفال الشوارع وحمايتهم من المخدرات".

(٧) إجراء زيارات ميدانية وتقييم ثلاث مؤسسات إحتجاز للوقوف على جوانب القصور الذى يمكن أن يعانى منه الأطفال المعرضين للخطر والذى يخلط بينهم وبين الأطفال الجانحين.

(٨) السعى إلى تطوير إدارة الدفاع الاجتماعى والتعاون معها كشريك أساسى في إطار تحويل مركز الاستقبال بها إلى مركز نموذجى يحذو حذوة مراكز الاستقبال الأخرى.

أما التحديات التى ظهرت أمام تحقيق الأهداف في تأهيل وإدماج هذه الفئة من الأطفال كانت:

(١) النظرة السلبية التى تسود المجتمع والمؤسسات التشريعية والتنفيذية والقضائية والإعلامية تجاه طفل الشارع وإعتباره جانحاً/ منحرفاً وليس ضحية.

(٢) غياب سياسة إصلاحية تأهيلية ومنهج شمولى متكامل يستهدفا تمكين الأطفال المعرضين للخطر والذين يعيشون في ظروف صعبة وتسعى إلى تدعيمهم تعليميا ودمجهم إجتماعيا.

(٣) ضعف قدرات الأطراف المتعاملين مع أطفال الشوارع بما يتضمن

الجمعيات الأهلية المستهدفة هذه الفئة وغياب المنهج الحقوقى للطفل المهمش.

٤) ندرة الموارد الوطنية اللازمة لإعداد بنية أساسية للأسر التى تعانى من فقر شديد ولتمكين هذه الأسر وأطفالهم من الحصول على الفرص والحقوق المجتمعية والصحية والاقتصادية والترفيهية.

٥) ضعف التنسيق والشراكة بين الأطراف المختصة والمهتمة والعاملة فى مجال أطفال الشوارع مما يؤدى إلى بعثرة الجهود وقلة التكامل بين الخبرات المختلفة.

المحور الثاني: حماية الأطفال المعرضين للخطر وكفالة حقوقهم:

بناءاً على أن لكل طفل حق فى حياة آمنة ومستقرة يتمتع فيها بكل حقوقه الصحية والتعليمية والاقتصادية والثقافية، والذى يحققه تفعيل السبل التشريعية والإدارية والاجتماعية والتربوية وتفعيل الصلة بين الجهود الحكومية والأهلية، ومن خلال تحقيق هدف عام وهو توفير بيئة مواتية لحماية الأطفال من أى خطر يهدد سلامتهم البدنية والنفسية والعقلية من خلال القضاء على أسباب أى مخاطر تواجههم.

وقد إستهدف المجلس حماية فئات الأطفال المعرضين للخطر مثل الأطفال العاملين والأطفال المشردين فى الشوارع والأطفال الجانحين الذين تعرضوا لكافة أشكال الإساءة والاستغلال والتمييز والحرمان والعنف، ومن أهم الوسائل المتخذة لتحقيق الهدف:

١) برنامج البحوث وجمع البيانات من أجل دراسة علمية وواقعية لأوضاع الأطفال المعرضين للخطر.

٢) برنامج المراجعة التشريعية والقانونية وتوأمة القوانين الوطنية مع الاتفاقية الدولية لحقوق الطفل.

٣) برنامج تنمية قدرات المتعاملين مع الأطفال المعرضين للخطر وتعبئتهم.

٤) برنامج الدعوة المجتمعية للدفاع عن حقوق الطفل ودحض المفاهيم الخاطئة التى تضر بمصالح الطفل الفضلى.

٥) برنامج لتأهيل الأطفال ضحايا الإهمال والإساءة والعنف والاستغلال والتمييز وتمكينهم للاندماج مع أقرانهم وفى المجتمع بشكل عام.

٦) برنامج تقديم الخدمات المباشرة للأسر الفقيرة ورفع مستوى معيشتهم من خلال توسيع شبكة الضمان الاجتماعى.

ومن أهم الإنجازات التى قدمها المجلس القومى لهذه الفئات:

١) إعداد إستراتيجية وخطة عمل قومية حول "مناهضة عمل الأطفال فى مصر" يقوم على تنفيذها إثنى عشر وزارة وجهات أهلية معنية بالتصدى لعمل الأطفال.

٢) القيام بمشروعين تجريبيين فى منطقتين عشوائيتين فى القاهرة: الحرفيين ومنشية ناصر للتصدى لمشكلة عمل الأطفال وجذب الأطفال العاملين إلى التعليم النظامى أو الحرفى وتأهيلهم مهنيا وصحيا ورفع مستوى أسر الأطفال العاملين لتفادى تسرب أطفال جدد إلى سوق العمل.

٣) إعداد مشروع "التصدى لأسوأ أشكال عمل الأطفال فى مصر" بالتعاون مع البنك الدولى / الصندوق الاجتماعى اليابانى والذى يخطط

لتنفيذه فى أربع محافظات تسجل أعلى نسبة عمل أطفال وهى: الشرقية، دمياط، الفيوم، المنيا.

٤) الانتهاء من إعداد الحصر القومى لتقدير حجم الأطفال العاملين فى مصر، وذلك عام ٢٠٠١، بالتعاون مع الجهاز المركزى للتعبئة العامة والإحصاء.

٥) عقد مائدة مستديرة حول "الاستغلال التجارى للأطفال" استهدفت عدداً من الإعلاميين والقضائيين والمتخصصين فى الدفاع عن حقوق الطفل.

٦) القيام بالتعاون مع مكتب الأمم المتحدة لمكافحة المخدرات والجريمة لتطبيق مشروع "دعم القدرات المؤسسية لمكاتب الأحداث وإدارة الدفاع الاجتماعى وستة جمعيات أهلية فى مصر عاملة فى مجال أطفال الشوارع".

٧) إنشاء موقع على الإنترنت يشير إلى أماكن تقديم الخدمة من (مستشفيات - مدارس تربية فكرية - نوادى...إلخ) فى جميع أنحاء الجمهورية.

٨) الانتهاء من إعداد خدمة الخط الساخن والذى تم من خلاله تسجيل كل الأماكن التى تقدم خدمة مع إجابات لأسئلة تخص الإعاقات المختلفة.

٩) تنظيم ٦٥ دورة على مستوى الجمهورية بواقع ٤٠ متدرب فى المتوسط فى كل دورة حول تعلم المهارات المرتبطة بعمليات الفحص والتشخيص والعلاج.

١٠) تدريب ٧٥٠ طبيب، ٢٠٣ أخصائى تخاطب، ٢١٧ أخصائى نفسى

عن كيفية الوقاية والاكتشاف المبكر والتدخل المبكر للإعاقة.

١١) عقد ثلاث ورش عمل شارك فيها أكثر من ٧٠ مدرس تهدف إلى توعية المدرسين من "خطر العنف ضد الأطفال فى المدارس".

ومن التحديات المجتمعية المعاصرة التى يعرضها المجلس والتى تفرض نفسها فى هذا المجال:

١) ندرة البيانات والمعلومات الخاصة بالأطفال المعرضين للخطر خاصة البيانات المتعلقة بموضوعات العنف الجسدى والجنسى- والمعنوى، والمتعلقة بظاهرتى أطفال الشوارع وعمل الأطفال خاصة بأنهما يرتبطان بقطاع غير رسمى وغير قانونى.

٢) ضعف القدرات المؤسسية والبشرية المختصة بالتعامل مع أطفال الشوارع وعدم شيوع ثقافة حقوق الطفل بين أطراف المجتمع وإنخفاض الوعى المجتمعى بحجم الخطر الـذى يعيشونه الأطفال المهمشين.

٣) عدم كفاية الخدمات الاجتماعية المباشرة نسبة إلى الكثافة السكانية العالية وزيادة عدد الأطفال فى الأسر الفقيرة.

٤) عدم إنفاذ التشريعات وتفعيلها على المستوى العملى رغـم مراعـاة القـوانين الوطنيـة، إلى حد كبير لحقوق الطفل المذكورة فى الاتفاقية الدولية لحقوق الأطفال.

٢-جهود وزارة الشئون الإجتماعية فى مواجهة ظاهرة التشرد:

أ- نظام الرعاية البديلة:

وذلك من خلال تنشئة الأطفال المحرومين من أسرهم الطبيعية فى اسر

بديلة يمكن فيها توفير الرعاية الصحية والنفسية والمهنية والتعليمية والاجتماعية للطفل.

ب- بالنسبة لدور الحضانة:

وذلك برعاية الأطفال فى مرحلة ما قبل المدرسة، وذلك بإنشاء وحدات لأدوار الحضانة فى المناطق العشوائية، وتزويدها بالمشرفين المؤهلين تربويا والمتخصصين فى التعامل مع الأطفال، مع تقديم خدمات غذائية (وجبات متكاملة) وصحية لهؤلاء الأطفال، والقيام بالمتابعات الرقابية من مديريات الشئون الاجتماعية للتأكد من تقديم جميع الخدمات المقدمة للطفل وفقا للائحة النموذجية لها.

ج- بالنسبة للإشراف على مؤسسات تربية البنين والبنات:

وهى مؤسسات إيوائية للأطفال المحرومين من الرعاية الأسرية، نتيجة للتفكك الأسرى أو وفاة أحد الوالدين أو كليهما أو غيره من الأسباب التى تعجز فيه الأسرة عن رعاية طفلها، وتضم هذه المؤسسات الأطفال المعرضين للانحراف من سن ٦-١٨عام، وتقوم بتخريج الأولاد الذكور بعد إتمامهم المراحل التعليمية التى اجتازوها أو بعد التدريب على حرفه للأولاد الذين لم يتموا تعليمهم، وأما بالنسبة لمؤسسات الفتيات فان تخرج الفتاة من المؤسسة مرتبط بزواجها، وذلك حماية أيضا من تشردهن فى الشوارع.

د- نوادى الطفل ومكتبات الأطفال:

وهى مؤسسات أنشئت لتنمية معارف ومهارات الطفل من سن ٦ إلى ١٤ سنة عن طريق تقديم الخدمات التربوية والاجتماعية، تحت أشراف مشرفين متخصصين للأطفال، وتعتبر تلك النوادى، وسيله لحماية الأطفال

من التشرد فى الشوارع عن طريق شغل أوقات فراغهم.

٣- جهود وزارة التربية والتعليم فى مواجهة ظاهرة التشرد:

وذلك عن طريق الاهتمام بالأنشطة الثقافية والرياضية والتوسع فى إنشاء الملاعب، والسماح للتلاميذ باستغلالها فى العطلة لقضاء وقت الفراغ، والاهتمام بالجانب الأخلاقى والدينى وبثه فى نفوس التلاميذ فى المدارس هذا من الجانب الوقائى لمواجهة الظاهرة، أما الجانب العلاجى فقد قدمت وزارة التربية والتعليم مشتركة مع مكتب اليونسكو بالقاهرة مشروع المدرسة الصديقة للأطفال فى ظروف صعبة والتى تتصدى بشكل فعال لمواجهة الظاهرة محل الدراسة ويمكن عرضه على النحو التالى:

أ- مشروع المدرسة الصديقة للأطفال فى الظروف الصعبة: (١)

رغم ما تم من مبادرات تهدف إلى إتاحة التعليم لدى الجميع ولدى المجتمع بكافة طبقاته، وبذل الجهد لجعل التعليم مجانى لجميع الأطفال بحلول عام ٢٠١٥ وذلك من خلال مؤتمر داكار ٢٠٠٠م الذى أكد على ذلك.

إلا أنه ما زال عدد المتسربين من الأطفال فى تزايد، وما ترتب عليه من مشكلات عديدة سواء اجتماعية أو اقتصادية أو سياسية، فضلاً عن أن هروب الأطفال من التعليم يجعلهم عرضه لتتلقفهم أيدى المجرمين والعصابات، إلى أن يتم استغلالهم بشكل يسئ لأنفسهم ومجتمعهم وليصبحوا

(١) مشروع المدرسة الصديقة للأطفال فى الظروف الصعبة: وزارة التربية والتعليم فى مصر، مكتب اليونسكو بيروت، برنامج الغذاء العالمى مكتب القاهرة، القاهرة، ص ص٣-٢٠.

أطفال مشردين فى الشوارع.

ويعكس ما بذلته المنظمات الأهلية والحكومية بنوعيها فى مصر ـ للتصدى لظاهرة الأطفال المشردين فى الشوارع، صحوة مجتمعية لتحجيم الظاهرة، فقامت وزارة التربية والتعليم المصرية بتوفير تعليم جيد للمتسربين من التعليم من المناطق النائية، كما أنشئت مدارس الفصل الواحد والمدارس متعددة المستويات، ومن ناحية أخرى ساندت اليونسكو الدول الأعضاء على أعداد خطط وطنية واقعية لتحقيق تعليم ابتدائى جيد ومناسب لجميع الأطفال حتى عام ٢٠١٥م.

ولذلك حرصت منظمة اليونسكو ممثلة فى مكتبها الإقليمى للتربية فى بيروت ووزارة التربية والتعليم المصرية وبرنامج الغذاء العالمى ممثل فى مكتب القاهرة وعدد من الجمعيات الأهلية المصرية بتنفيذ مشروع المدرسة الصديقة للأطفال فى الظروف الصعبة مثل المشردين فى الشوارع والأطفال العاملين، ومن أهم ما هدف إليه هذا المشروع أن يقدم لهذا الطفل برنامج مكثف يسرع إنهاء الطفل للدراسة فى المدرسة الابتدائية، حتى يتسنى له استكمال تعليمه فى المراحل المتقدمة فى المدرسة العادية فيما بعد، كما يهدف المشروع للقضاء على ظاهرة التسرب التعليمى وإعادة دمج هؤلاء الأطفال فى أسرهم ومجتمعهم المحلى.

وقد جاءت معالم المدرسة الصديقة متضمنة:

الفصل الدراسى:

حيث تم تخصيص غرفة أو غرفتين ثم تجهيزهما بالمقاعد والمواد والأجهزة المناسبة ليصلح فصل دراسى لهؤلاء الأطفال.

وترى الباحثة أن هذه الفصول هى المكان الذى سيتم إعادة التأهيل التعليمى فيها، ولذلك لابد أن تتميز عن أى فصل آخر تقليدى.

فيحوى كافة الأجهزة التى تيسر تعلم هؤلاء الأطفال مثل أجهزة الحاسوب والوسائل الإيضاحية التى تيسر استيعاب المعلومة، أيضا استخدام طرق التدريس الحديثة، مما يتطلب تنظيم الفصل بشكل آخر غير الذى اعتاد عليه الطلاب قديماً، كاستخدام نظام الأركان الدراسية التى تستخدم فى حالة التعليم التعاونى من الأطفال حتى لا يتحولوا لمتفرجين وهى إحدى طرائق التعليم النشط.

المنهج:

يعتمد المنهج هنا على نظام الوحدات الدراسية لكى يلائم حاجات هؤلاء الأطفال، مع توافر وحدات دراسية إضافية تراعى الجوانب النفسية والاجتماعية للأطفال مع إتاحة مساحة للأنشطة والبرامج الترفيهية والمهنية.

وتتساءل الباحثة متى يكون المنهج جاذباً للطفل وليس طارداً له؟ فلابد وأن تناسب مادة المنهج لأعمار الأطفال، وبل وظروفهم فيعد المنهج خصيصاً لهؤلاء الأطفال بطريقة شيقة وأسلوباً مميزاً، يتكشف معه قدرات الطفل ومواهبه من ناحية، وأن يواكب قيم وعادات المجتمع من ناحية أخرى.

ولابد أن يراعى توفير مساحات لممارسة الأنشطة وفقاً لميول هؤلاء الأطفال واحتياجاتهم، وليس بالتقسيم الجبرى بينهم على الأنشطة.

فالأنشطة والرحلات والمسابقات والحفلات وغيرها تؤدى بهؤلاء

الأطفال للتماسك الاجتماعي وزيادة الدافعية للتعليم وتشرب قيم المجتمع وغيرها من القيم المرغوبة.

المعلم

يراعى في إختيار معلم المدارس الصديقة أن يتميز عن المعلم التقليدي في إلمامه بطرائق التدريس العادية بالإضافة لأن يكون قد درب على استخدام طرائق التدريس الحديثة والناشطة، وإتقانه لمهارات قيادة وإدارة الفصل الذى يحوى العديد من الأطفال متعددى المستويات والأعمار، بالإضافة لذلك فهو يعمل كأخصائى نفسى وإجتماعى بينهم.

وترى الباحثة أنه على الرغم من توافر عدد كبير من الأجهزة والوسائل الميسرة لعملية التعليم، إلا أنه يلزم على المعلم أن يكون على دراية تامة بكيفية إستخدام هذه الأدوات داخل الفصل، وإنما يستخدم طريقة المناقشة، حتى يدمج الطفل معه في الحياة الدراسية وأن يعرف متى يعزز الطفل إيجابيا ومتى يستخدم التعزيز السلبى.

وينبغى له أن يستخدم اللعب التعليمى (التربوى) داخل الفصل حتى يسهل على الأطفال تقبلهم لتلك المعرفة، وهو بالإضافة لذلك يلعب أدوارا أخرى كالتقرب من الأطفال، وأن يكون شديد الملاحظة لهؤلاء الأطفال متعددى المستويات والأعمار فيستطيع الاقتراب من الطفل الذى لا يحرز تقدما علميا كافيا للتعرف على الخلفية النفسية والاجتماعية التى مر بها الطفل، فيستطيع إخراج الطفل مما يعانى منه، وهو بذلك يصبح معلم شامل يصلح للتعامل مع تلك الفئة من الأطفال.

طرائق التعليم:

فى هذا المشروع تـم إختيـار طرائق التعليم النشطة لتعزيـز مشاركة الطفل فى العمليـة التعليميـة عـن طريـق التعليم التعاونى والتعليم فى مجموعـات وإستخدام منهجية التعليم بالممارسة لتلائم طبيعة هؤلاء الأطفال المشردين.

وترى الباحثة أنه على الرغم من أن التعليم التعاونى يعد من طرائق التعليم الحديثة إلا أنه حتى فى إستخدامها لا يمكن الاستغناء عن بعض الطرائق القديمة فى التعليم كالمناقشة والحوار مع الطلاب وغيرها، كما أنه يمكن إضافة طرق حديثة أخرى للتعليم مثل التعليم البرنامجى وغيرها بشرط أن يلائم أعمار الأطفال ويسهل عليهم التعلم من خلالها.

تقييم الأداء والامتحانات:

فيجب أن يقيم أداء الأطفال ليس فقط بالوقوف على أوجه القصور، بل أيضا للتعرف علـى مدى نجاح هذه التجربـة، ووصـولا لتقييمهـا وذلـك مـن خـلال إختبـارات تجريها وزارة التربية والتعليم لمدارس الفصل الواحد فى مصر ومن خلال التقويم المستمر، وتساعد إجتياز الاختبارات النهائيـة الأطفـال عـلى الانتقـال لمراحـل تعليميـة أعـلى، ويجب أن تتميـز هـذه الاختبـارات بالموضوعية والشمولية والاستمرارية.

اليوم الدراسى:

قد يتسبب طول اليوم الدراسى ورتابته إلى هروب بعض الطلاب مـن المدرسة، ولكـن ذلـك يختلف فى المدرسة الصديقة التى ترك فيها تحديد طول

اليوم الدراسى وتحديد مواعيد بدء الدراسة والاجازات إلى إدارة المدرسة الصديقة وللجمعيات الأهلية المشاركة ووفقا لظروف المجتمع المحلى.

التكوين المهنى:

ترى الباحثة أن أى برنامج تكوين مهنى هادف يجب أن تتوافر فيه شروط عدة من أهمها: توافر الإعداد المهنى الأكاديمى وما يلزمه من برامج ومناهج مهنية تناسب إحتياجات المجتمع وتسير معه فى خطى إلتقاء، وتوافر الورش والمشاغل المهنية وما يلزمها من معدات وأجهزة تساعد على تطبيق ما تم تعلمه.، وتوافر طلاب لديهم الاستعداد للانتفاع بقدراتهم بشرط تسكين كل طالب مهنيا حسب ميوله وقدراته للتخصص المهنى الذى يميل له، وتوافر خطة ليسير التكوين المهنى مع ما يتطلبه سوق العمل، وهذا ما تم توفيره فى برامج التكوين المهنى فى مشروع المدارس الصديقة.

المدرسة الصديقة كمركز للتعليم المجتمعى:

مما هدفت إليه المدرسة الصديقة هو إعادة دمج الطفل المشرد بلا مأوى فى أسرته مرة أخرى. وكان السبيل لذلك هو نشر التوعية الاجتماعية الإرشادية لأسر الأطفال وأفراد المجتمع المحلى وقد تم تقديم هذا البرنامج الإرشادى فى الفترة المسائية لتأهيل هذه الأسر لإعادة دمج أطفالها إليها من قبل القائمين على المشروع، وترى الباحثة أنه لو تم تعميم هذه الفكرة بإنشاء العديد من مراكز التوجيه المجتمعى فى الأقاليم والمناطق النائية لتم تحجيم ظاهرة الأطفال بلا مأوى بشكل كبير وهو ما يحسب لهذا المشروع الوطنى.

من محفزات مشروع:

* تم دفع مرتبات المعلمين وتعيينهم فى الأعوام المستقبلية من قبل وزارة التربية والتعليم.

* توفير الأماكن لإنشاء المدارس من قبل الجمعيات الأهلية.

* تشجيع المجتمع المحلى والأهلى فى الاشتراك فى المشروع ومتابعة عملية التعليم اليومية فى هذه المدارس مع تقديم الخبرات الفنية المساعدة للنهوض بها.

* تقديم وجبات غذائية لهؤلاء الأطفال من قبل برنامج الغذاء العالمى بالقاهرة.

* النظر فى تقديم مساعدات غذائية جافة لبعض أسر الأطفال المنحرفين فى الشوارع حيـث تؤدى هذه الوجبات دورا محفزا لإرسال الأسر أولادها للمدرسة.

* أيضا النظر فى تقديم مواد غذائية للأسر المتدربة على المهن التى ستزيد من دخلها.

مخرجات المشروع:

* إنشاء ٢٠ مدرسة ذات فصل واحد فى مصر (ثابتة) وخمس مدارس متنقلة.

* وضع نموذج قابل للتطبيق (منهج – طرائق تعليم لهذه الفئة).

* تأهيل ١٠٠ معلم وإدارى للعمل فى هذه المدارس وسيتم توسيع المشروع فى بلدان أخرى بعد نشر نتائج تقييم المشروع فى نهاية العام الدراسى ٢٠٠٥/٢٠٠٦.

ومن الجهود المبذولة من الوزارات الأخرى ما يلى: [1]

٤-جهود وزارة القوى العاملة فى مواجهة ظاهرة التشرد:

وذلك عن طريق تنشيط دور مفتش القوى العاملة لتطبيق القانون رقم (١٢) لسنة ١٩٩٦ فى رعاية الطفل العامل وتطبيق القرارات الوزارية رقم (١٢)، (١٣)، (١٤) لسنة ١٩٨٢ الصادرة من السيد وزير القوى العاملة بشأن تحديد الأعمال التى لا يجوز تشغيل الأطفال بها، وتحديد أسلوب تشغيل الأطفال فى بعض المنشآت.

كما توجد جهود مبذولة من قبل جهاز الشرطة وبعض الوزارات الأخرى [2]:-

٥-جهود وزارة الإعلام فى مواجهة ظاهرة التشرد:

- بدأ جهاز التليفزيون بعرض برامج تبتعد عن جرائم العنف التى تقع من الأطفال أو عليهم.
- التوسع فى النشر عن الضالين أو الغائبين لأهمية هذا الدور إنسانياً واجتماعياً فى الصحافة والتليفزيون.

٦- جهود وزارة الثقافة فى مواجهة ظاهرة التشرد:

- تقوم وزارة الثقافة بمد جميع المؤسسات بأنواعها بالمكتبات التى تحتوى على الكتب الهادفة التى تمس مشكلات الأطفال والمجتمع.

(١) محمد سيد فهمى: أطفال الشوارع "مأساة حضارية فى الألفية الثالثة"، مرجع سابق، ص٢٢٦.

(٢) محمود مطريد: مرجع سابق، ص ص ٤ -٩.

٧-جهود وزارة الصناعة فى مواجهة ظاهرة التشرد:

- التوسع فى إنشاء مراكز التدريب المهنى واستيعاب الأطفال سواء من أتم المرحلة الإلزامية أو المتسربين من التعليم.
- مد المؤسسات بالمعدات والصناع المهرة لتدريب الأحداث.

٨-جهود الدفاع الاجتماعى فى مواجهة ظاهرة التشرد:

يعرف الدفاع الاجتماعى على أنه أحد الأساليب التى تستهدف حماية المجتمع من حدوث الانحراف، ووقايته من آثاره، وتحويل المنحرفين من قوى بشرية معطلة إلى قوى قادرة على ممارسة حياة منتجة تسهم فى العمل الوطنى [(١)].

ويتضمن الدفاع الاجتماعى أجهزة الوقاية والعلاج التى تحقق أهدافه من خلال برامج وتشتمل [(٢)]:

أجهزة الوقاية:

١) دور الضيافة وتختص بإيواء الأحداث التى تحكم المحكمة بتسليمهم لها كعائل مؤتمن، أو حالات التطوع الذين هم فى حاجة لهذه الرعاية، نظراً لتصدع أسرهم والتى يسفر عنها البحث.

٢) مكاتب المراقبة الاجتماعية والرعاية اللاحقة ومن أهم أدوارها:-

---

(١) أنور الشرقاوى: مرجع سابق، ص ١٢٦.

(٢) نبيلة عباس صالح: دراسة تقويمية لبرنامج الرعاية اللاحقة للفتيات المنحرفات فى القاهرة الكبرى خريجات مؤسسة الفتيات للرعاية الاجتماعية بالعجوزة، رسالة دكتوراه غير منشورة، قسم الدراسات النفسية والاجتماعية، معهد الدراسات العليا للطفولة، جامعة عين شمس، ١٩٩٧، ص ص ٥٠ - ٦٩.

- دراسة الحالات المحولة إليها من الشرطة أو دور الملاحظة أو من الأسرة ... الخ.

- دراسة حالات الغياب التي عادت كحالات تطوعية باعتبارها معرضـة للانحراف، دراسـة اجتماعية وطبية ونفسية للوقوف على عوامل الانحراف ورسم خطة العلاج لها.

أجهزة العلاج وأهم ما تضمنه:

١) مؤسسات إيداع الأحداث.

٢) مؤسسات إيداع المعرضين للانحراف ويشمل:

- الذين لم يبلغوا ١٨ عاما من الجنسين من حالات التطوع.

- الأطفال الذين يحكم بسلب ولاية أوليائهم في حالة الانحراف الجنسي أو الدعارة.

- المجنى عليهن في جرائم الدعارة من الفتيات والعمل على إيوائهن في هيئة ملائمة لحمايتهن من التعرض للانحراف.

ب-الجهود الأهلية في مجال رعاية الطفولة خاصة الأطفال المشردين:

إن المنظمات الأهلية هـي الفاعـل المؤهـل المتعامـل مباشرة مع ظاهرة الطفل المشرد في الشارع، حيث أن الطبيعة التطوعية للعمل فيها تجعل مساهمة العاملين في حل المشكلة أكـثر إنسانية و أكثر قدرة علي تبني الرؤية الايجابيـة نحو الأطفـال، وفي هـذا الإطار يمكن الإفـادة بالتجارب الناجحة مثل تجربة (قرية الأمل) للأطفـال المشردين في الشوارع التي أثبتت نجاحا كبيرا، ولذلك يمكن أن تكون مع بعض المؤسسات التي تكونت أخيرا نموذجا يجب العمل علي التعلم منه و تكراره، فللمنظمات الأهلية

Advocacy NGOs دور فى أن تقوم بالتوعية، وبتغيير الرؤية السلبية نحو هؤلاء الأطفال، كما أنها أكثر قدرة علي حشد التمويل والتبرعات من أجل إقامة مراكز الاستقبال و الإيواء المؤقت أو الدائم، كذلك يمكن توفير فرص التدريب والتأهيل المهني لهؤلاء الأطفال بمساعدة الوزارات والمؤسسات المعنية بالمشكلة، لذا يجب أن تساعد وزارة الشئون الاجتماعية هذه المنظمات علي التحرك بحرية لتحقيق أهدافها [1].

فالكثير من المنظمات غير الحكومية العربية العاملة في مجال رعاية الطفولة قد احتاجت بعض من الوقت - بل وربما بعضا من الجرأة - حتى تدرك ضرورة توجيه نشاطها نحو إنقاذ المشردين في الشوارع , وربما كان من أسباب ذلك أن هذه الظاهرة لم تتفاقم بمعدلات غير مسبوقة سوى في العقدين الماضيين , كما كان هناك في البداية نوع من الحيرة بشأن أساليب المواجهة , خاصة في ظل مفاهيم ظلت سائدة وقتا طويلا واهتمت بالعلاج المؤسسى والإجراءات الزجرية انطلاقا من منظورات وتعميمات قانونية جامدة تدور حول الانحراف والتشرد والجناح , ولم تكن قد أدركت بعد الأدوار السلبية التي تلعبها السياسات الاقتصادية والاجتماعية الكلية، وإضطرار أسر المهمشين والنازحين والفقراء في إتباع استراتيجيات إرسال أبنائهم للعمل في الشوارع سواء في أنشطة تافهة أو حتى في أعمال مضنية دون حماية قانونية , وحتى بعد أن توجهت بعض الجمعيات الأهلية بقوة نحو التصدي لظاهرة الأطفال المشردين فى الشوارع , فقد كان هذا فى البداية بدون مفهوم علمي متكامل لأسباب وحجم وسمات الظاهرة , وهو ما

(١) المجلس القومي للطفولة والأمومة: مرجع سابق، ص ٢١

لم يتحقق لديها إلا بعد تراكم خبرات من التجربة والخطأ , ومن التقاء أنشطتها بجهود الخبراء والباحثين الاجتماعيين من خلال المؤتمرات والنشرات [1].

و فيما يلي نبذه عن أهم الجمعيات الأهلية العاملة في مجال رعاية وتأهيل الأطفال المشردين في الشوارع:

١- جمعية قرية الأمل:

"لقد تم إشهار جمعية قرية الأمل بتاريخ ١٩٨٨/٨/١٣ بواسطة بعض رجال وسيدات الأعمال المصريين بالتعاون مع مدير أحدى مدارس اللغات بمصر- وهو بريطاني الجنسية بغرض رعاية الأطفال المشردين في الشوارع , وقد تم إشهار الجمعية بوزارة الشئون الاجتماعية , وقد بدأت الجمعية نشاطها من خلال مركز واحد لإيواء الأطفال فاقدي المأوى وبتطور هذا النشاط أصبحت تخدم الأطفال من خلال ثمانية مراكز منتشرة في أنحاء القاهرة الكبرى وموزعة كالآتي:

- رعاية نهارية ترددية من خلال مركزين لاستقبال أطفال الشوارع بمنطقتي شبرا والسيدة زينب من سن (٤ – ١٥ سنة) , وحاليا تحت التأسيس بمنطقة روض الفرج مركز خاص لاستقبال البنات المشردات بالشوارع.
- رعاية وإقامة مؤقتة من خلال مركزين بمنطقتي حدائق القبة (من ٥-١٢ سنة) والمقطم (من ١٢-١٥ سنة) وملحق به مدرسة لمحو أمية

(١) المجلس العربي للطفولة والتنسية: أطفال الشوارع , مرجع سابق , ص ص ١١٥ – ١١٦

سيدات وفتيات الحي.

- رعاية وإقامة دائمة من خلال أربعة مراكز، ثلاثة بمنطقة مدينة نصر من عمر سنة وحتى الانتهاء من مرحلة التعليم , وآخر تحت الإنشاء عبارة عن مجمع كامل لإسكان الشباب من أولاد الجمعية بمدينة العاشر من رمضان مكون من عدة وحدات سكنية منفصلة , وورش إنتاجية صغيرة للتدريب على حرف مختلفة , بالإضافة إلى بعض المشاريع الإنتاجية المدرة للدخل , مع توافر فرص للأولاد للتدريب و العمل بالمصانع المحيطة , وقد كان لأسلوب الإدارة المطبق بواسطة مجلس الإدارة المكون من مجموعه من رجال الأعمال البارزين , أثره في رفع كفاءة الأداء داخل الجمعية و استقرار الأطفال وأيضا المشرفين العاملين بها , وتتميز المراكز التابعة للجمعية بكونها وحدات إعاشة في مناطق آهلة بالسكان غير منعزلة أو مغلقة , وهو ما يسمح بممارسة الحياة الأسرية , مع شعور الطفل بأنه جزء من المجتمع و أنه موجود في هذا المكان بدافع ورغبة منه وليس مفروضا عليه. (1)

- كما تعد عملية الإشراف على الأطفال داخل الجمعية عنصرا مهما في أحداث التكيف والاستقرار النفسي والاجتماعي للأطفال , ويقوم بعملية الإشراف إما أخصائيون أو متطوعون من مؤهلات أخرى لديهم الرغبة في العمل في هذا المجال , على أن يقوم كل مشرف برعاية ثمانية أطفال على الأكثر وهو العدد المتفق عليه دوليا لضمان سير

(1) عبله البدري: مرجع سابق, ص ١١٩.

العملية الإشرافية بكفاءة , كما ثبت أن رفع الروح المعنوية للمشرفين عـن طريـق العائـد المـادي المجزي والاهتمام بتأمينهم من مخاطر المهنة المتمثلة في اتصالهم المباشر بهذه الفئة من الأطفال له أثره القوي في حبهم لعملهم بالجمعية , كذلك يحصل العـاملون عـلى التـدريب الـدوري في جميع التخصصات لتطوير مفاهيمهم ومداركهم كدورات في الإسعافات الأولية ودورة خاصة بقانون حقوق الأطفال , ودورة لتـدريب المـدربين ودورات خاصة بالمعونـة الفنيـة للعـاملين في الأقسام الإدارية والاتصالية". [١]

وتعمل الجمعيـة عـلى تقديم كافـة الخـدمات التعليميـة والصـحية والترفيهيـة للأطفـال وتدريبهم على بعض الحرف وغيرها من الخـدمات , فتقـدم لهـم خـدمات تعليميـة مـن خـلال إلحاق بعض هؤلاء الأطفال بالمدارس الحكومية لاستكمال تعليمهم الأساسي بالإضافة إلى عمـل برنامج محو أمية للأطفال الذين تركوا المدارس منذ فترة طويلة ويريدون أن يحصلوا عـلى قـدر من التعليم , كما تقدم الجمعية للأطفال المشردين الملحقين بها خدمات صحية تتمثل في تقديم الرعايـة الصحيـة للأطفـال مـن خـلال الكشـف الـدوري عـليهم والإشراف عـلى جـداول التغذيـة بالإضافة للعناية الصحية النفسية بالأطفال الذين يعانون من بعض الأمراض النفسية، كـما تقـدم الجمعية بعض التوعية الصحية لرفع مستواهم الصحي وذلك من خلال طبيب وأخصـائي نفسي- يتردد بشكل منتظم على القرية. [٢]

---

(١) المرجع السابق , ص ص ١٢٠-١٢١.

(٢) محمد سيد فهمي: أطفال الشوارع مأساة حضارية في الألفية الثالثة، مرجع سابق، ص٣٢٠.

كما تقدم الجمعية خدمات تدريبية تهدف لتدريب الأطفال على مجموعة من الحرف من خلال إلحاقهم ببرامج تدريب في بعض الورش لإكساب الطفل مجموعة من المهارات اليدوية وربطها بما يتطلبه المجتمع المحلى من بعض الصناعات والحرف , كما تقوم الجمعية بتقديم خدمات ترفيهية من خلال برامج ترفيهية منظمة تتمثل في المسابقات والأنشطة الداخلية وحفلات السمر والرحلات والمصايف وأيضا تقدم خدمات رياضية لزيادة اللياقة البدنية لهم من خلال تدريبهم على بعض الألعاب مثل كرة القدم والتيكوندو , وقد حصلت الجمعية على البطولة على مستوى الجمهورية في بعض هذه الألعاب , كما توفر الجمعية وتهتم بالتربية الدينية من خلال تحفيظ القرآن وتنمية الثقافة الدينية لديهم باشتراكهم في المسابقات الدينية المنظمة مع وزارة الأوقاف، وبالقرية أخصائيون اجتماعيون ونفسيون لدراسة حالة الطفل سواء المقيم أو المتردد على نادى القرية فقط ويجرى البحث على ظروف هؤلاء الأطفال قبل إحضارهم للقرية من خلال أصدقائهم أو الأخصائيين الملحقين بالجمعية.[١]

٢- مشروع مبادرة المدينة [٢]:

وهو مشروع ممول من المعونة الكندية و الدنمركية بدأ تنفيذه في ١٩٩٦/١٢/٣ ويهدف لرعاية وحماية الفتيات المشردات في الشوارع وأطفال العمل الهامشي أطول فترة ممكنة من النهار من خلال إلحاقهم

---

(١) المرجع السابق , ص ٣٢١.

(٢) محمد سيد فهمي: أطفال الشوارع مأساة حضارية في الألفية الثالثة , مرجع سابق , ص ص ٣٢٣-٣٢٤

ببرامج تعليمية وتدريبية وإنتاجية وترفيهية , وقد بدأ المشروع بافتتاح أربع جمعيات أهلية موزعة على ثلاث محافظات هي قنا وسوهاج وأسيوط وهم:

أ) جمعية البيئة والأسرة بقنا.

ب) الجمعية المصرية لحماية الطفولة بقنا.

ج) جمعية تنمية المجتمع لذوى الاحتياجات الخاصة بسوهاج.

د) جمعية الطفولة والتنمية بأسيوط.

وقد بدأ المشروع بمحاولة التعرف على حجم المشكلة من الناحية الواقعية وذلك بإجراء بحوث ميدانية على الأطفال المشردين في الشوارع في المحافظات المختارة بهدف حصرهم ثم رعايتهم في الفترة النهارية ومازال المشروع في مرحلة الدراسات المبدئية على بنات الشوارع وأطفال العمل الهامشي بتلك المحافظات.

٣- جمعية كاريتاس مصر:

"تنتسب هذه الجمعية إلى هيئة كاريتاس العالمية , وقد سجلت بوزارة الشئون الاجتماعية عام ١٩٦٧ , وتنطلق الجمعية في مواجهتها لظاهرة الأطفال المشردين في الشوارع من استيعاب المفاهيم الاجتماعية والقانونية و السيكولوجية لطفل الشارع دوليا وعربيا و محليا.

ونظرا لإدراك كاريتاس مصر لخطورة الظاهرة ومردوداتها السلبية ممثلة في زيادة نسبة انحراف الأطفال بمعدلات عالية، فقد بدأت الجمعية في تنفيذ مشروع أطفال الشوارع من خلال بعدين هما:

أ) أطفال الشوارع المودعون بمؤسسات الرعاية الاجتماعية و الذي ينفذ منذ عام ١٩٩٧ بالتعاون مع وزارة الشئون الاجتماعية و يطبق

المشروع في ثلاث مؤسسات هي دور التربية بالجيزة – مؤسسات الفتيات بوحدة الإمام محمد عبده – مؤسسة الشباب بعين شمس.

ب)   أطفال الشوارع الهائمون المشردون والذين لم يلق القبض عليهم بعد , حيث بدأ مكتب الإسكندرية للجمعية عام ١٩٩٩ بتنفيذ المشروع بمراكز إستقبال مخصصة لهم بالتعاون مع الصندوق الاجتماعي للتنمية وجمعية حماية الطفل المصري , و كذلك من المتوقع إقامة مركز للاستقبال النهاري في منطقة الهرم بالجيزة بالتعاون مع المجلس العربي للطفولة والتنمية ولقد شاركت جمعية كاريتاس مصر مع منظمة اليونيسيف ابتداءاً من عام ١٩٩٦ في تجمع الهيئات غير الحكومية المعنية بحقوق الطفل، كما شاركت الجمعية مع وزارة الشئون الاجتماعية في المؤتمر الأول للدفاع الاجتماعي عام ١٩٩٥ م لدراسة ظاهرة الأطفال المشردين في الشوارع. [١]

ج)   ولقد قامت الجمعية بتقديم المساعدات العينية وذلك بإدخال أجهزة الحاسب الآلي في إدارة مؤسسات الأحداث، وقامت بشراء ملابس لأبناء دور التربية , و إعداد دورات تدريبية للعاملين بها , وتتطلع الجمعية للتعاون مع المجلس العربي للطفولة والتنمية في مجال مشروع أطفال الشوارع الخاص بالمجلس، وتنسيق الجهود مع الجمعيات العربية الشبيهة تحت مظلة إستراتيجيه عربية واحده، وأيضا الشروع في

---

(١) المجلس العربي للطفولة والتنمية: أطفال الشوارع... جمعية كاريتاس مصر, مرجع سابق , ص ص ١٣٥- ١٤٠.

دراسة اجتماعية شاملة لظاهرة أطفال الشوارع في مصر والعالم العربي للوقوف على حجم الظاهرة ومعرفة أسبابها ومساعدة صانعي القرار في الدول العربية على مواجهتها وصولا إلى مستوى البرامج التفصيلية". [1]

٤- الجمعية المصرية لسلامة المجتمع EASS:

الجمعية المصرية لسلامة المجتمع هي جمعية حديثة النشأة (تم إشهارها في مايو ١٩٩٨) وترجع بداية عمل برامج الجمعية منذ عام ١٩٩٣، وكانت المرحلة الأولى تمهيدية وبحثية للتعرف على أماكن تواجد الأطفال والشباب وتحديد المداخل المناسبة إليهم , وقد تم تحديد أكثر من ٥٠ موقعا لتجمع الأطفال المشردين فى الشوارع في مناطق جغرافية مختلفة بالقاهرة الكبرى بالاستعانة بممارسين ميدانيين، تم اختيارهم طبقا لمواصفات خاصة تتيح لهم إمكانية التواصل والتعامل مع مجتمع الشارع، وتم تدريبهم على منهجية العمل الاجتماعي في الشارع، وفي إطار التواجد المستمر للممارسين الميدانيين في الشارع ومصاحبتهم للأطفال والشباب من الجنسين في إطار حياتهم اليومية نمت تدريجيا علاقات ثقة واحترام متبادل بينهم، وقد تم تنفيذ برامج الجمعية على ثلاث مراحل تهدف جميعها لمساعدة الأطفال على التكيف مع الواقع المجتمعي الجديد في ضوء إعادة تأهيلهم و تدريبهم من خلال الخدمات والبرامج المقدمة من قبل الجمعية [2]. ومن هنا فإنه بالرغم من دور المنظمات غير الحكومية البارز فى مجال رعاية الطفل المشرد فى الشارع، إلا أنه من الملاحظ أن الأغلبية الساحقة من المنظمات

---

(١) المرجع السابق , ص ١٤١.

(٢) الجمعية المصرية لسلامة المجتمع: مرجع سابق , ص ٢.

غير الحكومية لا تزال تعمل فى حدود استراتيجيات الغوث والرعاية، ولم تتطور بعد بالقدر الكافى كى تتحول إلى تبنى استراتيجيات متكاملة لتنمية المجتمع المحلى كعلاج جذرى يحول دون إعادة توليد المشكلات الاجتماعية، الأمر الذى يعتمد إلى حد بعيد بإحداث تحولات كبيرة فى المنظومة التشريعية والهيكل الإدارى للدولة بما يسمح لها بتحقيق انطلاقة ملموسة فى أنشطتها، وهو ما سيكون له مردود بالتالى، من حيث توسيع دوائر المتطوعين، للإنخراط فى العمل الأهلى، والتعاطف مع أنشطته ومساندتها بالجهود والمال [١].

وأخيراً ووفقاً للقانون ... والدستور ... والتشريعات المعلنة حول الطفولة، فإن لكل طفل على أرض مصر فى الكفور والنجوع، والصحارى والجبال، والواحات ومساكن الإيواء والكوارث، حق فى حياة، حرة كريمة متساوية فى الحقوق مع أطفال الأبراج، ساكنى الضفاف والأحياء الراقية فى مسمياتهما، والذين لا يستوون مع أطفال الشوارع وجامعى القمامة وغيرهم، إن الأطفال فى بيئاتهم لن يظلوا بها مدى الحياة، فالحراك الاجتماعى، والهجرة الداخلية وعمليات الاستقطاب والاستدماج المستقبلى سوف تغير كثير من بيئة المجتمع المستقبلية، فهل أدرك المجتمع طبيعة ما سيحدث مستقبلا نتيجة التفرقة الطبقية المجحفة فى بناء طفل اليوم ساكن المقابر وجامع القمامة وأطفال الشوارع وغيرهم، وماذا عن الطفل الذى سوف ينقل التراث ويحافظ عليه؟ وهو أكثر قيمة من الآثار عند استثماره إبداعياً

(١) المجلس العربى للطفولة والتنمية: أطفال الشوارع، مرجع سابق، ص١١٥.

وإنسانياً..؟[1].

فهؤلاء الأطفال هـم حشـد صامت يعمـل وينـام ويمـوت دون رعايـة ولا حمايـة مشردون يناضلون من اجل البقاء، بكافة السبل المشروعة وغير المشروعة، لكى يحصلوا على موطئ قدم فى عالم الكبار الذى يلفظهم بلا رحمة، ولا يعود الاهتمام بالأطفال عامة لكونهم فقط رجال ونساء المستقبل وأساس نهضة الأمم وتقدمها، وليس كذلك لأنهم أكثر فئات المجتمع ضعفاً واحتياجاً للرعاية، بل يعود هذا الاهتمام بالأطفال بالأساس لكـونهم "بشراً" لهـم حقـوق أساسية لابـد أن يكفلها ويضمنها المجتمع لهم، مهما كان ثراؤه أو فقره أو تقدمه أو تخلفه [2].

خاتمـة:

فى هذا الفصل تـم استعراض الجهـود العالميـة المبذولـة لرعايـة الطفولـة وخاصـة الطفولـة المشردة تبعا لعرض التشريعات المصرية والخاصة بظاهرة تشرد الأطفال، والخاصة بالقـانون رقـم (٢) لسنة ١٩٠٨، والأمر العسكرى رقم (٤٧٦) لسنة ١٩٤٤، والقانون رقم (١٢٤) لسنة ١٩٤٩،

---

(١) يوسف خليفه غراب: بنائية فكرية لتنمية القـيم الجماليـة للأطفـال سـاكنى المقـابر مجابهـة لإشـكاليات ملوثـات التنشـئة الاجتماعيـة فى ضـوء مفهـوم الارجونوميكـا، دراسـة مقدمـة للمـؤتمر العلمـى السـنوى الخامس " التعليم من اجل مستقبل عربى أفضـل " كليـة التربية،جامعـة حلوان،جامعـة الدولـة العربيـة، القاهرة، ٢٩-٣٠ أبريل ١٩٩٧، ص ص ١-٣.

(٢) عماد صيام: تقرير عن واقع الطفل المصرى فى نهاية القرن العشريـن، ط١، مركـز الدراسـات والمعلومـات القانونية لحقوق الإنسان، القاهرة، ١٩٩٦، ص ص ٨٧ - ٩٠.

والقانون رقم (٣١) لسنة ١٩٧٤، وقانون الطفل رقم (١٢) لسنة ١٩٩٦، ثم تم عـرض التشريـعات الخاصة بحماية الطفل الموصى عليه، تبعها أستعراض لأهم الجهـود الحكوميـة والأهليـة المبذولـة لمواجهة ظاهرة الأطفال المشردين فى الشوارع فى مصر.

الفصل الخامس

دور مؤسسات تربية البنين والبنات

فى مواجهة ظاهرة الأطفال المشردين فى مصر

- مقدمـة.
- فلسفة مؤسسات تربية البنين والبنـات.

أ)   ماهية مؤسسات تربية البنين والبنات.

ب)   القيم والمبادئ التى تقوم عليها العمل فى مؤسسات تربية البنين والبنات

ج)   أهداف مؤسسات تربية البنين والبنات.

د)   سمات مؤسسات تربية البنين والبنات.

- التطور التاريخى لنشأة مؤسسات تربية البنيـن والبنـات.
- بعض البيانات الخاصـة بمؤسسات تربية البنين والبنات فى مصر
- لجنة مؤسسات تربيـة البنيـن والبنـات.
- مكونات إدارة مؤسسات تربية البنيـن والبنـات.
- متطلبات مؤسسات تربية البنيـن والبنـات.
- برامج وأنشطة مؤسسات تربية البنيـن والبنـات.
- العوامل المؤثرة على كفاءة المؤسسات الاجتماعيـة.
- أبعاد الدور الذى تقوم به مؤسسات تربية البنين والبنات.
- أهم المعوقات التى تحد من دور المؤسسات الاجتماعيـة.

خاتمـة.

الفصل الخامس

دور مؤسسات تربية البنين والبنات في مواجهة

ظاهرة الأطفال المشردين في مصر

مقدمة:

إن الأسرة هي المجال الاجتماعي الأول الذى ينشأ فيه الطفل وينمـو ويصبح شاباً، وفيها تتحقق إنسانية الفرد وتتكشف مواهبه وطاقاته، فتظهر أمامه معالم الطريق للمستقبل، وترسـم الأسرة للأبناء نماذج من الفضائل والقيم الدينية، كمـا تسلحهم مـن خـلال النمـو الأسرى بأسس التفكير والثقافة والتعامل مع الآخرين [1]، وهنا تبدأ عملية التنشئة الاجتماعيـة وهـى أن يـتعلم الطفل كيف يصبح عضواً في أسرتـه وفي مجتمعـه المحلى، وفي جماعتـه القوميـة منـذ الطفولـة المبكرة، وتتقدم عملية التنشئة مع تقدم النمو والتعلم إلى الدرجة التي يسلك بها الفرد ويفكر ويقيم الأمور التي تقابله في حياته عامة [2].

ومن خلال التنشئة الاجتماعية يكتسب الفرد ثقافة المجتمع بجميع مقوماتها، وعندما يصـل لدرجة التشرب والتشبع لهذه الثقافة، يكون وسيلة لانتشارها ونقلها بعـد أن كان مستقبلاً لهـا فقط [3] لذا كانت التنشئة

---

(١)   طلعت ذكريا مينا: <u>التنشئة الأسرية وأثرها في حياة الأطفال</u>، مكتبة المحبة، القاهرة، ١٩٨٩، ص ١٣

(٢)   ولـيم.و.لامـبرت،وولاس.إ.لامـبرت:<u>علـم الـنفس الاجتماعـى</u>، ط١، ترجمـة سـلوى المـلا،دار الشروق،القاهرة،١٩٨٩،ص٢٧

(٣)   شبل بدران، أحمد محفوظ: <u>أسس التربية</u>، ط١، دار المعرفة الجامعية،   =

الاجتماعية ممثلة لمجموعة القيم والعادات وأنماط السلوك والاتجاهات التي تعمل مؤسسات التنشئة الاجتماعية المختلفة على غرسها في بناء الشخصية الإنسانية للفرد [(١)].

"ومن خلال مرحلة الطفولة يمكن إكساب الأطفال القيم والاتجاهات الصحيحة نحو الفرد والمجتمع والأسرة، وبالأخص عندما يبدأ الطفل الإحساس بالمجتمع ومشكلاته وأبعاده المختلفة [(٢)]".

لذلك كانت مسئولية المجتمع كبيرة نحو الإحساس بأمانة الطفولة وتعهدها بالرعاية وتحقيق النمو والتطور، والمستوى الملائم للإعداد والتربية والتنشئة الاجتماعية السليمة، تمهيداً لتكوين المواطن الصالح الذى يشارك في مسيرة التنمية والبناء المجتمعى [(٣)].

وللبيئة المحيطة بالطفل دورها في تشكيل شخصيته، وتكوين اتجاهاته وميوله وأفكاره ومعتقداته، والطفل يتعلم في سن حياته الأولى الكثير من الخبرات اللازمة التي تساعده على النمو الجسمى والنفسي والانفعالى

= الإسكندرية،١٩٩٦، ص ٥٦

(١) عزة حسين زكى: المشكلات السلوكية التي يعانى منها أطفال المرحلة الابتدائية المحرومين وغير المحرومين من الرعاية الوالدية رسالة ماجستير غير منشورة، قسم الدراسات النفسية والاجتماعية، معهد الدراسات العليا للطفولة، جامعة عين شمس،١٩٨٥، ص ١١

(٢) فيصل الراوى: التربية الاقتصادية لطفل المدرسة الابتدائية، المجلة التربوية، كلية التربية بسوهاج، العدد ٥،ج١، مطبعة الجامعة بسوهاج، يناير ١٩٩٠، ص١٦٦

(٣) خيرى خليل الجميلى: الاتجاهات المعاصرة في دراسة الأسرة والطفولة، المكتب الجامعى الحديث، الإسكندرية، ١٩٩٣، ص ١٠١.

والعقلى والمعرفى والاجتماعى، ومن ثم فإذا توافر الجو الأسرى الملائم الذى يشبع حاجات الطفل البيولوجية، أدى ذلك لتحقيق نموه السليم، وتوافقه الشخصى والاجتماعى على عكس ما إذا ساء الجو الأسرى بشكل غير سليم ملئ بمواقف الحرمان [١].

وقد ينتج الحرمان من نقص إشباع الحاجات النفسية للطفل، وظهور آثار تعوق نموه النفسى والبدنى والعقلى والاجتماعى وقد يؤدى به للانحراف والنزوح لعالم الشارع.

فظاهرة الأطفال المشردين في الشوارع، والذي يمكن القول عنها أنها بحق قنبلة موقوتة تهدد العالم، وكما يعاني العالم من وجودهم، يعاني الأطفال من حملة الإنتهاكات التي تحدث لهم في حياة الشارع [٢].

كما تسهم الأطر الثقافية المتعلقة بالأطفال المشردين والنظرة الاجتماعية السلبية لهم في تفاقم المشكلة وتعويق حلها، فلا بد أن تبدأ الجهود الجادة لمواجهة المشكلة بالتعامل مع الثقافة الاجتماعية السائدة فى عالم الشارع ومن جهة أخرى يلزم الوعي الاجتماعي بالأبعاد الصحيحة لمشكلة أطفال الشوارع وأسبابها وتغيير المفاهيم الخاطئة بشأن تلك الفئة من الأطفال

---

(١) فاتن السيد على: المشكلات السلوكية التي يتعرض لها كل من أطفال المؤسسات وأطفال قرية الأطفال **SoS**، رسالة ماجستير غير منشورة، قسم الدراسات النفسية والاجتماعية، معهد الدراسات العليا للطفولة،جامعة عين شمس، ١٩٩٥، ص ٢٦.

(٣) سامي عصر: أطفال الشوارع.. الظاهرة والأسباب، المنظمة العربية للتربية والثقافة والعلوم بمعهد البحوث والدراسات العربية بالتعاون مع جامعة الدول العربية إدراة الطفولة، دراسات استراتيجية ومستقبلية، القاهرة، ٢٠٠٠، ص ص ٨ - ٩.

وتشجيع قيام المؤسسات الاجتماعية والتربوية والمنظمات غير الحكومية لخدمتهم [(١)].

ومن المؤكد أن للمنظمات العاملة فى هذا المجال في مصر والعالم دور لا يستهان به في مجال مواجهة الظاهرة بجانب دور المؤسسات الحكومية وفيما يلي ستتعرض الدراسة لدور تلك المنظمات في مواجهة ظاهرة تشرد الأطفال في الشوارع.

أولا: فلسفة مؤسسات تربية البنين والبنات:

يتميز التفكير الفلسفى بأن المشكلات التى يعالجها تقوم تحت ظروف وأهداف اجتماعية منتشرة وتتركز فى صراع بين مصالح منظمة وبين مطالب ثقافية متعارضة، ولما كان الطريق الوحيد لإعادة الاتزان بين الاتجاهات المتعارضة هو تعديل الاتجاهات الانفعالية الفكرية، فإن الفلسفة ليست تصويرا صريحا للمصالح المتصارعة فحسب، إنما أيضا دعوة لوجهات نظر جديدة لإحداث اتزان أفضل بين تلك المصالح، والتربية هى العملية التى قد يتحقق بها هذا التعديل الانفعالى والفكرى المطلوب. [(٢)]

ويقصد بفلسفة مؤسسات تربية البنين والبنات Philosophy of Institutes of Boys and Girls Education، أنه الفكر الفلسفى الداعم لهذه المؤسسات بما يحتويه من مبادئ ونظريات يمكن تناولها بالنقد والتحليل لهذا الفكر وعلاقته بالمبادئ التى تقوم عليها المؤسسة والأهداف والقيم التى تسعى إلى تحقيقها فى المجتمع المصرى.

---

(١) عزة عبد المحسن خليل: مرجع سابق، ص ٥٣.

(٢) شبل بدران وأحمد محفوظ، مرجع سابق، ص١٥٣.

ففلسفة هذه المؤسسات تشمل مجموعة من القيم والمبادئ والأهداف التى يقوم عليها العمل المؤسسى فى ضوء توجهات المجتمع الموجودة فيه، وتتضمن فلسفة هذه المؤسسات عدة محاور هى:

أ-١-ماهية المؤسسات الاجتماعية:

تعرف المنظمة أو المؤسسة بأنها إطار لتجمع بشري يتم في نطاق توحيد و تنسيق جهود الأعضاء لتحقيق أهداف معينة [١].

فالمنظمة نموذج قائم علي توفير قنوات الاتصال بين الأعضاء ويعتمد علي أدوار الأعضاء المنتفعين بالعمل وعلي أهداف تلك المنظمة [٢].

وأخيرا يمكن القول بأن المنظمات الحكومية أو الأهلية العاملة فى المجال الاجتماعى هى: تجمعات منظمة غير هادفة للربح، والتي تعمل في مجالات الرعاية الاجتماعية، وتعتمد في تمويلها علي التبرعات من القطاع الخاص أو أشخاص من المجتمع أو من جهات أجنبية، كما أنها تحصل علي دعم الحكومة لمساعدتها في انجاز أهدافها، وكثير من الدول النامية تنظر الآن إلي هذا النوع من المنظمات علي أنه شريك لها يقف معها في خندق واحد لمواجهة مشكلات التنمية الاقتصادية والاجتماعية و توفير سبل العلاج لها، هذا وتعبر هذه المنظمات عن صورة حديثة لفكرة التكامل الاجتماعي

---

(١)   محمد حربي حسن: علم المنظمة.. الأصول والتطور والتكامل، وزارة التعليم العالي والبحث العلمي، جامعة الموصل، دار الكتب للطباعة والنشر، ١٩٨٩، ص ٢٥.

(٢)   أماني قنديل: المجتمع المدني في مصر في مطلع الألفية الجديدة، مركز الدراسات السياسية والاستراتيجية - بالأهرام، القاهرة، ٢٠٠٠، ص ١٦٥.

خصوصا في أوقات الكوارث والأزمات وتشمل جمعيات للمساعدة الذاتية وأخري تعاونية خيرية وغيرها من الروابط الدينية أو المتخصصة في حقوق الإنسان، أو التي تسعي إلي تنظيم الأسرة ورعاية الأمومة والطفولة وتقديم الخدمات الصحية، ومنها من يعمل في المجالات الاجتماعية أو الرياضية أو الترفيهية [١].

وتقف الدراسة علي المنظمات التي تسعي لتحجيم ظاهرة الطفل المشرد في الشارع والعمل علي تأهيله أو إعادة تأهيله مع الحياة ليصبح إنساناً صالحاً بعد ذلك.

ومما عليه تشتمل مؤسسات رعاية الأسرة والطفولة عامة علي:

١-مؤسسات الرعاية النهارية (دور الحضانة):

تلتزم الدولة بتعليم الأطفال ابتداءً من سن السادسة بمرحلة التعليم الأساسي، ولكن نظراً لأهمية المرحلة التي يمر بها الطفل قبل هذه السن، فإن لهؤلاء الأطفال حقوقهم علي الدولة والمجتمع بهيئاته ليتمتعوا بفرص الحياة الكاملة التي تضمن لهم النمو الجسمى والعقلى والنفسى والاجتماعى المناسب [٢]

وليس الغرض من دار الحضانة جمع عدد من الأطفال والاجتهاد في تلقينهم العلم والأخلاق بل إن الغرض الأساسى هو إعداد البيئة الصالحة

---

(٣)   موسوعة الشباب السياسية: تطور المجتمع المدني في مصر، مركز الدراسات السياسية الاستراتيجية بالأهرام، شبكة المعلومات،

http://www.aharam.org.eg/acpss/ahram.htm 1/1/2001 .

(٢)   حافظ فرج أحمد، مرجع سابق، ص ٦٩٣.

للنمو الكامل، فهى توفر للطفل الطمأنينة وتتيح له الفرصة للاعتماد على النفس واكتساب المهارات والتجارب المتعددة واللعب والعمل في تعاون وصداقة مع الأطفال الآخرين [1].

٢-برامج الرعاية في أسر بديلة:

تقدم هذه الرعاية للأطفال مجهولى النسب والمحرومين من الرعاية الأسرية، بحيث يتم رعايتهم في أسر طبيعية وفقاً لشروط وقرارات وزارية محددة.

ويتم ذلك بمتابعة سلامة تنشئة هؤلاء الأطفال داخل الآسر البديلة، مع وضع وتنفيذ برامج توعية للأسر البديلة من النواحى الثقافية والصحية عن طريق المحاضرات أو بتدريب الأمهات البديلات وتهيئة البيئة المنزلية البديلة لاستقبال هؤلاء الأطفال [2].

٣-مؤسسات الأطفال المحرومين من الرعاية الأسرية:

وهى مؤسسات اجتماعية حكومية ترعى الأطفال الذين حرموا من الرعاية الأسرية لأسباب متعددة وسنتناول هذه المؤسسات بمزيد من التفصيل.

أ-٢-ماهية مؤسسات تربية البنين والبنات:

يلتحق الصغير بالمؤسسة الإيوائية نتيجة وجود عوامل تتصل ببناء

(١) مصطفى رزق مطر: تنظيم وإدارة مؤسسات الرعاية والتنمية الاجتماعية، مكتبة النهضة المصرية، القاهرة، ١٩٧٧،ص ١١٤.

(٢) مصطفى رزق سصر: مرجع سابق، ص ص ١٣٤ - ١٣٥

الأسرة، كفقد الأبوين أو أحدهما أو عوامل تتصل بوظيفة الأسرة كعجزها الاقتصادى أو تفككها أو نتيجة لعوامل فردية كالإصابة بالضعف العقلى أو إحدى العاهات، وعامة فإن المؤسسة الإيوائية مؤسسة اختيارية بالنسبة للالتحاق بها، وتعتمد في رعاية هؤلاء الأطفال على تعويضهم عن الحرمان الذى يعانونه بسبب عدم وجود أسرهم، كما توفر لهم الإشباع لحاجتهم الطبيعية والاجتماعية كى ينشئوا التنشئة الصالحة، ولكى يشبوا في الحياة مواطنين صالحين [1].

وتعتبر المؤسسات الإيوائية مؤسسات إجتماعية متخصصة فى رعاية الأطفال والشباب المحروم من الرعاية الوالدية، فتقدم لهم المؤسسة الخدمات التى تلبى إحتياجاتهم، ولكن قد يشعر الطفل بعدم الإنتماء للمؤسسة التى يلتحق بها نتيجة لحرمانه من أسرته الطبيعية، وشعوره بأن المؤسسة تفرض عليه وضعا أو نطاقا روتينيا وأسلوب حياة داخلها ليس له دخل فى تشكيله، ولا يسهل له عملية التفاعل الإجتماعى بها، مما يجعله يضيق بنظام المؤسسة خاصة فى حالة معاملة المشرفين غير السوية له، أو عدم تنوع أنشطة المؤسسة وبرامجها وغيرها، الأمر الذى يتطلب العمل على رفع كفاءة هذه المؤسسات حتى يعوض الطفل عما إفتقده من رعاية فى كنف والديه.

وهنا يمكن تعريف المؤسسة الايوائية بأنها المؤسسة التى يودع بها الطفل والتى تعوق ظروف أسرته من رعايته لظروف قهرية، والإيداع هنا يكون اختيارياً لا إجبارياً بواسطة وزارة الشئون الاجتماعية، أو لإدارة

(١) المرجع السابق، ص ص ٦٤-٦٦.

أهلية خاضعة لوزارة الشئون الاجتماعية [1].

ويمكن تقسيم المؤسسات الايوائية الى: [2]

١- مؤسسات حكومية:

وتعرف بأنها إحدى وحدات الجهاز الحكومى، وتخضع للأحكام التى تنظمه، وأن كافة السياسات والقوانين والتشريعات الخاصة بها تحددها الحكومة وكذلك تحدد أهدافها، وخدماتها متاحة لكل الأفراد، وتتميز هذه المنظمات بهيكلها التنظيمى المعقد وكل القرارات الخاصة بها تكون فى إطار السياسة العامة للدولة.

٢- مؤسسات أهلية:

وهى فى الأساس تقوم على الجهود التطوعية لجماعات من الأفراد المهتمين بالخدمة المجتمعية ويتولون إدارتها وتنظيمها فى إطار النظام العام، والقوانين والتشريعات التى تنظم العمل الاجتماعى التطوعى طبقا للقانون رقم (٣٢) لسنة ١٩٦٤ وتعديلاته.

٣- مؤسسات حكومية أهلية:

وهى خاضعة لتمويل مشترك من الأهالى والمهتمين بتقديم تلك الخدمة الاجتماعية، وبين الحكومة، " فمؤسسات الإيواء أما جمعيات أهلية أو

---

(١) نجلاء فهمى بحيرى: القدرات الابتكارية لدى الأطفال المودعين ببعض المؤسسات الايوائية، رسالة ماجستير غير منشورة، قسم الدراسات النفسية والاجتماعية، معهد الدراسات العليا للطفولة، جامعة عين شمس، ١٩٩٨، ص٢٥.

(٢) مها صلاح حسن: مرجع سابق، ص ص٥٢-٥٣.

مؤسسات حكومية، ويطلق عليها مؤسسة ايوائية إذا كانت حكومية تشرف عليها وزارة الشئون الاجتماعية إداريا وماليا، ويطلق عليها داراً او ملجأً إذا كانت تتبع إدارة أهلية أو خيرية "[1].

ب-القيم والمبادئ التى يقوم عليها العمل فى مؤسسات تربية البنين والبنات:

ومن أهم القيم التى تقوم عليها فلسفة مؤسسات تربية البنين والبنات فى سبيل تحقيق أغراضها ما يلى:

١-الإنسانية:

وهو أحد مبادئ مؤسسات تربية المحرومين من الرعاية ويتضح هذا المبدأ، فى أنه مهما كان مستوى المؤسسة فإنه لا يجب أن يودع بها الطفل إذا كانت هناك فرصة ولو ضئيلة لمساعدته مع استمرار بقائه فى بيئته الطبيعة فلا ينتزع الطفل من أسرته بسبب الفقر، أما إذا إلتحق الطفل بالمؤسسة فى ضوء عدم وجود بيئة طبيعية أسرية ترعاه فإن دور المؤسسة يتجلى فى الإحاطة الإنسانية به والعطف عليه والقرب منه من قبل العاملين والأبناء بالمؤسسة التى يجد تشابها بين ظروفه وظروفهم ومحاولتهم لتعويضه عن الحرمان الذى يشعر به ويشعره بالكرامة الإنسانية.

٢-الحماية:

حيث تمثل المؤسسة بيئة آمنة للطفل إذا خشى عليه من الانحراف أو فى حالة انهيار الأسرة بسبب وفاة الوالدين أو أحداهما مع عجز الآخر عن

(١) سهير على الجيار، مرجع سابق، ص ص ١٠-١١.

كفالة الطفل. وهنا توفر المؤسسة الحماية لهذا الطفل من التشرد ومن نزوحه لعالم الشارع والجريمة فيكون إلحاقه بالمؤسسة مصدر حمايته المتبقى من المصير المنتظر بالشارع، وفى ذات الوقت يجب اختيار المؤسسة فى مكان صحى بعيدا عن المصادر المقلقة للراحة والتى تؤدى للأضرار بصحة الأبناء بالمؤسسة، وأن لا تكون فى مكان يخشى منه على المؤسسة ومحتوياتها، وأن تكون قريبة بقدر الإمكان من أماكن العمران وخدمات البيئة، وأن يكون الوصول إليها مأمونا ليلاً ونهارا.

٣-التعويضية:

يأتى الطفل المؤسسة وهو ملئ بمواقف الحرمان الذى إكتسبه بفقده لأسرته أو لتخليها عنه وهنا يأتى دور المؤسسة فى محاولة تعويض الطفل بقدر الإمكان عن بيئته الطبيعية، من خلال المتابعة النفسية والاجتماعية من المشرفين والأخصائيين النفسيين والاجتماعيين للطفل ومساعدته على التكيف مع المؤسسة، وتوضيح دورها له ومن خلال الأنشطة والبرامج التى يقترب فيها من المشرفين والأبناء ويشعر بتقارب الظروف بين الأبناء بالمؤسسة وبينه فيصبح كل منهم تعويضا ومواسيا للآخر، ويقسم الأبناء طبقا للأعمار إلى أسر يكون لكل منها أب بديل أو أم بديلة وهنا ينشأ الأبناء بالمؤسسة كجماعة مترابطة ويتحقق للطفل دور تعويضى بقدر الإمكان فى وجوده بالمؤسسة.[1]

٤-المواساه:

حيث يجد الإبن السلوى فى وجوده وسط من يماثلوه فى الظروف

(١) مصطفى رزق مطر: مرجع سابق، ص٦٧.

والأسباب التي دعتهم للالتحاق بالمؤسسة، أيضا وجود مشرفين وكوادر مؤهلة للمتابعة الدورية للابن والاستماع لمشكلاته من قبل الأخصائي النفسي وأن يضع نفسه مكان الطفل في الحكم له أو عليه مما ينعكس بدوره على التكيف النفسي للابن. وباعتبار المواساة طريقة تعويضية تعزى كـل طرف بالأطراف الأخرى من داخل المؤسسة فإنها تمثل قيمة يستطيع في حالة توافرها تكيف الطفل مع واقعه داخل المؤسسة وبالتالي مع المجتمع فيما بعد.

٥-مناهضة التميـز:

حيث يرتبط التمايز الطبقي بيـن الطبقـات المختلفة في المجتمـع بعـدة عوامـل مـن أهمهـا الفقر، وتشير بعض الدراسات إلى أن الأوضاع الفيزيقية والاجتماعية التـي تعيش في ظلها طبقـة الفقراء - والتي يمثل أبناء المؤسسات الإيوائية الشريحة العظمى منها - تجعلهـم يتكيفـون مـع استجابات سيكولوجية وسلوكية معينـة، حتـى تصبح في النهاية طريقة حيـاة ينشئون عليهـا أطفالهم. [١]

ومن خلال المؤسسة يتم تحقيق مبدأ تكافؤ الفرص التعليميـة حيـث يكون للطفل حـق التمتع بحظه من التعليم وبأن يكتسب من المدرسة المعارف والقيم والاتجاهات، وبأن ينتقل من المراحل التعليمية إلى التي تليهـا طالما هـو مستمر في اجتيـاز هـذه المراحل بنجاح، وهنـا يتم مناهضة التميز بين أبناء المؤسسة ومن هم خارج المؤسسة من أطفال الأسر الطبيعية.

---

(١) سامية الخشاب: النظرية الاجتماعية ودراسة الأسرة، ط٢، دار المعارف، القاهرة، ١٩٨٧، ص١٦١.

ج-أهداف مؤسسات تربية البنين والبنات:

وتعتبر المؤسسة الإيوائية ذات دور هام لحماية الأطفال المودعين بها من التعرض للانحراف، وهى فى وظيفتها تجاه هؤلاء الأبناء لا تقتصر على دورها الايوائى تجاههم وعلى إمدادهم بالغذاء والكساء فحسب، بل يمتد هذا الدور الى تربية هؤلاء الأطفال وحمايتهم من التشرد والانحراف ليكونوا نشئاً صالحاً فى المستقبل من خلال أهداف العمل بهذه المؤسسة التى تسعى المؤسسة لتحقيقها ولتطويرها بما يتفق مع ما تتطلبه احتياجاتها واحتياجات الأطفال من تغيير.

وهناك ثلاثة اعتبارات أساسية يجب أن تراعيها أى مؤسسة إيوائية للاطفال [١]:

١) أن تكون المؤسسة من وجهة نظر الطفل المودع بها أو عائلته قادرة من حيث أهدافها وإمكانياتها على تحقيق حاجة الطفل.

٢) أن تكون من وجهة نظر مجلس الإدارة والموظفين قادرة من حيث تنظيمها على تقديم الخدمات التى يتضمنها مجال عملها.

٣) أن تكون من وجهة نظر المجتمع تتمتع بتحديد واضح لأهدافها، ومستوى عال من الخدمة، والقدرة على تعديل خدماتها وبرامجها بحيث تساير التغير المستمر فى حاجات المجتمع.

وتعرف أهداف أو أغراض المؤسسة الإيوائية بأنها [٢]: توفير المؤسسة لأوجه الرعاية الاجتماعية والصحية والمهنية والتعليمية والدينية والترويحية

(١) سامية الخشاب: النظرية الاجتماعية ودراسة الأسرة، مرجع سابق، ص ٩.

(٢) اللائحة النموذجية لمؤسسات الأطفال المحرومين من الرعاية الأسرية، القرار الوزارى رقم ٨٥ بتاريخ ١٩٦٩/٦/٣م.

للاطفال المعرضين للانحراف من الجنسين ويراعى فى جميع الأحوال عدم الجمع بين الجنسين فى مبنى واحد دون فواصل تمنع الاختلاط بينهما.

ومن هنا يمكن تقسيم الأهداف من خلال ما ورد باللائحة النموذجية للمؤسسة ومن حيث البرامج المقدمة بها إلى [1]:

١- أهداف تعليمية وتتمثل فى:

- إلحاق أبناء المؤسسة الذين فى سن الإلزام بالفصول الدراسية المناسبة سواء داخل المؤسسة او خارجها.
- فتح فصول محو الأمية للأبناء الذين فاتهم سن الإلزام.
- يستمر فى الدراسة بعد المرحلة الابتدائية من أتموا الدراسة بها بنجاح.

٢- أهداف مهنية وتتمثل فى:

- وضع برامج التدريب المهنى المختلفة داخلها.
- تجهيز مركز التدريب بالآلات والأدوات اللازمة.
- إلحاق الأبناء الذكور والذين لم يتمكنوا من إتمام المرحلة الابتدائية بتلك المراكز التدريبية.
- التخطيط بين ما هو مطلوب على المستوى المجتمعى من متطلبات سوق العمل من جهة والتدريب على المهن داخل المؤسسة من جهة أخرى.

---

(١) اللائحة النموذجية لمؤسسات الأطفال المحرومين من الرعاية الأسرية، مرجع سابق، ص ص٢-٣.

٣- أهداف صحية وتتمثل فى:

- استعانة المؤسسة بطبيب بعض الوقت لتوقيع الكشف الطبى على الأبناء عامة والمستجدين بشكل دورى منتظم.

- إعداد عيادة داخلية مزودة بالأدوات والأدوية وتحويل بعض الحالات الى المستشفيات إذا لزم الأمر

- توفير المؤسسة للأدوية التى يتطلبها العلاج فى حالة عدم تواجدها بالمستشفيات.

٤- أهداف دينية وقومية تتمثل فى:

- اهتمام المؤسسة بالتربية الدينية وحث الأبناء على تأدية الفرائض الدينية.

- وكذلك الاهتمام بالتربية الوطنية والتوعية القومية عن طريق المحاضرات والندوات.

- الاحتفال بالمناسبات الدينية والوطنية والقومية من قبل المؤسسة.

٥- أهداف ترفيهية وتتمثل فى:

- الاهتمام بالناحية الترفيهية للأبناء من قبل المؤسسة بإقامة المعسكرات الصيفية وحفلات السمر والرحلات.

٦- أهداف رياضية وتتمثل فى:

- اهتمام المؤسسة بالنواحى الرياضية فى تنشئة الأبناء من خلال ممارسة الرياضة.

وبالإضافة لهذه الأهداف فانه تتم المتابعة النفسية للأبناء من الأخصائيين

النفسيين وملاحظة ما يطرأ على السلوك العام للطفل من أي تغيرات سلبية.

ويمكن إيجاز أهداف المؤسسة فى محورين:

الأول: وهو هدف وقائى يهدف إلى:

العمل على تجنيب الطفل المودع بالمؤسسة أسباب الجنوح أو التعرض للانحراف والتشرد والعمل على تحجيم صور العدوان وأشعاره بالأمان وإشباع حاجاته الأساسية أولا.

والثانى: هو هدف تفعيلى تنموى يهدف إلى:

النهوض بقدرات هذا الطفل وإكسابه القيم الإيجابية كالمشاركة البناءة مع جماعة الأطفال فى المؤسسة وأشعاره بالانتماء للمؤسسة وتنشئته التنشئة السوية.

د-سمات مؤسسات تربية البنين والبنات:

يمكن عرض أهم ما يميز المؤسسات الإيوائية لرعاية المحرومين من الرعاية فى أنها تتصف بالآتى:

١) الهدفية: فلكل مؤسسة هدف معين تسعى إلى تحقيقه وحتى تقوم بمهام عملها على خير وجه، ينبغى أن تعمل كل من تلك المهام فى إطار أهدافها حتى يتجنب التكرار فى الخدمات وأن يكون الهدف واضحا ومحددا للجميع.

٢) ذات طابع اجتماعى: ويتضح ذلك من وجود إرتباطا بين نشأة تلك المؤسسات الإيوائية وبين احتياجات المجتمع، بحيث تكون المؤسسة وسيلة المجتمع لتحقيق مطالبه وإحتياجاته فضلا عن أنها وحدة بنائية

تنظيمية لها بناء ووظيفة.

٣) الاستراتيجية: فهناك مجموعة محددة لرسم السياسة العامة للمؤسسات الإيوائية وهناك من يقوم بترجمة هذه السياسات إلى برامج عملية، ثم من يقوم بتنفيذ هذه البرامج.

٤) الإختصاصية: فتلك المؤسسات يسودها نظام تقييم العمل وتحديد الاختصاصات والسلطات والمسئوليات، كما يوجد رئيس ومرءوسين، وكذلك هناك مستويات للقرارات التى يتخذها كل شخص منوط بمسئولية ما بالمؤسسة.

٥) التعددية: حيث تتعدد الوظائف فى المؤسسة تبعا لنوع العمل وأنواع التخصص المطلوب.

٦) ذات وظيفة تنسيقية: حيث تتم عملية تنسيق الوظائف والأعمال المختلفة داخل الأقسام المختلفة فى المؤسسة حتى يعمل جميعها فى إتجاه واحد لتحقيق هدف واحد، وكذا تنسيق وتحديد عدد ونوع الوظائف المطلوبة والمؤهلات اللازم توفرها، والعمل المطلوب أداؤه والإشراف عليه، بالإضافة للتنسيق بين المؤسسة والمؤسسات الأخرى بالدولة.

٧) الرمزية: تعمل المؤسسة فى إطار القيم الأخلاقية العامة ومحاولة إشباع هذه القيم للأطفال المودعين بها.

٨) ذات وظيفة تنظيمية: فالمؤسسة تعمل فى حدود القوانين واللوائح الموضوعه لها، كما يخطط لها نظم للتمويل وميزانية لعملها.

٩) ذات وظيفة تقويمية: حيث يوجد نظام لتقييم العمل خلال وضع

التقارير للعاملين والإشراف على العمل ثم تقويمه.

١٠) الاختيارية والمرونة: يلزم وجود قدر من الاختيارية للطفل تعطى له الشعور الأسرى الشعور بالخصوصية لديه، ويتمثل ذلك فى أختيار أثاث ذى طابع شخصى لكل غرفة دون توحيده على مستوى المؤسسة، أيضا يظهر ذلك فى إتاحة الفرصة للصغير لاختيار ملابسه وعدم إسباغ طابع موحد للزى بين الأبناء.

١١) الوظيفية: فلأى منظمة وظائف وأهداف تسعى لتحقيقها، ولمؤسسات تربية المحرومين من الرعاية وظيفة وهدف تكمن فى إعادة تأهيل أبنائها فى النواحى التعليمية والرياضية والدينية وغيرها ليصبحوا مواطنين صالحين، ومن خلال برامج أعدت خصيصا لهؤلاء الأبناء لإكسابهم القيم والمهارات، وعلى قدر تحقيق المؤسسة لأدوارها بنجاح يسهل إدماج الطفل فى المجتمع فيما بعد. [١]

١٢) الاستمرارية: إن لقيام مؤسسة رعاية وتربية المحرومين من الرعاية أهداف وغايات قصيرة المدى وبعيدة المدى وهى فى سبيل سعيها لتحقيقها تناضل من أجل الدوام والاستمرار بهدف رعاية وتربية الأطفال فاقدى المأوى.

١٣) الوطنية: أن مؤسسات تربية الأطفال فاقدى الرعاية تسعى لتحقيق أهدافها فى خدمة مجتمعها، وذلك بتحجيم أعداد المعرضين للانحراف فى المجتمع، ثم تقوم بتأهيل هؤلاء الأطفال بعد إلتحاقهم بها حتى

---

(١) عبد الهادى الجوهرى، إبراهيم أبو الغار: إدارة المؤسسات الإجتماعية مدخل سوسيولوجى، دار المعرفة الجامعية، الإسكندرية، ١٩٩٨، ص٣١٨.

يخرجوا مواطنين صالحين لأنفسهم ومجتمعهم وهى غاية وطنية اجتماعية لتلك المؤسسات.

أما إدارة مؤسسات تربية البنين والبنات فتتميز بعدة عمليات مميزة لها وهي: [1]

١-**التخطيط الإداري:** وهي العملية الخاصة بالتحديد لما يجب أن ينجز من الأهداف التي تسعي المؤسسة لتحقيقها، وذلك بالتنسيق والتكامل بين السياسات والأنظمة من خلال الوسائل المتاحة لتحقيق الأهداف في أقل وقت ممكن وتوضيح تلك الأهداف بصورة توضح للعاملين ما تسعي المؤسسة لتحقيقه.

٢-**التنظيم الإداري:** يعرف بأنه عملية تنسيق الجهود البشرية فى أي مؤسسة حتى تتمكن من تحقيق أهدافها بأقصى كفاية إنتاجية، وهنا لا يعتبر التنظيم الإداري هدفا في حد ذاته بل وسيلة لتحقيق هدف معين.

٣-**التوظيف و إدارة الأفراد:** التوظيف هو العملية التي يتم بها إمداد المؤسسة بالعنصر البشري الكفء لشغل ما قد يكون شاغرا من مراكز في الهيكل التنظيمي للمؤسسة أو أنه تعبئة القوى العاملة للمؤسسة وإختيار أفراد هذه القوى و تدريبهم و تسكينهم في المكان الملائم لتحقيق أهداف المؤسسة.

٤-**التدريب الإداري:** هو العملية التي تتم من خلال الممارسة الميدانية و تستخدم فيها أسس علمية بهدف إحداث تغييرات في الفرد من ناحية المعلومات و الخبرات و الاتجاهات بما يجعله لائقا للقيام بعمله بكفاءة و إنتاجية عالية.

---

(١) ماهر أبو المعاطى. مرجع سابق، ص ص٣٣١-٣٣٣.

٥-التمويل و الميزانية:يقصد بتمويل المؤسسات بأنه تزويدها بالأموال اللازمة لتحقيق أغراضها التي قامت من أجلها، أو ما تحصل عليه من مال خاص أو عام لتحقيق أهدافها في مجالات رعاية الطفولة، أما الميزانية فتعرف بأنها البرنامج المالي للمؤسسة الاجتماعية في فترة زمنية محددة يظهر فيها تقدير النفقات و تقدير الموارد في تلك الفترة.

وتعتبر الإدارة المالية في مؤسسات تربية البنين والبنات مسئولة عن العمليات التي تهدف إلى ضمان الاستخدام الأمثل لهذه الأموال في المجالات التي خصص لها وفي حدود الخطط والسياسات الموضوعة للاستخدام في تلك الفترة.

٦-الرقابة: الرقابة هي العملية التي تمارسها إدارة الأسرة والطفولة للتأكد من قيام كل شخص في مؤسسات تربية المحرومين من الرعاية بالعمل المنوط به في الوقت المناسب والمكان المناسب، وإستخدام الموارد الملائمة لتحقيق الأهداف المحددة سلفا لها.

٧-القيادة الإدارية: هى المناشطة التى يمارسها المدير الإداري للمؤسسة في مجال اتخاذ القرارات وإصدار الأوامر والإشراف الإداري علي الآخرين باستخدام سلطة رسمية من خلال التأثير بقصد تحقيق هدف معين.

٨-الاتصال:هو العملية التي تنتقل بها المعلومات أو القرارات أو التوجيهات خلال المؤسسة بما يساعد علي انتقال المعرفة و الآراء و الاتجاهات التي تدعم التعاون بين المشتركين في عملية التخطيط وإتخاذ القرارات من ناحية و بين القائمين بالتنفيذ من ناحية أخري.

٩-التسجيل و التقارير في مؤسسات تربية البنين والبنات:التسجيل هـو تـدوين أو كتابـة الوقائع والحقائق المتصلة بالمواقف الإدارية المختلفـة أو الخاصـة بالأبنـاء بغـرض الاحتفاظ بهـا والرجوع إليها في المستقبل كلما ظهرت الحاجة إليها.

أما التقارير فهي تعني الرصد الذي يقوم به فرد أو جهة ما للحقائق و الوقائع التي تتصـل بنشاط قامت به المؤسسة.

ثانيا: التطور التاريخى لنشأة مؤسسات تربية البنين والبنات:

بدأ إنشاء تلك المؤسسات منذ عام ١٩٣٣م وكانت تعرف باسم ملاجئ وتتبع وزارة الداخليـة أو المجالس البلدية أو المحلية أو بعض الجمعيات الخيرية[١].

هذا وقد بدأت قبل ذلك محاولات من قبل هيئات دينية أجنبية وفدت إلى مصرـ فى نهايـة الحرب العالمية الأولى مستغلة القحط الاقتصادي، وبدأت تستغل حاجة الناس الاقتصادية فى نشر رسالتها التبشيرية، عن طريق إعطاء الأطفال أسماء غير مصرية، وديـن غـير الـدين الإسلامى مـما جعل من الضرورى ولإعتبارات دينية ومجتمعية مقاومة ذلك، لكن الحركة الجادة بـدأت بعـد ذلك، حيث بـدأت كـل محافظة أو مديرية تنشـئ الملاجئ واحـدة للـذكور والأخرى للإنـاث، وبطبيعة الحال كان الاهتمام والإقبال متصلا برعاية الذكور فى هذه الملاجئ حيث لم يكن الإقبـال كبيراً لرعاية الإناث فى هذه الأماكن، وقد كانت المؤسسات فى هذه الفترة عبارة عن مبان

---

(١) كتـاب دليـل دور الحضـانة والمؤسسـات الايوائيـة للاطفـال المعرضين للانحـراف، مطبوعـاً وزارة الشئون الاجتماعية، ١٩٧٠، ص١.

ضخمة مقسمة الى عنابر واسعة حيث تضم مئات مـن الأطفـال، وتفصلها عـن بعضها طرقـات طويلة وكبيرة لا تتلاءم وقدرات الأطفال الصغار ومشاعرهم مع تلك الحياة فى هذه الأماكن التـى تشبه السجون، فضلا عن المعاملة القاسية والإلتزامات المتطرفة التى كان لابـد أن يلتـزم بهـا كـل طفل[1].

" وكانت وزارة الداخلية تشرف على هذه الملاجئ، وكان ذلك الأشراف ضعيفا فشكلت لجنـة بوزارة الداخلية عام ١٩٣٨م لدراسة حالة الملاجئ التابعة للحكومـة والمجـالس المحليـة والبلديـة والجمعيات، وأوضحت هذه اللجنة ملاحظات هامة وانتهت إلى اقتراحات منها:

١)   تحديد شروط القبول فى الالتحاق والتخرج.

٢)   ضرورة إشتراك الوالدين القادرين فى تكاليف رعاية أطفالهم.

٣)   بذل عناية خاصة للتوجيه المهنى وإتقان الصناعات مع التخصص مثل إدخـال الصناعات الزراعية الحديثة إذا كان الملجأ قريبا من الريف.

٤)   العناية باختيار موظفى الملاجئ.

٥)   تخصيص ملجأ للمكفوفين والصم والبكم.

٦)   العناية بالناحية الترويحية للاطفال وإدخال أنواع التسلية المختلفة.

٧)   سن التشريع لحماية الأبناء من الانحراف.

ومع قيام وزارة الشئون الإجتماعية عام ١٩٣٩م كان لذلك أثر فى تنظيم العمل بمؤسسـات الإيواء للأطفال، فقد تضمن مرسوم إنشائها

---

(١) جمال شفيق احمد: مرجع سابق، ص ص ٣٤ - ٣٥.

تحديد إختصاصها فى الإشراف على الملاجئ، وقد أنشئت إدارة متخصصة للإشراف على المؤسسات الإيوائية من حيث الإدارة والتمويل والقبول والرعاية من أخصائيين جامعيين التى كانت خبراتهم ما زالت محدودة، وظلت مراحل التطوير مستمرة فى تحديث هذه المؤسسات حتى قيام ثورة عام ١٩٥٢م، وصدر قرار مجلس الوزراء عام ١٩٥٤م بضم جميع مؤسسات الرعاية بالمحافظات إلى وزارة الشئون الاجتماعية، فأصبحت مؤسسات الإيواء التابعة لمجالس المديريات والجهات الحكومية والعامة المختلفة جزءا من خدمات وزارة الشئون الاجتماعية، كما امتد إشراف الوزارة على خدمات الرعاية فى جميع ميادين رعاية الطفولة وغيرها منذ عام ١٩٤٥م [١].

وحتى عام ١٩٤٩م والذى أصدر فيه قانون الأحداث المشردين رقم ١٢٤ لسنة ١٩٤٩م كانت جميع هذه الملاجئ مخصصة لرعاية الأطفال المعرضين للانحراف، وتشير الإحصاءات حتى عام ١٩٤٩م أن عدد الملاجئ كان ٨٣ (١٠ بالقاهرة، ٣٠ بالإسكندرية، ٤٣ بباقى المديريات والمحافظات)، ومن حيث التبعية كان ٣٠ منها تتبع مجالس المديريات، واثنان منها تتبع بلدية الإسكندرية و ٥١ للجمعيات [٢].

وعندما صدر قانون الأحداث المشردين فى عام١٩٤٩م حددت مادته الأولى سبع صور للتشرد:

أ)   إذا وجد متسولا، ويعتبر من أعمال التسول عرض سلعة تافهة أو

---

(١) مصطفى المسلمانى: الزواج والأسرة، المطبعة الفخرية، ١٩٧٥، ص٢٢٨.

(٢) مصطفى رزق مطر: مرجع سابق، ص٦١.

القيام بألعاب بهلوانية.

ب)   إذا مارس جمع أعقاب السجائر أو غيرها من الفضلات أو المهملات.

ج)   إذا قام بـأعمال تتصل بالـدعارة أو الفسـق أو إفسـاد الأخـلاق أو القمـار أو خدمـة مـن يقومون بهذه الأعمال.

د)   إذا خالط المشردين أو المشتبه فيهم أو الذين اشتهر عنهم سوء السيرة.

هـ) إذا كان سئ السلوك ومارقا من سلطة أبيه أو وليه أو وصيه أو أمه إذا كان الوالـد متوفى أو غائباً أو عديم الأهلية.

و)   إذا لم يكن له محل إقامة مستقر أو كان يبيت عادة فى الطرقات.

ز)   إذا لم يكن له وسيلة مشروعة للتعيش ولا عائل مؤتمن وكان أبواه متوفين أو مسجونين أو غائبين.

-   وبصدور قانون التشرد أصبحت هـذه الحالات تحـال إلى مؤسسـات الأحداث بـدلا مـن إلحاقها بمؤسسات المعرضين للانحراف.

-   وعندما صدر قانون الأحداث رقم (٣١) لسنة ١٩٧٤م نـص فى مادتـه الثانيـة بأنـه تتـوافر الخطورة الاجتماعيـة للحدث إذا تعـرض للانحـراف، وحتـى تخـرج مؤسسات المعرضين للانحراف من نطاق تطبيق قانون الأحداث، أتخذت الإدارة العامة للأسرة والطفولة بوزارة الشئون الاجتماعيـة الإجـراءات لتغيـير اسـم هـذه المؤسسـات ليصبح اسمها حاليا هـو مؤسسات تربية الأطفال المحرومين من الرعاية الأسرية " (١).

وهى مؤسسات لإيواء الأطفال المحرومين من الرعاية الأسرية لأسباب عدة، لايقل عمرهم عن ست سنوات ولا يزيد عن ثمانى

---

(١) مصطفى رزق مطر: مرجع سابق، ص ص ٦١-٦٣.

عشرة سنة ويجوز إستمرار بقاء الطفل بالمؤسسة إذا إستكمل تعليمه العالى على أن يتم تخرجه، وهذا ما نصت عليه مادة (٤٨) من قانون الطفل رقم (١٢) لسنة ١٩٩٦م، أما مواد (٩٦)، (٩٧)، (٩٨)، (٩٩) من نفس القانون فقد أوضحت حالات تشرد الطفل (تعرضه للانحراف) والتدابير المتخذة حيال ذلك وهو ماتم عرضه فى الفصل الثالث.

ثالثا: بعض البيانات الخاصة بمؤسسات تربية البنين والبنات فى مصر[(١)]:

أ - بيانات خاصة بمؤسسات تربية البنين والبنات والمستفيدين منها والهياكل الوظيفية لها فى مصر:

١-تطور أعداد مؤسسات تربية البنين والبنات والمستفيدين منها:

ويمكن عرض بعض البيانات الخاصة بمؤسسات تربية البنين والبنات فى مصر من سن (٦-١٨) عام من حيث تطور أعداد هذه المؤسسات وتطور أعداد المستفيدين منها خلال السنوات من ١٩٩٩-٢٠٠٣ كما يتضح من جدول رقم (٥).

(*) تم الحصول على هذه البيانات من وزارة الشئون الاجتماعية بالقاهرة، إدارة الأسرة والطفولة.

جدول رقم (٥)

عدد المؤسسات الإيوائية فى مصر وعدد الأطفال المستفيدين من رعاية تلك المؤسسات

(من سن ٦-١٨ عاما) من عام ١٩٩٩ حتى عام ٢٠٠٣

العام / الفئة	١٩٩٩	٢٠٠٠	٢٠٠١	٢٠٠٢	٢٠٠٣
عدد المؤسسة	٢١٤	٢٢٢	٢٢٢	٢٣٢	٢٣٢
عدد المستفيدين	٦٨٢٤	٦٨٩٨	٧٥٧٨	٧٧٢٨	٧٧٤٩

ويوضح جدول (٥) ما يلى:

- وجد إتجاه فى التوسع لإنشاء المؤسسات الإيوائية التى ترعى الفئة العمرية من (٦-١٨) عاما والذى يوضحه زيادة عدد تلك المؤسسات فى عام ٢٠٠٠ والتى بلغت ٢٢٢ عن عددها فى عام ١٩٩٩ والتى بلغت ٢١٤ ثم الاتجاه للثبات لنفس عدد المؤسسات فى عام ٢٠٠١ والتى بلغت ٢٢٢ مؤسسة ثم الزيادة فى عددها إلى ٢٣٢ مؤسسة فى عامى ٢٠٠٢، ٢٠٠٣.

- رغم الزيادة الطفيفة فى عدد المستفيدين من المؤسسات فى عام ١٩٩٩ حتى عام ٢٠٠٠ إلا أن أعداد الأطفال المودعين بتلك المؤسسات شهدت زيادة كبيرة من عام ٢٠٠٠ حتى عام ٢٠٠١ لإيداع ٦٨٠ طفلا عن عام ٢٠٠٠ وذلك فى عام ٢٠٠١ ثم تراجع عدد الأطفال الملتحقين عن العام السابق بفارق ١٨٠ طفلا فقط حتى أصبح الفارق فى عدد الأطفال المستفيدين من المؤسسات بين عامى ٢٠٠٢، ٢٠٠٣ إلى ٢١ طفل فقط، الأمر الذى يعكس زيادة فى عدد الأطفال بلا مأوى خاصة فى أعوام ٢٠٠٠، ٢٠٠١، ٢٠٠٢ ثم

الزيادة الطفيفة فى عام ٢٠٠٣ والتى قد تعكس زيادة جهود بعض مؤسسات المجتمع فى مواجهة تلك الظاهرة.

٢-بيانات خاصة بحالة الهيكل الوظيفى فى مؤسسات تربية البنين والبنات فى مصر:

ويمكن عرض البيانات الخاصة بحالة الهيكل الوظيفى من حيث التعيين والانتداب فى هذه المؤسسات فى مصر فى عام ٢٠٠٢-٢٠٠٣ كالآتى:

جدول رقم (٦)

يوضح حالة الجهاز الوظيفى الحالى (معين - منتدب) لمؤسسات تربية البنين والبنات

من سن (٦-١٨) عاما فى مصر لعام ٢٠٠٢-٢٠٠٣

الوظيفة	معين	%	منتدب	%
مدير	٦٤	٥٥.١٧	٥٢	٤٤.٨٣
أخصائى إجتماعى	١١٤	٥٨.٤٦	٨١	٤١.٥٤
أخصائى نفسى	٤	٤٠.٠	٦	٦٠.٠
مشرف هوايات	٥٤	٩٦.٤٣	٢	٣.٥٧
مشرف نهارى	٢٣٨	٩١.١٩	٢٣	٨.٨١
مشرف ليلى	١٨٥	٩٢.٠	١٦	٨.٠
طبيب	٧	١٠٠	-	-
مشرف تغذية	٢٣	٧٤.١٩	٨	٢٥.٨١
طباخ	٨١	٩٤.١٩	٥	٥.٨١
سكرتير وأمين مخازن	٢٠٦	٦٩.٣٦	٩١	٣٠.٦٤
مراجع مالى	-	-	١٦	١٠٠

الوظيفة	معين	%	منتدب	%
خدمات معاونة	٢٠٠	٧٧.٢٢	٥٩	٢٢.٧٨
أخـرى	٢٠٠	٦١.٣٥	١٢٦	٣٨.٦٥
الإجمالى	١٣٧٦	٧٣.٩٤	٤٨٥	٢٦.٠٦

* حيث أخرى تتمثل فى "ممرضة-مشرف رياضى-عامل-عامل حديقة-عمالة حرفية بالورش-حسب الإحتياجات".

يوضح جدول رقم (٦) ما يلى:

- يفوق إجمالى عدد الوظائف المعينة البالغة ١٣٧٦ وظيفة بالمؤسسات الإيوائية للأطفال من سن (٦-١٨) عن إجمالى عدد الوظائف المنتدبة بتلك المؤسسات البالغة ٤٨٥ وظيفة.
- يوجد تفوق بين الوظائف المعينة عن الوظائف المنتدبة لصالح الوظائف المعينة باستثناء وظيفة المراجع المالى التى تعكس عدم وجود عاملين معينين بها لصالح العاملين المنتدبين البالغ عددهم ١٦ مراجعا ماليا.
- توجد وظائف تشير نسبة وجودها لوجود عجز كامل بها فى كثير من مؤسسات تربية المحرومين من الرعاية فى مصر مثل وظائف الأخصائى النفسى الذى تبلغ عدد المعينين منها ٤٠.٠% من إجمالى الوظيفة، فى حين تبلغ نسبة المنتدبين منها ٦٠.٠% من إجمالى الأخصائيين النفسيين، وأيضا وظيفة طبيب والتى بلغت عدد المعينين بها ٧ أطباء فقط، أما المنتدبة فلا يوجد منتدبين بها.

٣-بيانات خاصة بعدد ونوع الهيكل الوظيفى لهذه المؤسسات:

يمكن عرض الهيكل الوظيفى لمؤسسات تربية البنين والبنات فى مصر من حيث العدد والنوع لعام ٢٠٠٢-٢٠٠٣ كما يتضح فى جدول رقم (٧).

جدول رقم (٧)

عدد ونوع الجهاز الوظيفى الحالى لمؤسسات تربية المحرومين من الرعاية

فى مصر لعام ٢٠٠٢-٢٠٠٣

الوظيفة	العدد	%
مدير	١١٦	٦.٢
أخصائى إجتماعى	١٩٥	١٠.٥
أخصائى نفسى	١٠	٠.٥٤
مشرف هوايات	٥٦	٣.٠
مشرف نهارى	٢٦١	١٤.٠
مشرف ليلى	٢٠١	١٠.٨
طبيب	٧	٠.٤
مشرف تغذية	٣١	١.٧
طباخ	٨٦	٤.٦
سكرتير وأمين مخازن	٢٩٧	١٦.٠
مراجع مالى	١٦	٠.٩
خدمات معاونة	٢٥٩	١٤.٠
أخرى	٣٢٦	١٧.٥
الإجمالى	١٨٦١	١٠٠

يوضح جدول رقم (٧) ما يلى:

١) أن الجهاز الوظيفى لمؤسسات تربية المحرومين من الرعاية فى مصر لعام ٢٠٠٢-٢٠٠٣ يتكون من ١٨٦١ وظيفة.

٢) أن أعلى نسبة تخصص فى وظائف تلك المؤسسات تبلغ ١٧.٥% من إجمالى وظائف المؤسسات وتخص تلك النسبة فئة الوظائف الأخرى" والتى تشمل كل من "الممرضة- عامل حديقة -عمالة حرفية".

٣) تبلغ أقل نسبة تخصص فى إحصاء الوظائف ٠.٤% التى تحتلها وظيفة الطبيب الأمر الذى يحول بين الإيفاء بمتطلبات الوظيفة خاصة مع زيادة أعداد الأبناء بتلك المؤسسات.

٤-بيانات خاصة بعدد المؤسسات المعنية لبعض محافظات مصر للأطفال من عمر ٦ سنوات فما أعلى وذلك للعام ٢٠٠٢-٢٠٠٣ كما يظهر من جدول رقم (٨) كالآتى:

جدول رقم (٨)

عدد مؤسسات المحرومين من الرعاية من عمر ٦ سنوات فما أعلى وذلك بمحافظات مصر لعام ٢٠٠٢-٢٠٠٣

المحافظة	عدد المؤسسات	النسبة %
المنوفية	٢	٠.٩
الشرقية	٤	١.٨
الغربية	١٢	-
الأقصر	٤	١.٨
أسوان	٤	١.٨
سوهاج	٥	٢,٢

المحافظة	عدد المؤسسات	النسبة %
الفيوم	٣	١.٣
كفر الشيخ	٢	٠.٩
البحيرة	٥	٢,٢
أسيوط	٦	٢.٧
الدقهلية	٩	٤.٠
بور سعيد	٣	١.٣
المنيا	٩	٤.٠
قنا	٩	٤.٠
دمياط	٢	٠.٩
الجيزة	٢١	٩.٣
القاهرة	١٠٥	٤٦.٧
القليوبية	٣	١.٣
بنى سويف	٥	٢,٢
الإسكندرية	١١	٤.٩
الإسماعيلية	١	٠.٤
الإجمالى	٢٢٥	١٠٠

يوضح جدول رقم (٨) ما يلى:

١) أن إجمالى عدد مؤسسات تربية المحرومين من الرعاية عام ٢٠٠٢-

٢٠٠٣ بلغ ٢٢٥ مؤسسة للأبناء من عمر ٦ أعوام فما أعلى.

٢) أن مؤسسات محافظة القاهرة والتي بلغت نسبتها العددية ٤٦.٧% من إجمالي نسب أعداد المؤسسات بالمحافظات تعتبر أعلى نسبة على مستوى مؤسسات المحافظات من حيث العدد وربما يرجع ذلك لزيادة ظاهرة الأطفال بلا مأوى وزيادة الفقر وتخلى كثير من تلك الأسر الفقيرة عن أبنائها فى العاصمة عن كثير من محافظات الإقليم.

٣) يليها بفارق كبير مؤسسات محافظة الجيزة البالغة نسبتها ٩.٣% من إجمالي نسبة أعداد المؤسسات بمحافظات مصر.

٤) بلغت أقل نسبة موضحة المؤسسات بمحافظة الإسماعيلية ٠.٤ من إجمالي النسب للمؤسسات بمحافظات مصر التى لا يوجد بها سوى مؤسسة واحدة.

٥- بيانات خاصة بعدد المستفيدين من أبناء هذه المؤسسات من عمر ١٨ عاما فأعلى فى بعض محافظات مصر:

من خلال عرض تصنيف الأبناء خارج المؤسسة أو فى دار الضيافة الملحقة بها أو بالأبناء فوق ١٨ عاما وبداخلها لاستكمال المراحل الأعلى فى التعليم، الأمر الذى يوضحه جدول رقم (٩) كما يلى:

جدول رقم (٩)

عدد المستفيدين الحاليين من أبناء مؤسسات تربية البنين والبنات

من «١٨ عاماً فأعلى» بمحافظات مصر

م	المديرية	عدد الأبناء				الإجمالى			
		داخل المؤسسة		خارج المؤسسة					
		ذكر	أنثى	ذكر	أنثى	ذكر	%	أنثى	%
١	الفيوم	١٥	٥	-	-	١٥	٥.٨	٥	٢,٢
٢	كفر الشيخ	٥	-	-	-	٥	١.٩	-	-
٣	الشرقية	١	١	٤	٤	٥	١.٩	٥	٢,٢
٤	أسوان	٦	١٦	٥	٦	١١	٤.٣	٢٢	٩.٥
٥	دمياط	٢	١	-	-	٢	٠.٨	١	٠.٤
٦	أسيوط	١٣	٤	-	-	١٣	٥	٤	١.٧
٧	الدقهلية	٤	٢١	١١	٢	١٥	٥.٨	٢٣	٩,٩
٨	الغربية	٢٠	٢٧	-	-	٢٠	٧.٨	٢٧	١١.٦
٩	المنيا	٣	١	-	-	٣	١.٢	١	٠.٤
١٠	قنا	٨	١٥	٦	١	١٤	٥.٤	٦	٢.٦
١١	القليوبية	٦	٦	١	١	٧	٢.٧	٧	٣
١٢	القاهرة	١١١	١٣١	٣٧	-	١٤٨	٥٧.٤	١٣١	٥٦.٥
١٣	الأقصر	-	-	-	-	-	-	-	-
١٤	الإسماعلية	-	-	-	-	-	-	-	-
الإجمالى		١٩٤	٢١٨	٦٤	١٤	٢٥٨	١٠٠	٢٣٢	١٠٠

يوضح جدول (٩) ما يلى:

١) أن إجمالى عدد الأبناء الذكور الملتحقين بالتعليم الجامعى أو الموجودين فى دار الضيافة الملحقة بهذه المؤسسات أو الذين انفصلوا

نهائيا عن المؤسسة تفوق عـدد الفتيـات التـى فـوق ١٨ عامـا ولم تتـزوج بعـد أو تـم زواجهن بمحافظات مصر حيث بلغ إجمالى الأبناء الـذكور ٢٥٨ ابنـا فى مقابـل إجمالى الفتيات ٢٣٢فتاة.

٢) تفوق أعداد الفتيات داخل المؤسسة والتى تبلغ ٢١٨ فتـاة لعدم زواجهـن أعـداد الأبنـاء داخل المؤسسة والتى تبلغ ١٩٤ والموجودين بـدار الضيافة أو مـازالوا يدرسون بـالتعليم العالى.

٣) يفوق عدد الأبناء خارج المؤسسة الذين بلغـوا ٦٤ ابنـا انفصلوا عـن المؤسـسة عـن عـدد الفتيات خارج المؤسسة لزواجهن والبالغ ١٤ ابنة فقط.

٦-بيانات خاصة بعدد الأبناء الملتحقين بمراحل التعليم المختلفة:

حيث يتضح توزيع أبناء المؤسسات من حيث المراحل التعليمية الملتحقين بها كما يتضح فى جدول رقم (١٠) كالآتى:

جدول رقم (١٠)

تصنيف أبناء مؤسسات تربية البنين والبنات من الرعاية

فى مصر من حيث المراحل التعليمية المختلفة لعام ٢٠٠٢-٢٠٠٣

المجموع	أخرى	المرحلة الجامعية	المرحلة الثانوية	المرحلة الإعدادية	المرحلة الإبتدائية	قبل المدرسة	المرحلة / العدد
٧٥٧٨	٤٩٦	١٣٧	٨٨٩	١٦١٣	٢٥٣٤	١٩٠٠	عدد الأبناء الملتحقين
١٠٠	٦.٥	١.٨	١١.٧	٢١.٣	٣٣.٦	٢٥.١	النسبة المئوية

يوضح جدول (١٠) ما يلى:

١) يمثل الأبناء الملتحقين بالمرحلة الإبتدائية نسبة عالية فى مؤسسات

تربية المحرومين من الرعاية فى مصر حيث بلغوا ٣٣.٦% من إجمالى نسب الأبناء فى جميع المراحل التعليمية يليها الأبناء الملتحقين فى مرحلة ما قبل المدرسة حيث بلغت نسبتهم ٢٥.١% من إجمالى نسب الأبناء فى جميع المراحل التعليمية، يليهم نسبة الأبناء الملتحقين بالمرحلة الإعدادية والتى بلغت ٢١.٣% من إجمالى نسب الأبناء فى جميع المراحل ثم جاءت أقل نسبة فى المرحلة الجامعية والتى بلغت ١.٨% من إجمالى نسبة إلتحاق الأبناء بالمراحل وقد يدل ذلك على قلة الدافعية وضعف القدوة وإنخفاض درجة تحقيق الذات لدى هؤلاء الأبناء.

رابعا: لجنة مؤسسات تربية البنين والبنات:[١]

أ) **تقوم كل جمعية تتبعها مؤسسة إيوائية أو أكثر بتشكيل لجنة لإدارة المؤسسة أو المؤسسات التابعة لها، وتتكون هذه اللجنة من خمسة أعضاء بالنسبة للمؤسسات الصغيرة ومن سبعة أعضاء بالنسبة للمؤسسات الكبيرة ذات الأهمية حسب ما يرى مجلس إدارة الجمعية وذلك على النحو التالى:**

١) عضوان أو أربعة من مجلس إدارة الجمعية يعينهم المجلس.

٢) مندوب عن مديرية الشئون الإجتماعية يعينهم مدير المديرية.

٣) مدير المؤسسة أو من يقوم مقامه ويكون هو مقرر اللجنة.

٤) عضو من المهتمين بشئون الرعاية الاجتماعية يختاره مدير الشئون

(١) محمد على محمد: علم إجتماع التنظيم، مدخل للتراث والمشكلات والموضوع والمنهج، دار المعرفة الجامعية، الإسكندرية، ١٩٨٥، ص ص ٩٠-٩٣.

الإجتماعية من غير أعضاء مجلس الإدارة.

ب)   **إدارة الجمعية:**

يصدر بالتشكيل قرار من مجلس إداراة الجمعية على أن يعتمد من مدير مديرية الشئون الإجتماعية المختص ويمكن تشكيل لجنة واحدة لأكثر من مؤسسة تتبع جمعية واحدة إذا رأى أن ذلك أصلح من تعدد اللجان.

ج)   **إختصاصات اللجنة:**

تتولى هذه اللجنة الإشراف على إدارة المؤسسة والعمل على تحقيق أهدافها وتختص بما يلى:

١)   الإشراف على تنفيذ اللائحة الداخلية للمؤسسة وعلى تنفيذ توجيهات وتعليمات الجهات الإدارية المختصة واقتراح إدخال التعديلات على اللائحة الداخلية.

٢)   البت فى طلبات الالتحاق بالمؤسسة بالقبول أو الرفض بناء على البحث الإجتماعى الذى يجب إعداده مستوفيا عن كل حالة.

٣)   تقرير فصل الملتحقين بالمؤسسة أو تخرجهم منها بناء على ما يعرضه مدير المؤسسة.

٤)   مراجعة الإيرادات والمصروفات الشهرية واعتمادها فى حدود الميزانية المعتمدة للمؤسسة طبقا للتعليمات واللوائح وفى حالة التجاوز يعرض الأمر على مجلس إدارة الجمعية.

٥)   تشكيل لجان المشتريات والمبيعات ولجان الجرد السنوى.

٦)   إقتراح توقيع الجزاءات على العاملين التى يختص بتوقيعها مجلس

إدارة الجمعية.

٧) إعتماد التقارير السنوية السرية عـن العـاملين بالمؤسسـة وتقرير العـلاوات الدوريـة والمكافآت التشجيعية ومكافأة الإنتاج والأجور الإضافية طبقا للائحة الداخلية وفى حـدود الميزانية ولا تصبح قرارات اللجنـة فى هـذه الشئون نهائيـة إلا بعد التصـديق عليهـا مـن مجلس الإدارة.

٨) دراسة التقارير الدورية التى يعرضها مدير المؤسسة عن نشاط وتقارير الرعاية اللاحقـة وتقرير ما يسرى بشأنها.

٩) دراسة الصعوبات والمشكلات التى تعترض سير العمل بالمؤسسة ودراسـة وإقتراح تطويـر أساليب العمل وبرامج الخدمات، والإرتفاع بمستوى الأداء.

١٠) تقويم جهود العاملين بالمؤسسة وإقتراح وسائل لزيادة كفاءتهم وخبراتهم.

١١) إقتراح تعيين العاملين أو إعارتهم أو ندبهم للعمل بالمؤسسة.

١٢) إعداد مشروع ميزانية المؤسسة وعرضه على مجلس إدارة الجمعية.

١٣) إعداد تقرير سنوى عام وشامل عـن أعمـال المؤسسة وأوجـه نشـاطها وبرامج خدماتها معززا بالأرقام ومشفوعا بالملاحظات والتوصيات والمقترحات وعرضـه عـلى مجلـس الإدارة وصورة منه لمديرية الشئون الإجتماعية المختصة.

د) نظام العمل باللجنة:

١) تختار اللجنة من بين أعضائها فى أول إجتماع لها رئيسا ونائبا للرئيس.

٢) يجب أن تجتمع اللجنة مرتين كل شهر وكلـما دعـت الحاجـة إلى ذلـك ويكون إنعقادها صحيحا بحضور ثلاثة على الأقل بشرط أن يكون من بينهم أحد الأعضاء الممثلين للجمعيـة ومندوب الشئون الإجتماعية وتكون قراراتها صحيحة بالأغلبية المطلقـة وفى حالـة غيـاب الرئيس يقوم مقامه نائبه وفى حالة غيابهما معا يختار الأعضاء من بينهم رئيسا للجلسة.

٣) توزع اللجنة المسئوليات الإشرافية على أعضائها حتى يتحقق الإشراف الكامل على نـواحى العمل المختلفة بالمؤسسة مثل عضو التغذية، وعضو لبرامج الرعاية وعضو للشئون المالية وعضو للمراقبة ... إلخ على أن يعرض فى إجتماعات اللجنة ما قام به كل عضو من أعمال وما قدمه من توجيهات وما يراه من مقترحات.

٤) تعرض محاضر اللجنة وقراراتها على مجلس إدارة الجمعيـة فى أول إجتماع لها للمجلس للتصديق عليها.

٥) تحتفظ اللجنة بسجل بمحاضر إجتماعاتها وقراراتها.

٦) إذا تخلف عضو أو أكثر من نصف عدد جلسات اللجنة فى العام دون عذر مقبول كالمرض والسفر أعتبر مستقيلا ويعين من يخلفه.

خامسا: مكونات إدارة مؤسسات تربية البنين والبنات:

تعتبر إدارة المؤسسات والهيئات عامة ومؤسسات تربيـة المحرومين مـن الرعايـة عـلى وجـه الخصوص من الطرق المساعدة لخدمة المجتمع المحلى، فالإدارة عملية إنسانية هادفة، بمعنى أنها تتضمن مجموعة خطوات متتابعة ومتداخلة ومتبادلة التأثير لتحقيق الأهداف المطلوبة.

مكونات إدارة المؤسسات:

- الإدارة المتكاملة للمنظمات:

Integrated organization model (IOM)

على اعتبار مؤسسات الدراسة تصغير للمنظمة فإن أى منظمة تتكون مـن مكونـات داخليـة وخارجية يمكن عرضها على النحو التالى: [1]

- المكونات الخارجية: External Components

أ-مهام المنظمة:The Mission Forg

هى الأهداف العامة والمداخل الرئيسـية التـى توضـح لمـاذا وجـدت المنظمـة ومـا نريـد أن نحققه منها وبأى وسائل أو أساليب.

ب-المدخلات: Input

يقصـد بهـا كـل المـوارد المتاحـة لتوليـد منتجـات وخـدمات للمنظمـة بمـا فيهـا مـن مبنـى وتجهيزات وعاملين ومستلزمات الخدمات والتمويل...إلخ.

ج-المخرجات: Output

يقصد بها كل المنتجات المادية وغير المادية والخدمات التى تقدمها المنظمة لمختلف الفئـات المستهدفة (عملاء ومستهلكين).

د-البيئة العامة للمنظمة: General Environment

وتشير إلى كل من العوامل السياسية والاقتصادية والفنية والاجتماعية والثقافية والتـى تـؤثر على المنظمة مثل قوانين العمل.

---

(1) M D F , Project Management and programme Administration, Netherlands, October , 2002 , pp 39-59.

هـ-البيئة الخاصة للمنظمة: **Specific environment**

وتشير إلى العوامل التى تتعامل معها المنظمة مباشرة مثل الروابط والفروع والأقسام الخاصة بالمنظمة، العملاء والمستهدفين، المنافسين فى السوق، صناع القرار والمجموعات المؤثرة.

-المكونات الداخلية: **Internal Components**

أ-الاستراتيجية: **Strategy**

يقصد بها الطريقة التى ترجمت بها المهام إلى أهداف ومداخل ملموسة ومحسوسة بهدف تحديد اتجاهات الأنشطة، الإدارة، العاملين بشكل واضح وملموس ودافعى ومقبول من كل المعنيين.

ب-الهيكل: **Structure**

ويشير إلى التقسيم الرسمى وغير الرسمى وإلى أنشطة التنسيق وتحديد المسئوليات الوظيفية.

ج-النظام: **System**

يقصد به العمليات التى تضبط وظائف المنظمة من خلال إتفاقات محددة تنظم الأنشطة الإدارية ومهام العاملين وتوجه العمليات الداخلية للمنظمة

د-أسلوب الإدارة: **Style of Management**

تحدد الخصائص التى تميز السلوك الإدارى فيما يتصل بتحديد المدير للأولويات والاتجاهات المؤثرة على إتخاذ القرارات...إلخ.

هـ-العاملين: **Staff**

المقصود به كل الأنشطة التى تتصل بقواعد وأحكام إختيار وتحفيز وتشغيل وتنمية قدرات العاملين.

و-ثقافة المنظمة: Culture

هى كل القيم والمعايير المشتركة بين أعضاء المنظمة والتى تؤثر على كافة الجوانب التنظيمية

والتى تفسر لماذا تحدث الأشياء بالطريقة التى تحدث بها.

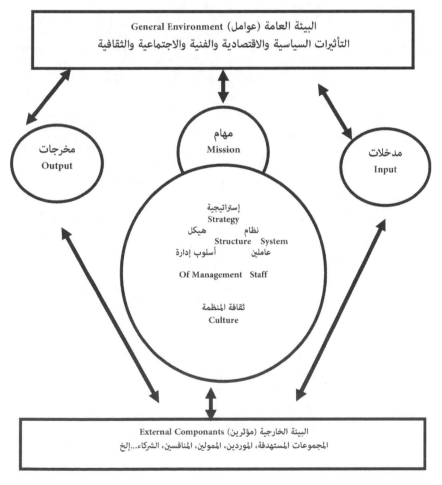

شكل رقم (١)

يوضح مكونات عناصر الإدارة المتكاملة فى المنظمة الاجتماعية

وفى تقرير الإصلاح الاجتماعى والاقتصادى فى مصر والذى أعده فريق من الخبراء بتمويل من هيئة أجنبية تم الإستناد إلى سلسلة النتائج للمنظمات والمشروعات على النحو التالى: [1]

أ) المدخلات: Inputs وتشير إلى التمويل والأنشطة الثقافية والاتصالات وتحديد الأهداف...إلخ والتى تقود إلى:

ب) المخرجات: Outputs حيث المؤسسات والجماعات تكون قادرة على صياغة المهام وتحديد التكنولوجيات والعلاقات وإيجاد ميكانيزمات للتعامل على المستوى الأهلى أو الحكومى وهذه تعود إلى:

ج) العوائد: Outcomes وتشير إلى الفوائد التى تعود على المجموعات المستهدفة نتيجة لممارسة مهام وأدوار المؤسسة وهذه تقود إلى:

د) الآثار: Impact من خلال تحسين العمليات والسياسات وتحقيق الإستدامة والعدالة فى التنمية.

(1) CIDA: Testing new monotoring Approaches"A frame for theme monitoring " Soci land economic reforme in Egypt , October,2000,pp2-3.

ويتضح المنطق الداخلي لسلسة الأداء من خلال: [١]

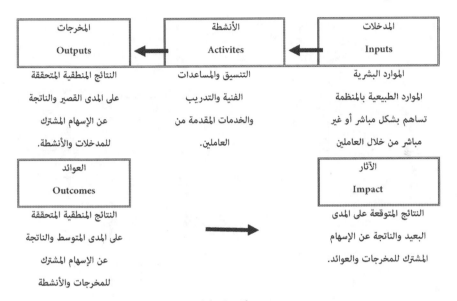

المخرجات Outputs	الأنشطة Activites	المدخلات Inputs
النتائج المنطقية المتحققة على المدى القصير والناتجة عن الإسهام المشترك للمدخلات والأنشطة.	التنسيق والمساعدات الفنية والتدريب والخدمات المقدمة من العاملين.	الموارد البشرية الموارد الطبيعية بالمنظمة تساهم بشكل مباشر أو غير مباشر من خلال العاملين

العوائد Outcomes	الآثار Impact
النتائج المنطقية المتحققة على المدى المتوسط والناتجة عن الإسهام المشترك للمخرجات والأنشطة	النتائج المتوقعة على المدى البعيد والناتجة عن الإسهام المشترك للمخرجات والعوائد.

شكل رقم (٢)

يوضح المنطق الداخلي لسلسة الأداء المؤسسي

النموذج التصوري لمؤسسات تربية المحرومين من الرعاية:

استرشاداً بالعرض السابق لنموذج الإدارة المتكاملة للمنظمات والمنطق الداخلي لسلسلة كفاية الأداء المؤسسي وإستناداً لأهمية التغذية المرتدة التي تنعكس في أنه يتجه للإسهامات المشتركة للمدخلات والعمليات وعلى المدى القصير تنتج المخرجات التي تؤثر بتحققها بفعالية على الرضا الوظيفي للعاملين وفي مناخ العمل من خلال التأثير على المدخلات والعمليات وهذا نفسه يتحقق في تأثير الإسهام المشترك للأنشطة والمخرجات على تحقيق العوائد وفي إسهام كلا من المخرجات والعوائد على تحقق العوائد في تحقق

---

(1) Banerjee , Nipa: Guidlines to monotoring management for results , Strategic planning , & Policy division , CIDA , June,1999,P.31.

الأثر. ويمكن صياغة النموذج التصورى لمؤسسات تربية البنين والبنات كالآتى:

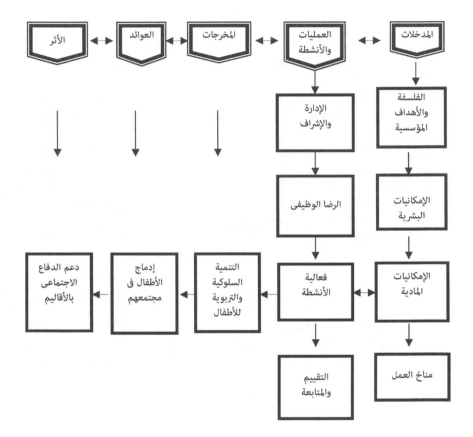

شكل رقم (٣)

يوضح النموذج التصورى لمؤسسات تربية المحرومين من الرعاية

ب-مؤشرات تقييم الأداء المؤسسى:

إستناداً للنموذج التصورى السابق ومكوناته يمكن صياغة المؤشرات التالية:

● مؤشرات المدخلات:

١-السياسات والأهداف:

- إلتزام قيادة المؤسسة بالأهداف الواردة باللائحة الخاصة بها.

- إلمام القائمين بالأنشطة لأهداف المؤسسة.

- تعاون جميع العاملين بالمؤسسة على تحقيق أهدافها.

- تواجد سياسات واضحة ومحددة تحكم العمل بالمؤسسة.

- توافر لدى العاملين الشعور بحاجة مجتمع المؤسسة لخدماتهم.

٢-الإمكانات البشرية:

- كفاية أعداد الأخصائيين الاجتماعيين والنفسيين لاحتياجات المؤسسة.

- كفاية أعداد المشرفين الليليين لأداء أعمالهم بالمؤسسة.

- توافر أعداد من الأبناء والأنشطة يكفى لقيام المؤسسة.

- توافر طبيب بعض الوقت وممرضة للكشف الطبى الدورى على الأبناء.

- قيام إدارة المؤسسة بالاستخدام الكامل لطاقة العاملين.

٣-الإمكانات المادية:

- توافر التمويل اللازم لتحقيق أدوار المؤسسة (حكومى وتبرعات أهلية).

- ملاءمة مساحة المبنى لممارسة الأنشطة والبرامج والأماكن اللازمة بها.

- توافر الشروط الصحية لمبنى المؤسسة من حيث التهوية

والإضاءة..وغيرها.

- توافر الأثاث والتجهيزات اللازمة لغرف الأطفال.

- توافر الأجهزة والأدوات اللازمة للأنشطة والبرامج المختلفة.

٤-مناخ العمل:

- إنجاز العمل فى المؤسسة بروح الفريق.

- تمتع المؤسسة بالعلاقات الحسنة من قبل العاملين.

- معالجة المؤسسة لمشكلات العمل من قبل الرؤساء أولا بأول.

- شعور العاملين داخل المؤسسة بالرضا الوظيفى.

- تهيئة الفرصة للعاملين للتجديد والابتكار.

● العمليات والأنشطة:

١-الإدارة والإشراف:

- وجود الرغبة فى الوصول إلى نتائج وأهداف متميـزة.

- وجود تذليل للعقبات التى تواجه سير العمل بالمؤسسة.

- تكليف العاملين بأعمال تتفق مع إمكاناتهم ومؤهلاتهـم.

- توفر فرص للترقى من خلال توصيف وظيفى محدد.

- الاحتفاظ بسجلات وبيانات عن كل ما يخص نظام المؤسسة.

٢- الرضا الوظيفى:

- تغطية أجر العمل للاحتياجات المعيشية والاجتماعية للعاملين.

- توافر حوافز مادية ومعنوية ملائمة.

- توافر تسهيلات إتصالية وانتقالية للعاملين.

- قيام كل عامل بأداء العمل المخصص له والملائم لتأهيله الدراسى.

- توافر فرص تدريبية بالمؤسسة أو خارجها لزيادة معارف ومهارات العاملين.

٣- فعالية الأنشطة:

- إمكانية استثمار الموارد المتاحة للأنشطة.

- توفير المؤسسة البرامج الثقافية والاجتماعية.

- قيام المشرفين على الأنشطة بالإعداد للبرامج والندوات.

- تعريف كل طفل أو كل جماعة من الأبناء بمهامها أثناء ممارسة النشاط.

- تقييم عمل الأطفال بالأنشطة وتصحيح مساراتهم.

٤- التقييم والمتابعة:

- وضع أهداف لعملية التقييم قبل القيام به.

- وضع محكات ومعايير للتقييم بشكل علمى سليم غير متحيز.

- الإلمام بأنواع المقاييس والاختبارات وشروطها..

- الاستعانة بخبرات المراكز العلمية لتربية الطفل فى التقييم الموضوعى للمؤسسة

- مراجعة الخطط الموضوعة فى ضوء النتائج.

● مؤشرات المخرجات:

١- التنمية السلوكية والتربوية للأطفال:

- تنمية مهارة العمل الجماعى والقيادى فى الأطفال.

- تنمية الشعور بالمسئولية لدى الأطفال أثناء ممارستهم للأنشطة.

- تشجيع المواهب المتميزة من خلال ممارسة الأبناء للأنشطة والبرامج المختلفة.

- تحقيق مبدأ تكافؤ الفرص بين الأبناء أثناء ممارسة الأنشطة.

- توافر إرشاد دينى للأبناء بالمؤسسة.

● العوائد:

١- إدماج الأطفال فى مجتمعهم:

- حرص المؤسسة على خلق مناخ مؤسسى شبيه بمناخ الأسرة.

- اتاحة المؤسسة فرصة زيارة أسرة الطفل له إن وجدت أسبوعيًا.

- تنويع المؤسسة من اختيار قطع الأثاث فى غرف الأبناء لإشعارهم بالخصوصية.

- توجيه الأطفال المشردين للالتحاق بالمؤسسة.

- تمهيد المؤسسة لتخرج الأبناء ومساعدتهم على إختيار المهن التى تناسبهم.

● الآثار:

١- دعم الدفاع الاجتماعى بالأقاليم:

- مدى إيمان إدارة المؤسسة بدورها فى خدمة المجتمع المحلى.

- التصدى لظاهرة الطفل المشرد واجب رئيسى للمؤسسة.

- قيام المؤسسة بدور إيجابى إصلاحى فى الأسر المفككة اجتماعيًا.

- إرتباط المؤسسة بالمنظمات الأخرى الموجودة فى المجتمع.

- بناء قنوات اتصال مع المؤسسات العلمية المتخصصة في تربية الطفل.

سادسا: متطلبات مؤسسات تربية البنين والبنات:

لقيام أى مؤسسة أو هيئة يتطلب ذلك عنصرين أساسيين هما [١].

أ- العنصر البشرى:

حيث لا يمكن تصور وجود بناء أو هيكل تنظيمى دون وجود عناصر بشرية تضطلع بالقيام بمسئوليات هذا البناء أو الهيكل، سواء كان بناء إستاتيكيا أو وظيفيا ديناميا تحتاجه الحياة لكى يصبح كيانا اجتماعيا.

ب - الموارد المادية:

وتتمثـل فى المعـدات والأدوات والمـواد الخـام والأسـاليب الفنيـة فى أداء الأعمـال وتتمثـل إمكانيات المؤسسة المالية فى الأموال التى ستوزع للأجور والمكافآت وتكاليف العمـل والإنتاج فى شكل ميزانية محددة، وأهم مصادر الإمكانيات المادية للمؤسسة الإشتراكات الخاصة بالأعضـاء، التبرعات المنتظمة، المساعدات أو التمويل الحكومى، والأسواق الخيرية.

سابعا: برامج وأنشطة مؤسسات تربية البنين والبنات:

إن الحرمان من الوالدين يؤدى بدوره لعدم وجود من يرعى ويلبى احتياجات هذا الطفـل النفسية والبيولوجية، والحاق الطفل بالمؤسسة الإيوائية

---

(١) إبراهيم أحمد عز الدين، ممارسة طريقة تنظيم المجتمع فى مؤسسات الشباب الإيوائية الأهلية، رسالة ماجستير غير منشورة، كلية الخدمة الاجتماعية، جامعة القاهرة فرع الفيوم، ١٩٩٩، ص١٠٠.

يكون هو الطريق الأوحد المتبقى، بدلا من أن يصبح التشرد مصيره المتبقى.

وإذا كانت إحتياجات هذا الطفل المحروم من الرعاية الأسرية لم تشبع عن طريق أسرته فإن المؤسسة الإيوائية تسعى من خلال برامجها وأنشطتها لمقابلة غالبية إحتياجات هذا الطفل.

وتتنوع الإحتياجات الإنسانية لهذا الطفل إلى [1]:

أ-الاحتياجات البيولوجية:

١)‌   الحاجة للغذاء.

٢)‌   الحاجة للملبس.

٣)‌   الحاجة للعلاج أو الوقاية من الأمراض والأخطار.

٤)‌   الحاجة للنظافة.

٥)‌   الحاجة للتحكم فى عمليات الإخراج.

ب - الاحتياجات النفسية والتى من أهمها:

١)‌   الحاجة إلى صقل الذكاء.

٢)‌   الحاجة إلى تهذيب الغرائز العدوانية.

٣)‌   الحاجة إلى تنمية الغرائز الايجابية والميول والمواهب.

٤)‌   الحاجة إلى التحكم فى مشاعره وانفعالاته وآرائه وأفكاره.

---

(١) محمد محمد مصطفى:أهمية دور الأسرة فى رعاية الطفل وتنشئته إجتماعيا،بحث مقدم للمؤتمر الثالث بعنوان الطفل المصرى "تنشئته ورعايته"،المجلد(١)،مركز دراسات الطفولة،جامعة عين شمس، ١٩٩٠، ص ص٢٥٩-٢٦٠.

(٥)   الحاجة إلى دفئ العاطفة والحنان والحـب.

(٦)   الحاجة إلى حصوله على وقت كافٍ من لقائه بوالديه.

(٧)   الحاجة إلى المكافآت الرمزية والتشجيع المعنوى.

(٨)   الحاجة للعناية المادية وإشباع مطالبه المعقوله.

ج - ومن أهم الاحتياجات الإجتماعية:

(١)   الحاجـة إلى إكتسـاب مجموعـة مـن القيـم الاجتماعيـة والفضائـل الأخلاقيـة ومنها قيـم التعاون، تقدير رأى الجماعة، الصدق، الأمانة، إتقـان العمـل، الإخـلاص، حب المخاطـرة، الشجاعة الأدبية، حب الخير، وهى فى مجملها نابعة من العقيدة الدينية.

(٢)   الحاجة إلى المكافآت المالية على منجزاته وسلوكه.

(٣)   الحاجة إلى التوجيه نحو السلوك المقبول وكافة المواقـف والعـادات والتقاليـد السـائدة فى مجتمعه.

(٤)   الحاجة إلى معرفة بعض المعلومات الصحيحة عـن الكـون مـن حولـه وعـن الطبيعـة مـع مراعاة مستوى إدراكه وفهمه.

وتعتبر المؤسسة الإيوائية لرعاية الأطفال البديل الذى يعوض الأبناء عن أسرهم، ومـن ثـم تقوم بمحاولة إشباع إحتياجات هؤلاء الأطفال من خلال برامج وأنشطة تطبـق مـن قبـل العاملين بالمؤسسة لمقابلة هذه الإحتياجات غير المشبعة للأطفـال النـزلاء. ويمكـن عـرض هذه البرامج والأنشطة بإيجاز كالآتى:

١-الرعاية التعليمية:

تتيح المؤسسة للطفل فرصة للإلتحاق بالمدرسة والتمتع بحقه فى التعليم وبصفة خاصة فى مرحلة التعليم الأساسى، ذلك أن بعض المؤسسات تضم مدارس الحلقتين الأولى والثانية ضمن مبانيها، إلا أن المدرسة منفصلة فى إدارتها ومدرسيها عن المؤسسة، فالمدرسة تتبع وزارة التربية والتعليم، وتضم فصولها أطفال الحى إلى جانب أطفال المؤسسة، وتمثل المدرسة بيئة اجتماعية تعليمية يذهب إليها الطفل ويمر فيها بتجارب جديدة وتكوين علاقات زمالة وصداقة مع أطفال من نفس سنه، كما يكون علاقات مع مدرسيه، ويكتسب الطفل فى المدرسة المعارف والقيم والاتجاهات والمهارات التى تساعده على تكوين شخصيته، كما توفر المؤسسة أيضا فرص الالتحاق بالتعليم الثانوى العام والفنى وأيضا التعليم الجامعى لمن يواصل نجاحه فى المراحل التعليمية السابقة. [١]

٢-البرامج الصحية:

حيث توفر المؤسسة الرعاية الصحية للأطفال المتمثلة فى الكشف الدورى على الطفل داخل المؤسسة كل شهر على الأقل، وتوفير طبيب متفرغ داخل المؤسسة لعلاج الحالات الطارئة والإشراف على التغذية [٢].

٣-التدريب المهنى:

حيث تقوم المؤسسة بتدبير وتجهيز مراكز لتدريب الأبناء داخل

---

(١) سهير على الجيار، مرجع سابق، ص١١١٢.

(٢) اللائحة الداخلية لمؤسسات رعاية الأطفال المحرومين من الرعاية بقرار رقم ٦١٧ بتاريخ ١٩٩٧/١٢/١٦.

المؤسسة أو خارجها بالتعاون مع الهيئات المسئولة عن ذلك وعلى الأخص الأبناء الذين لم يتمكنوا من الاستمرار فى التعليم.

٤-التربية الدينية والقومية:

حيث تستعين المؤسسة بواعظ دينى بعض الوقت مع الاهتمام بـأداء الفـرائض الدينيـة مـن قبل الأبناء، وأيضا الإهتمام بالتوعية القومية والاحتفالات بالمناسبات الدينية والقومية.

٥-الترفيـه:

حيث تهتم المؤسسة بالناحية الترفيهية للأبناء، حيـث تقيـم المعسكرات الصيفية وحفلات السـمر والـرحلات وغيرهـا لحـث الأطفـال عـلى التربيـة الجماعيـة والتعاون وغيرهـا مـن القيـم الاجتماعية المرغوبة.

٦-الرياضة:

تهتم المؤسسة بالنواحى الرياضية على أساس أنها عنصر أساسى فى تنشئة الطفل تنشئة سليمة.

٧-الرعاية اللاحقة:

لا تقوم المؤسسة برعاية الأطفال بداخلها فحسب بل يتعدى ذلك إلى رعايتهم بعد تخرجهم منها لمدة لا تقل عن سنة كرعاية لاحقة حتى تطمئن عـلى إسـتقرارهم الكامـل ومنعاً لتعرضهم لمشكلات وأخطار جديدة.

٨-التغذيـة:

حيث تقوم المؤسسة بتقديم وجبـات غذائيـة لأبنائهـا مـع مراعـاة تعليمات الإدارة العامـة للأسرة والطفولة، بأن يتسلم تلك الوجبات الغذائية لجنة

التغذية التى تشكل بمعرفة مدير المؤسسة بمحضر للتأكد من سلامة الوجبات من ناحية الوزن والجودة ويوقع عليها أعضاء اللجنة المنوطة بذلك.

ثامنا: العوامل المؤثرة على كفاءة المؤسسات الاجتماعية:

يتشكل المجتمع البشرى من العديد من المنظمات التى تعمل فيه ولكل منظمة مجال وأهداف، وتعتمد أى منظمة فى قدرتها على تحقيق أهدافها على أربعة محاور رئيسية هى:

- مدى توافق المنظمة فى أداء مهمتها مع ما تتطلبه الظروف والإحتياجات البيئية.

- مدى محافظة المنظمة على كيانها وتنظيمها الداخلى.

- مدى تحقيق المنظمة لأهدافها تحقيقا شاملا.

- مدى تكامل وحدات أو إدارات أو فروع المنظمة رأسيا وأفقيا مع بعضها البعض.

والمنظمة الفعالة هى التى تستطيع تحقيق المحاور الأربعة السابقة وقد تعرف بأنها درجة إشباع المنظمة لحاجات العملاء أو المجتمع المحلى بصفة عامة.

ومن المؤشرات التى تدل على فعالية المنظمة من عدمها:

١) معدل الحركة الداخلية بالمنظمة، فإذا زادت حركات النقل بين الأعضاء داخل المنظمة فهذا يعنى أن هناك قصورا فى نظام الإختيار والتعيين فى المواقع المختلفة.

٢) وضع بعض الأفراد فى وظائف قد تكون أقل أو أكبر من قدرات وإمكانيات الفرد.

٣) انخفاض أو ارتفاع معدلات الأداء الفعلي مقارنا بالمعايير الموضوعة.

٤) انخفاض أو ارتفاع مستوى الرضا الوظيفي لدى الفرد.

٥) انخفاض أو ارتفاع قابلية الأفراد للتعليم والتدريب وإرتفاعها يزيد من فعاليتها والعكس صحيح. [١]

وتتأثر كفاءة أو فاعلية المؤسسات العاملة في المجال الاجتماعى في القيام بدورها علي أكمل وجه علي عدة عوامل من أهمها [٢]:

١) الثبات أو الاستقرار: ويقصد به قياس مدي قدرة المنظمة علي تدعيم بنائها المنظمي والمحافظة علي وظائفها أو زيادتها.

٢) التكامل و الصلابة الداخلية: ويقصد به قياس مدي قدرة المنظمة علي زيادة معدل التفاعل بين مختلف وظائفها و التحكم في الصراعات الداخلية بها.

٣) الإرادية و الاختيارية: وتعني قياس مدى قدرة المنظمة علي تحقيق التكافؤ بين أفرادها و جماعاتها بدون ضغط أو إجبار، أي أنها تقيس مدي قدرة المنظمة علي توفير الارتضاء لأعضائها وتشجيعهم علي المشاركة الحقيقية.

٤) الإنجاز: ويعرف بأنه تحقيق النتائج النهائية للمنظمة ويتضمن ذلك

---

(١) محمد نسيم على سويلم: التوأمان.. الكفاءة & الفعالية، دار الكتب، مصر، ٢٠٠٣، ص ص٩٠-٩٣.

(٢) مشيرة فتحى محمد العجمى: دراسة لبعض العوامل المرتبطة بفعالية المنظمات الصحية الريفية بمحافظة الدقهلية، رسالة ماجستير غير منشورة، قسم الاقتصاد الزراعي، كلية الزراعة، جامعة المنصورة، ١٩٩١، ص ٣٥

٣٦ -

تقييم هذه الإنجازات المنظمية بدرجة معقولة من الموضوعية.

٥) الإنتاجية المنظمية: ويتطلب توافر عدة متغيرات وهي:-

أ) وضوح الأهداف ويعني مدي فهم الأعضاء لأهداف المنظمة.

ب) الاتفاق غلي الأهداف و تعني درجة اتفاق أعضاء المنظمة علي أهدافها.

ج) تحقيق الأهداف و تعني مدي تحقيق النظام الاجتماعي لأهدافه.

د) الكفاءة و تعني مدي قدرة المنظمة علي تحديد و استخدام مواردها في تحقيق أهدافها بأقل تكلفة ممكنة.

٦) الصحة المنظمية: ويتضمن ثلاثة متغيرات رئيسية هي:

أ) العمليات الإدارية: وتشمل جميع المظاهر التي تمكن قادة تلك المنظمة من تقديرها والسيطرة عليها، وتهدف هذه العمليات إلى تحقيق مزيد من الطاعة من جانب صغار العاملين بالمؤسسة.

ب) العلاقات الإنسانية: ويتطلب وجود رضا وظيفى لدى العاملين ووجود مناخ تنظيمى جيد ودافعية للإنجاز حتى يتحقق البعد الإنسانى.

ج) البناء الوظيفي: ويعني هيكل المنظمة من وظائف وعلاقات قائمة بينها ويتضمن هذا المتغير خمسة متغيرات فرعية و هي حجم الميزانية مقاسة بعدد العاملين بها، حجم الميزانية المركزية، نطاق الرقابة أو السلطة، التعقيد، والرسمية.

٧) مدخلات تنمية المجتمع: ويتضمن هذا المحور ثلاثة متغيرات رئيسية هي: مواءمة الأهداف الرسمية للمستفيدين، تقدير إحتياجات المستفيدين ومشكلاتهم السائدة، تقدير الكفاءة الخارجية للمنظمة.

٨) الدعم الجماهيري:و يتضمن هذا المحور متغيرين هما:

أ) دراسة مقارنة للمنظمات الأخري لتحديد أفضلها من حيث تقديم الخدمات وعلاج المشكلات.

ب) دراسة تصويرية و يتم تصميم تلك الدراسة لتقييم أداء المنظمة اعتمادا علي بعض الأفراد الخارجيين عن المنظمة مع التركيز علي مدي قدرة المنظمة علي خدمة أعضائها.

كما يمكن عرض المتطلبات الرئيسية اللازمة لتحقيق فاعلية المنظمة و هي [(١)]:

١) التكيف والذي يشير إلي تدبير كل الموارد البشرية والمادية والمالية الضرورية لتحقيق أهداف المنظمة.

٢) تحقيق الأهداف و الذي يقصد به حشد موارد المنظمة من أجل تحقيق الأهداف.

٣) التكامل و يشير إلي مطلبين متلازمين هما:

أ) الحفاظ علي النمط ويتعلق بمدي الانسجام بين الأدوار التي يؤديها الفرد في التنظيم، والأدوار التي يقوم بها في الجماعات الخارجة عن نطاق التنظيم.

ب) احتواء التوترات و يتحقق من خلال ضمان وجود دافعية كافية لدي الفرد كي يستطيع أداء مهامه في المنظمة.

---

(١) السيد الحسيني.النظرية الاجتماعية ودراسة التنظيم، ط٣،دار المعارف، القاهرة،١٩٨١،ص٧٤-٧٦

تاسعا:أبعاد الدور الذى تقوم به مؤسسات تربية البنين والبنات تجاه الأطفال فاقدى المأوى:

لمؤسسات تربية البنين والبنات دور تجاه الأطفال فاقدى المأوى والرعاية ولا تنتهى هذه الأدوار بالتحاق الطفل بالمؤسسة ولكن تتعداه فى استمرار هذه الأدوار حتى بعد تخرج الابن من المؤسسة ويمكن تقسيم هذه الأدوار طبقا لمراحل تحقق أدوار المؤسسة وهى كالآتى: [١]

١-المرحلة التمهيدية للالتحاق:

وتبدأ بإجراء الأبحاث الاجتماعية للأطفال المرشحين للالتحاق بالمؤسسة، ودراسة الظروف الاجتماعية والأسرية لكل حالة وإبداء الرأى فيها واتخاذ ما يلزم حيالها، وعند الموافقة على التحاق الطفل بالمؤسسة فى ضوء ظروفه التى تحول دون وجوده فى حياة أسرية سوية مستقرة، فإنه يلزم تهيئة الطفل على تقبل هذا المجتمع المؤسسى ـ الجديد وتأهيله نفسيا واجتماعيا للتعايش مع مناخ المؤسسة، ومحاولة المؤسسة لخلق تصالح بين الابن ونفسه من خلال الإنصات لمشكلاته المختلفة والعمل على حلها من قبل المشرفين وإدارة المؤسسة، كما يتم تعريفه بالمخاطر التى قد يتعرض لها إذا لم يلتحق بالمؤسسة وإبراز مزايا المؤسسة له.

٢-دور المؤسسة وتكيف الأبناء بها (المرحلة التكيفية):

تمثل بيئة المؤسسة بيئة مواءمة لنمو الطفل داخلها حيث يجد رفاق بها تتفق وتتشابه ظروفهم التى دفعتهم للالتحاق بالمؤسسة مع ظروفه، وفى هذه

---

(١) مصطفى رزق مطر: مرجع سابق، ص ص ٨١-٨٨.

المرحلة يقوم المشرفون على تسجيل البيانات الخاصة بكل طفل فى سجلات معدة لذلك لسهولة استخلاص البيانات وعمل احصاءات شهرية وتقارير دورية عن حالة كل طفل بالمؤسسة، أيضا هذا التسجيل يتم فى ملفات خاصة بالأطفال بما يشمل التاريخ التطورى للحالة منذ إيداعها بالمؤسسة وحتى تاريخ تخرجها، حتى يتسنى للمؤسسة مساعدة الطفل على تكيفه مع بيئة المؤسسة، ويتم ذلك من خلال إدماجه فى ممارسة الأنشطة والبرامج المقدمة إليه مع باقى الأبناء والمشرفين.

٣-دور المؤسسة والمرحلة التأهيلية للأطفال:

يتم تأهيل الأطفال بالمؤسسة عن طريق:

أ) الالتحاق بمراحل التعليم: حيث يتم إلحاق الطفل بالتعليم فى المرحلة التى توقف عندها لمواصلة التعليم فيه وتقوم المؤسسة بتوطيد العلاقة بينها وبين المدرسة للتعرف على مشكلات الطفل أولا بأول للعمل على حلها، كما تتيح هذه العلاقة تدارك مواطن الضعف والقصور وإيجاد بدائل للمتخلفين دراسياً.

ب) التأهيل الثقافى والرياضى والدينى:

تضع المؤسسة برامج ثقافية مختلفة للعمل على ملاحقة وإستيعاب الطفل للأحداث الجارية فى المجتمع بأسلوب مبسط، كما تتيح المؤسسة له الاطلاع عن طريق المكتبة والحاسب الآلى، ولا يقتصر تأهيله على التأهيل الثقافى فقط، بل يتعداه إلى التأهيل الدينى حيث تضع المؤسسة برامج دينية تحت إشراف وازع دينى، الذى يتولى تعريفهم بالقيم المرغوبة اجتماعيا، كما تقوم المؤسسة بتنظيم أوقات

فراغ الأبناء عن طريق وضع البرامج الرياضية الهادفة واستخدامها كوسيلة تربوية لتقوية روح الجماعة وتعويدهم على الصبر والاعتماد على النفس والنظام مع مكافأة المتفوقين منهم.

ج)   التدريب المهني:

تقوم المؤسسة بإلحاق الأبناء غير الملتحقين بمراحل تعليمية بورش مجهزة يتم فيها التدريب على المهن المناسبة لكل منهم حسب ميوله ورغباته واستعداداته وقدراته الجسمية، كما يتم متابعة الأبناء الذين يتم تدريبهم خارج المؤسسة أيضا.

٤ - دور المؤسسة ومرحلة التمهيد للتخرج من المؤسسة:

تقوم المؤسسة بالتمهيد لتخرج الأبناء وإعادتهم لأسرهم وإزالة أية معوقات تحول دون إستقرارهم بأسرهم ومساعدتهم للإلتحاق بالأعمال التى تناسب قدراتهم وإمكانياتهم.

٥-دور المؤسسة ومرحلة تخرج الأبناء:

يخرج الابن من المؤسسة عند تجاوزه الثامنة عشر عاما وبعد أن تقوم المؤسسة بإلحاقه بعمل يناسبه، وفى بعض الحالات يتم استبقاء الابن فى دار الضيافة الملحق بالمؤسسة مع مساعدة المؤسسة لباقى الأبناء على الاستقلال بحياتهم، ثم تقوم المؤسسة بمتابعة حياتهم الجديدة وحل أى مشكلة يتعرضون لها.

ويمكن إيجاز أبعاد الدور الذى تقوم به المؤسسة تجاه الأطفال فاقدى الرعاية بما يلى:

١-البعد الاجتماعى:

حيث يتجسد دور المؤسسة فى حماية الأطفال من التشرد وبالتالى حماية المجتمع من زيادة ظاهرة التشرد، وينعكس ذلك فى قبول مؤسسات تربية المحرومين من الرعاية للطفل بعد التأكد من عدم وجود عائل يتكفل به.

٢-البعد النفسى:

تقوم المؤسسة بتأهيل الطفل الملتحق بها نفسيا عن طريق عمل تصالح بين الطفل ونفسه من ناحية ومجتمعه من ناحية أخرى، ويتسنى ذلك من خلال عمل المشرف والأخصائى النفسى- ومن خلال تتابع تطور الحالة النفسية للطفل إلى الوصول به إلى بر الأمان النفسى.

٣-البعد الثقافى:

بعد تأهيل الطفل فاقد الرعاية نفسيا داخل المؤسسة، تقوم المؤسسة بتأهيله ثقافيا من خلال برامج مختلفة وعادات لم يكن يعرفها الطفل وقيم يكتسبها ضمنيا من مناخ المؤسسة وحتى لا يكون فى معزل عما يحدث فى مجتمعه المحلى.

٤-البعد التربوى:

تقوم هذه المؤسسات ليست بإيواء الطفل فحسب بل يتعدى هذا الدور لإعادة تأهيله التعليمى فإن لم يكن فيحصل على قسط من التعليم ثم يتم تدريبه المهنى فى ورش معدة لذلك على مهن معينة طبقا لميوله واستعداداته، ولا يقتصر دور المؤسسة للطفل من الناحية التعليمية فقط وإنما يمتد للدور التربوى للمؤسسة فى تربية الطفل طبقا للنواحى الرياضية

والدينية وغيرها.

عاشرا: أهم المعوقات التي تحد من دور المؤسسة الاجتماعية:

قد تواجه المنظمات الاجتماعية بعض العوامل أو المعوقات التي تحد من سير عملية التطوير بها ومن تلك المعوقات [1]:

١) ضعف المنافسة: فتعد المنافسة بين كثير من المنظمات هامشية، ولكن إذا استطاع مديرو تلك المنظمات أن يقدروا ضرورة وأهمية عنصر المنافسة بين منظماتهم ومنظمات أخري عاملة في نفس المجال وما يخلقه ذلك من قوة حفز للعاملين لأدي ذلك لزيادة كفاءة المنظمة.

٢) ارتباط المنظمة بالاعتبارات السياسية: ليست جميع المنظمات علي علاقة بالشئون السياسية ولكن إذا كانت لها علاقة بالسياسة، فإن اعتبارات السياسة عادة ما تؤثر في إدارة المنظمة، وفي هذا الإطار فإنه بالإمكان الحد من التأثير السياسي عليها وبالأخص في المجتمعات الديمقراطية وهو ما يصعب تحقيقه في مجتمعات الدول النامية.

٣) الفهم الخاطئ لطبيعة القيادة الإدارية: العديد من الأفراد داخل المنظمات لا يدركون ماذا تعني كلمة مدير، ويقود ذلك لفهم خاطئ لطبيعة الإدارة حتى يتولى أمر هذه المنظمات أناس غير مؤهلين إدارياً.

٤) قضية التمويل [2]: تواجه غالبية المؤسسات في مصر أزمة تمويل

---

(١) عطيه حسين أفندي: مرجع سابق، ص ٥ - ٦.

(٢) أماني قنديل: الاتجاهات الحالية لسياسات الحكومة إزاء الجمعيات الأهلية، مركز الدراسات السياسية والاستراتيجية بالأهرام، القاهرة، ١٩٩٤، ص ٢٦٠ - ٢٦١.

حادة فالدعم المالي الذي تحصل عليه المؤسسة من الحكومة محدود، أما بالنسبة للتبرعات الأجنبية لتلك المؤسسات "التمويل الأجنبي" فهو يتسم بعدم التواصل، وفي مصر يقل الفهم الحقيقي نحو المشكلة، ويتطلب ذلك الوعي والإدراك لأهمية العمل علي زيادة تمويل تلك المؤسسات من خلال وسائل غير تقليدية تعتمد علي الذات والموارد المحلية باعتبارها ضمانا للتواصل والاستمرارية.

٥) ضعف الاستخدام الأمثل لموارد البيئة [1]:

إن ضعف استيعاب واستخدام المؤسسة لموارد البيئة المحلية المحيطة بها سيحول دون تحقيق المؤسسة لأهم أهدافها.

خاتمة:

بدأ هذا الفصل بعرض مفهوم المؤسسة عامة، ثم تحديد لمؤسسات تربية المحرومين من الرعاية الأسرية، مستعرضا لأهدافها وفلسفتها وأبعاد دورها، ثم عرض التطور التاريخى لنشأة هذه المؤسسات، ثم لجنة هذه المؤسسات ومتطلباتها وعرض برامجها وأنشطتها المقدمة لأبنائها، ثم عرض سمات هذه المؤسسات وخصائص إدارتها نزوحا إلى مؤشرات كفاءتها وفعاليتها، ثم العوامل المؤثرة على الكفاءة، وانتهاءً بعرض أهم المعوقات التى تحد من كفاءتها.

---

(2) Michael.J. Polonsky and Others: Environmental Ngo,s Perspective of Australian Green Alliances , Internet http://www.ehrfound ation. org/effectiveness. Htm.

الفصل السادس

الدراسة الميدانية

واقع مؤسسات تربية البنين والبنات

في محافظتى الدقهلية وكفر الشيخ

- مقدمة:

- أهداف الدراسة الميدانية.

- إجراءات الدراسة الميدانية.

- بيانات خاصة بمؤسسات تربية المحرومين من الرعاية الأسرية في مصر ـ في محافظات الدراسة

- أبعاد الدراسة الميدانية.

أ) محددات كفاءة الأداء المؤسسى.

ب) عرض نتائج المقابلة المقننة مع عينة الأبناء.

ج) عرض النتائج التى أظهرتها الأسئلة المفتوحة بالاستبيان مع عينة العاملين بتلك المؤسسات

- خاتمة.

الفصل السادس

الدراسة الميدانية

واقع مؤسسات تربية البنين والبنات بمحافظتى الدقهلية وكفر الشيخ

مقدمة:

تتناول الدراسة الميدانية التعرف على مدى تحقيق مؤسسات تربية المحرومين من الرعاية الأسرية (عينة الدراسة) لأهدافها المنوطة بها، والتعرف على دور هذه المؤسسات فى مواجهة ظاهرة الأطفال المشردين بمحافظتى الدقهلية وكفر الشيخ.

وسوف يتم عرض نتائج الدراسة الميدانية من حيث: أهداف وإجراءات الدراسة بالإضافة لعرض أبعاد الدراسة الميدانية من حيث: عرض محددات كفاءة الأداء المؤسسى ـ من حيث: (المدخلات والعمليات والأنشطة والمخرجات والعوائد والآثار)، وعرض لأهم المشكلات والمعوقات المؤسسية ومقترحات التطوير المؤسسى ـ وكذا عرض بعض البيانات الخاصة بالمؤسسات الإيوائية فى محافظات العينة، وسوف يتم عرض كل بعد على حدة من خلال الآتى:

أولا: أهداف الدراسة الميدانية:

تسعى الدراسة الميدانية إلى التعرف على مدى تحقيق مؤسسات تربية المحرومين من الرعاية الأسرية (عينة الدراسة) بمحافظتى الدقهلية وكفر الشيخ لأهدافها المنوطة بها والتعرف على دور هذه المؤسسات فى مواجهة ظاهرة الأطفال المشردين فى الشوارع.

ثانيا:إجراءات الدراسة الميدانية:

ا-عينـة الدراسـة:

أ) تم اختيـار مؤسسـات محـافظتى الدقهليـة وكفـر الشـيخ لإجـراء الدراسـة باعتبـار الأولى محافظة الجامعة التى ينتمى إليها هذا البحث، أما الثانية فهى موطن الباحثة الذى يسر- من خلال إقامتها فيه الاتصال بمؤسستى محافظة كفر الشيخ.

ب) تم اختيار مؤسسة تربيـة البنـين الإسـلامية ومؤسسـة تربيـة البنـات بمدينـة المنصـورة محافظـة الدقهلية، والمؤسسة الإيوائية للبنين ومؤسسة دار الحنان للفتيات بمدينة ومحافظة كفر الشيخ.

ج) كذلك تم اختيار أبناء مؤسسات العينة فى الفئة العمرية من (٦-١٨) عامـا وذلـك باعتبـار أن هذه المرحلة من أهم المراحـل السـنية للأبنـاء مـن حيـث التعبـير عـن ذواتهـم وعـن احتياجاتهم وأفكارهم وكذلك هى مرحلة تكوين ووضوح شخصية كل منهم.

د) كما تم اختيار عينة عشوائية من العاملين والأبناء بتلـك المؤسسـات، ولضـمان تمثيـل تلـك الفئات تمثيلاً جيدا اختيرت على النحو التالى:

جدول رقم (١١)

توزيع أفراد العينة بالمؤسسات محل الدراسة بمحافظتى الدقهلية وكفر الشيخ

المؤسسة / البيـان	محافظة الدقهلية		محافظة كفر الشيخ	
	مؤسسة تربية البنين	مؤسسة تربية البنات	المؤسسة الإيوائية للبنين	دار الحنان للفتيات
العدد الكلى للأبناء	١٢٣	٦٣	١٨	١٤
عدد العينة	٣٨.٢	٣٤	١١	٨

البيان / المؤسسة	محافظة الدقهلية		محافظة كفر الشيخ	
	مؤسسة تربية البنين	مؤسسة تربية البنات	المؤسسة الإيوائية للبنين	دار الحنان للفتيات
%	٤٣.١	٥٤.٠	٦١.٠	٥٧.١
العدد الكلى للعاملين	٥٠	٣٣	١٦	٦
عدد العينة	١٩	١٤	٥	٤
%	٣٨.٠	٤٢.٤	٣١.٢٥	٦٦.٧

٢-أدوات الدراسة:

استناداً للاستعراض المرجعى والدراسات السابقة وتأسيساً على النموذج التصورى الذى افترضته الباحثة والمستمد من أبعاد كفاءة وفعالية المنظمات تم إعداد واستخدام الأدوات التالية:

أ) استمارة استبيان تضمنت خمسة محاور مقسمة على إحدى عشر بعداً بهدف التعرف على محددات كفاءة الأداء المؤسسى وطلب من كل مستبين من العاملين بهذه المؤسسات أن يحدد درجة الموافقة على كل عبارة من خلال اختبار إحدى ثلاث استجابات منتشرة بدرجات (موافق - محايد - غير موافق) وكذا تحديد درجة استجابة أفراد العينة على مستوى تطبيق كل عبارة باستجابات (عالى - متوسط - ضعيف).

ب) نموذج مقابلة مقننة مع عينة من الأبناء احتوت على ٢١ سؤالا وهدفت تلك المقابلة إلى التعرف على مدى إشباع المؤسسة لأهم الاحتياجات الأساسية والنفسية للأبناء.

ج) عدد من الأساليب الإحصائية الملائمة لتحقيق أهداف الدراسة الميدانية

حيث تم معالجة تقديرات أفراد العينة لكل بند من بنود إستبيان العاملين ونموذج المقابلة المقننة للأبناء بإستخدام الأساليب الإحصائية الآتية:

١) بعض المقاييس الإحصائية الوصفية كالمتوسط الحسابى والإنحراف المعيارى ومعامل الإختلاف.

٢) إختبار مربع كاى وهو "إختبار حسن المطابقة" للتعرف على الفروق بين مستوى الأهمية والتطبيق لكافة مؤشرات الأداء المؤسسى.

٣) معامل الإرتباط البسيط ومعاملى الانحدار الجزئى والمتعدد، كما إستخدم معامل التحديد وذلك لتفسيراته لمجموعات المؤشرات المختلفة على مخرجات وعوائد وآثار الأداء المؤسسى.

ثالثا: بيانات خاصة بمؤسسات تربية البنين والبنات فى محافظتى الدقهلية وكفر الشيخ: ([1])

جدول رقم (١٢)

يوضح تاريخ نشأة وسبب تواجد الأبناء بالمؤسسة وسعة مؤسسات تربية البنين والبنات من (٦-١٨) عاما فى محافظة الدقهلية لعام ٢٠٠٤

م	إسم المؤسسة	تاريخ نشأتها	السعة الفعلية		السعة المكانية	سبب التواجد							
			ذكور	إناث		يتم الوالدين	يتم الأب	يتم الأم	مجهولى النسب	طلاق	مرض	فقر	أخرى
١	مؤسسة تربية البنين بالمنصورة	١٩٣٤	١٢٣	-	١٢٠	-	١	-	١١٢	٧	-	-	٣
٢	مؤسسة تربية البنات بالمنصورة	١٩٥٦	-	٦٣	١٠٠	٦	١	-	٥٣	٢	-	-	١

(*) تم الحصول على هذه البيانات من مديرتى الشئون الاجتماعية بإدارتى الأسرة والطفولة بمحافظتى الدقهلية وكفر الشيخ.

م	إسم المؤسسة	تاريخ نشأتها	السعة الفعلية		السعة المكانية	سبب التواجد							
			ذكور	إناث		يتم الوالدين	يتم الأب	يتم الأم	مجهولى النسب	طلاق	مرض	فقر	أخرى
٣	مؤسسة النهضة القبطية بالمنصورة	١٩٤٣	١٩	-	٣٠	-	٥	-	-	٤	٣	٧	-
٤	مؤسسة ثمرة الكلمة بالمنصورة	١٩٤٨	-	٧	٢٥	٣	٣	-	-	-	-	١	-
٥	مؤسسة تحسين الصحة بطلخا	١٩٥٩	-	١٧	٢٥	١	٣	٤	-	١	٨	-	-
٦	مؤسسة صديقات الكتاب المقدس بميت غمر	١٩٤٨	-	١٩	٢٥	٢	٣	٤	-	٤	٦	-	-
٧	مؤسسة الأمل للبنات بميت غمر	١٩٩٤	-	١٣	٢٥	١	-	-	-	٢	١	-	٩
٨	مؤسسة فجر الإسلام ببلقاس	٢٠٠٠	٢٤	-	٢٠	-	-	-	٢٣	١	-	-	-
٩	مؤسسة دار أبنتى للأيتام	٢٠٠٢	-	٥	٢٠	-	-	-	٥	-	-	-	-
الإجمالى		-	-	-	-	١٣	١٦	٨	١٩٣	٢١	١٨	٨	١٣
النسبة		-	-	-	-	٤.٥	٥.٥	٢.٨	٦٦.٥	٧.٢	٦.٢	٢.٨	٤.٥

يوضح جدول (١٢) ما يلى:

١) أن جميع المؤسسات التى تعنى الدراسة بها سعتها المكانية أعلى من سعتها الفعلية بما يدل على الكفاية المكانية لتلك المؤسسات لأبنائها عدا مؤسسة تربية البنين بالمنصورة والتى تبلغ سعتها المكانية ١٢٠ وسعتها الفعلية ١٢٣ ابنا بفارق ثلاثة أبناء وقد يفسر الإقبال على الالتحاق بالمؤسسة تفاقم ظاهرة الأطفال بلا مأوى خاصة بالمدينة، وأيضا مؤسسة فجر الإسلام والتى بلغت السعة المكانية بها ٢٠ والفعلية ٢٤ أبن.

٢) أنه فى تلك المؤسسات يحتل الأبناء مجهولو النسب السبب الأول فى التواجد بنسبة تبلغ ٦٦.٥% من إجمالي نسبة الأسباب، الأمر الذي يعكس انخفاض مستوى القيم عند البعض في المجتمع ويشكل قنبلة

ليست موقوتة ولكنها تتفجر بالفعل في العصر الحالي، يلي هذا السبب بفارق كبير جدا الطلاق كسبب لالتحاق الأبناء بهذه المؤسسات المعنية والتي بلغت نسبته ٧.٢% من إجمالي نسبة الأسباب، يليه بفارق صغير المرض "مرض أحد الوالدين أو كليهما أو شبه عجزهما أو عجز أحدهما" والتي بلغت نسبتها ٦.٢% من إجمالي نسب الأسباب، وجاء أقل نسبة للفقر حيث بلغ ٢.٨% من إجمالي نسب الأسباب، الأمر الذي يحقق القيم الإنسانية فى المؤسسة في عدم انتزاع الابن من أسرته الطبيعية بسبب الفقر ولكن لعجز الأسرة عن رعايته في أضيق النطاق.

جدول رقم (١٣)

توزيع أبناء مؤسسات تربية البنين والبنات بمحافظة الدقهلية

من سن ٦-١٨عاما على المراحل التعليمية لعام ٢٠٠٤

المرحلة الدراسية / إسم المؤسسة	المرحلة الإبتدائية	المرحلة الإعدادية	المرحلة الثانوية	العالى	تدريب	تشغيل
مؤسسة تربية البنين بالمنصورة	٤٨	٦٠	٥	١	-	٩
مؤسسة تربية البنات بالمنصورة	١٦	٣٣	٦	١	-	٧
مؤسسة النهضة القبطية بالمنصورة	٥	٥	٦	-	٣	-
مؤسسة ثمرة الكلمة بالمنصورة	١	٢	١	-	٣	-
مؤسسة تحسين الصحة بطلخا	٧	٤	٣	-	٢	١
مؤسسة صديقات الكتاب المقدس بميت غمر	١	٣	٣	-	-	١٢
مؤسسة الأمل للبنات بميت غمر	٢	٢	-	١	٨	-
مؤسسة فجر الإسلام ببلقاس	٢٤	-	-	-	-	- -

المرحلة الدراسية / إسم المؤسسة	المرحلة الإبتدائية	المرحلة الإعدادية	المرحلة الثانوية	العالى	تدريب	تشغيل
مؤسسة دار أبنتى للأيتام	٥	-	-	-	-	-
الإجمالى	١٠٩	١٠٩	٢٤	٣	١٦	٢٩
النسبة	٣٧.٦	٣٧.٦	٨.٣	١.٠	٥.٥	١٠.٠

يتضح من جدول رقم (١٣) ما يلي:

١) تساوى نسبة أبناء المرحلة الابتدائية بمؤسسات تربية المحرومين من الرعاية بمحافظة الدقهلية بنسبة الأبناء بالمرحلة الإعدادية حيث بلغت لكل منهما ٣٧.٦% من إجمالى نسب الأبناء فى جميع المراحل والتشغيل والتدريب، يليها بفارق كبير نسبة الأبناء المشتغلين بالحرف التى بلغت ١٠.٠% من إجمالى نسب الأبناء فى باقى المراحل.

٢) فى بعض المؤسسات يلحظ وجود ابن واحد بالتعليم العالى وفى البعض الآخر لا يوجد أى ابن ملتحق بالتعليم العالى وقد يعزى ذلك بضعف الدافعية للتعليم وضعف القدوة بين الأبناء فى مواصلة التعليم.

جدول رقم (١٤)

بيانات عن الهيكل الوظيفي لمؤسسات تربية البنين والبنات

في محافظة الدقهلية لعام ٢٠٠٤م

المؤسسة / الوظيفة	مؤسسة تربية البنات	مؤسسة تربية البنين	مؤسسة النهضة القبطى	مؤسسة ثمرة الكلمة	مؤسسة تحسين الصحة	مؤسسة صديقات الكتاب المقدس	مؤسسة الأمل للبنات	مؤسسة فجر الإسلام	مؤسسة دار إبنتى
مدير	١	١	١	١	١	١	١	١	١
مدير مالى	-	-	-	-	-	-	-	-	-
أخصائى إجتماعى	٦	١٤	-	-	-	١	١	٢	١

المؤسسة الوظيفة	مؤسسة تربية البنات	مؤسسة تربية البنين	مؤسسة النهضة القبطي	مؤسسة ثمرة الكلمة	مؤسسة تحسين الصحة	مؤسسة صديقات الكتاب المقدس	مؤسسة الأمل للبنات	مؤسسة فجر الإسلام	مؤسسة دار إبنتي
أخصائي نفسى	-	-	-	-	-	-	-	-	-
مشرف إجتماعى	١	-	-	-	-	-	١	-	-
مشرف ليلى	٢	١	-	١	١	-	-	٤	١
مشرف نهارى	-	-	-	-	-	-	-	-	-
مشرف مسائى	-	-	٢	-	-	٢	-	٢	-
مشرف أنشطة	-	-	-	-	-	-	-	-	-
طبيب بعض الوقت	١	١	١	١	-	١	-	-	-
حكيمة	١	٢	-	-	-	-	-	-	-
مدرس/مدرسة	٢	٣	-	-	-	-	-	-	-
سكرتير أو كاتب	٢	٢	١	-	-	٢	١	-	١
خدمات معاونة	١١	٢٢	١	٢	١	٢	٢	٣	١
أخرى (*)	٥	٣	١	-	٣	-	-	٣	١
مندوب صرف	١	١	-	-	-	-	-	-	-
الإجمالى	٣٣	٥٠	٧	٥	٦	٩	٦	١٥	٦
%	٢٤.١	٣٦.٥	٥.١	٣.٦	٤.٤	٦.٦	٤.٤	١٠.٩	٤.٤

(*) أخرى تشمل (عمال – حارس –.......)

يتضح من جدول (١٤) ما يلي:

١) فاقت نسبة العاملين بمؤسسة تربية البنين بالمنصورة والتى بلغت ٣٦.٥% مـن إجمالي الوظائف بمؤسسات المحرومين من الرعاية بمحافظة الدقهلية، يليها مؤسسة تربية البنـات بالمنصورة والتي بلغت نسبة العاملين بها ٢٤.١% من إجمالي نسب الوظائف بمؤسسات

محافظة الدقهلية، يليها بفارق كبير نسبة العاملين بمؤسسة فجر الإسلام حيث بلغت ١٠.٩% من إجمالي نسب الوظائف، ثم مؤسسة صديقات الكتاب المقدس والتي بلغت نسبة وظائفها ٦.٦% من إجمالي نسب الوظائف بتلك المؤسسات.

٢)   بلغت أقل نسبة بوظائف مؤسسة ثمرة الكلمة ٣.٤% من إجمالي وظائف تلك المؤسسات ويرجع ذلك حيث عدد الفتيات الملتحقات لا تتعدى سبع فتيات وبالتالي تصبح هذه النسبة من الوظائف ملاءمة مع عدد النزيلات بالمؤسسة.

٣)   قد ترجع زيادة نسبة الوظائف المشغولة في مؤسسات تربية البنين والبنات بالمنصورة لزيادة عدد الأبناء الملتحقين بها.

٤)   يتضح وجود عجز كامل في جميع المؤسسات في وظائف المدير المالي والمشرفين النهاريين والأخصائي النفسي ومشرفي الأنشطة، ولا تتواجد وظيفة الأخصائي الاجتماعي في مؤسسة النهضة القبطي ومؤسسة ثمرة الكلمة ومؤسسة تحسين الصحة أما وظيفة المشرف الاجتماعي يوجد فقط في مؤسسة تربية البنات والأمل للبنات أما وظيفة المشرف الليلي فموجود في جميع المؤسسات عدا مؤسسات النهضة القبطي وصديقات الكتاب المقدس ومؤسسة الأمل للبنات أما وظيفة المشرف المسائي فموجود فقط في مؤسسات النهضة القبطي وصديقات الكتاب ومؤسسة فجر الإسلام.

٥)   أما وظيفة الطبيب موجودة في جميع المؤسسات عدا مؤسسات الأمل للبنات ومؤسسة فجر الإسلام ومؤسسة تحسين الصحة ودار ابنتي، أما

وظائف حكيمة ومدرسين ومندوبي الصرف فمتواجدون فقط في مؤسسة تربية البنات والبنين بالمنصورة.

جدول رقم (١٥)

تاريخ إنشاء وعدد الملتحقين بمؤسسات تربية البنين والبنات بكفر الشيخ لعام ٢٠٠٤

الإجمالي	إناث	ذكور	تاريخ الإنشاء	إسم المؤسسة
٢٦	-	١٨	١٩٩٨	١-المؤسسة الإيوائية البنين بكفر الشيخ
	١٤	-	٢٠٠٢	٢-مؤسسة دار الحنان للفتيات بكفر الشيخ
١٠٠	٥٣.٨	٦٩.٢	-	النسبة

يتضح من جدول رقم (١٥) ما يلي:

١)   تفوق نسبة الملتحقين بالمؤسسة الإيوائية للبنين بكفر الشيخ والتي بلغت ٦٩.٢% من إجمالي الملتحقين بالمؤسستين، نسبة الفتيات الملتحقات بمؤسسة دار الحنان للفتيات بكفر الشيخ والتي بلغت نسبتها ٥٣.٨% من إجمالي نسبة الملتحقين بالمؤسستين.

٢)   قد ترجع نسبة الملتحقات بمؤسسة دار الحنان بكفر الشيخ لحداثة نشأتها حيث أنشئت عام ٢٠٠٢ أما المؤسسة الإيوائية للبنين فقد أنشئت عام ١٩٩٨.

جدول رقم (١٦)

الهيكل الوظيفى بمؤسستى تربية البنين والبنات بكفر الشيخ لعام ٢٠٠٤

الوظيفة	االعاملين بالمؤسسة الإيوائية للبنين	العاملين بدار الحنان للفتيات
	عدد	عدد
مديـر	١	٢
أخصائى إجتماعى	١	-
أخصائى نفسى	١	-
مدرسة تربية رياضية	١	-
مشرف تغذية	١	-
طباخ	١	-
مشرف مسائى	١	٢
مدرس موسيقى	١	١
كاتب حسابات	١	-
أمين عهدة	١	-
واعظ دينى	١	-
طبيـب	١	-
غفيـر	١	-
خدمات معاونة	٣	١
الإجمالى	١٦	٦
%	٧٢.٧	٢٧.٣

يوضح جدول (١٦) ما يلي:

١) تفوق نسبة العاملين بوظائف المؤسسة الإيوائية للبنين البالغة ٧٢.٧% من إجمالى العاملين بالمؤسسة، نسبة العاملين بمؤسسة دار الحنان للفتيات والتى بلغت ٢٧.٣% من إجمالى نسبة العاملين بالمؤسسة وقد يرجع ذلك لحداثة نشأة مؤسسة دار الحنان.

٢) أن جميع الوظائف التى يشغلها الهيكل الوظيفي بالمؤسسة الإيوائية للبنين بكفر الشيخ لا يشغلها سوى فرد واحد فقط بكل وظيفة، الأمر الذى يعكس وجود نقص كفاية فى بعض الاختصاصات التى قد لا تفى باحتياجات أبناء المؤسسة فى اليوم "ليلا ونهارا" مثل الأخصائى الاجتماعى، والأخصائى النفسى الذى يصعب عليهما كلا فى تخصصه متابعة الابن على فترات اليوم وكذا عدم وجود مشرف نهارى، أما وظيفة خدمات معاونة فبلغ عددها ٣ من إجمالى الهيكل الوظيفى والتى تكون كافية للإيفاء باحتياجات المؤسسة نوعا ما.

٣) يتضح في الهيكل الوظيفي لمؤسسة دار الحنان للفتيات بكفر الشيخ عدم وجود وظائف حيوية من الصعب الإستيعاض عنها وذلك كما بوظائف الأخصائيين الاجتماعيين والنفسيين والمشرفين النهاريين ومشرفى الأنشطة وكذا بعض الوظائف الإدارية كالمراجع المالي وأمين العهدة والسكرتير وكذلك الطبيب والذي يعكس غيابه عدم الوفاء بالاحتياجات الأساسية الصحية للأبناء وجعلهم عرضه للإصابة أو العدوى بأي مرض دون ملاحظة ذلك لغياب الكشف الطبي الدوري عليهن كذلك نجد أن غياب وظائف المشرفين النهاريين والأخصائيين الاجتماعين والنفسيين لا تفي باحتياجات الأبناء النفسية

والسلوكية ومتابعتهم بشكل سليم.

٤) بلغت عدد وظيفة مدير بمؤسسة دار الحنان للفتيات وظيفتين، كذلك بلغت وظائف المشرفين المسائيين وظيفتين ولا يوجد مشرفين نهاريين لمتابعة الأبناء باقى اليوم، وقد أوضحت الدراسة عدم وجود طباخ فى مؤسسة دار الحنان للفتيات.

رابعا: أبعاد الدراسة الميدانية

أ-محددات كفاءة الأداء المؤسسى:

وسوف يتم عرض هذه المحددات من حيث مستوى تطبيق مؤشرات التقييم ومدى التطابق بين مستوى أهمية المؤشر ودرجة تطبيقه على النحو التالى:

● مدخلات الأداء المؤسسى:

١-فلسفة وأهداف المؤسسة:

يقصد بفلسفة مؤسسات تربية المحرومين من الرعاية بأنها المبادئ والقيم والأسس والنظريات التى تقوم عليها دعائم المؤسسة، ولابد لهذه المؤسسة أو لأى مؤسسة من أهداف أو أغراض تسعى إليها، وفيما يلى استعراض لبعض مؤشرات فلسفة وأهداف هذه المؤسسات: وجدولى (١٧)، (١٨) يوضحان مستوى تطبيق هذه المؤشرات كما فى جدول رقم (١٧) ثم التعرف على مستوى التطابق بين مستوى تطبيق تلك المؤشرات ودرجة أهميتها كما يظهر فى جدول رقم (١٨).

جدول رقم (١٧)

مستوى تطبيق المؤشرات الخاصة بسياسات وأهداف المؤسسة

الترتيب	معامل الإختلاف %	الإنحراف القياسى	المتوسط الحسابى	المؤشرات
٢	٢٥.٣	٢١.١	٨٣.٣	١) إلتزام قيادة المؤسسة باللائحة
٣	٢٥.٦	٢١.١	٨٢.٥	٢) إلمام العاملين بأهداف المؤسسة
٣	٢٥.٦	٢١.١	٨٢.٥	٣) تعاون العاملين لتحقيق الأهداف
١	٢٣.٢	١٩.٧	٨٤.٩	٤) وضـوح السياسـات التـى تحكـم العمل
٥	٢٧.٨	٢١.٤	٧٦.٩	٥) شعور العاملين بحاجة المجتمع
الرابع	١٦.٦	١٣.٦	٨٢.١	الإجمالى

من الجدول رقم (١٧) يتضح الآتى:

أ)   جاءت أهم المؤشرات تطبيقا والخاصـة بوضـوح الفلسـفة وأهـداف المؤسسـة مـن حيـث المتوسط الحسابى الأعلى كالآتى:

-     مؤشر وضوح السياسات التى تحكم العمل بلغ متوسطه (٨٤.٩).

-     مؤشر إلتزام قيادة المؤسسة باللائحة والذى بلغ متوسطه (٨٣.٣).

ب)   وتتفق تقديرات العاملين حول متوسطات تطبيق هـذه المؤشرات وذلك بمؤشر معامل الاختلاف الذى تراوح بين ٢٣.٣-٢٧.٨%.

ج) وبشكل عام تحتل هذه المجموعة من المؤشرات الترتيب الرابع من حيث التطبيق بين مجموعات المؤشرات الأخرى بمتوسط (٨٢.١).

جدول رقم (١٨)

توزيع أفراد العينة وفقا لمستوى أهمية وتطبيق المؤشرات الخاصة بسياسات وأهداف المؤسسة

المؤشرات	الأهمية	مستوى التطبيق %			قيمة x^2	مستوى
	%	عالى	متوسط	محدود	(مربع كاى)	المعنوية
١-إلتزام قيادة المؤسسة باللائحة:						
أ-أهمية عالية	٨٨.١	٥٧.٢	٢٨.٦	٢.٣		
ب-أهمية متوسطة	١١.٩	-	٧.١	٤.٨	١.٢٨	٠.٠٠٢
ج-أهمية محدودة	-	-	-	-		
%	١٠٠	٥٧.٢	٣٥.٧	٧.١	-	-
٢-إلمام العاملين بأهداف المؤسسة:						
أ-أهمية عالية	٩٠.٥	٥٤.٨	٣٣.٣	٢.٤		
ب-أهمية متوسطة	٤.٨	-	٤.٨	-	٣٠.٦	٠.٠٠٠
ج-أهمية محدودة	٤.٧	-	-	٤.٧		
%	١٠٠	٥٤.٨	٣٨.١	٧.١	-	-

المؤشرات	الأهمية	مستوى التطبيق %			قيمة x^2	مستوى
	%	عالى	متوسط	محدود	(مربع كاى)	المعنوية
٣-تعاون العاملين لتحقيق الأهداف:						
أ-أهمية عاليـة	٩٠.٥	٥٢.٤	٣٥.٧	٢.٤		
ب-أهمية متوسطة	٧.٢	٢.٤	٢.٤	٢.٤	١٧.٣٢	٠.٠٠٢
ج-أهمية محـدودة	٢.٣	-	-	٢.٣		
%	١٠٠	٥٤.٨	٣٨.١	٧.١	-	-
٤-وضوح السياسات التى تحكم العمل:						
أ-أهمية عاليـة	٩٢.٩	٥٩.٥	٢٨.٦	٤.٨		
ب-أهمية متوسطة	٧.١	-	٧.١	-	٥.٨٢	٠.٠٥
ج-أهمية محـدودة	-	-	-	-		
%	١٠٠	٥٩.٥	٣٥.٧	٤.٨	-	--
٥-شعور العاملين بحاجة المجتمع لخدماتهم:						
أ-ذو أهمية عاليـة	٨٠.٩	٤٠.٥	٣٥.٧	٤.٧		
ب- ذو أهمية	١٤.٣	-	١١.٩	٢.٤	٩.٨	٠.٠٤

المؤشرات	الأهمية	مستوى التطبيق %			قيمة x^2	مستوى
	%	عالى	متوسط	محدود	(مربع كاى)	المعنوية
متوسطة						
ج-ذو أهمية محدودة	٤.٨	-	٢.٤	٢.٤		
%	١٠٠	٤٠.٥	٥٠.٠	٩.٥	-	-

أما فيما يتصل بالفروق بين مستويات الأهمية والتطبيق لتلك المجموعة والتى يوضحها جدول رقم (١٨) فيتضح منه ما يلى:

أ) توفر مستويات عالية لأهمية مجموعة مؤشرات وضوح سياسات وأهداف المؤسسة وبالأخص مؤشرات وضوح السياسات التى تحكم العمل والتى بلغت نسبتها (٩٢.٩)، وتعاون العاملين لتحقيق الأهداف والتى بلغت نسبتها (٩٠.٥)، وإلمام العاملين بأهداف المؤسسة والتى بلغت نسبتها (٩٠.٥).

ب) تفاوت مستويات تطبيق تلك المجموعة من المؤشرات حيث توفرت مستويات أعلى لمؤشرات وضوح السياسات التى تحكم العمل والتى بلغت نسبة تطبيقها (٥٩.٥) والتزام قيادة المؤسسة باللائحة والتى بلغت نسبتها (٥٧.٢) وكل من إلمام العاملين بأهداف المؤسسة وتعاون العاملين لتحقيق الأهداف حيث جاءت نسبتها (٥٤.٨) كلاً على حدة.

ج) وإجمالا لا يوجد تطابق بين مستويات الأهمية ومستويات التطبيق لمؤشرات تلك المجموعة ويظهر ذلك بدلالة قيمة مربع كاى لمؤشرات إلمام العاملين بأهداف المؤسسة والتى بلغت نسبتها فيها (٣٠.٦) تم

تعاون العاملين بتحقيق الأهداف والتى جاءت نسبة مربع كاى بمقدار (١٧.٣٢).

ب-الإمكانيات البشرية

من شروط قيام أى مؤسسة وجود العنصر البشرى الذى سيمثل الهيكل الوظيفى للمؤسسة وإذا حدث عجز أو اختلال فى الإمكانيات البشرية للمؤسسة، سيؤثر بدوره على أهداف المؤسسة التى تسعى لتحقيقها، وجدول رقم (١٩) يوضح مستوى تطبيق المؤشرات الخاصة بالإمكانيات البشرية، فى حين أن جدول رقم (٢٠) يوضح الفروق بين مستوى تطبيق هذه المؤشرات ومستوى أهميتها.

جدول رقم (١٩)

مستوى تطبيق مؤشرات الإمكانيات البشرية للمؤسسة

الترتيب	معامل الإختلاف %	الإنحراف القياسى	المتوسط الحسابى	المؤشرات
٥	٤٥.٥	٢٣.٥	٥١.٦	١-كفاية الأخصائيين الإجتماعيين
٤	٣٥.٠	٢٥.٠	٧١.٤	٢- كفاية المشرفين الليليين والأنشطة بالمؤسسة
٣	٣٣.٩	٢٥.٠	٧٣.٨	٣- توافر أعداد من الأبناء يكفى لقيام المؤسسة.
١	٢٩.٢	٢٣.٤	٨٠.٢	٤- توفير طبيب وممرضة للكشف الدورى

الترتيب	معامل الإختلاف %	الإنحراف القياسى	المتوسط الحسابى	المؤشرات
٢	٣٠.٨	٢٤.٠	٧٧.٨	٥-الإستخدام الكامل لطاقة العاملين
العاشر	٢٠.٠	١٤.٢	٧١.٠	إجمالى الإمكانيات البشرية للمؤسسة

من جدول رقم (١٩) يتضح الآتى:

أ) جاء ترتيب مستوى تطبيق مؤشرات الإمكانات البشرية للمؤسسة من حيث أعلى متوسطات وفق تقديرات العاملين على النحو التالى:

- مؤشر توفير طبيب وممرضة للكشف الدورى وبلغ متوسطه (٨٠.٢).

- مؤشر الاستخدام الكامل لطاقة العاملين والذى بلغ متوسطه (٧٧.٨).

- مؤشر توافر أعداد من الأبناء يكفى لقيام المؤسسة والذى بلغ متوسطه (٧٣.٨).

ب) تتفق تقديرات العاملين حول متوسطات تطبيق معظم المؤشرات وذلك بمؤشر معامل الاختلاف والذى تراوح بين ٢٩.٢-٤٥.٥%.

ج) وبشكل عام تحتل هذه النوعية من المؤشرات الترتيب العاشر بين متوسطات تطبيق مجموعات المؤشرات الأخرى بإجمالى متوسط (٧١.٠).

جدول رقم (٢٠)

يوضح مستوى أهمية وتطبيق المؤشرات الخاصة بالإمكانات البشرية للمؤسسة

المؤشرات	الأهمية	مستوى التطبيق %			قيمة x^2	مستوى
	%	عالى	متوسط	محدود	(مربع كاى)	المعنوية
١-كفاية الأخصائيين الإجتماعيين بالمؤسسة:						
أ-أهمية عالية	٦٤.٣	٩.٥	٢١.٥	٣٣.٣		
ب-أهمية متوسطة	٩.٥	٢.٤	٧.١	-	١٠.٩	٠.٢٧
ج-أهمية محدودة	٢٦.٢	-	٢.٤	٢٣.٨		
%	١٠٠	١١.٩	٣١.٠	٥٧.١	-	-
٢- كفاية المشرفين الليليين والأنشطة بالمؤسسة:						
أ-أهمية عالية	٧٦.١	٣٠.٩	٣٥.٧	٩.٥		
ب-أهمية متوسطة	١٤.٣	٢.٤	٤.٨	٧.١	٦.٤٩	٠.١٦٥
ج-أهمية محدودة	٩.٦	٢.٤	٢.٤	٤.٨		
%	١٠٠	٣٥.٧	٤٢.٩	٢١.٤	-	-

المؤشرات	الأهمية	مستوى التطبيق %			قيمة x^2	مستوى
	%	عالى	متوسط	محدود	(مربع كاى)	المعنوية
٣- مؤشر توافر أعداد من الأبناء يكفى لقيام المؤسسة:						
أ-أهمية عاليـة	٨١.٠	٣٨.٢	٣٥.٧	٧.١		
ب-أهميـــــة متوسطة	١١.٩	٢.٣	٤.٨	٤.٨	١٦.٧٦	٠.٠٠٢
ج-أهميـــــة محـدودة	٧.١	-	-	٧.١		
%	١٠٠	٤٠.٥	٤٠.٥	١٩.٠	-	-
٤- توفير طبيب وممرضة للكشف الدورى:						
أ-أهمية عاليـة	٩٢.٨	٥٢.٤	٣٠.٩	٩.٥		
ب-أهميـــــة متوسطة	٤.٨	-	٤.٨	-	١١.٢٧	٠.٠٢٤
ج-أهميـــــة محـدودة	٢.٤	-	-	٢.٤		
%	١٠٠	٥٢.٤	٣٥.٧	١١.٩	-	-
٥-الإستخدام الكامل لطاقة العاملين:						
أ-أهمية عاليـة	٨٨.١	٤٧.٦	٣١.٠	٩.٥		

مستوى المعنوية	قيمة x^2 (مربع كاى)	مستوى التطبيق %			الأهمية %	المؤشرات
		محدود	متوسط	عالى		
٠.٠٠١	١٧.٥٩	-	٧.١	-	٧.١	ب-أهميـــــة متوسطة
		٤.٨	-	-	٤.٨	ج-أهميـــــة محدودة
-	-	١٤.٣	٣٨.١	٤٧.٦	١٠٠	%

ويمكن توضيح الفروق بين مستويات الأهمية والتطبيق لتلك المجموعة والتى يوضحها جدول رقم (٢٠) فيما يلى:

أ) فيما يتصل بالمؤشرات الخاصة بالإمكانيات البشرية للمؤسسة تتوفر مستويات عالية الأهمية وبالأخص لتوفير طبيب وممرضة للكشف الدورى والتى بلغت نسبتها (٩٢.٨) والاستخدام الكامل لطاقة العاملين والتى بلغت نسبتها (٨٨.١) ثم توفر عدد من أبناء المؤسسة يكفى لقيام المؤسسة والتى جاءت نسبتها بمقدار (٨١).

ب) توفرت مستويات متوسطة لمستويات تطبيق المؤشرات بخاصة الإمكانيات البشرية للمؤسسة وبالأخص توفير طبيب وممرضة للكشف الدورى والتى بلغت نسبة تطبيقها (٥٢.٤) والاستخدام الكامل لطاقة العاملين والتى بلغت نسبتها (٤٧.٦) ثم لكفاية مشرفى الأنشطة بالمؤسسة والتى بلغت نسبتها (٤٠.٥).

ج) ويتضح من دلالة قيمة مربع كاى والتى بلغت قيمتها (١٧.٥٩) أنه لا

يوجد تطابق بين مستويات الأهمية ومستويات التطبيق فى الاستخدام الكامل لطاقة العاملين التى بلغ قيمة مربع كاى لها (١٧.٥٩)، وتوفر أعداد من الأبناء يكفى لقيام المؤسسة والتى بلغت قيمتها (١٦.٧٦)، أما فى توفير طبيب وممرضة للكشف الدورى فقد بلغت قيمة مربع كاى لها (١١.٥٧).

ج-الإمكانيات المادية:

تعتبر الإمكانيات المادية من متطلبات تدعيم قيام المؤسسة، وتعتبر نقص الإمكانيات المادية للمؤسسة من العوائق التى تحد من تحقيق المؤسسة لدورها.

وجدول رقم (٢١) يوضح مستوى تطبيق المؤشرات الخاصة بالإمكانيات المادية، فى حين جدول رقم (٢٢) يوضح الفروق بين مستوى تطبيق هذه المؤشرات ومستوى أهميتها.

جدول رقم (٢١)

مستوى تطبيق مؤشرات الإمكانات المادية للمؤسسة

المؤشرات	المتوسط الحسابى	الإنحراف القياسى	معامل الإختلاف %	الترتيب
١-توفر التمويل الحكومى والتبرعات	٨١.٧	١٩.٨	٢٤.٢	٤
٢٠-ملاءمة مساحة المبنى لحجم الأنشطة	٨٥.٧	٢٥.٧	٣٠.٠	٣

المؤشرات	المتوسط الحسابي	الإنحراف القياسى	معامل الإختلاف %	الترتيب
٣-تـوفر الشرـوط الصـحية للمبنـى إضاءة/تهوية)	٨٩.٧	٢٠.١	٢٢.٤	٢
٤-توفر الأثاث والتجهيزات	٩١.٣	١٦.٦	١٨.٢	١
٥-أجهزة وأدوات الأنشطة البرامج	٧٧.٠	٢٢.٧	٢٩.٤	٥
الاجمالى	٨٥.١	١٥.١	١٧.٧	الأول

من جدول رقم (٢١) يتضح الآتى:

أ) جاءت مؤشرات تطبيق والخاصة بالإمكانات المادية للمؤسسة من حيث أهم المتوسطات على النحو التالى:

- مؤشر توفر الأثاث والتجهيزات بلغ متوسطه (٩١.٣).
- مؤشر توفر الشروط الصحية للمبنى إضاءة / تهوية بلغ متوسطه (٨٩.٧).
- مؤشر ملاءمة مساحة المبنى لحجم الأنشطة والذى بلغ متوسطه (٨٥.٧).

ب) وتتفق معظم المؤشرات حول معظم المتوسطات وذلك بمؤشر معامل الإختلاف الذى يتراوح بين ١٨.٢-٣٠.٠%.

ج) وبشكل عام تحتل هذه المجموعة من المؤشرات الترتيب الأول بين مستويات تطبيق متوسطات مجموعات المؤشرات بمتوسط (٨٥.١).

جدول رقم (٢٢)

توزيع أفراد العينة وفقا لمستوى أهمية وتطبيق المؤشرات الخاصة بالإمكانات المادية للمؤسسة

مستوى المعنوية	قيمة x^2 (مربع كاى)	مستوى التطبيق %			الأهمية %	المؤشرات
		محدود	متوسط	عالى		
						١-توفر التمويل الحكومى والتبرعات:
		٤.٨	٣٠.٩	٥٠.٠	٨٥.٧	أ-أهمية عالية
٠.٠١٤	٨.٤٧	-	١٤.٣	-	١٤.٣	ب-أهميـــــة متوسطة
		-	-	-	-	ج-أهميـــــة محدودة
-	-	٤.٨	٤٥.٢	٥٠.٠	١٠٠	%
						٢-ملاءمة مساحة المبنى لحجم الأنشطة:
		١٤.٣	٢.٤	٧٣.٨	٩٠.٥	أ-أهمية عالية
٠.٠٠٠	٣٥.٧	-	٧.١	-	٧.١	ب-أهميـــــة متوسطة
		٢.٤	-	-	٢.٤	ج-أهمية محدودة
-	-	١٦.٧	٩.٥	٧٣.٨	١٠٠	%
						٣-توفر الشروط الصحية للمبنى (إضاءة/تهوية):
		٤.٨	١١.٩	٧٦.٢	٩٢.٩	أ-أهمية عالية

مستوى المعنوية	قيمة x^2 (مربع كاى)	مستوى التطبيق %			الأهمية	المؤشرات
		محدود	متوسط	عالى	%	
٠.٠٠٠	٢٣.٧٤	-	٤.٨	-	٤.٨	ب-أهميــــة متوسطة
		٢.٣	-	-	٢.٣	ج-أهميـــة محدودة
-	-	٧.١	١٦.٧	٧٦.٢	١٠٠	%
						٤-توفر الأثاث والتجهيزات:
		-	١٦.٦	٧٣.٨	٩٠.٤	أ-أهمية عالية
٠.٠٠٠	٢٣.٥٣	-	٢.٤	٢.٤	٤.٨	ب-أهميــــة متوسطة
		٢.٤	٢.٤	-	٤.٨	ج-أهميـــة محدودة
-	-	٢.٤	٢١.٤	٧٦.٢	١٠٠	%
						٥-أجهزة وأدوات الأنشطة البرامج:
		٩.٥	٣٥.٧	٤٠.٥	٨٥.٧	أ-أهمية عالية
٠.٠٣٧	١٠.٢٢	-	٩.٥	٢.٤	١١.٩	ب-أهميــــة متوسطة

المؤشرات	الأهمية	مستوى التطبيق %			قيمة x^2	مستوى
	%	عالى	متوسط	محدود	(مربع كاى)	المعنوية
ج-أهميـــــــة محـدودة	٢.٤	-	-	٢.٤		
%	١٠٠	٤٢.٩	٤٥.٢	١١.٩	-	-

أما فيما يتصل بالفروق بين مستويات الأهميـة والتطبيـق لتلـك المجموعـة والتـى يوضحها جدول رقم (٢٢) فيتضح منه ما يلى:

أ) توفر مستويات عالية الأهمية للمؤشرات الخاصة بالإمكانات المادية للمؤسسـة وبـالأخص توفر الشروط الصـحية للمبنـى (إضـاءة، تهويـة) حيـث بلغـت نسـبتها (٩٢.٩) وملاءمـة مساحة المبنى لحجم الأنشطة والتـى بلغـت نسـبتها (٩٠.٥) وتـوفر الأثـاث والتجهيـزات والتى بلغت نسبتها (٩٠.٤).

ب) ظهر تفاوت بين مستويات التطبيق لمؤشرات تلك المجموعة حيث توفرت مستويات أعـلى تطبيقا لمؤشرات توفر الشروط الصحية للمبنى وتـوفر الأثـاث والتجهيـزات حيـث بلغـت نسبة كل منهما على حده (٧٦.٢) ثم ملاءمة مساحة المبنى لحجم الأنشطة وذلك بنسـبة (٧٣.٨).

ج) وعامة فإنه لا يوجد تطابق بين مستويات الأهمية والتطبيق ويظهر ذلك بوضـوح بدلالـة قيمة مربع كاى لمؤشرات ملاءمة مساحة المبنى لحجم الأنشطة والتى بلغت قيمـة مربـع كاى (٣٥.٧٢) ثم توفر الشروط الصحية للمبنى والتى بلغت قيمه مربع كاى لها (٢٣.٧٤) ومؤشر

توفر الأثاث والتجهيزات والتى بلغت قيمة مربع كاى لها (٢٣.٥٣).

د-مناخ العمل:

يمثل مناخ العمل أحد العوامل التى تؤثر فى سير المؤسسة تجاه تحقيق أهدافها إما بالسلب أو بالإيجاب، وجدول رقم (٢٣) يوضح مستوى تطبيق المؤشرات الخاصة بمناخ العمل، فى حين جدول رقم (٢٤) يوضح الفروق بين مستوى تطبيق هذه المؤشرات ومستوى أهميتها.

جدول رقم (٢٣)

مستوى تطبيق مؤشرات مناخ العمل بالمؤسسة

الترتيب	معامل الإختلاف %	الإنحراف القياسى	المتوسط الحسابى	المؤشرات
٢	٢٠.٦	١٨.٠	٨٧.٣	١) توفر روح الفريق داخل المؤسسة:
١	١٧.٩	١٥.٩	٨٨.٩	٢) تـوافر العلاقـات الحسـنة بـين العاملين:
٢	٢٢.٢	١٩.٤	٨٧.٣	٣) معالجة مشكلات العمل أولا بأول:
٤	٣٢.٥	٢٤.٥	٧٥.٤	٤) يسود شعور بالرضا الوظيفى بـين العاملين:
٥	٢٤.٠	٢٥.٣	٧٤.٦	٥) يهيـئ العمـل فـرص التجديـد والابتكار:
الثانى	١٥.٤	١٢.٧	٨٢.٧	إجمالى مناخ العمل بالمؤسسة

يتضح من جدول رقم (٢٣) ما يلى:

أ) جاءت مؤشرات مناخ العمل بالمؤسسة من حيث أعلى المتوسطات تطبيقاً على النحو التالى:

- مؤشر توافر العلاقات الحسنة بين العاملين جاء متوسطه (٨٨.٩).
- مؤشر توفر روح الفريق داخل المؤسسة ومعالجة مشكلات العمل أولا بأول وبلغ متوسطهما كلا على حدة (٨٧.٣).

ب) تتفق معظم المؤشرات حول معظم المتوسطات وذلك بمؤشر معامل الاختلاف الذى يتراوح بين ١٧.٩-٣٢.٥%.

ج) بشكل عام تحتل هذه المجموعة من المؤشرات الترتيب الثانى لمستوى التطبيق بين متوسطات مجموعات المؤشرات بمتوسط (٨٢.٧).

جدول رقم (٢٤)

توزيع أفراد العينة وفقا لمستوى أهمية وتطبيق المؤشرات الخاصة بمناخ العمل للمؤسسة

المؤشرات	الأهمية	مستوى التطبيق %			قيمة x^2 (مربع كاى)	مستوى المعنوية
	%	عالى	متوسط	محدود		
١-توفر روح الفريق داخل المؤسسة:						
أ-أهمية عالية	٩٠.٥	٦٤.٣	٢٣.٨	٢.٤		
ب-أهمية متوسطة	٧.١	-	٧.١	-	٨.٨٤	٠.٠٦٥
ج-أهمية محدودة	٢.٤	-	٢.٤	-		

المؤشرات	الأهمية	مستوى التطبيق %			قيمة x^2 (مربع كاى)	مستوى المعنوية
	%	عالى	متوسط	محدود		
%	١٠٠	٦٤.٣	٣٣.٣	٢.٤	-	-
٢-توافر العلاقات الحسنة بين العاملين:						
أ-أهمية عاليـة	٨٣.٣	٦٤.٣	١٩.٠	-		
ب-أهمية متوسطة	١٦.٧	٢.٤	١٤.٣	-	١٠.٣٧	٠.٠٠٣
ج-أهمية محـدودة	-	-	-	-		
%	١٠٠	٦٦.٧	٣٣.٣	-	-	-
٣-معالجة مشكلات العمل أولا بأول:						
أ-أهمية عاليـة	٨٨.١	٦٦.٦	١٦.٧	٤.٨		
ب-أهمية متوسطة	١١.٩	-	١١.٩	-	١٤.١٩	٠.٠٠١
ج-أهمية محـدودة	-	-	-	-		
%	١٠٠	٦٦.٦	٢٨.٦	٤.٨	-	-
٤-يسود شعور بالرضا الوظيفى بين العاملين:						
أ-أهمية عاليـة	٧٦.١	٤٢.٨	٢٣.٨	٩.٥		

مستوى المعنوية	قيمة x^2 (مربع كاى)	مستوى التطبيق %			الأهمية	المؤشرات
		محدود	متوسط	عالى	%	
٠.٠٠٦	١٤.٤٦	٤.٨	١٦.٧	-	٢١.٥	ب-أهمية متوسطة
		٢.٤	-	-	٢.٤	ج-أهمية محدودة
-	-	١٦.٧	٤٠.٥	٤٢.٨	١٠٠	%
						٥-يهيئ العمل فرص التجديد والابتكار:
		١٦.٧	٢٦.٢	٤٠.٥	٨٣.٤	أ-أهمية عالية
٠.١٢٦	٤.١٥٠	٢.٣	١١.٩	٢.٤	١٦.٦	ب-أهمية متوسطة
		-	-	-	-	ج-أهمية محدودة
-	-	١٩.٠	٣٨.١	٤٢.٩	١٠٠	%

أما فيما يتصل بالفروق بين مستويات الأهمية والتطبيق لتلك المجموعة والتى يوضحها

جدول رقم (٢٤) فيتضح منه ما يلى:

أ)   توفر مستويات عالية لأهمية المؤشرات الخاصة بمناخ العمل للمؤسسة ويتضح ذلك فى

مؤشرات توفر روح الفريق داخل المؤسسة والتى بلغت (٩٠.٥) ومعالجة مشكلات العمل

أول بأول والتى بلغت نسبتها

(٨٨.١) ويهيئ العمل فرص التجديد والابتكار والتى بلغت نسبة أهميتها (٨٣.٤).

ب) ظهر تفاوت بين مستويات التطبيق لمؤشرات هذه المجموعة وبالأخص توافر العلاقات الحسنة بين العاملين والتى بلغت قيمة نسبتها (٦٦.٧) ثم مؤشر معالجة مشكلات العمل أول بأول والتى بلغت نسبتها (٦٦.٦) ثم توافر روح الفريق داخل المؤسسة والتى بلغت نسبة تطبيقها (٦٤.٣).

ج) وعامة فإنه لا يوجد تطابق بين مستويات الأهمية والتطبيق ويظهر ذلك بوضوح بدلالة قيمة مربع كاى لمؤشرات هذه المجموعة كمؤشر يسود شعور بالرضا الوظيفى بين العاملين والتى بلغت قيمة مربع كاى عندها (١٤.٤٦) ومعالجة مشكلات العمل أول بأول التى بلغت قيمة مربع كاى عندها (١٤.١٩) ثم توافر العلاقات الحسنة بين العاملين والتى بلغت قيمة مربع كاى عندها (١٠.٣٧).

ثانيا: العمليات والأنشطة الرئيسية المؤسسية:

أ-الإدارة والإشراف:

إن الإدارة والإشراف الفعال له دوره فى تحقيق المؤسسة لما ينبغى منها وفى تذليل العقبات أمام المؤسسة بما يضمن وصولها بأهدافها للاتجاه المنشود، وجدول رقم (٢٥) يوضح مستوى تطبيق المؤشرات الخاصة بالإدارة والإشراف، فى حين أن جدول رقم (٢٦) يوضح الفروق بين مستوى تطبيق هذه المؤشرات ومستوى أهميتها.

جدول رقم (٢٥)

مستوى تطبيق مؤشرات الإدارة والإشراف بالمؤسسة

الترتيب	معامل الإختلاف %	الإنحراف القياسى	المتوسط الحسابى	المؤشرات
٣	٢٨.٣	٢٣.٦	٨٣.٣	١-الرغبة فى تحقيق نتائج متميزة.
٤	٢٧.٢	٢٢.٤	٨٢.٥	٢-تذليل العقبات التى تواجه المؤسسة.
٢	٢٢.٢	١٩.٤	٨٧.٣	٣-تكليف العاملين بمهام تتفق مع مؤهلاتهم وتخصصهم.
٥	٥٢.٤	٢٤.٥	٤٦.٨	٤-توفر فرص للترقى من خلال توصيف وظيفى محدد.
١	٢٤.٤	٢١.٧	٨٨.٩	٥-الاحتفاظ بسجلات وبيانات وافية عن المؤسسة.
الثامن	٢٢.٧	١٧.٢	٧٥.٩	إجمالي الإدارة والإشراف بالمؤسسة

بالنظر إلى جدول (٢٥) يتضح الآتى:

أ)   جاءت مؤشرات الإدارة والإشراف بالمؤسسة من حيث أعلى المتوسطات تطبيقاً كالتالى:

-   مؤشر الاحتفاظ بسجلات وبيانات وافية وبلغ متوسطه (٨٨.٩).

-   مؤشر تكليف العاملين بمهام تتفق مع مؤهلاتهم وتخصصاتهم حيث

بلغ متوسطه (٨٧.٣).

- مؤشر الرغبة فى تحقيق نتائج متميزة والذى بلغ متوسطه (٨٣.٣).

ب) وتتفق معظم المؤشرات حول معظم المتوسطات وذلك بمؤشر معامل الاختلاف والذى تراوح بين ٢٢.٢-٥٢.٤%.

ج) وبشكل عام إحتلت هذه المجموعة من المؤشرات الترتيب الثامن بين متوسطات مجموعات المؤشرات من حيث مستوى التطبيق بمتوسط (٧٥.٩).

جدول رقم (٢٦)

توزيع أفراد العينة وفقا لمستوى أهمية وتطبيق المؤشرات الخاصة بالإدارة والإشراف للمؤسسة

المؤشرات	الأهمية	مستوى التطبيق %			قيمة x^2	مستوى
	%	عالى	متوسط	محدود	(مربع كاى)	المعنوية
١-الرغبة فى تحقيق نتائج متميزة:						
أ-أهمية عالية	٩٠.٥	٦١.٩	١٦.٧	١١.٩		
ب-أهمية متوسطة	٩.٥	-	٩.٥	-	١٢.٤٥	٠.٠٠٢
ج-أهمية محدودة	-	-	-	-		
%	١٠٠	٦١.٩	٢٦.٢	١١.٩	-	-
٢-تذليل العقبات التى تواجه المؤسسة:						

مستوى المعنوية	قيمة x^2 (مربع كاى)	مستوى التطبيق %			الأهمية	المؤشرات
		محدود	متوسط	عالى	%	
		٢.٤	٢٦.٢	٥٤.٧	٨٣.٣	أ-أهميـــة عالية
٠.٠٠٢	١٧.٤١	٤.٨	٧.١	٢.٤	١٤.٣	ب-أهميـــة متوسطة
		٢.٤	-	-	٢.٤	ج-أهميـــة محدودة
-	-	٩.٦	٣٣.٣	٥٧.١	١٠٠	%
٣-تكليف العاملين بمهام تتفق مع مؤهلاتهم وتخصصاتهم:						
		٤.٨	١٦.٧	٦٦.٦	٨٨.١	أ-أهميـــة عالية
٠.٠٠١	١٤.١٩	-	١١.٩	-	١١.٩	ب-أهميـــة متوسطة
		-	-	-	-	ج-أهميـــة محدودة
-	-	٤.٨	٢٨.٦	٦٦.٦	١٠٠	%
٤-توفر فرص للترقى من خلال توصيف وظيفى محدد:						
		٤٢.٩	١١.٩	١١.٩	٦٦.٧	أ-أهمية

المؤشرات	الأهمية %	مستوى التطبيق %			قيمة x^2 (مربع كاى)	مستوى المعنوية
		عالى	متوسط	محدود		
عالية						
ب-أهمية متوسطة	١٤.٢	-	٤.٧	٩.٥	٣.٦٧	٠.٤٥
ج-أهمية محدودة	١٨.١	-	٤.٨	١٤.٣		
%	١٠٠	١١.٩	٢١.٤	٦٦.٧	-	-
٥-الاحتفاظ بسجلات وبيانات وافية:						
أ-ذو أهمية عالية	٩٢.٩	٧٦.٢	١١.٩	٤.٨		
ب- ذو أهمية متوسطة	٧.١	-	٢.٤	٤.٧	١٤.٣٦	٠.٠٠١
ج-ذو أهمية محدودة	-	-	-	-		
%	١٠٠	٧٦.٢	١٤.٣	٩.٥	-	-

فيما يتصل بالفروق بين مستويات الأهمية والتطبيق لتلك المجموعة والتى يوضحها جدول رقم (٢٦) فيتضح ما يلى:

أ) وجود مستويات عالية الأهمية للمؤشرات الخاصة بالإدارة والإشراف وبالأخص الإحتفاظ بسجلات وبيانات وافية بنسبة (٩٢.٩) والرغبة فى تحقيق نتائج متميزة بنسبة (٩٠.٥) ثم تكليف العاملين بمهام تتفق مع مؤهلاتهم وتخصصاتهم بنسبة (٨٨.١).

ب) وجود تفاوت فى مستويات تطبيق تلك المجموعة من المؤشرات وخاصة مؤشرات الاحتفاظ بسجلات وبيانات وافية بنسبة (٧٦.٢) وتكليف العاملين بمهام تتفق مع مؤهلاتهم وتخصصاتهم بنسبة (٦٦.٦) ثم الرغبة فى تحقيق نتائج متميزة بنسبة (٦١.٩).

ج) وعامة فلا يوجد تطابق بين مستويات الأهمية ومستويات التطبيق لهذه المجموعة من المؤشرات بدلالة قيمة مربع كاى ويظهر ذلك فى تذليل العقبات التى تواجه المؤسسة والتى بلغ قيمة مربع كاى (١٧.٤١) والاحتفاظ بسجلات وبيانات وافية والتى بلغت قيمة مربع كاى لها (١٤.٣٦) ثم تكليف العاملين بمهام تتفق مع مؤهلاتهم وتخصصاتهم والتى جاءت قيمة مربع كاى (١٤.١٩)، ثم الرغبة فى تحقيق نتائج متميزة الذى بلغ مربع كاى لها (١٢.٤٥).

ب- الرضا الوظيفى:

إن الرضا الوظيفى بما يحمله من توفير الاحتياجات المعيشية والاجتماعية للعامل وغيره من الاحتياجات ستؤثر بدورها على تقدم المؤسسة وليس العكس، وجدول رقم (٢٧) يوضح مستوى تطبيق

المؤشرات الخاصة بالرضا الوظيفى، أما جدول رقم (٢٨) فيوضح الفروق بين مستوى تطبيق هذه المؤشرات ومستوى أهميتها.

جدول رقم (٢٧)

مستوى تطبيق مؤشرات الرضا الوظيفى بالمؤسسة

الترتيب	معامل الإختلاف %	الإنحراف القياسى	المتوسط الحسابى	المؤشرات
٣	٤٥.١	٢٥.١	٥٥.٦	١-تغطية الأجر للإحتياجات المعيشية والاجتماعية للعاملين
٤	٤٠.٠	٢١.٩	٥٤.٨	٢-توفير حوافز مادية ومعنوية للعاملين.
٥	٤٨.٠	٢٣.٦	٤٩.٢	٣-توفير تسهيلات إتصالية وإنتقالية للعاملين.
١	٢٤.٢	٢١.٠	٨٦.٧	٤-قيام كل عامل بآداء العمل الملائم لتخصصه الوظيفى
٢	٤٣.٨	٢٧.١	٦١.٩	٥-توفر فرص تدريبية لزيادة المعارف والمهارات.
حادى عشر	١٩.٧	١١.٤	٥٧.٨	إجمالى الرضا الوظيفى بالمؤسسة

يوضح جدول رقم (٢٧) والذى يعرض بعض المقاييس الوصفية لمؤشرات الرضا الوظيفى بالمؤسسة فيما يلى:

أ) جاءت مؤشرات الرضا الوظيفى بالمؤسسة من حيث أعلى متوسطات

من حيث التطبيق كالآتى: مؤشر قيام كل عامل بالأداء الملائم لتخصصه الوظيفى حيث بلغ متوسطه (٨٦.٧) ومؤشر توفر فرص تدريبية لزيادة المعارف والمهارات حيث بلغ متوسطه (٦١.٩) ومؤشر تغطية الأجر للاحتياجات المعيشية والاجتماعية للعاملين حيث بلغ متوسطه (٥٥.٦).

ب) وتتفق معظم المؤشرات حول معظم المتوسطات وذلك بمؤشر معامل الاختلاف الذى تراوح بين ٢٤.٢-٤٨%.

ج) وبشكل عام تحتل هذه المجموعة بين متوسطات المؤشرات - من حيث مستوى تطبيقها - الترتيب الحادى عشر وبمتوسط (٥٧.٨) بين مجموعات المؤشرات.

جدول رقم (٢٨)

توزيع أفراد العينة وفقا لمستوى أهمية وتطبيق المؤشرات الخاصة بالرضا الوظيفى

المؤشرات	الأهمية	مستوى التطبيق %			قيمة x^2	مستوى
	%	عالى	متوسط	محدود	(مربع كاى)	المعنوية
١-تغطية الأجر للإحتياجات المعيشية والاجتماعية للعاملين:						
أ-أهمية عالية	٤٠.٥	١١.٩	١٦.٧	١١.٩		
ب- أهمية متوسطة	١٩.٠	-	١٩.٠	-	٦٦.٣	٠.٠٠٠
ج-أهمية	٤٠.٥	٢.٤	٤.٨	٣٣.٣		

المؤشرات	الأهمية	مستوى التطبيق %			قيمة x^2 (مربع كاى)	مستوى المعنوية
	%	عالى	متوسط	محدود		
محدودة						
%	١٠٠	١٤.٣	٤٠.٥	٤٥.٢	-	-
٢-توفير حوافز مادية ومعنوية للعاملين:						
أ-أهمية عالية	٥٧.١	٧.١	٣٣.٣	١٦.٧		
ب-أهمية متوسطة	٢٣.٨	-	١٦.٧	٧.١	٥١.٦٩	٠.٠٠٠
ج-أهمية محدودة	١٩.١	-	٢.٤	١٦.٧		
%	١٠٠	٧.١	٥٢.٤	٤٠.٥	-	-
٣-توفير تسهيلات اتصالية وانتقالية للعاملين:						
أ-أهمية عالية	٥٤.٨	١١.٩	٧.١	٣٥.٨		
ب-أهمية متوسطة	٢١.٤	-	١١.٩	٩.٥	١٠.٠٦	٠.٠٣٩
ج-أهمية	٢٣.٨	-	٤.٨	١٩.٠		

المؤشرات	الأهمية	مستوى التطبيق %			قيمة x^2	مستوى
	%	عالى	متوسط	محدود	(مربع كاى)	المعنوية
محـدودة						.
%	١٠٠	١١.٩	٢٣.٨	٦٤.٣	-	-
٤-قيام كل عامل بأداء العمل الملائم لتخصصه الوظيفى:						
أ-أهميـة عاليـة	٩٠.٥	٦٤.٣	٢١.٥	٤.٧		
ب-أهميـة متوسطة	٧.١	-	٧.١	-	٢١.٢٧	٠.٠٠٠
ج-أهمية محـدودة	٢.٤	-	-	٢.٤		
%	١٠٠	٦٤.٣	٢٨.٦	٧.١	-	-
٥-توفر فرص تدريبية لزيادة المعارف والمهارات:						
أ-أهميـة عاليـة	٧٨.٦	٢٦.٢	٢٣.٨	٢٨.٦		
ب-أهميـة متوسطة	٩.٥	-	٧.١	٢.٤	٧.٧٤	٠.١٠١
ج-أهمية محـدودة	١١.٩	-	٢.٤	٩.٥		
%	١٠٠	٢٦.٢	٣٣.٣	٤٠.٥	-	-

أما فيما يتصل بالفروق بين مستويات الأهمية والتطبيق لتلك المجموعة والتى يوضحها جدول رقم (٢٨) فيتضح منه ما يلى:

أ) توفر مستويات عالية من الأهمية لمؤشرات الرضا الوظيفى وبالأخص مؤشرات قيام كل عامل بأداء العمل الملائم لتخصصه الوظيفى حيث بلغت نسبة أهميته (٩٠.٥) ومؤشر توفر فرص تدريبية لزيادة المعارف والمهارات بنسبة (٧٨.٦) وتوفير حوافز مادية ومعنوية للعاملين حيث بلغت نسبة أهميتها (٥٧.١).

ب) وجود تفاوت فى مستويات التطبيق بين مؤشرات هذه المجموعة وبالأخص فى قيام كل عامل بأداء العمل الملائم لتخصصه الوظيفى والذى بلغت نسبة تطبيقه (٦٤.٣) ثم توفر فرص تدريبية لزيادة المعارف والمهارات والتى بلغت نسبة تطبيقها (٢٦.٢) ثم تغطية الأجر للاحتياجات المعيشية والاجتماعية للعاملين والتى بلغت نسبة تطبيقها (١٤.٣).

ج) وعامة لا يوجد تطابق بين مستويات الأهمية ومستويات التطبيق لمؤشرات هذه المجموعة بدلالة قيمة مربع كاى والذى بلغ (٦٦.٣) لمؤشر تغطية الأجر للاحتياجات المعيشية والاجتماعية للعاملين وبلغت قيمته (٥١.٦٩) لمؤشر توفير حوافز مادية ومعنوية للعاملين، كما بلغت قيمة مربع كاى (٢١.٢٧) فى قيام كل عامل بأداء العمل الملائم لتخصصه الوظيفى.

ج - فعالية الأنشطة:

تعتبر ممارسة الأنشطة شئ ضرورى فى حياة الأطفال بما يتضمنه من

أهداف مثل بث الروح الإخائية التضامنية والتعاون بـين الأطفـال لـيس هذا فحسب بـل إن إكساب القيم للأطفال ييسر من خلال ممارستهم للأنشطة، ويوضح جـدول رقـم (٢٩) مستوى تطبيق المؤشرات الخاصة بفاعلية الأنشطة، بينما يوضح الجدول رقم (٣٠) الفـروق بـين مستوى تطبيق هذه المؤشرات ومستوى أهميتها.

جدول رقم (٢٩)

مستوى تطبيق مؤشرات فعالية الأنشطة بالمؤسسة

الترتيب	معامل الإختلاف %	الإنحراف القياسى	المتوسط الحسابى	المؤشرات
٥	٣٥.١	٢٧.٠	٧٧.٠	١-يتم إستثمار كافـة الموارد المتاحـة للأنشطة.
٢	٢٣.٣	١٩.٨	٨٤.٩	٢-يتم وضع برامج إجتماعية وثقافيـة منوعة.
٤	٢٥.٨	٢١.١	٨١.٧	٣-يـتم التخطـيط والإعـداد الجيـد للأنشطة.
٣	٢٥.٦	٢١.١	٨٢.٥	٤-يتم تعريف كل طفل وجماعة مهـامهم فى الأنشطة.
١	٢٤.٢	٢٠.٩	٨٦.٥	٥-يتم تقييم أنشطة الأطفال وتصحيح مسارهم
الثالث	١٦.١	١٣.٣	٨٢.٥	إجمالي فعالية الأنشطة بالمؤسسة

يوضح جدول رقم (٢٩) والذى يعرض لبعض المقاييس الوصفية لمؤشر فعالية الأنشطة بالمؤسسة:

أ) جاءت مؤشرات وضوح الأنشطة المدرسية من حيث أعلى المتوسطات تطبيقاً كالآتى:

- مؤشر يتم تقييم أنشطة الأطفال وتصحيح مسارهم وجاء بمتوسط (٨٦.٥).

- مؤشر يتم وضع برامج اجتماعية وثقافية منوعة والذى بلغ متوسطه (٨٤.٩).

- مؤشر يتم تعريف كل طفل وجماعة بمهامهم فى الأنشطة والذى بلغ متوسطه (٨٢.٥).

ب) وتتفق معظم المؤشرات حول معظم المتوسطات وذلك بمؤشر معامل الاختلاف الذى تراوح بين ٢٣.٣-٢٥.١%.

ج) وبشكل عام تحتل هذه المجموعة بين متوسطات المؤشرات الترتيب الثالث وفقا لمستوى التطبيق بمتوسط (٨٢.٥) بين مجموعات المؤشرات.

جدول رقم (٣٠)

توزيع أفراد العينة وفقا لمستوى أهمية وتطبيق المؤشرات الخاصة بفعالية الأنشطة

مستوى المعنوية	قيمة x^2 (مربع كاى)	مستوى التطبيق %			الأهمية	المؤشرات
		محدود	متوسط	عالى	%	
						١- يتم إستثمار كافة الموارد المتاحة للأنشطة:
		١١.٩	١٦.٧	٥٢.٤	٨١.٠	أ-أهمية

المؤشرات	الأهمية	مستوى التطبيق %			قيمة x^2	مستوى
	%	عالى	متوسط	محدود	(مربع كاى)	المعنوية
عالية						
ب-أهمية متوسطة	١٤.٣	-	٩.٥	٤.٨	١٦.٧٤	٠.٠٠٢
ج-أهمية محدودة	٤.٨	-	-	٤.٨		
%	١٠٠	٥٢.٤	٢٦.٢	٢١.٤	-	-
٢-يتم وضع برامج إجتماعية وثقافية منوعة:						
أ-أهمية عالية	٩٥.٢	٥٧.١	٣٣.٣	٤.٨		
ب-أهمية متوسطة	٤.٨	٢.٤	٢.٤	-	٠.٢٥٢	٠.٨٨
ج-أهمية محدودة	-	-	-	-		
%	١٠٠	٥٩.٥	٣٥.٧	٤.٨	-	-
٣-يتم التخطيط والإعداد الجيد للأنشطة:						
أ-أهمية عالية	٨٥.٧	٥٢.٤	٢٦.٢	٧.١		
ب-أهمية	١٤.٣	-	١٤.٣	-	١٠.٢٩	٠.٠٠٦

المؤشرات	الأهمية %	مستوى التطبيق % عالى	متوسط	محدود	قيمة x^2 (مربع كاى)	مستوى المعنوية
متوسطة						
ج-أهمية محدودة	-	-	-	-		
%	١٠٠	٥٢.٤	٤٠.٥	٧.١	-	-
٤-يتم تعريف كل طفل وجماعة مهامهم فى الأنشطة:						
أ-أهمية عالية	٩٢.٨	٥٤.٨	٣٣.٣	٤.٧		
ب-أهمية متوسطة	٤.٨	-	٤.٨	-	١٦.٦٤	٠.٠٠٢
ج-أهمية محدودة	٢.٤	-	-	٢.٤		
%	١٠٠	٥٤.٨	٣٨.١	٧.١	-	-
٥-يتم تقييم أنشطة الأطفال وتصحيح مسارهم:						
أ-ذو أهمية عالية	٩٥.٢	٦٦.٦	٢٦.٢	٢.٤		
ب- ذو أهمية	٤.٨	-	-	٤.٨	٢٧.٣	٠.٠٠٠

المؤشرات	الأهمية	مستوى التطبيق %			قيمة x^2	مستوى
	%	عالى	متوسط	محدود	(مربع كاى)	المعنوية
متوسطة						
ج-ذو أهميـة محدودة	-	-	-	-	-	
%	١٠٠	٦٦.٦	٢٦.٢	٧.٢	-	-

أما فيما يتصل بالفروق بين مستويات الأهمية والتطبيق لتلك المجموعة والتى يوضحها

جدول رقم (٣٠) فيتضح منه ما يلى:

أ‌) وجود مستويات عالية لأهمية المؤشرات الخاصة بفعالية الأنشطة ويظهر ذلك فى مؤشر يتم وضع برامج إجتماعية وثقافية منوعة ومؤشر يتم تقييم أنشطة الأطفال وتصحيح مسارهم والتى بلغ مستوى أهمية كل منهم (٩٥.٢) ومؤشر يتم تعريف كل طفل وجماعة مهامهم فى الأنشطة حيث بلغت نسبة مستوى أهميته (٩٢.٨).

ب‌) وجود تفاوت نسبى فى مستويات تطبيق مؤشرات هذه المجموعة وبالأخص "يتم تقييم أنشطة الأطفال وتصحيح مسارهم" حيث بلغت نسبة تطبيقه (٦٦.٦) "ويتم وضع برامج اجتماعية وثقافية منوعة" حيث بلغت نسبة تطبيقه (٥٩.٥) "ويتم تعريف كل طفل وجماعة بمهامهم فى الأنشطة" والذى بلغ نسبة تطبيقه (٥٤.٨).

ج‌) وعامة لا يوجد تطابق بين مستويات الأهمية ومستويات التطبيق لهذه المجموعة من المؤشرات بدلالة قيمة مربع كاى وبالأخص "يتم تقييم

أنشطة الأطفال وتصحيح مسارهم" والتى بلغ قيمة مربع كاى لها (٢٧.٣) "ويتم إستثمار كافة الموارد المتاحة للأنشطة والتى بلغ قيمة مربع كاى لها (١٦.٧٤) ثم "يتم تعريف كل طفل وجماعة مهامهم فى الأنشطة" والتى بلغت قيمة مربع كاى لها (١٦.٦٤).

د- التقييم والمتابعة:

يساعد تقييم العمل على النهوض بالعمل شريطة توافر الشروط التى تجعل من هذا التقييم تقييما جيداً وموضوعياً غير متحيز، وجدول رقم (٣١) يوضح مستوى تطبيق المؤشرات الخاصة بالتقييم، فى حين أن جدول رقم (٣٢) يوضح الفروق بين مستوى تطبيق هذه المؤشرات ومستوى أهميتها.

جدول رقم (٣١)

مستوى تطبيق مؤشرات التقييم والمتابعة بالمؤسسة

الترتيب	معامل الإختلاف %	الإنحراف القياسى	المتوسط الحسابى	المؤشرات
١	٢٥.٦	٢١.١	٨٢.٥	١-يتم تحديد أهداف واضحة للتقييم.
٣	٢٩.٤	٢٢.٩	٧٧.٨	٢-تحدد معايير التقييم بشكل علمى غير متحيز.
٤	٣٢.٤	٢٤.٢	٧٤.٦	٣-تحدد أنواع المقاييس والاختبارات ويتم شرحها.
٥	٣٤.٨	٢٤.٦	٧٠.٦	٤-يستعان بخبرات المراكز العلمية فى التقييم الموضوعى.

المؤشرات	المتوسط الحسابى	الإنحراف القياسى	معامل الإختلاف %	الترتيب
٥-تراجع الخطط الموضوعة فى ضوء نتائح التقييم.	٨٠.٢	٢٠.٩	٢٦.١	٢
إجمالى التقييم والمتابعة بالمؤسسة	٧٧.١	١٦.١	٢٠.٩	السابع

يوضح جدول رقم (٣١) والذى يعرض بعض المقاييس الوصفية لمؤشرات التقييم والمتابعة بالمؤسسة:

أ) جاءت مؤشرات التقييم والمتابعة بالمؤسسة من حيث أعلى المتوسطات تطبيقاً كالآتى:

- مؤشر يتم تحديد أهداف واضحة للتقييم حيث بلغ متوسطه (٨٢.٥).
- مؤشر تراجع الخطط الموضوعه فى ضوء نتائج التقييم والذى بلغ متوسطه (٨٠.٢).
- مؤشر تحديد معايير التقييم بشكل علمى غير متحيز والذى جاء بمتوسط (٧٧.٨).

ب) وتتفق معظم المؤشرات حول معظم المتوسطات وذلك بمؤشر معامل الاختلاف الذى تراوح بين ٢٥.٦-٣٤.٨%.

ج) وبصفة عامة احتلت هذه المجموعة بين متوسطات المؤشرات - من حيث مستوى تطبيقها - الترتيب السابع بمتوسط (٧٧.١) بين مجموعات المؤشرات.

جدول رقم (٣٢)

توزيع أفراد العينة وفقا لمستوى أهمية وتطبيق المؤشرات الخاصة بالتقييم والمتابعة

المؤشرات	الأهمية	مستوى التطبيق %			قيمة x^2	مستوى
	%	عالى	متوسط	محدود	(مربع كاى)	المعنوية
١-يتم تحديد أهداف واضحة للتقييم:						
أ-أهمية عالية	٩٠.٥	٥٢.٤	٣٣.٣	٤.٨		
ب-أهمية متوسطة	٧.١	-	٤.٨	٢.٣	٦.٦٢	٠.١٨٠
ج-أهمية محدودة	٢.٤	٢.٤	-	-		
%	١٠٠	٥٤.٨	٣٨.١	٧.١	-	-
٢-تحدد معايير التقييم بشكل علمى غير متحيز:						
أ-أهمية عالية	٨٣.٣	٤٢.٨	٣٥.٧	٤.٨		
ب-أهمية متوسطة	١٤.٣	٢.٤	٧.١	٤.٨	١٢.٢٩	٠.٠١٥
ج-أهمية محدودة	٢.٤	-	-	٢.٤		
%	١٠٠	٤٥.٢	٤٢.٨	١٢.٠	-	-

المؤشرات	الأهمية	مستوى التطبيق %			قيمة x^2	مستوى
	%	عالى	متوسط	محدود	(مربع كاى)	المعنوية
٣-تحدد أنواع المقاييس والاختبارات ويتم شرحها:						
أ-أهمية عالية	٧٦.٢	٣٨.١	٣٥.٧	٢.٤		
ب-أهمية متوسطة	١١.٩	-	٧.١	٤.٨	٢٣.٠٥	٠.٠٠٠
ج-أهمية محدودة	١١.٩	٢.٤	-	٩.٥		
%	١٠٠	٤٠.٥	٤٢.٨	١٦.٧	-	-
٤-يستعان بخبرات المراكز العلمية فى التقييم الموضوعى:						
أ-أهمية عالية	٨٣.٣	٣٣.٣	٤٢.٩	٧.١		
ب-أهمية متوسطة	٢.٤	-	٢.٤	-	٢٦.٧٦	٠.٠٠٠
ج-أهمية محدودة	١٤.٣	-	-	١٤.٣		
%	١٠٠	٣٣.٣	٤٥.٣	٢١.٤	-	-
٥-تراجع الخطط الموضوعة فى ضوء نتائج التقييم:						
أ-أهمية	٨١.٠	٤٥.٢	٣١.٠	٤.٨		

المؤشرات	الأهمية %	مستوى التطبيق %			قيمة x^2 (مربع كاى)	مستوى المعنوية
		عالى	متوسط	محدود		
عاليـة						
ب-أهميـــة متوسطة	١٤.٣	٢.٤	١١.٩	-	١٠.٥٩	٠.٠٣١
ج-أهميـــة محـدودة	٤.٨	-	٢.٤	٢.٤		
%	١٠٠	٤٧.٦	٤٥.٣	٧.١	-	-

أما فيما يتصل بالفروق بين مستويات الأهمية والتطبيق لتلك المجموعة والتى يوضحها جدول رقم (٣٢) فيتضح منه ما يلى:

أ) وجود مستويات عالية لأهمية المؤشرات الخاصة بالتقييم والمتابعة وبالأخص "يتم تحديد أهداف واضحة للتقييم" والتى بلغت نسبتها (٩٠.٥) "وتحديد معايير التقييم بشكل علمى غير متحيز ويستعان بخبرات المراكز العلمية فى التقييم الموضوعى" حيث بلغت نسبة كل منهما (٨٣.٣).

ب) وجود تفاوت نسبى بين مستويات التطبيق لهذه المجموعة حيث بلغت نسبة مؤشرات "يتم تحديد أهداف واضحة للتقييم" (٥٤.٨) "وتراجع الخطط الموضوعة فى ضوء نتائج التقييم" (٤٧.٦) وتحدد معايير التقييم بشكل علمى غير متحيز (٤٥.٢).

ج) وعامة لا يوجد تطابق بين مستويات الأهمية ومستويات التطبيق لهذه المجموعة بدلالة قيمة مربع كاى حيث بلغ لمؤشر "يستعان بخبرات

المراكز العلمية في التقييم الموضوعي" (٢٦.٧٦) "وتحدد أنواع المقاييس والاختبارات ويتم شرحها" (٢٣.٠٥) "وتحدد معايير التقييم بشكل علمى غير متحيز" (١٢.٢٩).

ثالثا:مخرجات الأداء المؤسسى:

أ-التنمية السلوكية والتربوية للأطفال:

تعتبر التنمية السلوكية والتربوية للأطفال هـو الهـدف الأسـمى الـذى تهـدف المؤسسـة إلى تحقيقه من خلال برامجها وأنشطتها...إلخ، وجدول رقم (٣٣) يوضح مستوى تطبيق مؤشرات التنمية السلوكية والتربوية للأطفال، بينما يوضح جدول رقم (٣٤) الفروق بين مستوى تطبيق هذه المؤشرات ومستوى أهميتها.

جدول رقم (٣٣)

مستوى تطبيق مؤشرات مخرجات التنمية السلوكية والتربوية بالمؤسسة

الترتيب	معامل الإختلاف %	الإنحراف القياسى	المتوسط الحسابى	المؤشرات
٢	٢٥.٩	٢١.٠	٨١.٠	١-يتم تنمية مهـارة العمـل الجماعـى والقيادى للأطفال.
٢	٢٥.٩	٢١.٠	٨١.٠	٢- يتم تنمية الشعور بالمسئولية للأطفال خلال الأنشطة.
٢	٢٨.٤	٢٣.٠	٨١.٠	٣- يتم تشجيع المواهب المتميزة للأطفال خلال البرامج المختلفة.
٥	٣٤.٤	٢٧.٦	٨٠.٢	٤- يتم تحقيق مبـدأ تكـافؤ الفـرص بـين الأبناء.

الترتيب	معامل الإختلاف %	الإنحراف القياسى	المتوسط الحسابى	المؤشرات
١	٣٠.٠	٢٤.٧	٨٢.٥	٥- يتم توفير إرشاد دينى للأبناء بالمؤسسة.
الخامس	٢٢.٣	١٨.١	٨١.١	إجمالى مخرجات التنمية السلوكية والتربوية بالمؤسسة

يوضح جدول رقم (٣٣) والذى يعرض لبعض المقاييس الوصفية لمؤشرات التنمية السلوكية والتربوية للأطفال بالمؤسسة:

أ)   جـاءت مـؤشرات مخرجـات التنميـة السـلوكية والتربويـة بالمؤسسـة مـن حيـث أعـلى المتوسطات تطبيقاً كالآتى:

-   مؤشر يتم توفير إرشاد دينى للأبناء بالمؤسسة والذى بلغ متوسطه (٨٢.٥).

-   وبلغ باقى متوسطات هذه المجموعة (٨١.٠).

-   عدا مؤشر يتم تحقيق مبدأ تكافؤ الفرص بين الأبناء والذى بلغ متوسطه (٨٠.٢).

ب)   وتتفق معظم المؤشرات حول معظم المتوسطات وذلك بمؤشر معامل الاختلاف الـذى تراوح بين ٢٥.٩-٣٤.٤%.

ج)   وبشكل عام تحتل هذه المجموعة بين متوسطات المؤشرات مـن حيـث مستوى تطبيقهـا الترتيب الخامس بين مجموعات المؤشرات بمتوسط (٨١.١).

جدول رقم (٣٤)

توزيع أفراد العينة وفقا لمستوى أهمية وتطبيق المؤشرات الخاصة

بمخرجات التنمية السلوكية والتربوية للأطفال

المؤشرات	الأهمية	مستوى التطبيق %			قيمة x^2	مستوى
	%	عالى	متوسط	محدود	(مربع كاى)	المعنوية
١-يتم تنمية مهارة العمل الجماعى والقيادى للأطفال:						
أ-أهمية عالية	٩٢.٩	٥٠.٠	٣٨.١	٤.٨		
ب-أهمية متوسطة	٧.١	-	٤.٨	٢.٣	5.15	٠.٠٧٦
ج-أهمية محدودة	-	-	-	-		
%	١٠٠	٥٠.٠	٤٢.٩	٧.١	-	-
٢- يتم تنمية الشعور بالمسئولية للأطفال خلال الأنشطة:						
أ-أهمية عالية	٨٨.١	٥٠.٠	٣٥.٧	٢.٤		
ب-أهمية متوسطة	٧.١	-	٧.١	-	-	-
ج-أهمية محدودة	٤.٨	-	-	٤.٨		
%	١٠٠	٥٠.٠	٤٢.٨	٧.٢	-	-

المؤشرات	الأهمية	مستوى التطبيق %			قيمة x^2	مستوى
	%	عالي	متوسط	محدود	(مربع كاى)	المعنوية
٣- يتم تشجيع المواهب المتميزة للأطفال خلال البرامج المختلفة:						
أ-أهمية عالية	١٠٠.٠	٥٤.٨	٣٣.٣	١١.٩		
ب-أهمية متوسطة	-	-	-	-	-	-
ج-أهمية محدودة	-	-	-	-		
%	١٠٠	٥٤.٨	٣٣.٣	١١.٩	-	-
٤- يتم تحقيق مبدأ تكافؤ الفرص بين الأبناء:						
أ-أهمية عالية	٨٥.٧	٦١.٩	٩.٥	١٤.٣		
ب-أهمية متوسطة	١١.٩	-	٧.١	٤.٨	١٤.٨٦	٠.٠٠٥
ج-أهمية محدودة	٢.٤	-	-	٢.٤		
%	١٠٠	٦١.٩	١٦.٦	٢١.٥	-	-
٥- يتم توفير إرشاد دينى للأبناء بالمؤسسة:						
أ-أهمية	١٠٠.٠	٦١.٩	٢٣.٨	١٤.٣		

المؤشرات	الأهمية	مستوى التطبيق %			قيمة x^2	مستوى
	%	عالى	متوسط	محدود	(مربع كاى)	المعنوية
عالية						
ب-أهمية متوسطة	-	-	-	-	-	-
ج-أهمية محدودة	-	-	-	-		
%	١٠٠	٦١.٩	٢٣.٨	١٤.٣		

أما فيما يتصل بالفروق بين مستويات الأهمية والتطبيق لمؤشرات تلك المجموعة والتى يوضحها جدول رقم (٣٤) فيتضح منه ما يلى:

أ) وجود مستويات عالية لأهمية المؤشرات الخاصة بمخرجات التنمية السلوكية والتربوية للأطفال وبالأخص مؤشرات يتم تشجيع المواهب المتميزة للأطفال خلال البرامج المختلفة ومؤشر يتم توفير إرشاد دينى للأبناء بالمؤسسة والتى بلغ نسبة أهمية كل منهما على حدة (١٠٠%) ومؤشر "يتم تنمية مهارة العمل الجماعى والقيادى للأطفال" والذى بلغت نسبة أهميته (٩٢.٩).

ب) وجود تفاوت بين نسب المؤشرات فى مستويات التطبيق لهذه المجموعة حيث بلغت النسبة فى مؤشرات "يتم تقييم مبدأ تكافؤ الفرص بين الأبناء" ومؤشر "يتم توفير إرشاد دينى للأبناء بالمؤسسة" وبلغت نسبة كل منهما (٦١.٩) ومؤشر "يتم تشجيع المواهب المتميزة

للأطفال خلال البرامج المختلفة" وبلغ نسبته (٥٤.٨).

ج) وعامة لا يوجد تطابق بين مستويات التطبيق والأهمية لمؤشرات هذه المجموعة بدلالة قيمة مربع كاى وبالأخص "يتم تحقيق مبدأ تكافؤ الفرص بين الأبناء" والتى بلغ مربع كاى له (١٤.٨٦)، وأخيرا "يتم تنمية مهارة العمل الجماعى والقيادى للأطفال" والذى بلغ مربع كاى لها (٥.١٥).

ب- إدماج الأطفال فى مجتمعهم المحلى:

يعتبر إدماج الأطفال فى مجتمعهم المحلى من العوائد التى تلى التنمية السلوكية والتربوية للطفل فتهدف مؤسسات تربية المحرومين من الرعاية الأسرية إلى إعادة تأهيل الأطفال داخلها ليستطيعوا الاندماج خارجها فى مجتمعهم بعد ذلك، ويوضح جدول رقم (٣٥) مستوى تطبيق مؤشرات إدماج الأطفال فى مجتمعهم المحلى، فى حين يوضح جدول رقم (٣٦) الفروق بين مستوى تطبيق هذه المؤشرات ومستوى أهميتها.

جدول رقم (٣٥)

مستوى تطبيق مؤشرات عوائد إدماج الأطفال فى مجتمعهم بالمؤسسة

المؤشرات	المتوسط الحسابى	الإنحراف القياسى	معامل الإختلاف %	الترتيب
١-تحرص المؤسسة على خلق مناخ شبيه بمناخ الأسرة.	٨٨.١	١٩.٢	٢١.٨	٢
٢-تتيح المؤسسة فرصة زيارة أسر الطفل إن وجدت أسبوعيا.	٨٨.٩	٢١.٧	٢٤.٤	١

الترتيب	معامل الإختلاف %	الإنحراف القياسى	المتوسط الحسابى	المؤشرات
٤	٣٤.٠	٢٥.٣	٧٤.٦	٣-تنوع المؤسسة فى اختيار الأساس والمتعلقات لإشعارهم بالخصوصية.
٥	٤٩.٧	٢٨.٠	٥٦.٣	٤-توجه المؤسسة الأطفال المشردين للالتحاق بالمدرسة.
٣	٢٣.٨	٢٠.٨	٨٧.٣	٥-تمهد المؤسسة لتخرج الأبناء وتساعدهم على اختيار المهن التى تساعدهم.
السادس	١٨.٠	١٤.٢	٧٩.٠	إجمالى عوائد إدماج الأطفال فى مجتمعهم بالمؤسسة

يوضح جدول رقم (٣٥) والذى يعرض لبعض المقاييس الوصفية لمؤشرات إدماج الأطفال فى مجتمعهم المحلى بالمؤسسة:

أ)   جاءت المؤشرات الخاصة بعوائد إدماج الأطفال فى مجتمعهم بالمؤسسة من حيث أعلى المتوسطات تطبيقاً كالآتى:

-    مؤشر تتيح المؤسسة فرصة زيارة أسر الطفل إن وجدت أسبوعيا وجاء متوسطه (٨٨.٩).

-    مؤشر تحرص المؤسسة على خلق مناخ شبيه بمناخ الأسرة وبلغ متوسطه (٨٨.١).

-    مؤشر تمهد المؤسسة لتخرج الأبناء وتساعدهم على إختيار المهن وبلغ

متوسطه (٨٧.٣).

ب) وتتفق معظم المؤشرات حول معظم المتوسطات وذلك بمؤشر معامل الاختلاف الذى تراوح بين ٤٩.٧% - ٢١.٨%.

ج) وبشكل عام تحتل هذه المجموعة من المؤشرات الترتيب السادس بين متوسطات مجموعات المؤشرات - من حيث مستوى تطبيقها - بمتوسط (٧٩.٠).

جدول رقم (٣٦)

توزيع أفراد العينة وفقا لمستوى أهمية وتطبيق المؤشرات الخاصة

بعوائد إدماج الأطفال فى مجتمعهم

المؤشرات	الأهمية	مستوى التطبيق %			قيمة x^2	مستوى
	%	عالى	متوسط	محدود	(مربع كاى)	المعنوية
١-تحرص المؤسسة على خلق مناخ شبيه بمناخ الأسرة:						
أ-أهمية عالية	٩٢.٨	٦٦.٦	٢١.٤	٤.٨		
ب-أهمية متوسطة	٧.٢	٢.٤	٤.٨	-	٢.٧٧	٠.٢٥٠
ج-أهمية محدودة	-	-	-	-		
%	١٠٠	٦٩.٠	٢٦.٢	٤.٨	-	-
٢-تتيح المؤسسة فرصة زيارة أسر الطفل إن وجدت أسبوعيا:						
أ-أهمية	٩٠.٥	٧٦.٢	٩.٥	٤.٨		

المؤشرات	الأهمية	مستوى التطبيق %			قيمة x^2	مستوى
	%	عالى	متوسط	محدود	(مربع كاى)	المعنوية
عاليـة						
ب-أهميـــــة متوسطة	٤.٨	-	٤.٨	-	٣٢.٤٢	٠.٠٠٠
ج-أهميـــــة محـدودة	٤.٨	-	-	٤.٨		
%	١٠٠	٧٦.٢	١٤.٣	٩.٥	-	-
٣-تنوع المؤسسة فى إختيار الأساس والمتعلقات لإشعارهم بالخصوصية:						
أ-أهمية عاليـة	٦٦.٦	٣٥.٨	٢١.٤	٩.٤		
ب-أهميـــــة متوسطة	١٩.١	-	١٤.٣	٤.٨	٩.٢٢	٠.٠٥٦
ج-أهميـــــة محـدودة	١٤.٣	٧.١	٢.٤	٤.٨		
%	١٠٠	٤٢.٩	٣٨.١	١٩.٠	-	-
٤-توجه المؤسسة الأطفال المشردين للإلتحاق بالمدرسة:						
أ-أهمية عاليـة	٤٧.٦	٢٣.٨	٧.١	١٦.٧		
ب-أهميـــــة متوسطة	٢٦.٢	-	١٤.٣	١١.٩	٢٦.٠٨	٠.٠٠٠

المؤشرات	الأهمية	مستوى التطبيق %			قيمة x^2	مستوى
	%	عالى	متوسط	محدود	(مربع كاى)	المعنوية
ج-أهمية محدودة	٢٦.٢	-	-	٢٦.٢		
%	١٠٠	٢٣.٨	٢١.٤	٥٤.٨	-	-
٥-تمهد المؤسسة لتخرج الأبناء وتساعدهم على إختيار المهن التى تساعدهم:						
أ-أهمية عالية	٩٧.٦	٦٩.١	٢١.٤	٧.١		
ب-أهمية متوسطة	٢.٤	-	٢.٤	-	٣.٢٨	٠.١٩٤
ج-أهمية محدودة	-	-	-	-		
%	١٠٠	٦٩.١	٢٣.٨	٧.١	-	-

أما فيما يتصل بالفروق بين مستويات الأهمية والتطبيق لتلك المجموعة والتى يوضحها جدول رقم (٣٦) فيتضح منه ما يلى:

أ) وجود مستويات عالية لأهمية المؤشرات الخاصة بعوائد إدماج الأطفال وبخاصة مؤشرات "تمهد المؤسسة لتخرج الأبناء وتساعدهم على اختيار المهن التى تساعدهم" والذى جاء بنسبة (٩٧.٦) وكذلك مؤشر "تحرص المؤسسة على خلق مناخ شبيه بمناخ الأسرة" والذى بلغ نسبته (٩٢.٨) "وتتيح المؤسسة فرصة زيارة أسر الطفل إن وجد

أسبوعيا (٩٠.٥).

ب) وجود تفاوت بين نسب مستويات التطبيق لتلك المؤشرات وبالأخص "تتيح المؤسسة فرصة زيارة أسر الطفل إن وجدت أسبوعيا" والتى بلغت نسبتها (٧٦.٢) ومؤشر "تمهد المؤسسة لتخرج الأبناء وتساعدهم على إختيار المهن التى تساعدهم" ومؤشر "تحرص المؤسسة على خلق مناخ شبيه بمناخ الأسرة حيث بلغت نسبة المؤشر الأول (٦٩.١) والثانى (٦٩.٠).

ج) وعامة لا يوجد تطابق بين مستويات الأهمية والتطبيق لهذه المؤشرات بدلالة قيمة مربع كاى والذى بلغ (٣٢.٤٢) لمؤشر "تتيح المؤسسة فرصة زيارة أسر الطفل إن وجدت أسبوعيا" وكذا "توجه الأطفال المشردين للالتحاق بالمؤسسة" والتى بلغت قيمة مربع كاى لها (٢٦.٠٨).

ج- دعم الدفاع الاجتماعى بالإقليم من قبل هذه المؤسسات:

إن دعم الدفاع الاجتماعى بالأقاليم من قبل المؤسسة يتحقق عند تفعيل دور المؤسسات الإيوائية بالأقاليم لتقبل الطفل المشرد فى الشارع بجانب أبنائها عندئذ يتحقق الدفاع الاجتماعى بكل إقليم فى مصر، ويوضح جدول رقم (٣٧) مستوى تطبيق المؤشرات الخاصة بدعم الدفاع الاجتماعى بالأقاليم، بينما يوضح جدول رقم (٣٨) الفروق بين مستوى تطبيق هذه المؤشرات ومستوى أهميتها.

جدول رقم (٣٧)

مستوى تطبيق مؤشرات دعم الدفاع الاجتماعى بالإقليم

المؤشرات	المتوسط الحسابى	الإنحراف القياسى	معامل الإختلاف %	الترتيب
١-تؤمن المؤسسة بدورها فى خدمة المجتمع	٨٤.٩	٢٣.٥	٢٧.٧	١
٢-التصدى لظاهرة الطفل المشرد واجب رئيسى للمؤسسة	٧٢.٢	٢٧.٥	٣٨.٠	٣
٣-تقوم المؤسسة بدور إيجابى إصلاحى فى الأسر المفككة	٥٦.٣	٢٥.٠	٤٤.٤	٥
٤-ترتبط المؤسسة وتنسق مع المنظمات الأخرى ذات العلاقة	٧٩.٤	٢٦.٥	٣٤.٤	٢
٥-تبنى المؤسسة قنوات اتصال مع المؤسسات العلمية المتخصصة فى تربية الطفل	٧٢.٢	٢٥.٤	٣٥.٢	٣
إجمالى أثر دعم الدفاع الاجتماعى بالإقليم	٧٣.٠	١٥.٠	٢٠.٥	التاسع

يوضح جدول رقم (٣٧) والذى يعرض لبعض المقاييس الوصفية لمؤشرات دعم الدفاع الاجتماعى بالإقليم بالمؤسسة:

أ) جاءت المؤشرات الخاصة بآثار دعم الدفاع الاجتماعى بالإقليم من حيث أعلى المتوسطات تطبيقاً كالآتى:

- مؤشر تؤمن المؤسسة بدورها فى خدمة المجتمع والذى بلغ متوسطه

(٨٤.٩).

- مؤشر ترتبط المؤسسة وتنسق مع المنظمات الأخرى ذات العلاقة وجاءت بمتوسط (٧٩.٤).

- مؤشر تبنى المؤسسة قنوات إتصال مع المؤسسات العلمية المتخصصة فى تربية الطفل، ومؤشر التصدى لظاهرة الطفل المشرد واجب رئيسى للمؤسسة حيث بغت متوسط كل منهما على حدة (٧٢.٢).

ب) وتتفق معظم المؤشرات حول معظم المتوسطات وذلك بمؤشر معامل الاختلاف الذى تراوح بين ٢٧.٧-٤٤.٤%.

ج) وبشكل عام تحتل هذه المجموعة بين متوسطات المؤشرات - من حيث مستوى تطبيقها - الترتيب التاسع بمتوسط (٧٣.٠) بين مجموعات المؤشرات.

جدول رقم (٣٨)

توزيع أفراد العينة وفقا لمستوى أهمية وتطبيق المؤشرات الخاصة

بآثار دعم الدفاع الاجتماعى بالإقليم

المؤشرات	الأهمية	مستوى التطبيق %			قيمة x^2	مستوى
	%	عالى	متوسط	محدود	(مربع كاى)	المعنوية
١-تؤمن المؤسسة بدورها فى خدمة المجتمع:						
أ-أهمية عالية	١٠٠.٠	٦٦.٧	٢١.٤	١١.٩		
ب-أهمية متوسطة	-	-	-	-	-	-

المؤشرات	الأهمية %	مستوى التطبيق % عالى	متوسط	محدود	قيمة x^2 (مربع كاى)	مستوى المعنوية
ج-أهمية محدودة	-	-	-	-		
%	١٠٠	٦٦.٧	٢١.٤	١١.٩	-	-
٢-يعد التصدى لظاهرة الطفل المشرد واجب رئيسى للمؤسسة:						
أ-أهمية عالية	٨٣.٣	٤٢.٩	١٩.٠	٢١.٤		
ب-أهمية متوسطة	١١.٩	-	١١.٩	-	١٨.١٣	٠.٠٠١
ج-أهمية محدودة	٤.٨	-	-	٤.٨		
%	١٠٠	٤٢.٩	٣٠.٩	٢٦.٢	-	-
٣-تقوم المؤسسة بدور إيجابى إصلاحى فى الأسر المفككة:						
أ-أهمية عالية	٧٦.٢	١٦.٧	٣٣.٣	٢٦.٢		
ب-أهمية متوسطة	٧.٢	-	٢.٤	٤.٨	١٠.٧١	٠.٠٣٠
ج-أهمية محدودة	١٦.٦	-	-	١٦.٦		
%	١٠٠	١٦.٧	٣٥.٧	٤٧.٦	-	-

المؤشرات	الأهمية	مستوى التطبيق %			قيمة x^2	مستوى
	%	عالى	متوسط	محدود	(مربع كاى)	المعنوية
٤-ترتبط المؤسسة وتنسق مع المنظمات الأخرى ذات العلاقة:						
أ-أهمية عالية	٨١.٠	٥٧.٢	١٦.٧	٧.١		
ب-أهمية متوسطة	١٩.٠	-	٧.١	١١.٩	١٦.٢٢	٠.٠٠٠
ج-أهمية محدودة	-	-	-	-		
%	١٠٠	٥٧.٢	٢٣.٨	١٩.٠	-	-
٥-تبنى المؤسسة قنوات إتصال مع المؤسسات العلمية المتخصصة فى تربية الطفل:						
أ-أهمية عالية	٨١.٠	٣٨.١	٢٨.٦	١٤.٣		
ب-أهمية متوسطة	٩.٥	-	٩.٥	-	١٤.١٧	٠.٠٠٧
ج-أهمية محدودة	٩.٥	-	٢.٤	٧.١		
%	١٠٠	٣٨.١	٤٠.٥	٢١.٤	-	-

أما فيما يتصل بالفروق بين مستويات الأهمية والتطبيق لتلك المجموعة والتى يوضحها جدول رقم (٣٨) فيتضح منه ما يلى:

أ) وجود مستويات عالية لأهمية المؤشرات الخاصة بأثر دعم الدفاع الاجتماعى بالأقاليم وبالأخص مؤشر "تؤمن المؤسسة بدورها فى خدمة المجتمع" والذى بلغت نسبته (١٠٠%) ومؤشر "يعد التصدى لظاهرة الطفل المشرد واجباً رئيسياً للمؤسسة" والذى جاء بنسبة (٨٣.٣) ومؤشرى "ترتبط المؤسسة وتنسق مع المنظمات الأخرى ذات العلاقة، وتبنى المؤسسة قنوات اتصال مع المؤسسات العلمية المتخصصة فى تربية الطفل" والذى بلغ كلٌ منهما نسبة (٨١.٠).

ب) وجود تفاوت فى مستويات التطبيق لتلك المؤشرات وبخاصة مؤشر "تؤمن المؤسسة بدورها فى خدمة المجتمع" والذى بلغ نسبة أهميته (٦٦.٧) ومؤشر "ترتبط المؤسسة وتنسق مع المنظمات الأخرى ذات العلاقة" بنسبة (٥٧.٢) ومؤشر "يعد التصدى لظاهرة الطفل المشرد واجب رئيسى للمؤسسة" والذى بلغ (٤٢.٩).

ج) وعامة لا يوجد تطابق بين مستويات التطبيق ومستويات الأهمية بين المؤشرات بدلالة قيمة مربع كاى وبالأخص "يعد التصدى لظاهرة الطفل المشرد واجباً رئيسياً للمؤسسة" والذى بلغ مربع كاى له (١٨.١٣) "وترتبط المؤسسة وتنسق مع المنظمات الأخرى ذات العلاقة" بقيمة مربع كاى البالغة (١٦.٢٢) ومؤشر "تبنى المؤسسة قنوات اتصال مع المؤسسات العلمية المتخصصة فى تربية الطفل" بقيمة مربع كاى وقدره (١٤.١٧).

العلاقة بين مكونات النموذج التصورى:

لكى تحقق هذه المؤسسات الأهداف التى تسعى إليها لابد أن يكون هناك

ارتباط المدخلات والموارد المتاحة للمؤسسة والعمليات والأنشطة والبرامج المقدمـة للأبناء وبـين مخرجات الأداء المؤسسى. ويوضح جدول رقم (٣٩) مدى الارتباط بين المـدخلات والعمليات مـن ناحية وبينها وبين المخرجات والعوائد وأثر دعم الدفاع الاجتماعى فى الأقاليم مـن ناحيـة أخرى من خلال استخدام معاملات الارتباط البسيط، ثم التعرف على العلاقة بـين مؤشرات المـدخلات والعمليات بمخرجات التنمية السلوكية، كما فى جـدول رقم (٤٠) ثـم التعرف عـلى العلاقـة بـين مؤشرات المـدخلات والعمليات وبـين عوائـد إدماج الأطفال فى مجـتمعهم باستخدام معامـل الانحدار الجزئى والمتعدد كما فى جدول رقم (٤١)، ثم التعرف على العلاقة بين مؤشرات المدخلات والعمليات بآثار دعم الدفاع الاجتماعى بالأقاليم باستخدام أيضا معامل الانحدار الجزئى والمتعدد كما فى جدول رقم (٤٢).

جدول رقم (٣٩)

معاملات الارتباط البسيط بين مجموعة مؤشرات المدخلات والعمليات

وبين مخرجات الأداء بالمؤسسة

أثر دعم الدفاع الاجتماعى بالإقليم		عوائد إدماج الأطفال فى المجتمع		مخرجات التنمية السلوكية والتربوية		مجموعة المؤشرات الخاصة بالمدخلات والعمليات
مستوى المعنوية (P>)	معامل الارتباط (r)	مستوى المعنوية (P>)	معامل الارتباط (r)	مستوى المعنوية (P>)	معامل الارتباط (r)	
٠.٠٠٣	٠.٤٥**	٠.٠٠١	٠.٤٩**	٠.٠٠٠	٠.٦٧**	سياسات وأهداف المؤسسة
٠.١٣٣	٠.٢٤	٠.٠٧٤	٠.٢٨	٠.٠١٣	٠.٣٨*	الإمكانيات البشرية للمؤسسة
٠.٠١٨	٠.٣٧*	٠.٢٧	٠.١٧	٠.٨٠	٠.٠٤١-	الإمكانات المادية للمؤسسة
٠.٠٧٤	٠.٢٨	٠.٠٠٧	٠.٤١**	٠.٠٠٣	٠.٤٥**	مناخ العمل بالمؤسسة

أثر دعم الدفاع الاجتماعى بالإقليم		عوائد إدماج الأطفال فى المجتمع		مخرجات التنمية السلوكية والتربوية		مجموعة المؤشرات الخاصة بالمدخلات والعمليات
مستوى المعنوية (P>)	معامل الارتباط (r)	مستوى المعنوية (P>)	معامل الارتباط (r)	مستوى المعنوية (P>)	معامل الارتباط (r)	
٠.١٨	٠.٢١	٠.٢٥	٠.١٨٣	٠.٠٠٢	٠.٤٧**	الإدارة والإشراف بالمؤسسة
٠.٦٧	٠.٠٦٧	٠.٤٧	٠.١١٥	٠.٤٤	٠.١٢	الرضا الوظيفى للعاملين
٠.٠١٩	٠.٣٦*	٠.٠٠١	٠.٥٠**	٠.٠٠٠	٠.٦٩**	فعالية الأنشطة بالمؤسسة
٠.٠٤٠	٠.٣٢*	٠.٠٦٣	٠.٢٩	٠.٤٦	٠.١٢	التقييم والمتابعة بالمؤسسة

(**) إرتباط معنوي حتى مستوى ٠.٠٥   (*) إرتباط معنوي حتى مستوى ٠.٠١

يوضح الجدول رقم (٣٩) ما يلى:

أ) وجود ارتباط دال عند مستوى ٠.٠١ بين مخرجات التنمية السلوكية والتربوية ومؤشرات الإمكانيات البشرية للمؤسسة، ودال عند ٠.٠٥ مع مؤشرات سياسات وأهـداف المؤسسـة ومناخ العمل والإدارة والإشراف وأخيراً فعالية الأنشطة.

ب) فى حين أنه يوجـد ارتبـاط دال فقـط عنـد مستوى ٠.٠٥ بـين عوائـد إدمـاج الأطفـال فى المجتمع ومؤشرات:سياسيات وأهداف المؤسسة ومناخ العمل بالمؤسسة وفعالية الأنشطة بالمؤسسة.

ج) يوجد ارتباط معنوى دال عند مستوى ٠.٠١ بـين أثـر دعـم الـدفاع الاجتماعـى بالإقليم ومؤشرات الإمكانيات المادية وفعالية الأنشطة والتقييم والمتابعة بالمؤسسة، وارتباط دال عند مستوى ٠.٠٥ لمؤشرات سياسات وأهداف المؤسسة.

جدول رقم (٤٠)

معامل الانحدار الجزئى والمتعدد لعلاقة مجموعة مؤشرات المدخلات والعمليات

بمخرجات التنمية السلوكية والتربوية للأطفال

مجموعة المؤشرات	معامل الإنحدار الجزئى	قيمة (t)	مستوى المعنوية (p>)	معامل الإنحدار الجزئى القياسى	الترتيب
سياسات وأهداف المؤسسة	٠.٨٣	٤.٦٩	٠.٠٠٠	٠.٦٢	١
الإمكانيات البشرية للمؤسسة	٠.٣٥-	٢.٨٢	٠.٠٠٨	٠.٢٨	٤
الإمكانات المادية للمؤسسة	٠.٥١	٣.٥٧	٠.٠٠١	٠.٤٣	٢
مناخ العمل بالمؤسسة	٠.٣٥	١.٩٩	٠.٠٥٥	٠.٢٥	٥
الإدارة والإشراف بالمؤسسة	٠.٢٧	٢.٠٦	٠.٠٤٧	٠.٢٥	٥
الرضا الوظيفى للعاملين	٠.٣٤-	١.٩٥	٠.٠٦٠	٠.٢١	٧
فعالية الأنشطة بالمؤسسة	٠.٥٦	٣.٦٦	٠.٠٠١	٠.٤١	٣
التقييم والمتابعة بالمؤسسة	٠.٠٩٧	٠.٧٦	٠.٤٥٥	٠.٠٩	٨
معامل التحديد (R^2) ٠.٧٩					
قيمة (ف) ١٥.٨			مستوى المعنوية ٠.٠٠٠		

ويوضح جدول رقم (٤٠) ما يلى:

أ)   اتضح وجود دلالة إحصائية عند مستوى ٠.٠٥ فأكثر لمجموعة المؤشرات الخاصة بسياسات وأهداف المؤسسة، الإمكانات البشرية للمؤسسة، الإمكانات المادية للمؤسسة، والإدارة والإشراف بالمؤسسة وفعالية الأنشطة بالمؤسسة فى علاقتها بمخرجات التنمية السلوكية والتربوية للأطفال.

ب)   ويسهم معامل الارتباط الجزئى والمتعدد فى ترتيب الإسهام النسبى لمجموعات المؤشرات -فعاليتها- فى علاقتها بمخرجات التنمية السلوكية والتربوية للأطفال التى جاءت فى توزيعها كالآتى:

١)   سياسات وأهداف المؤسسة.   ٣) فعالية الأنشطة بالمؤسسة.

٢)   الإمكانات المادية للمؤسسة.   ٤) الإمكانات البشرية للمؤسسة.

ج)   ويبلغ معامل التحديد ٠.٧٩ وهو ما يعنى أن هذه المجموعة من المؤشرات تسهم فى تفسير التباين لـ ٧٩% من فعالية مخرجات التنمية السلوكية والتربوية للأطفال وذلك بدلالة معنوية قيمة (ف) التى بلغت (١٥.٨) عند مستوى معنوية عال جدا.

جدول رقم (٤١)

معامل الانحدار الجزئي والمتعدد لعلاقة مجموعة مؤشرات المدخلات

والعمليات بعوائد إدماج الأطفال في مجتمعهم

الترتيب	معامل الإنحدار الجزئى القياسى	مستوى المعنوية (p>)	قيمة (t)	معامل الإنحدار الجزئى	مجموعة المؤشرات
٣	٠.٢٧	٠.٢٥	١.١٨	٠.٢٨	سياسات وأهداف المؤسسة
٨	٠.٠٢٠	٠.٩١	٠.١٢	٠.٠٢	الإمكانيات البشرية للمؤسسة
٦	٠.٠٩٥	٠.٦٥	٠.٤٧	٠.٠٨-	الإمكانات المادية للمؤسسة
٥	٠.١٢٨	٠.٥٥	٠.٦٠	٠.١٤	مناخ العمل بالمؤسسة
٢	٠.٢٨	٠.٢٠	١.٣١	٠.٢٣-	الإدارة والإشراف بالمؤسسة
٧	٠.٠٢٨	٠.٨٨	٠.١٥	٠.٠٣٥	الرضا الوظيفى للعاملين
١	٠.٣٨	٠.٠٥	١.٩٧	٠.٤١	فعالية الأنشطة بالمؤسسة
٤	٠.٢٤	٠.٢٤	١.٢٠	٠.٢١	التقييم والمتابعة

الترتيب	معامل الإنحدار الجزئى القياسى	مستوى المعنوية (p>)	قيمة (t)	معامل الإنحدار الجزئى	مجموعة المؤشرات
					بالمؤسسة
				٠.٢٤	معامل التحديد (R^2)
		مستوى المعنوية ٠.٠٢٥		٢.٦١	قيمة (ف)

يوضح جدول رقم (٤١) ما يلى:

أ) مجموعة المؤشرات ذات الدلالة المعنوية اقتصرت فقط على مؤشر فعالية الأنشطة بالمؤسسة عند مستوى دلالة ٠.٠٥ فى علاقته بعوائد إدماج الأطفال فى مجتمعهم.

ب) يسهم الارتباط الجزئى والمتعدد فى ترتيب الإسهام النسبى لمجموعة المؤشرات فى علاقتها بعوائد إدماج الأطفال فى مجتمعهم والتى جاءت فى معظمها كالآتى:

١) فعالية الأنشطة بالمؤسسة. ٢) الإدارة والإشراف.

٣) سياسات وأهداف المؤسسة. ٤) التقييم والمتابعة بالمؤسسة.

ج) يبلغ معامل التحديد ٠.٢٤ والذى يشير إلى هذه النوعية من المؤشرات تسهم فى تفسير التباين لـ ٠.٢٤ من فعالية عوائد إدماج الأطفال فى مجتمعهم وذلك بدلالة قيمة (ف) والتى بلغت (٢.٦١) عند مستوى دلالة ٠.٠٢.

جدول رقم (٤٢)

معامل الانحدار الجزئى والمتعدد لعلاقة مجموعة مؤشرات المدخلات والعمليات

بآثار دعم الدفاع الاجتماعى بالإقليم

مجموعة المؤشرات	معامل الإنحدار الجزئى	قيمة (t)	مستوى المعنوية (p>)	معامل الإنحدار الجزئى القياسى	الترتيب
سياسات وأهداف المؤسسة	٠.٢٢	٠.٨٢	٠.٤٢	٠.٢٠	٢
الإمكانيات البشرية للمؤسسة	٠.١٠	٠.٥٣	٠.٦٠	٠.١٠	٥
الإمكانات المادية للمؤسسة	٠.٢٥	١.١٥	٠.٢٦	٠.٢٥	١
مناخ العمل بالمؤسسة	٠.١٨	٠.٦٥	٠.٥٢	٠.١٥	٣
الإدارة والإشراف بالمؤسسة	٠.٠٠٥	٠.٠٣-	٠.٩٨	٠.٠١	٨
الرضا الوظيفى للعاملين	٠.١٤-	٠.٥٢-	٠.٦١	٠.١١	٤
فعالية الأنشطة بالمؤسسة	٠.١١	٠.٤٧	٠.٦٤	٠.١٠	٥
التقييم والمتابعة بالمؤسسة	٠.٠٥	٠.٢٩	٠.٧٧	٠.٠٦	٧
معامل التحديد (R^2)	٠.١٢				
قيمة (ف)	١.٧١		مستوى المعنوية ٠.١٣١		

يوضح جدول رقم (٤٢) ما يلى:

أ) عدم وجود مؤشر ذى دلالة فى مؤشرات تلك المجموعة.

ب) يسهم معامل الارتباط الجزئى والمتعدد فى ترتيب الإسهام النسبى لمجموعة المؤشرات فى علاقتها بآثار الدفاع الاجتماعى بالإقليم والتى جاءت فى معظمها كالآتى:

١) الإمكانات المادية للمؤسسة ٢) سياسات وأهداف المؤسسة.

٣) مناخ العمل. ٤) الرضا الوظيفى للعاملين.

ج) ويبلغ معامل التحديد ٠.١٢ وهذا يعنى أن هذه النوعية من المؤشرات تسهم فى تفسير التباين لـ ٠.١٢ فقط من فعالية آثار دعم الدفاع الاجتماعى وذلك بدلالة قيمة (ف) والتى بلغت (١.٧١) عند مستوى معنوى منخفض.

ب-عرض النتائج التى أظهرتها الأسئلة المفتوحة بالاستبيان مع عينة العاملين بتلك المؤسسات:

المحور الأول:أهم المهام والمعوقات ومقترحات تطوير المؤسسة لعينة العاملين بتلك المؤسسات:

أ-أهم المهام التى يقوم بها عينة العاملين بالمؤسسات (موضوع الدراسة):

تم تصنيف المهام التى يقوم بها العاملون بالمؤسسات (موضوع الدراسة) إلى ثلاث مجموعات هى [1]:

(١) لم يجر عمل تكرارات للمهام نظرا لإختلاف مهام العاملين بكل مجموعة.

١-أنشطة متابعة وإشراف عام:

- الإشراف الكامل على أنشطة المؤسسة والأبناء.

- متابعة الأبناء بورشهم.

- متابعة النظافة الشخصية والمظهر العام للأبناء.

- متابعة مستوى تغذية الأبناء على مدار اليوم.

- استقبال وتوجيه مجهولي النسب.

- الإشراف على المخازن.

- وضع برامج التغذية والإشراف على صلاحيتها.

٢-أنشطة تربوية وتعليمية:

- تقديم الخدمات الثقافية والدينية.

- تقديم الخدمات الرياضية والترويجية.

- تنظيم رحلات داخلية وخارجية للأبناء.

- متابعة الأبناء في مدارسهم.

- تكوين فرق رياضية من العناصر المتميزة وعمل دورات رياضية.

- التوعية الدينية وتعويدهم على الصلاة وتحفيظ القرآن.

- تدريس اللغة الإنجليزية.

٣-أنشطة مالية وإدارية:

- الإشراف على شئون العاملين والعمال.

- حل المشكلات الخاصة بالعاملين وتنظيم الأجازات.

- عمل مصروف يومى للأبناء وتنظيم الادخار.

- إعداد كشوف الرواتب وإعداد السلف المؤقتة والمستديمة.

- مراجعة فواتير المشتريات.

- تسجيل الصادر والوارد.

- تسجيل التبرعات العينية والنقدية.

ب- أهم المعوقات التى تعوق من تحقيق المؤسسة لأهدافها على الوجه المطلوب:

يظهر ذلك من خلال تصنيف هذه المعوقات إلى مجموعات خاصة بسلوكيات الأبناء، الإمكانات المادية والفنية، والجوانب الإدارية والمالية كنتيجة لآراء عينة العاملين أنفسهم كما يبينها جدول رقم (٤٣):

جدول رقم (٤٣)

أهم المعوقات التى تعرقل قيام العاملين بأدوارهم بالمؤسسات

كفر الشيخ		المنصورة		المعوقات
بنات	بنين	بنات	بنين	
				أولا: خاصة بالأبناء وأفراد المجتمع
*		**	*	- السلوك غير السوى لبعض الأبناء
			**	- ضعف إستجابة الأبناء للنصح والإرشاد.
			*	- ضعف إستجابة الأبناء لتعلم اللغات.

كفر الشيخ		المنصورة		المعوقات
بنات	بنين	بنات	بنين	
	*			-إختلاف البيئات يسبب مشكلات بين الأبناء.
	*			-عدم وجود وعى بين أفراد المجتمع للتعاون مع المؤسسة.
				ثانيا:الإمكانيات المادية والفنية:
	*		*	-قلة مساحة المؤسسة وصغر مساحة الفناء.
**	*		**	-قلة الإمكانيات الرياضية وضعف الاهتمام بالرياضة.
	*			-نقص إمكانيات الكمبيوتر والأخصائيين.
			*	-عدم وجود وسائل إيضاح تعليمية.
			*	-عدم وجود مدرسين موسيقى.
*	*	*	*	-عدم توفر أخصائيين للتنسيق بين البرامج.

كفر الشيخ		المنصورة		المعوقات
بنات	بنين	بنات	بنين	
				ثالثا:الجوانب الإدارية والمالية:
			*	-زيادة حجم وعبء العمل اليومى.
			*	-ضعف الحوافز وأجور العاملين.
			**	-عدم مرونة اللوائح التى تحكم العمل بالمؤسسة.
	*		*	-عدم وجود تنسيق وتعاون مع المؤسسات الأخرى.
	*			-عدم كفاية العمال المدربين.
	*			-قلة خبرات التطبيق للأخصائيين.
			*	-سيطرة الروتين على العمل بالمؤسسة.

(*) تشير لتكرار الاستجابة مرة واحدة حول المعوق.

(**) تشير لتكرار الاستجابة مرتين حول المعوق.

يوضح جدول رقم (٤٣) ما يلى:

١) جاءت أهم المعوقات التى تعرقل المهام التى يقوم بها عينة العاملين

بهذه المؤسسات والأكثر تكرارا مثل قلة الإمكانيات الرياضية وضعف الاهتمام بالرياضة، عدم توفر أخصائيين للتنسيق والتخطيط للبرامج المؤسسية، والسلوك غير السوى لبعض الأبناء.

٢) ومن المعوقات التى حصلت على تكرار أقل جاءت ضعف استجابة الأبناء لتعلم اللغات واختلاف البيئات التى حضر منها الأبناء يسبب مشكلات بينهم، قلة وجود وسائل إيضاح تعليمية وضعف الحوافز وأجور العاملين وسيطرة الروتين على العمل بالمؤسسة وقلة خبرة التطبيق للأخصائيين وغيرها.

المحور الثانى: مقترحات التطوير والنهوض بمؤسسات تربية فاقدى الرعاية من قبل عينة العاملين:

تم تصنيف المقترحات التى أبداها عينة العاملين بمؤسسات تربية فاقدى الرعاية الأسرية للنهوض بمستوى تلك المؤسسات إلى ثلاث مجموعات خاصة بالتوجيهات السلوكية لأبناء المؤسسة والمشردين بالشارع ومجموعة خاصة بالإمكانيات المادية والفنية، والإشراف الإدارى والمالى كما هو موضح بالجدول التالى:

جدول رقم (٤٤)

مقترحات التطوير بالمؤسسات المعنية

كفر الشيخ		المنصورة		المقترح
بنات	بنين	بنات	بنين	
				أولا: التوجيهات الإشرافية والسلوكية لأبناء المؤسسة
		*		-الاهتمام بالرعاية الطبية للأبناء.
*		*		-دراسات الحالة لكل إبن من أبناء المؤسسة.
*		*	*	-توعية المجتمع بدور المؤسسة.
	*			-إجراء بحوث نفسية واجتماعية للأبناء الملتحقين بالمؤسسة
**	*	*	**	-تنـــــوع الأنشــــطة المقدمـــــة للأطفـــــال (رياضية/اجتماعية/ثقافية/تربوية).
*	*	*		-التعاون بين المؤسسة ومكاتب الأسرة.
			*	-فصل الفئات العمرية بين الأبناء فى أقسام.
		*	*	-استحداث نشاط متابعة الأبناء بعد التخرج.
			**	-توفير فرص عمل ومسكن للأبناء بعد التخرج.
	**		*	-زيادة الندوات مع الأبناء لتوعيتهم سلوكيا.
			**	-توفير مزيد من دور مؤسسات الرعاية.
				ثانيا: الإمكانيات المادية والإشراف الإدارى:

المقترح	المنصورة		كفر الشيخ	
	بنين	بنات	بنين	بنات
-زيادة مساحة المؤسسة وأماكن النشاط.			**	
-مراعاة التسكين الوظيفى للعاملين طبقا لتخصصهم واستكمال التخصصات الغائبة.	*			*
-زيادة عدد الندوات والأنشطة الثقافية بالمؤسسة.	*	*		
-دعم الأجهزة والإمكانيات المادية بالمؤسسة مع وجود تسهيلات.	*	*		
-زيادة عدد المشرفين بالمؤسسة.	*	**	*	*
-توفير أخصائيين نفسيين.	*	*	*	*
-توفير أجهزة حاسب آلى وأخصائى كمبيوتر.	*	**		*
-توفير التدريب الملائم للأخصائيين لمتابعة الجديد.	*	*		
-زيادة دعم وزارة الشئون الاجتماعية للمؤسسة.	*			
-زيادة الدعاية لتدعيم دور المؤسسة.	**	*	***	*
-توفير وسائل مواصلات للعاملين.	*			
-زيادة الأجور والحوافز للعاملين.	*			*
-تغيير بعض اللوائح الجامدة لتوفير المرونة.	**	*		
-بذل جهود فى مجال الإحصاء والتسجيل	*	**		

كفر الشيخ		المنصورة		المقترح
بنات	بنين	بنات	بنين	
				وقواعد البيانات.
**	*	**		-تبادل الخبرة بين المؤسسات في مجال تربية الطفل.
	**			-تدريب العاملين على أساليب التعامل مع الأطفال.
				ثالثا:المؤسسة وظاهرة التشرد:
**	**		*	-توجيه الإعلام لخطورة ظاهرة الأطفال المشردين.
			**	-التوجه الديني بالمساجد لظاهرة الأطفال المشردين.
		*	**	-ضم الأطفال المشردين للمؤسسة عن طريق قنوات شرعية.
*			*	-قيام كل حي بكفالة أطفاله المشردين.
			*	-زيـادة جهـود البحـث عـن الأطفـال المشـردين وضـمهم للمؤسسات.
	**		*	-توعية الأسر المفككة بدور المؤسسة.
			*	-زيادة التعاون بين المؤسسة وأجهزة الأمن.
**		**	**	-التعاون مع الشرطة لجذب المشردين.
*	**	**		-إنشاء مؤسسات إقليمية لأطفال الشوارع.

(*) تشير لتكرار الاستجابة مرة واحدة حول المعوق.

(**) تشير لتكرار الاستجابة مرتين حول المعوق.

يوضح جدول رقم (٤٤) ما يلى:

١) جاءت بعض المقترحات أكثر تكرارا مثل الدعاية لتدعيم دور المؤسسة، وتنوع الأنشطة المقدمة للأطفال (رياضية وإجتماعية وثقافية وتربوية)، والتعاون مع الشرطة لجذب الأطفال المشردين من قبل هذه المؤسسات.

٢) جاءت بعض المقترحات أقل تكرارا مثل فصل الفئات العمرية من الأبناء فى أقسام، زيادة جهود البحث عن الأطفال المشردين وضمهم للمؤسسات وزيادة دعم وزارة الشئون الاجتماعية لتلك المؤسسات وغيرها من المقترحات.

ج- عرض النتائج التى أظهرتها المقابلة:

يمكن عرض النتائج المستخلصة من المقابلة المقننة مع عينة أبناء المؤسسات (موضوع الدراسة) على المحاور الآتية والخاصة بتصنيف الأبناء على المراحل التعليمية أو الورش المهنية كما فى جدول رقم (٤٥) وتصنيفهم من حيث استجاباتهم حول المناخ المؤسسى- كما فى جدول رقم (٤٦)، واستجاباتهم نحو الأنشطة الممارسة كما فى جدول رقم (٤٧)، ثم عرض استجابات عينة الأبناء على الخدمات المقدمة من المشرفين والعاملين بالمؤسسة ومقترحاتهم لتطوير هذه الخدمات.

المحور الأول:الخصائص التعليمية والمهنية لعينة الدراسة من الأبناء:

جدول رقم (٤٥)

توزيع الأبناء أفراد العينة وفق المستوى التعليمى والمهنى

الفئة	المنصورة		كفر الشيخ		إجمالى	
	بنين	بنات	بنين	بنات	عدد	%
-ملتحق بالتعليم.						
-إبتدائى.	١٩	٦	٥	٤	٣٤	٣٤
-إعدادى.	٢٣	١٣	٣	١	٤٠	٤٠
-ثانوى.	-	٥	١	-	٦	٦
-عالى.	١	٢	-	-	٣	٣
-ملتحق بالورش. (١)	٣	٨	٢	-	١٣	١٣
-متوقف عن التعليم.	١	-	-	٣	٤	٤
الإجمالى	٤٧	٣٤	١١	٨	١٠٠	١٠٠

يوضح جدول رقم (٤٥) ما يلى:

١) بلغت نسبة الأبناء الملتحقين بالتعليم ٨٣.٠% من إجمالى عينة الأبناء كما بلغت نسبة الملتحقين بالورش ١٣.٠% من إجمالى عينة الأبناء، بينما بلغت نسب عينة الأبناء المتوقفين عن التعليم ٤.٠% فقط من إجمالى العينة.

(١) يوجد عدد ٦ فتيات فى الخياطة والتطريز و٢ فى الطهى وعدد الأبناء ١ نقاش و١ عطار وإبن فى الدعاية

٢) تمركز نسب عينة الأبناء الملتحقين بالتعليم بمرحلتى التعليم الإعـدادى والإبتـدائى والتـى بلغت فى الأولى ٤٠.٠% وفى الثانية ٣٤.٠% من إجمالى العينة، فى حين بلغـت أقـل نسـب للأبناء الملتحقين بالتعليم الثانوى ثم الجامعى والتى جاءت نسبتهما على التوالى ٦.٠% ثم ٣.٠% من إجمالى عينة الأبناء والذى قد يعزى لضعف الدافعية لمواصلة التعليم.

المحور الثانى: خصائص المناخ المؤسسى:

جدول رقم (٤٦)

توزيع عينة الأبناء وفق إستجاباتهم حول التساؤلات الخاصة بالمناخ المؤسسى

إجمالى		كفر الشيخ		المنصورة		الشعور بالجو الأسرى
%	عدد	بنات	بنين	بنات	بنين	
٢٧	٢٧	-	-	١٢	١٥	(لا) المعاملة سيئة ويستخدم الضرب
٢٠	٢٠	٢	٧	١	١٠	(نعـم) المعاملـة حسـنة وتوجـد الرعاية
٥٣	٥٣	٦	٤	٢١	٢٢	لا يوجد تعليق (لايعرف)
١٠٠	١٠٠	٨	١١	٣٤	٤٧	الإجمالى
						الرغبة فى ترك المؤسسة؟
٤٠	٤٠	١	-	١٦	٢٣	نعم
٦٠	٦٠	٧	١١	١٨	٢٤	لا

والإعلام وا نجبار وإبن فى الألوميتال

الشعور بالجو الأسرى	المنصورة		كفر الشيخ		إجمالى	
	بنين	بنات	بنين	بنات	عدد	%
الإجمالى	٤٧	٣٤	١١	٨	١٠٠	١٠٠
ترك المؤسسة من قبل						
نعم	١١	٥	-	-	١٦	١٦
لا	٣٦	٢٩	١١	٨	٨٤	٨٤
الإجمالى	٤٧	٣٤	١١	٨	١٠٠	١٠٠
حضور ندوات						
نعم	٢٥	٢٧	١١	٣	٦٦	٦٦
لا	٢٠	٧	-	٣	٣٠	٣٠
لا يعرف	٢	-	-	٢	٤	٤
الإجمالى	٤٧	٣٤	١١	٨	١٠٠	١٠٠

يوضح جدول رقم (٤٦) ما يلى:

١) بلغت نسبة الأبناء الراغبين فى ترك هذه المؤسسات ٤٠% من إجمالى عينة الأبناء، ويمكن النظر لهذه النسبة فى ضوء إستجابة ٢٠.٠% من عينة الأبناء بأن شعورهم أن الجميع بالمؤسسة أسرتهم، وعدم قدرة الباقين ونسبتهم ٥٣.٠% على حسم هذا الأمر، ويمكن تفسير عدم رغبة ٦٠% من الأبناء لعدم ترك المؤسسة لمعرفتهم بما ينتظرهم خارج المؤسسة من أخطار.

٢) جاءت نسبة الأبناء الذين سبق لهم ترك المؤسسة "بالهروب" ١٦% من إجمالى عينة الأبناء وقد يعزى ذلك لوجود بعض الأبناء ما زالوا

فى مرحلة عدم التكيف مع واقع حياة المؤسسة، وإن ظلت هـذه النسبة فى حدود النسـب

المقبولة فى ضوء ظروف هذه المرحلة.

المحور الثالث:الخدمات والأنشطة المقدمة للأبناء:

جدول رقم (٤٧)

توزيع الأبناء أفراد العينة وفق استجاباتهم نحو تساؤلات المقابلة

إجمالى		كفر الشيخ		المنصورة		وجود مكان مخصص للنوم
%	عدد	بنات	بنين	بنات	بنين	والإستذكار والمائدة
٩٥	٩٥	٨	١١	٣٣	٤٣	نعم
٥	٥	-	-	١	٤	لا
						زيارة الطبيب
٨٦	٨٦	٤	١١	٣٠	٤١	نعم
١٤	١٤	٤	-	٤	٦	لا
						ممارسة الأنشطة
١٦	١٦	٣	-	٨	٥	لا
٨٤	٨٤	٥	١١	٢٦	٤٢	نعم
٦٩	٦٩	٥	٦	١٩	٣٩	يمارس رياضة
٥	٥	٢	-	٢	١	يمارس فن /رسم
١٠	١٠	-	٧	٢	١	يمارس موسيقى

يوضح جدول رقم (٤٧) ما يلى:

١)   بلغت نسبة الأبناء ٩٥% من إجمالى العينة مؤكدة على وجود مكان

للنوم والاستذكار وأدوات خاصة للمائدة وغيرها، كما بلغت نسبة الأبناء من أفراد العينة ٨٦.٠% والتى تشير لوجود طبيب يزورهم دوريا أو عند مرض أحدهم.

٢) وقد بلغت نسبة الأبناء المشتركين بالأنشطة ٨٤% من إجمالى عينة الأبناء موزعين على الأنشطة الرياضية والرسم والموسيقى.

٣) وتعد هذه المعدلات مقبولة وإن كانت تحتاج لدعم مادى ومعنوى.

المحور الرابع:الأخصائيون والمشرفون والتعامل مع الأبناء:

فيما يلى عرض لنسب عينة الأبناء نحو استجاباتهم للتساؤلات الخاصة بالخدمات المقدمة لهم من الأخصائيين والمشرفين:

أ-الخدمات المقدمة من الأخصائيين الاجتماعيين للأبناء كما يراها الأبناء كالآتى:

١) إيجابيات الخدمات المقدمة من الأخصائيين الاجتماعيين للأبناء:

- يوفر لنا كل حاجة أكدها عينة أبناء التى بلغت نسبتها ٢٨% من إجمالى العينة.

- إعطاء مصروف ومساعدتنا على الإدخار ١٩%

- يوفر لنا مناخ للاستذكار ٢١%

- يحل لنا جميع مشاكلنا ١٣%

- يلعب معنا ألعاب كمبيوتر ٨%

- مسئول عن التغذية ٦%

- بيطلعنا رحلات ٥%

٢) سلبيات الخدمات المقدمة من الأخصائيين الاجتماعيين للأبناء.

- لا يعمل لنا أى حاجة جاءت بنسبة ١٢% من إجمالى العينة.
- يضربنا %٧
- لا تعليق %٨١

ب-الخدمات المقدمة من الأخصائيين النفسيين للأبناء.

١-إيجابيات الخدمات المقدمة من الأخصائيين النفسيين للأبناء.

- يحل جميع مشاكلنا بلغت نسبة الاستجابة عليها %١٨
- يوفر لنا الغذاء ويهتم بنا بلغت نسبة الاستجابة عليها %١٤
- يعطينا المصروف %٤
- يوفر لنا مناخ المذاكرة %٤
- لاتعليق %٦٠

٢-سلبيات الخدمات المقدمة من الأخصائيين النفسيين للأبناء.

- لا يعمل شيئا بلغت نسبة الاستجابة عليها %٢٨
- لا أعرفه %٢٠
- لا أجده %٣
- لاتعليق %٤٩

ج-الخدمات المقدمة من المشرفين الليليين والنهاريين:

١-إيجابيات الخدمة المقدمة من المشرفين الليليين والنهاريين:

- ينوموننا ويصحوننا للمدارس بلغت نسبة الاستجابة عليها %٢٤
- الحث على المذاكرة والصلاة وحفظ القرآن بلغت نسبة الاستجابة عليها %١٩

- حراسة المؤسسة بلغت نسبة الاستجابة عليها ١٤%

- يقدمون لنا وجبات جيدة بلغت نسبة الاستجابة عليها ١٢%

- متابعتنا والاهتمام بنا بلغت نسبة الاستجابة عليها ١١%

- يوفرون لنا كل حاجة بلغت نسبة الاستجابة عليها ٧%

- لاتعليق ١٣%

٢-سلبيات الخدمة المقدمة من المشرفين الليليين والنهاريين للأبناء:

- لا يعملون لنا شيئا بلغت نسبة الاستجابة عليها ٢١%

- يعاملوننا معاملة سيئة ٨%

- لا نعرفه ٤%

- لا نشعر بهم ١%

- لاتعليق ٦٦%

د-مدى إشباع المؤسسة لاحتياجات أبنائها:

١) يتم عرض نسب استجابات أبناء هذه المؤسسة الخاصة بالتساؤل حول الشئ الذى يعجبه فى المؤسسة فيما يلى:

- القراءة والكتابة والتعلم جاءت نسبة الاستجابة عليها ٦٧% من إجمالى العينة

- حفظ القرآن والصلاة ٤٤%

- الانضباط فى الوقت والسلوك ٣٦%

- السلوك السوى ١٨%

- ممارسة الأنشطة ١٦%

- التدريب على الحرف فى الورش   ١٦%
- العمل الجماعى بين الأبناء   ١١%
- حل المشاكل الخاصة بنا   ١١%
- الاعتماد على النفس   ٧%
- لا شىء   ٦%
- الإدخار   ٣%
- احترام الكبير والعطف على الصغير   ٣%

٢) **فيما يلى عرض لنسب استجابات العينة على تساؤل ما الذى لا تحبه فى المؤسسة:**

- المعاملة السيئة والضرب خاصة من المدير والمشرفين جاءت نسبة الاستجابة عليها ٨٣% من إجمالى العينة
- لا يوجد مالا يحبه   ١٤%
- ضيق المؤسسة والملاعب   ١٧%
- الحبس والإحساس بالسجن   ١٢%
- الإجبار فى الأكل والاستيقاظ   ١١%
- التفرقة فى المعاملة بين الجميع   ٤%
- الأكل فى الشمس لسرعة الانتهاء منه   ٣%
- عدم وجود وجبات جيدة   ٣%
- عدم وجود وسائل انتقال   ٢%
- كل حاجة   ٢%

المحور الخامس:أهم مقترحات عينة الأبناء لتطوير المؤسسة:

سوف يتم عرض نسب استجابات عينة الأبناء على تساؤل ما الذى تحب أن يكون مـن أو فى المؤسسة؟

وقد جاء الترتيب التنازلي على النحو التالى:

- إلغاء الضرب نسبة الاستجابة عليه   ٢٠%

- زيادة مساحة المؤسسة   ١٦%

- زيادة الرحلات   ١٥%

- عدم حبسنا   ١٣%

- تنظيم الحديقة   ١٣%

- تشجيعنا على استكمالنا التعليم الجامعى   ١١%

- زيادة أجهزة الكمبيوتر   ٦%

- تشجيع التعاون بين الأبناء   ٥%

- توفير كل ما نحتاجه   ٥%

- زيادة مساحة الملاعب   ٤%

- زيادة الفاكهة   ٤%

- تغيير المدير والمشرفين   ٤%

- ضرورة إصلاحات للمبنى ونظافته   ٤%

- توفير ورش أكثر   ٤%

- الزواج المبكر حتى أمشى من المؤسسة   ٣%

- زيادة مرات زيارة الأهل   ٣%

- عدم الالتزام بمواعيد النوم والأكل   ٢%

خاتمـة:

تناول هذا الفصل التعريف بأهداف الدراسة الميدانية وإجراءاتها، ثم

عرض أبعاد الدراسة الميدانية والتى شملت عرض محددات كفاءة الأداء المؤسسى، وعرض نتائج المقابلة التى أجريت مع عينة الأبناء بمؤسسات الدراسة، ثم عرض أهم المشكلات أو المعوقات التى تحد من الدور المؤسسى كذلك عرض أهم مقترحات تطوير المؤسسة من قبل عينة العاملين بهذه المؤسسات، وأخيرا عرض بيانات خاصة بمؤسسات تربية البنين والبنات فى محافظات الدراسة.

الفصل السابع

التصـور المقتـرح

لتفعيل دور مؤسسات تربية البنين والبنات

فى مواجهة ظاهرة الأطفال المشردين

- مقدمـة:

- أهداف التصور المقترح.

- الإطار العام المقترح للتصور.

- محاور استراتيجية التصور المقترح.

- مبررات اختيار محاور الاستراتيجية.

- الترابط بين أهداف وأنشطة واستراتيجية التصور المقترح.

- متطلبات وتوصيات منبثقة من نتائج الدراسة.

- خاتمـة.

الفصل السابع

التصـور المقتـرح

لتفعيل دور مؤسسات تربية البنين والبنات

فى مواجهة ظاهرة الأطفال المشردين

مقدمة:

رغم تنوع الجهد التطوعى الأهلى المبذول فى مجال ظاهرة الأطفال المشردين فى مصر، إلا أن هذه الظاهرة تزداد تفاقما وقد يرجع ذلك لغياب التنسيق أو التخطيط الجغرافى بـين الجمعيـات التى تعمل فى هذا المجال للاتجاه بهذا العمل نحو المناطق التى تفـرز أكـبر عـدد مـن المشـردين، وقد يرجع تفاقم هـذه الظـاهرة لضـعف التـدخل الحكـومى فى مواجهـة المشـكلة وكـذلك شـبه الإنعدام الواضح فى وجود جمعيات أهلية أخرى أو مؤسسات حكومية تواجه الظاهرة فى الأقاليم المكتظة بهؤلاء الأطفال وتركيز قيام تلك الجمعيات فى المدن الكبرى دون غيرها.

وعلى الرغم من وجود مؤسسات حكومية فى جميع محافظـات مصرـ تقـوم بـدور وقـائى فى مواجهة ظاهرة التشرد، إلا أنها تقف عاجزة أمام أن تخطو خطوة أخرى فى سـبيل معالجـة هـذه الظاهرة، وربما جاء فى جملة أسباب ذلك تمسكها باللوائح الروتينية الصارمة وضعف المرونـة بهـا، وربما الإستعداد الشخصى للعاملين فى عدم تحمل أعبـاء أخـرى، وأيضـا نقـص الإمكانيـات الماديـة والبشرية وغيرها من المعوقات.

ولما كانت مؤسسات تربية المحرومين فاقدى الرعاية موضوع الدراسة

وكيفية مواجهتها لظاهرة التشرد، فإن هذه الدراسة تحاول تقديم تصور مقترح للإسهام فى حـل هذه الإشكالية. [1]

أولا: أهداف التصور المقترح:

أ) تقـديم رعايـة تربويـة متكاملـة لكـل مـن طفـل المؤسسـة والطفـل المشـرد بالشارع فى مؤسسات تربية الأطفال فاقدى الرعاية.

ويتم تحقيق هذا الهدف العام من خلال أهداف تفصيلية هى:

١) دعم الجهود الرامية لجذب الأطفال المشردين فى الشارع لمؤسسات تربية المحرومين مـن الرعاية الأسرية.

٢) إيجاد كوادر بشرية للتعامل مع الأطفال المشردين داخل هذه المؤسسات.

٣) تهيئة التنظيم المكانى المؤسسى اللازم لاستيعاب الأطفال المشردين بهذه المؤسسات.

٤) العمل على تنمية القدرات التعليمية للأبناء والمشردين بالمؤسسة.

٥) استثمار طاقات ومواهب الأطفال بالمؤسسة بدلا من إهدارها.

٦) بذل الجهود المؤسسية فى تعديل وتنمية سلوكيات الأبناء إلى الأفضل.

---

(١) تم الاستعانة فى تصميم الهيكل العام للتصور المقترح ومتطلبات الدراسة بالمرجعين التاليين:

(٢) محمد المنير صفى الدين: إستراتيجية المشروع العربى لأطفال الشوارع، المجلس العربى للطفولـة والتنميـة، القاهرة، ٢٠٠٣.

(٣) جابر محمود طلبة: البحث التربوى فى مجال تربية الطفل والطرق العملية والممارسة البحثية، مرجع سابق.

٧) تحقيق الرضا الوظيفى للعاملين لحثهم على بذل المزيد فى تنشئة الأبناء.

٨) تنمية الروح التفاؤلية وتقدير الذات لدى هؤلاء الأبناء من خلال إتقانهم حرف أو تسكينهم وظائف.

٩) دعم جهود المجتمع بأسره ماديا ومعنويا لمولد المؤسسة الجديدة.

ثانيا:الإطار العام المقترح للتصور:

تكون محاور التداخل الرئيسية فى التصور كما يلى:

١) التداخل على مستوى الشارع ومؤسسات تربية المحرومين من الرعاية بغرض اتصال المشرفين مع المشردين وإقناعهم بالإلتحاق بالمؤسسة وخلق قنوات اتصال معهم مما يتيح التعرف على مجموعات من المشردين أكثر وتوجيههم لمؤسسات المنطقة وتعريفهم بالخدمات المتوفرة لهم والتى تتيحها المؤسسة لأبنائها.

٢) التداخل على مستوى الأجهزة التشريعية والتخطيطية وذلك بغرض حث الحكومة ومتخذى القرار على وضع التشريعات وتوجيه الدعم المالى لتجهيز المؤسسات الجديدة التى تضم الأطفال المشردين مع عمل لائحة أخرى للمؤسسة فى تعاملها مع الأطفال المشردين مختلفة عن لائحتها مع أبنائها.

٣) التداخل على مستوى المجتمع وذلك عن طريق الإعلام والتوعية وتنمية الاتجاه الإيجابى لدى أفراد المجتمع تجاه التصدى لظاهرة التشرد فى الشارع، والتوعية بدور هذه المؤسسات وحثهم على المشاركة ماديا ومعنويا لدفع مسيرة هذه المؤسسات فى دورها الجديد

بجانب دورها الثابت مع أبنائها.

ثالثا: محاور استراتيجية التصور المقترح:

تعنى استراتيجية التصور المقترح المبادئ والموجهات العامة التى تحكم أساليب تنفيذ التصور وتحقيق غاياته خاصة على المدى البعيد وهذه المحاور هى:

١) التداخل بين عمل المؤسسة والشارع.

٢) إعداد عناصر بشرية للتعامل مع المشردين الملتحقين بالمؤسسة.

٣) تهيئة أماكن استقبال الأطفال المشردين بتلك المؤسسات.

٤) دعم الجهود الحكومية والأهلية للمساهمة فى التعزيز المالى للمؤسسة.

٥) تنمية قدرة الأبناء والمشردين داخل المؤسسة على التعليم.

٦) اكتشاف وتعزيز مواهب وإبداعات جميع الأطفال بالمؤسسة.

٧) بث القيم الأخلاقية والجمالية وغيرها فى نفوس الأبناء.

٨) التعزيز المادى والمعنوى للعاملين بالمؤسسة.

٩) تسكين الأبناء وظيفيا بعد تخرجهم من المؤسسة.

رابعا: مبررات اختيار محاور الإستراتيجية:

١) الحاجة إلى استثمار الطاقة البشرية الضائعة لمستقبل الغد الممثل فى هؤلاء الأطفال المشردين وحتى يمكن استثمارهم يجب أولا تأهيلهم عن طريق مؤسسات تربية المحرومين من الرعاية التى تهدف الدراسة لإدماجهم فيها مع أبنائها.

٢) عدم وجود منظمات ترعى الطفل المشرد إقليميا مما يستوجب

ضرورة الإفادة من المنظمات القائمة بالفعل غير بعيدة التخصص كمؤسسات تربيه المحرومين من الرعاية.

٣) الحاجة إلى وجود جهد حكومى (وهو غير موجود على الساحة) فى مواجهة ظاهرة التشرد وتعتبر مؤسسات الدراسة التابعة لوزارة الشئون الاجتماعية ذلك الجهد الحكومى.

٤) تعتبر هذه الدراسة جزءًا من محاولة التوعية بأهمية هذه المؤسسات وخطورة ظاهرة التشرد ومحاولة تنبيه متخذى القرار إلى الإفادة من هذه المؤسسات فى مواجهة الظاهرة ليس فى مكان بعينه على أرض الوطن وإنما فى جميع أقاليم مصر.

خامسا: الترابط بين أهداف وأنشطة واستراتيجية التصور المقترح:

الأهداف	الاستراتيجية المطلوبة لتحقيق الهدف	أهم الأنشطة الرئيسية التى تربط تحقيق كل هدف بالاستراتيجية المطلوبة
١-دعم الجهود الرامية لجذب الأطفال المشردين لمؤسسات تربية المحرومين	التداخل بين عمل المؤسسة والشارع.	١-باتساع مجال قبول الأطفال المشردين بالمؤسسة وألا يقتصر ذلك على قبول الطفل من خلال ولى أمره أو أقاربه وإنما يتحقق ذلك بتخصيص مشرفين اجتماعيين لاقتحام عالم الشارع ومحاولة اجتذاب الأطفال المشردين فى الشارع إلى المؤسسة بشكل تلقائى لهذا الطفل ولمن معه من

الأهداف	الاستراتيجية المطلوبة لتحقيق الهدف	أهم الأنشطة الرئيسية التى تربط تحقيق كل هدف بالاستراتيجية المطلوبة
من الرعاية.		مجموعات المشردين بالتنويه بأن المؤسسة تعتبر مأوى لهم بتوفير الخدمات بها لهم دون عناء كما بالشارع. ٢-قيام وزارة الشئون الاجتماعية فى مديريات الأقاليم بتعيين أخصائيين اجتماعيين مدربين للعمل فى الشارع لجذب هؤلاء المشردين وأن يتم ذلك بشكل منظم مدروس وموزع على المناطق الجغرافية لكل مديرية على جميع المحافظات لتوجيههم لتلك المؤسسات. ٣-تصميم خريطة لكل مديرية /محافظة توضح مناطق إفراز الأطفال المشردين حتى يمكن العمل فى تلك المناطق.
٢-إيجاد كوادر بشرية	إعداد عناصر بشرية للتعامل مع المشردين الملحقين بالمؤسسة.	١-تخصيص قسم خاص فى معاهد وكليات إعداد الأخصائيين

الأهداف	الاستراتيجية المطلوبة لتحقيق الهدف	أهم الأنشطة الرئيسية التى تربط تحقيق كل هدف بالاستراتيجية المطلوبة
للتعامـل مـع هؤلاء الأطفال داخـل هـذه المؤسسات.		الاجتماعيـين لتخـريج أخصائيين اجتماعيـين للتعامل مع فئة الأطفال المشردين من حيث التمهيد لإلحاقهم بالمؤسسة ثم مرحلة إعادة تـأهيلهم بعـد الالتحـاق عـلى أن يـتم ذلك تحت رعاية وزارة التعليم العـالى والبحـث العلمى. ٢-تدريب هذه الكوادر البشرية أثناء العمل مع الأطفال المشردين وبعـد تخـريجهم عـلى كل ما هو جديد مـن أسـاليب مستحدثة فى التربية للتعامل مع هؤلاء الأطفال من وقت لآخر.
٣-تهيئـــــــــة التنظيم المكانى المؤسسى اللازم لاسـتيعاب الأطفـــــــال المشردين	تهيئة أماكن استقبال هـؤلاء الأطفـال المشـردين بتلـك المؤسسات.	١-يلزم لإلحاق فئة الأطفال المشردين فى هذه المؤسسات وجود مكان ملحق بها منفصل عن أبناء المؤسسة كمرحلة أولية حتى يتم تعديل السلوك والشخصية بما يتناسب مع سلوكيات الأبناء بالمؤسسة بحيث يتم الإدماج بعد ذلك كمرحلة تالية ثم يلى ذلك

الأهداف	الاستراتيجية المطلوبة لتحقيق الهدف	أهم الأنشطة الرئيسية التى تربط تحقيق كل هدف بالاستراتيجية المطلوبة
بتلـــــك المؤسسات.		مجموعات أخرى من المشردين يتم إلحاقهم فى المكان الأول الذى التحق به من سبقهم من المشردين إلى أن يتم تأهيلهم وهكذا. ٢-أن تكون الإقامة فى ذلك الملحق المكانى بالمؤسسة – كاملة وألا تكون نهارية فقط حتى لا يفقـد الطفـل مـا إكتسبه وتعلمه بالمؤسسة بمجرد خروجه إلى الشارع وهذا يتطلب وجود كل ما يلزم الطفل مـن أماكن للنـوم والطعـام والـورش والملاعب الخاصـة بهم.
٤-دعـــــم المجتمع بأسره ماديا ومعنويا لمولد المؤسسة الجديدة.	دعـم الجهـود الحكوميـة والأهليـة للمسـاهمة فى التعزيز المالى للمؤسسة.	١-أن تقوم وزارة الإعلام بدورها فى توعية المجتمع بأسره مـن خلال حملات توعية تهدف لحـث الجهـود الحكوميـة والأهليـة سـواء ماليـة أو بشـرية لـدعم المؤسسات الجديدة لتربية المحرومين من الرعاية سواء بالمدن الكبرى أو الأقاليم وعدم

الأهداف	الاستراتيجية المطلوبة لتحقيق الهدف	أهم الأنشطة الرئيسية التى ترتبط تحقيق كل هدف بالاستراتيجية المطلوبة
		الاقتصار على الأولى. ٢-أن تقوم مديريات الشئون الاجتماعية فى كل إقليم بعمل ندوات تهدف لتوعية المجتمع بأهمية هذه المؤسسات من قبل والدور الذى ستحمله على كاهلها فى الوقت الحالى والمستقبل، وأن يعمل المجتمع معها فى ذلك الإطار بتوجيه الطفل المشرد فى الشارع إلى المؤسسة وألا يقتصر المجتمع على الدور المادى فحسب.
٥-العمل على تنمية القدرات التعليمية للأبناء والمشردين بالمؤسسة.	تنمية قدرة الأبناء والمشردين ككل على التعليم.	١-تشجيع المؤسسة لإلحاق أبنائها الجدد على دروس محو الأمية لمن لم يلتحق بالتعليم وإلحاق الذى توقف منهم على التعليم بالمرحلة المتوقف عندها وتعزيز نجاحه بالمكافأة العينية والمادية، وكذلك تشجيع المؤسسة للطموح لدى أبنائها المتمثل فى استكمال التعليم لمراحله العليا.

الأهداف	الاستراتيجية المطلوبة لتحقيق الهدف	أهم الأنشطة الرئيسية التي تربط تحقيق كل هدف بالاستراتيجية المطلوبة
		٢-أن تقـوم وزارة التربيـة والتعليم بتحقيـق المجانيـة الفعليـة للتعليـم لهؤلاء الأطفال ووزارة التعليـم العـالى لهـم فى حالـة استكمالهم تعليمهم العالى أو الجامعى وأن تبادر بمكافأة للمتفوقين مـنهم إذا كـانوا بمدارس ملحقـة بالمؤسسة والعمـل عـلى تنظيـم مسـابقات بيـنهم وبيـن الطـلاب العاديين.
		٣-أن تقـوم وزارة التربيـة والتعليـم بتقريـر مكافأة شهرية متزايـدة القيمـة مـن مرحلة تعليم لأخرى فى حالة تفوق هـؤلاء الأطفال وإنتقالهم من مرحلة لأخرى.
٦-استثمار طاقـــات ومواهـب هؤلاء الأطفال بالمؤسسة	استكشاف وتعزيـز مواهب وإبداعات جميع الأطفال بالمؤسسة.	١-زيادة وتطوير البرامج الترفيهية والأنشطة التى يمارسها أطفال المؤسسة بصفة عامة لاستثمار أوقات فراغهم وطاقـاتهم وعدم الاقتصار على نوع واحد مـن الأنشطة حتى يتسنى للطفل

الأهداف	الاستراتيجية المطلوبة لتحقيق الهدف	أهم الأنشطة الرئيسية التى ترتبط تحقيق كل هدف بالاستراتيجية المطلوبة
بدلا من إهدارها.		الاختيار من بينها بما يتمشى مع ميوله وقدراته، واكتشاف المواهب من خلال ممارسته للأنشطة، وبالمثل فى زيادة الرحلات مع مطالبتهم بعمل تقريرا وبحث عما شاهدوه فى الرحلة والعمل على إكسابهم قيم الحب والتعاون بينهم. ٢-أن تقوم وزارة الشباب والرياضة بتوجيه مديرياتها فى الأقاليم المختلفة بتبنى المواهب الناشئة من هؤلاء الأبناء وإتاحة تكوين فرق رياضية منهم من خلال التدريب مع تنظيم مسابقات رياضية بين أكثر من مؤسسة فى نفس الإقليم أو غيره. ٣-أن تتبنى وزارة الثقافة المواهب الناشئة أيضا من تلك المؤسسات فى مجال الرسم والمسابقات الثقافية ومساعدتهم على إقامة المراسم وافتتاح معارض إلى غير

الأهداف	الاستراتيجية المطلوبة لتحقيق الهدف	أهم الأنشطة الرئيسية التى تربط تحقيق كل هدف بالاستراتيجية المطلوبة
		ذلك من تشجيع المواهب.
٧-بذل جهود المؤسسة فى تعديل سلوكيات وقيم الأبناء إلى الأفضل.	تنمية القيم الأخلاقية والجمالية وغيرها وغرسها فى نفوس الأبناء.	١-حرص القائمين على أمر مؤسسات تربية المحرومين من الرعاية على وجود القدوة فى العاملين، حتى يتسنى لهؤلاء الأطفال على تشربها منهم دون حدوث تناقض لديهم بين ما يعلم وغير موجود بالمعلم نفسه. ٢-استغلال فرص الأنشطة والرحلات والبرامج المختلفة فى بث قيم الإيثار بين الأبناء والتعاون وغيرها وتصحيح القيم السلبية لديهم. ٣-أن تقوم وزارة الأوقاف بعمل اختبارات بكل مديرية لمهنة الواعظ الدينى لتلك المؤسسات مع العمل على تدريبه على كل ما هو جديد ومستحدث فى طرق التربية الدينية للأطفال.وليس أن يكون مهمته هى التلقين وإنما بث القيم

الأهداف	الاستراتيجية المطلوبة لتحقيق الهدف	أهم الأنشطة الرئيسة التى تربط تحقيق كل هدف بالاستراتيجية المطلوبة
		الدينية السمحة وتعاليمها وكيفية تطبيقها حياتيا فى المواقف الحية بينه وبين الأبناء وبين المشرفين والأبناء.
٨-تحقيق الرضا الوظيفى للعاملين يؤدى بدوره لبذل المزيد فى تنشئة الأطفال.	التعزيز المادى والمعنوى للعاملين بالمؤسسة.	١-ضرورة أن تكون هناك علاقة حب بين الأبناء والمشرفين حتى يتسنى للأبناء التعلم منهم ولهذا كان ضروريا وجود مناخ عمل بين العاملين يتسم بالرضا الوظيفى والحب بين مجتمع المؤسسة لذلك كان التدعيم المادى وزيادة رواتب العاملين ذو أثر إيجابى فى البذل والعطاء من جانب العاملين لمجتمع المؤسسة. ٢-أن يتم تقسيم الأبناء بالمؤسسة لمجموعات على كل مشرف لفترات زمنية معينة مع حدوث تقييم للأبناء بعد تلك الفترة فإن حدث بالفعل تغييرات سلوكية وتعليمية و...إلخ بالابن فإنه يتم

الأهداف	الاستراتيجية المطلوبة لتحقيق الهدف	أهم الأنشطة الرئيسية التى تربط تحقيق كل هدف بالاستراتيجية المطلوبة
		اختيار المجموعة الأفضل مع التعزيز بمكافأة تشجيعية للمشرف عليهم حيث يزيد ذلك من التنافس بين المشرفين على إعادة تأهيل هؤلاء الابناء للأفضل ولذا كان على وزارة المالية أن تقوم بعمل لجان بمديرياتها وتقييم ما أبلاه هؤلاء المشرفين وتخصيص مكافأة كبيرة لهم فى حالة تعديل سلوكيات الأطفال.
٩- بث الروح التفاؤلية وإرتفاع مفهوم تقدير الذات لدى هؤلاء الأبناء من خلال إتقان	تسكين الأبناء وظيفيا بعد تخرجهم من المؤسسة.	١-أن يتم إعداد الأبناء بالمؤسسة إعدادا وافيا على الورش المختلفة على أن يقوم بتدريبهم متخصصين ثم اختبارهم بعد ذلك بالمصانع للتأكد من إتقانهم للحرفة التى تدربوا عليها. ٢-أن تقوم وزارة القوى العاملة بتطوير برامج التأهيل المهنى بتلك الورش وأنشاء مراكز لتدريب وتشغيل الفقراء وأبنائهم فى

الأهداف	الاستراتيجية المطلوبة لتحقيق الهدف	أهم الأنشطة الرئيسية التى تربط تحقيق كل هدف بالاستراتيجية المطلوبة
حرفـــــة أو تســـكينهم وظيفيا.		المناطق التى تحتشد بهم.

سادسا: متطلبات منبثقة من نتائج الدراسة وخاصة بتنمية الدور الداخلى للمؤسسة فى سبيل تحقيق أهدافها على الوجه الأمثل:

فى ضوء ما أسفرت عنه نتائج وتحليلات الدراسة أمكن تحديد متطلبات مقترحة يمكن أن تساعد على النهوض بقيام المؤسسة بأدوارها ويمكن توضيح ذلك فى المحاور التالية:

المحور الأول: متطلبات تتعلق بتنظيم وإدارة مؤسسات تربية البنين والبنات:

١)   ضرورة قيام المؤسسة بتوفير الأثاث المؤسسى اللازم مع تنويع اختيار قطع الأثاث لإشعار الأبناء بخصوصية المكان وليس كنظام مؤسسى صارم وموحد فى جميع الغرف.

٢)   ضرورة تشجيع المؤسسة لأبنائها على استكمال تعليمهم وكذا تشجيعهم على تعلم اللغات مع التعزيز بمكافآت عند تفوقهم الدراسى.

٣)   ضرورة عمل اشتراكات سنوية للأبناء فى النوادى القريبة من المؤسسة كنوع من الترفيه خارج المؤسسة.

٤)   ضرورة وجود قنوات اتصال مع المنظمات المعنية بتربية الطفل للإفادة من هذه المنظمات فى إيفاد العاملين بهذه المؤسسات للتدريب

والتعرف على أحدث الطرق لتربية الطفل وغيرها.

٥) ضرورة تنظيم المؤسسة لمؤتمرات وندوات تدعو فيها المتخصصين وصناع القرار والمجتمع المحلي كقيادة وأفراد لتوعية الجميع بـدور المؤسسة وأهـم خـدماتها ودور المجتمع فى المساهمة فى تفعيل دور المؤسسة سواء ماديا أو معنويا.

٦) ضرورة العمل على تطوير الورش الموجودة بالمؤسسات والتى تستخدم للتـدريب المهنـى للطفل بحيث تحتوى على كافة الاستحداثات والماكينات الحديثة والخبرة والمتمثلة فى المتخصصين حتى لا يصطدم الابن بعد تخرجه بالعمل فى نفس المهنة المتدرب عليها سابقا ولكن لا يعلم عن أجهزتها وماكيناتها شيئا.

٧) ضرورة قيام المؤسسة بعمل توعية إعلامية فى المنطقة الموجودة بها تدعو فيها المجتمع المحلى لتوجيه الأطفال فاقدى الرعاية إليها او المشردين بالشوارع مـن خـلال لا فتات أو وسائل صوتية أو ندوات تعدها أو غير ذلك.

٨) ضرورة تخصيص أجهزة كمبيوتر بكل مؤسسة تحوى جميع البيانات والسجلات واللوائح عن كل ما يخص المؤسسة.

٩) ضرورة العمل على تنويع الأنشطة أو الحرف بالورش وعدم الاقتصار عـلى المتاح وإنمـا أن يكون المعيار هو مـا يرغـب الابـن عـلى التـدريب عليـه وأن تقـوم كـل المؤسسـة بطلـب الأجهزة المدعمة لقيام هذه الأنشطة إذا كانت غير موجودة من الجهة المدعمة.

١٠) يلزم قيام كل مؤسسة بربط أو تجديد صلة كل ابن بأسرته وتشجيع

وحث هذه الزيارات، لأثرها الإيجابى على الصحة النفسية للابن إن وجدت الأسرة.

١١) ضرورة قيام إدارة المؤسسة بتوجيه إنذار بالفصل من العمل للعامل أو المشرف الذى يسىء التعامل أو يضبط باستخدام الضرب أو السب أثناء التعامل مع الأبناء مع التحقيق معه أولا.

١٢) ضرورة قيام إدارة المؤسسة بعمل أجتماعات دورية للتعرف على العقبات الإدارية والمالية التى تواجه العاملين بالمؤسسة.

١٣) ضرورة قيام إدارة المؤسسة بعمل اجتماعات دورية أو طارئة مع الأبناء أو القائد الابن لكل مجموعة لبحث أهم مشكلاتهم ومعالجتها والتحقق من شكواهم.

المحور الثانى: متطلبات تتعلق بالسلطة الحكومية التنفيذية المدعمة لهذه المؤسسات:

١) ضرورة قيام وزارة الشئون الاجتماعية التابعة لها هذه المؤسسات فى مديرياتها بتخصيص باحثين اجتماعيين بجانب عملهم فى إعداد بحث لكل حالة من الأبناء المقدمين للالتحاق بالمؤسسة، وبمساعدة باحثون مساعدون لهم بحيث لو تم رفض الحالة المقدمة للالتحاق تشكلت لجنة من الباحثين المساعدين لمحاولة لم شمل الأسرة فى حالة التفكك أو تقديم طلب إعانة حكومية فى حالة الفقر وهكذا بمعالجة السبب الرئيسى.

٢) ضرورة تخصيص مساكن خاصة بأبناء مؤسسات تربية المحرومين من الرعاية بعد تخرجهم من المؤسسة بشرط تقديم طلبات الحصول

على مسكن من قبل مؤسساتهم إلى الوزارة المختصة منذ التحاق الطفل بالمؤسسة وكذلك بتسكينه وظيفيا في حالة تخرجه من المؤسسة.

٣) ضرورة العمل على إنشاء مؤسسات تربية المحرومين من الرعاية وكذا مراكز استقبال توجه الأبناء فاقدى الرعاية في الأحياء الفقيرة والشعبية إلى هذه المؤسسات.

٤) ضرورة قيام الدولة بعمل بحث شامل من خلال باحثين مدربين لتحديد مناطق إفراز الأطفال المشردين وفاقدى الرعاية في مصر والخروج بخريطة جغرافية لجميع محافظات ومدن مصر محدد بها هذه المناطق، التى يمكن الاستعانة بها في إنشاء مؤسسات أو مراكز لتربية وإيواء وتأهيل الأطفال فاقدى المأوى ولا سيما بإنشاء مصانع ونوادى في تلك المناطق للقضاء على البطالة والفقر وأوقات الفراغ حتى يتم حل المشكلة جذريا.

٥) العمل على زيادة مساحة المؤسسات الحالية ولو بإنشاء مباني ملحقة وتابعة بها حتى تحقق الهدف منها وكذلك الملاعب حتى لا يشعر الطفل بأنه في مكان مغلق معزول لا يمارس فيه أى نشاط ترفيهى.

المحور الثالث: متطلبات خاصة بالعاملين بهذه المؤسسات:

١) ضرورة العمل على بحث زيادة الرواتب والحوافز للعاملين في تلك المؤسسات وخاصة العاملين مباشرة مع الأطفال حتى يتوافر لديهم الرضا الوظيفى أثناء ممارستهم للمهنة وليس السخط الوظيفى الذى سيوجه بدوره للأبناء.

٢) ضرورة قيام السلطة المسئولة عن هذه المؤسسات بعمل مسابقات لانتقاء الأفضل من المشرفين للعمل مع الأبناء بالمؤسسة.

٣) ضرورة القيام بعمل أبحاث اجتماعية على العاملين قبل التحاقهم بالعمل بالمؤسسة تتضمن التاريخ الأسرى والنفسى للمشرف أو الأخصائى الملتحق للعمل فى المؤسسة للتأكد من سوائه النفسى والخلقى قبل أن يتعامل مع الأبناء.

٤) ضرورة وجود فرص متاحة غير متباعدة للترقى الوظيفى للمشرفين العاملين بالمؤسسة.

٥) ضرورة توفير عدد كاف من المشرفين بكافة تخصصاتهم بالمؤسسة تتناسب مع أعداد الأبناء والمهام المطلوبة منهم.

٦) العمل على التسكين الوظيفى لكل عامل أو مشرف كل حسب تخصصه بهذه المؤسسات.

٧) ضرورة توفير مشرفين تربويين من حملة المؤهلات العليا للعمل مع الأبناء بالمؤسسة واستبعاد كل من يتعامل مع الأبناء من المشرفين النهاريين أو الليليين من المؤهلات الأقل من المتوسط كما هو فى كثير من المؤسسات.

٨) ضرورة قيام كل مؤسسة بتقديم كشوف بأسماء المشرفين والأخصائيين للجهات المسئولة لإعادة تأهيلهم تربويا ونفسيا من آن لآخر وتدريبهم على أحدث طرق تربية الطفل خاصة هؤلاء الأطفال.

٩) ضرورة تدريب المشرفين المسئولين عن البرامج والأنشطة على كيفية تخطيط النشاط ووضع أهداف له وكيفية تنفيذه وكيفية تقييمه بعد

تنفيذه.

المحور الرابع: متطلبات تتعلق بالأبناء:

١) ضرورة إجراء أبحاث متابعة نفسية واجتماعية ودراسية للطفل الملتحق بشكل يومى، وكذا عمل تقرير شهرى عن متابعة الطفل طوال الشهر.

٢) العمل على تقسيم الأبناء من حيث الفئة العمرية كل فى مجموعات وتولية قائد مرشح من المجموعة نفسها على أن يكون هذا الابن محل ثقة الأطفال جميعهم، وإن يكون حلقة وصل بين مجموعة الأبناء والمشرفين أو المشرف المختص بالمجموعة.

٣) ضرورة وجود صناديق يمكن إطلاق عليها صناديق للمقترحات بدلا من الشكاوى يستطيع الابن بث شكواه أو مشكلاته دون أن يعرف بنفسه وتستطيع إدارة المؤسسة بهذا الشكل تقييم نفسها داخليا دون لجان وتطوير الخدمات المقدمة للأبناء أو التحقق من شكواهم والعمل على إزالتها.

٤) مساعدة المشرفين على إكتساب الأبناء للقيم للأبناء من خلال التعامل معهم فى المواقف الحية أو من خلال الأنشطة فى بث قيم العدل والتعاون والإيثار وتحمل المسئولية لديهم.

٥) ضرورة توافر أخصائيين نفسيين وهو ما تفتقر إليه بعض المؤسسات نظراً للدور الحيوى للأخصائى النفسى فى التعرف على مشكلات الطفل عن قرب حتى يخرج من المؤسسة وهو يصلح للتكيف مع المجتمع.

٦) أن تقوم المؤسسة عند التحاق الابن بها بدراسة خصائصه الشخصية وميوله وقدراته وليس التعرف على ظروفه فحسب.

٧) إنشاء مراكز أو عيادة طبية مجهزة مع تواجد أطباء مقيمين بالمؤسسة استعداداً لحالات الطوارىء فى أى وقت ليلا أو نهارا وعدم الاقتصار على الكشف الدورى، لأنه بوجود طبيب كل الوقت يستطيع مع المشرفين ملاحظة أى أعراض لمرض ما والسيطرة عليه فى حالة العدوى كذلك بفحص الملتحقين الجدد "طبيا" على أن تكون هذه العيادة مجهزة بغرفة إسعافات أولية وصيدلية صغيرة بها الضروريات بكل مؤسسة.

المحور الخامس: متطلبات خاصة بالتقييم المتتابع للمؤسسة:

١) ضرورة إنشاء لجان يكون من مهامها انتقاء المدراء والمشرفين أو العاملين بتلك المؤسسات وأن يكون معيار الاختيار ليس مواءمة التخصص فحسب وإنما أيضا إلمامه بطرق التربية الحديثة للأطفال.

٢) ضرورة وجود لجان تقييم ومتابعة لأعمال تلك المؤسسات ليس إداريا فحسب بل أيضا فى التعرف على آراء الأبناء ونوع الخدمات المقدمة لهم وأهم احتياجاتهم التى أشبعت من قبل المؤسسة والتى لم تشبع بعد من خلال استخدام المقابلات مع الأبناء.

٣) ضرورة انتهاج لجان التقييم لأسلوب التقييم الشامل والمتتابع فالشامل لكل شىء بالمؤسسة إداريا وفنيا وماليا وأبنية وغيرها ومتتابع يعنى عدم التوقف عن التقييم لمدد طويلة أو بشكل عشوائى.

٤) ألا تقتصر هذه اللجان على التقييم فقط وإنما تقوم بالتقويم أيضا وذلك

برصد أوجه القصور ومتابعة عملية المعالجة.

٥) أن تخصص لجان متابعة للتأكد من جودة وصلاحية الأغذية والوجبات المقدمة للأبناء، وكذلك لمتابعة النظافة بالمؤسسة من خلال غرف الأبناء وملابسهم وكافة المرافق المؤسسية.

٦) أن تقوم هذه اللجان بتنظيم مسابقات بين المؤسسات من حيث جودة الوجبات أو أفضل مؤسسة نظيفة وجميلة أو أفضل مشرف على الأبناء مع حصول المتسابق الأفضل على شهادات تقدير وجوائز مالية مشجعة، حتى لا تكون هذه اللجان رقابية فقط وإنما تكون أيضا لجان تدعيم وتعزيز لهذه المؤسسات.

المحور السادس: توصيات إجرائية:

١) ضرورة مشاركة المجتمع فى توجيه الأطفال المشردين لهذه المؤسسات.

٢) ضرورة قيام العاملين بمؤسسات تربية البنين والبنات أنفسهم بإدراك أهمية أبعاد أدوار المؤسسة فى مواجهة ظاهرة التشرد وما يترتب عليه من قيام العاملين بتوجيه المشردين فى الشوارع إلى هذه المؤسسات فى المناطق المحيطة بها.

٣) تخصيص كل مؤسسة لجوائز رمزية من ميزانيتها السنوية للمشرف المثالى بالمؤسسة.

٤) قيام المؤسسة بالتخطيط لمسابقات بين الأسر من الأبناء من حيث أفضل أسرة تتحقق بها الشروط المثالية التى تحددها المؤسسة من نواحى: (المشاركة الاجتماعية - التعاون فى المؤسسة - النظافة -

الشروط الصحية - التحصيل...).

٥) قيام المؤسسة بعمل انتخاب لأمين المؤسسة من الأبناء والأمين المساعد على أن يتم الانتخاب من الأبناء ذاتهم، على أن يتم تحديد أدوارهم.

٦) قيام كل مؤسسة بالتقييم الذاتى لها من خلال استبيانات مع العاملين والأبناء تهدف للتعرف على مدى مقابلتها لاحتياجات الأبناء من خلال الأمين والأمين المساعد ولا يشترط كتابة اسم المستبين.

٧) ضرورة عمل كادر خاص للعاملين فى مؤسسات تربية البنين والبنات وما يترتب عليها من آثار تساعد على زيادة الرضا الوظيفى لديهم.

٨) تشكل لجنة مكونة من أكفاء العاملين وأفضل الأبناء يمثلوا باقى الأبناء لبحث مشكلات المؤسسة أولا بأول.

٩) إنشاء صناديق للاقتراحات الخاصة بالعاملين وأخرى خاصة بمشكلات الأبناء العامة وأخرى خاصة بمشكلات الأبناء الخاصة على أن يتولى الأخيرة مشرف كفء يثق به الأبناء.

بحوث ودراسات مقترحة من الدراسة:

١) دراسة لتأثير تواجد الأطفال بمؤسسات تربية البنين والبنات على تكيفهم مع المجتمع فيما بعد.

٢) دراسة تقييمية لمدى المقابلة بين ما يتدرب عليه أطفال المؤسسات داخل الورش الصناعية وبين ما يحتاجه سوق العمل.

٣) دراسة تقييمية لأبعاد أدوار مؤسسات تربية البنين والبنات.

٤) دراسة إعداد وتأهيل مشرفى ومعلمى أبناء مؤسسات فاقدى الرعاية

الأسرية.

(٥) دراسة لقياس تأثير الرضا الوظيفي للعاملين بمؤسسات تربية البنين والبنات على التعامـل مع الأبناء.

(٦) دراسة لقياس تأثير ظاهرة الأطفال المشردين في الشوارع عـلى البنـاء القيمـي والتربـوي بالمجتمع.

(٧) دراسة لقياس أثر الفقر والفوارق الطبقية على ظاهرة تشرد الأطفال.

(٨) دراسة أثر بطالة الآباء على تشرد الأبناء.

(٩) دراسة ظاهرة أطفال المقابر والعشوائيات وأسبابها.

(١٠) دراسة تقييمية لواقع التعليم الحالي وتأثيره على ظاهرة التسرب التعليمي.

خاتمـة:

بدأ هذا الفصل بأهداف التصور المقترح، ثم عـرض الإطار العـام للتصـور المقترح، فمحـاور استراتيجية التصور المقترح، فمبررات اختيار محاور الاستراتيجية، ثم استعراض الترابط بين أهـداف وأنشطة وإستراتيجيـة التصور المقترح، وأخيرا عـرض متطلبـات وتوصيات منبثقـة مـن نتـائج الدراسة، ثم عرض لما تقترحه الدراسة من بحوث ودراسات.

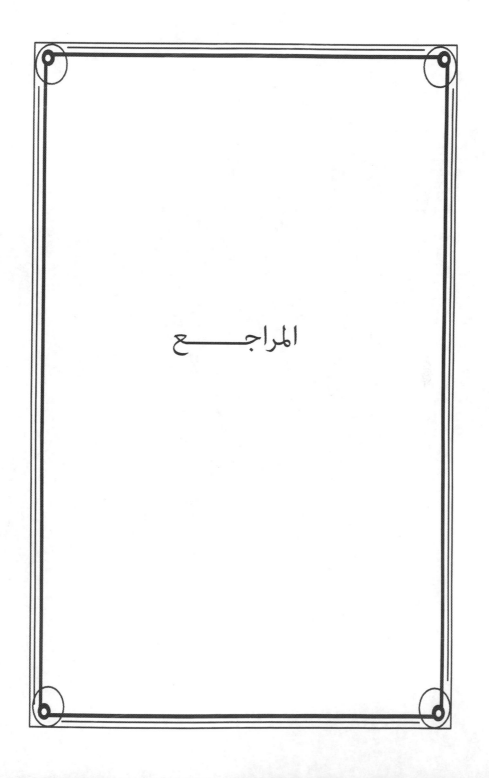

المراجـــع

المراجع

أولا: مراجع باللغة العربية:

أ-القرآن الكريم.

ب-الكتاب المقدس.

ج-الكتب العلمية:

١-أبو بكر عبد الرازق: الشيخان الأفغاني ومحمد عبده، مكتبة مصر، الفجالة، ١٩٩٢.

٢-أبو بكر مرسى محمد:ظاهرة أطفال الشوارع.. المفهوم – الانتشار – العوامل – المخاطر –الجهود المبذولــة، رؤيــة عــبرة حضاريــة، ط١، مكتبــة النهضــة المصرية،القاهرة، ٢٠٠١.

٣-أحمــد صديق:خــبرات مع أطفــال الشــوارع فى مصر-ط١،مركــز حمايــة وتنميــة الطفل وحقوقه،القاهرة ١٩٩٥.

٤-أحمد صديق، مصطفى قنديل: مبادرة المدينة لرعاية أطفال الشوارع والعمل الهامشي- ج١، مركز حماية وتنمية الطفل وحقوقه، القاهرة، ١٩٩٩م.

٥-ـ مبادرة المدينة لرعاية أطفال الشوارع وأطفال العمل الهامشي- ج٢، مركز حمايــة وتنميــة الطفل وحقوقه، القاهرة، ٢٠٠٠م.

٦-أحمد مصطفى خاطر: الرعاية الاجتماعية.. التطور التاريخي.. إسهامات الحضارات المختلفة.. بحوث فى

مجالاتها، المكتبة الجامعية، الإسكندرية، ٢٠٠١.

٧-أحمد وهدان وآخرون: الأنماط الجديدة لتعرض الأطفال للانحراف (أطفال الشوارع) دراسة استطلاعية، المركز القومى للبحوث الاجتماعية والجنائية، قسم بحوث الجريمة، القاهرة، ١٩٩٩.

٨-أمانى عبد الفتاح: عمالة الأطفال كظاهرة اجتماعية - ريفية، ط١، عالم الكتب، القاهرة، ٢٠٠١.

٩-أمانى عبد الفتاح: الاتجاهات الحالية لسياسات الحكومة إزاء الجمعيات الأهلية، مركز الدراسات السياسية والاستراتيجية بالأهرام، القاهرة، ١٩٩٤.

١٠-أمانى قنديل: المجتمع المدني في مصر في مطلع الألفية الجديدة، مركز الدراسات السياسية والاستراتيجية - بالأهرام، القاهرة، ٢٠٠٠.

١١-أنور محمد الشرقاوى:" انحراف الاحداث".ط٢، مكتبة الانجلو المصرية، القاهرة، ١٩٨٦.

١٢-إيمان عبد الحكيم هاشم: اليتيم بين الكتاب المقدس و القرآن الكريم، دراسة مقارنة، ط١، مكتبة الآداب، القاهرة، ٢٠٠١.

١٣-بول لويس: الفكر الاشتراكي في مائة وخمسين عاما، ترجمة عبد الحميد الدواخلي، الجزء الأول، الهيئة المصرية العامة للكتاب، ١٩٧٢.

١٤-ثريا عبد الجواد: الأوضاع المتغيرة لظاهرة أطفال الشوارع في

التسعينات، سلسة دراسات وبحوث عن الطفل المصرى،مركز دراسات الطفولة، جامعة عين شمس، القاهرة، ٢٠٠٠.

١٥-ثناء يوسف العاص:تربية الطفل.. نظريات و آراء، ط١، دار المعرفة الجامعية، الإسكندرية، ١٩٩٤.

١٦-جابر محمود طلبة: مستقبل تربية الطفل -بحوث ودراسات، ط١، سلسلة الطفل أصيل - ٣، مكتبة جرير، المنصورة، ٢٠٠٢.

١٧-ـ: البحث التربوى في مجال تربية الطفل والطرق العملية والممارسة البحثية، الجزء الأول، ط١، سلسلة الطفل أصيل، قضايا وبحوث فى تربية الطفل، مكتبة الإيمان، المنصورة، ٢٠٠٤.

١٨-جان شازال:انحراف الصغار،ترجمة محمود حامد وآخرون،مكتبة الانجلو المصرية،القاهرة،١٩٧٠.

١٩-جلال عبد الخالق: الدفاع الاجتماعى من منظور الخدمة الاجتماعية.. الجريمة والانحراف، المكتب العلمى للكمبيوتر والنشر والتوزيع، الإسكندرية، ١٩٩٥.

٢٠-جليل وديع شكور: الطفولة المنحرفة، ط١، الدار العربية للعلوم، ١٩٩٨.

٢١-حمدى عبد الحارس البخشونجي: التدخل المهنى فى مجال تنمية المجتمعات المحلية، المكتب العلمى للكمبيوتر والنشر والتوزيع، الإسكندرية، ١٩٩٦.

٢٢-خيرى خليل الجميلى: الاتجاهات المعاصرة في دراسة الأسرة والطفولة، المكتب الجامعى الحديث، الإسكندرية، ١٩٩٣.

٢٣-ـ السلوك الانحرافي في إطار التخلف والتقدم، المكتب الجامعى الحديث،الإسكندرية،١٩٩٨.

٢٤-رجاء ناجي: الأطفال المهمشون.....قضاياهم وحقوقهم , منشورات المنظمة الإسلامية للتربية العلوم والثقافة , ايسسكو , ١٩٩٩.

٢٥-زكريا الشربينى: المشكلات النفسية عند الأطفال، ط١، دار الفكر العربى، القاهرة، ١٩٩٤.

٢٦-زينب النجار: مرشد العمل مع الأطفال في مؤسسات الإيواء، وزارة الشئون الاجتماعية، الإدارة العامة للتدريب، المطبعة العالمية، القاهرة، ١٩٦٣.

٢٧-زينب زهيرى، صالح الزين: دراسات علم الاجتماع والانتروبولوجيا، ط١، الدار الجماهيرية للنشر والتوزيع والإعلان، بنى غازى، ١٩٩٠.

٢٨-سامي عصر: أطفال الشوارع.. الظاهرة و الأسباب، المنظمة العربية للتربية و الثقافة و العلوم بمعهد البحوث والدراسات العربية بالتعاون مع جامعة الدول العربية إدراة الطفولة، دراسات استراتيجية و مستقبلية، القاهرة، ٢٠٠٠

٢٩-سامية الخشاب: النظرية الاجتماعية ودراسة الأسرة، ص٢، دار

المعارف، القاهرة، ١٩٨٧.

٣٠-سعد مرسى احمد، كوثر حسين:تربية الطفل قبل المدرسة،عالم الكتب، القاهرة، ١٩٨٣.

٣١-سلوي عثمان، السيد رمضان: مدخل في الرعاية الاجتماعية، المكتب الجامعي الحديث، الإسكندرية، ١٩٩١.

٣٢-سيد إبراهيم الجبار:دراسات في تاريخ الفكر التربوي،مكتبة غريب،الفجالة، ١٩٧٧.

٣٣-السيد الحسيني:النظرية الاجتماعية ودراسة التنظيم، ط٣،دار المعارف، القاهرة،١٩٨١.

٣٤-السيد رمضان: الجريمة والانحراف (رعاية الأحداث والمجرمين)، دار المعرفة الجامعية، الإسكندرية، ٢٠٠٠.

٣٥-السيد عبد الحميد عطية: التشريعات و مجالات الخدمة الاجتماعية، المكتب الجامعي الحديث، الإسكندرية، ٢٠٠١.

٣٦-شبل بدران:الاتجاهات الحديثة في تربية طفل ما قبل المدرسة،ط١،الدار المصرية اللبنانية،القاهرة،٢٠٠٠.

٣٧-ــ أحمد محفوظ: أسس التربية، ط١، دار المعرفة الجامعية، الإسكندرية،،١٩٩٦

٣٨-صباح الدين علي: الخدمة الإجتماعية، الهيئة العامة للتأليف والنشر، القاهرة، ١٩٧٢.

٣٩-طلعت ذكريا مينا: التنشئة الأسرية وأثرها في حياة الأطفال، مكتبة المحبة، القاهرة، ١٩٨٩.

٤٠-عادل عزر وآخرون: ظاهرة عمالة الأطفال، المركز القومى للبحوث الاجتماعية والجنائية، قسم بحوث التعليم والقوى العاملة، القاهرة، ١٩٩١.

٤١-عبد الرحمن بن ناصر السعدى، تيسر الكريم الرحمن فى تفسير كلام المنان، ط١، مؤسسة الرسالة، بيروت، ٢٠٠٠م.

٤٢-عبد العلى الجسمانى: الطفل السوى وبعض انحرافاته، ط١، الدار العربية للعلوم، بيروت، ١٩٩٤.

٤٣-عبد الفتاح عثمان و آخرون: مقدمة في الخدمة الاجتماعية، مكتبة الأنجلو المصرية، ١٩٩٤.

٤٤-عبد اللـه عبد الرحمن، تطور الفكر الاجتماعي، دار المعرفة الجامعية، الإسكندرية، ١٩٩٩.

٤٥-عبد المحيى محمود صالح:الرعاية الاجتماعية "تطورها-قضاياه،دار المعرفة الجامعية،الإسكندرية،١٩٩٩.

٤٦-عبد الهادى الجوهرى، إبراهيم أبو الغار، إدارة المؤسسات الإجتماعية مدخل سوسيولوجى، دار المعرفة الجامعية، الإسكندرية، ١٩٩٨.

٤٧-عبلة البدرى:جمعية قرية الأمل لرعاية أطفال الشوارع،ط١،المجلس العربى للطفولة والتنمية،القاهرة ٢٠٠٠.

٤٨-عزة عبد المحسن خليل: أطفال الشوارع فى العالم العربى أسباب المشكلة - الحجم - المواجهة، ط١، المجلس العربى للطفولة والتنمية، القاهرة، ٢٠٠٠.

٤٩-علـى السـيد سـليمان،حمدى المليجـى: سـيكولوجية النمـو والنمـو النفسـى،مكتبة عـين شمس،القاهرة،١٩٩٤.

٥٠-عماد صيام: تقرير عن واقع الطفل المصرى فى نهاية القرن العشرين، ط١، مركـز الدراسـات والمعلومات القانونية لحقوق الإنسان، القاهرة، ١٩٩٦.

٥١-غريب سيد أحمد: الجريمة وانحراف الأحداث، المكتب العلمى للكمبيـوتر والنشر والتوزيع، ١٩٩٩.

٥٢-فؤاد بسيونى متولي: التربية و مشكلة الأمومـة و الطفولـة، الملـف المفتـوح للطفولـة، المكتبـة التربوية، الكتاب السـادس، دار المعـارف الجامعيـة، الإسكندرية، ١٩٩٠.

٥٣-فتحية حسن سليمان: تربية الطفل بين الماضى والحاضر، دار الشروق، القاهرة، ١٩٧٩.

٥٤-كتاب دليل دور الحضانة والمؤسسات الايوائيـة للاطفـال المعرضين للانحراف، مطبوعاً وزارة الشئون الاجتماعية، ١٩٧٠.

٥٥-ماهر أبو المعاطي علي: مقدمة في الرعاية الإجتماعية و الخدمة الاجتماعية، الكتاب السـابع، مركز نشر وتوزيـع الكتـاب الجامعي، جامعـة حلـوان، منظمة اليونسكو، ١٩٩٩.

٥٦-مـاهر محمـود عمـر: سـيكولوجية العلاقـات الاجتماعيـة، ط٢، دار المعرفـة الجامعيـة، الإسكندرية، ١٩٩٢.

٥٧-مايسة أحمد النيال: التنشئة الاجتماعية مبحث في علم النفس

الاجتماعى، دار المعرفة الجامعية، الإسكندرية، ٢٠٠٢.

٥٨-مجدى أحمد محمد عبد الله: الطفولة بين السواء والمرض،دار المعرفة الجامعية، الإسكندرية، ١٩٩٧.

٥٩-المجلس العربى للطفولة والتنمية، أطفال الشوارع، ط١، القاهرة، ٢٠٠٠.

٦٠-ـ أطفال الشوارع... جمعية كاريتاس مصر , ط١ , القاهرة, ٢٠٠٠.

٦١-محمد أحمد بيومى: التشريعات الاجتماعية، دار المعرفة الجامعية، الإسكندرية، ١٩٩٧.

٦٢-محمد الطيب: مشكلات الأبناء من الجنين إلى المراهق، ط١، دار المعرفة الجامعية، الإسكندرية، ١٩٨٩.

٦٣-محمد بركات: دور السلطات فى التصدى لظاهرة أطفال الشوارع، ط١، المجلس العربى للطفولة والتنمية، القاهرة، ٢٠٠٠.

٦٤-محمد جمال الدين عبد المتعال: جمعية رجال الأعمال بأسيوط – مصر، ط١، المجلس العربى للطفولة والتنمية، القاهرة، ٢٠٠٠.

٦٥-محمد حربى حسن: علم المنظمة.. الأصول و التطور و التكامل، وزارة التعليم العالي و البحث العلمي، جامعة الموصل، دار الكتب للطباعة و النشر، ١٩٨٩.

٦٦-محمد سلامة و آخرون: مدخل في الرعاية الاجتماعية و الخدمة

الاجتماعية، المكتب التجاري الحديث، الإسكندرية، ١٩٨٨.

٦٧-محمد سلامه محمد: الانحراف الاجتماعى ورعاية المنحرفين ودور الخدمة الاجتماعية معهم، المكتب الجامعى الحديث، مطبعة الانتصار، الإسكندرية، ١٩٨٩.

٦٨-ـ: مدخل علاجى جديد لانحراف الاحداث العلاج الاسلامى ودور الخدمة الاجتماعية فيه، ط٢، المكتب الجامعى الحديث، الاسكندرية، ١٩٨٩.

٦٩-محمد سيد فهمي: " أطفال الشوارع – مأساة حضارية في الألفية الثالثة"، ط١، المكتب الجامعي الحديث، الإسكندرية، ٢٠٠٠ م.

٧٠-ـ: مدخل الرعاية الاجتماعية من المنظور الإسلامي، المكتب الجامعي الحديث، الإسكندرية، ١٩٨٨.

٧١-محمد شفيق: الإنسان والمجتمع، المكتب الجامعى الحديث، الإسكندرية، ١٩٩٧.

٧٢-محمد عبد الحميد مكى: مبادئ علم الإجرام، مطبعة جامعة طنطا، ١٩٩٩ – ٢٠٠٠.

٧٣-محمد عبد الرحيم عدس: الإباء وتربية الأبناء، دار الفكر، الأردن، ١٩٩٥.

٧٤-محمد عبد الفتاح، أميرة منصور: الأسس النظرية للرعاية الاجتماعية، المكتب العلمى للكمبيوتر والنشر والتوزيع، الإسكندرية، ١٩٩٥.

٧٥-ــ: الرعاية الاجتماعية "أسس نظرية"، المكتب العلمى للكمبيوتر والنشرـ والتوزيـع، الإسكندرية، ١٩٩٦.

٧٦-محمد على محمد: علم إجتماع التنظيم، مدخل للـتراث والمشـكلات والموضوع والمـنهج، دار المعرفة الجامعية، الإسكندرية، ١٩٨٥.

٧٧-محمد عبد المؤمن حسين: مشكلات الطفل النفسية، دار الفكر الجامعى، الإسكندرية، ١٩٨٦، ص١٠٩.

٧٨-محمد نجيب توفيق: أضواء علي الرعاية الاجتماعية في الإسلام وارتباط الخدمـة الاجتماعيـة بها بنائيا ووظيفيا، مكتبة الأنجلو المصرية، القاهرة، ١٩٨٤.

٧٩-محمد نسيم على سويلم: التوأمان.. الكفاءة & الفعالية، دار الكتب، مصر، ٢٠٠٣.

٨٠-محمود أحمد طه: الحماية الجنائية للطفل المجني عليه، أكاديميـة نـايف العربيـة للعلـوم الأمنية، الرياض، ١٩٩٩.

٨١-محمود حسن: مقدمة الخدمة الاجتماعية، دار الكتب الجامعية، الإسكندرية، ١٩٧٥.

٨٢-مزامير: مزمور ٧٢ آية ٤.

٨٣-مصطفي الحسيني النجار: المدخل إلي الرعاية الإجتماعية والخدمة الإجتماعية، دار الثقافـة والنشر والتوزيع، الفجالة، ١٩٩٠.

٨٤-مصطفى الخشاب: الاجتماع العائلي، مكتبة القاهرة الحديثة، القاهرة، ١٩٩٦.

٨٥-مصطفى المسلمانى: الزواج والأسرة، المطبعة الفخرية، القاهرة، ١٩٧٥.

٨٦-مصطفى رزق مطر: تنظيم وإدارة مؤسسات الرعاية والتنمية الاجتماعية، مكتبة النهضة المصرية، القاهرة، .١٩٧٧

٨٧-معن خليل عمر: علم اجتماع الأسرة، ط١، دار الشروق للنشر والتوزيع، الأردن، ١٩٩٤.

٨٨-موسوعة الشباب السياسية.. تطور المجتمع المدني في مصر- مركز الدراسات السياسية الاستراتيجية بالأهرام، شبكة المعلومات، http://www.aharam.org.eg/acpss/ahram.htm .1/1/2001

٨٩-نبيل رمزي: الأمن الاحتماعي والرعاية الاجتماعية من وجهة نظر سوسيولوجية، دار الفكر الجامعي، الإسكندرية، ٢٠٠٠.

٩٠-نبيلة اسماعيل رسلان:، حقوق الطفل فى القانون المصرى، ط١، الهيئة المصرية العامة، القاهرة، ١٩٩٨.

٩١-نجوى على عتيقة: حقوق الطفل فى القانون الدولى، دار المستقبل العربى، القاهرة، .١٩٩٥

٩٢-هدي محمد قناوى: "الطفل تنسئته وحاجاته"، ط ٣، مكتبة الانجلو المصرية، القاهرة، ١٩٩١.

٩٣-وليم.و.لامبرت،وولاس.إ.لامبرت:علم النفس الاجتماعى،ط١،ترجمة

سلوى الملا،دار الشروق،القاهرة،١٩٨٩.

د- الرسائل العلمية:

١-ابتسام سيد محمد حسن: ظاهرة التسول فى مدينة القاهرة، دارسة انثروبولوجية لبعض جماعات المتسولين، رسالة دكتوراه غير منشورة، كلية الآداب، قسم الاجتماع، جامعة القاهرة، ١٩٩٦.

٢-ابتسام مصطفى عثمان سليمان: دراسة للتنشئة الاجتماعية فى الأسرة العادية ودور الإيواء، رسالة دكتوراه غير منشورة، قسم أصول التربية، كلية التربية، جامعة الإسكندرية، .١٩٨٨

٣-إبراهيم السعودى إبراهيم: فلسفة قرى الأطفال فى ج.م.ع. ودورها فى تربية أطفال ما قبل المدرسة (دراسة تقييميه)، رسالة ماجستير غير منشورة، قسم أصول التربية، كلية التربية، جامعة المنصورة، ٢٠٠١.

٤-أيمن عباس الكومى: علاقة بعض المتغيرات النفسية والاجتماعية والاقتصادية بمشكلة أطفال الشوارع،دراسة استكشافية وصفية، رسالة دكتوراه غير منشورة، قسم الدراسات النفسية والاجتماعية، معهد الدراسات العليا للطفولة، جامعة عين شمس، ٢٠٠١م.

٥-حنان مرزوق حسين: المشكلات السلوكية لعينة من الأطفال ساكنى

المقابر من سن ٦-٩ سنوات، رسالة ماجستير غير منشورة،قسم الدراسات النفسية والاجتماعية،معهد الدراسات العليا للطفولة،جامعة عين شمس،١٩٩٧.

٦-نبيلة عباس صالح: دراسة تقويمية لبرنامج الرعاية اللاحقة للفتيات المنحرفات فى القاهرة الكبرى خريجات مؤسسة الفتيات للرعاية الاجتماعية بالعجوزة، رسالة دكتوراه غير منشورة، قسم الدراسات النفسية والاجتماعية، معهد الدراسات العليا للطفولة، جامعة عين شمس، ١٩٩٧.

٧-نجلاء فهمى بحيرى: القدرات الابتكارية لدى الأطفال المودعين ببعض المؤسسات الايوائية، رسالة ماجستير غير منشورة، قسم الدراسات النفسية والاجتماعية، معهد الدراسات العليا للطفولة، جامعة عين شمس، ١٩٩٨.

٨-نشأت حسن حسين، ظاهرة أطفال الشوارع دراسة ميدانية فى نطاق القاهرة الكبرى، رسالة دكتوراه غير منشورة،قسم الدراسات النفسية والإجتماعية،معهد الدراسات العليا للطفولة، جامعة عين شمس، ١٩٩٨.

٩-هيام على حامد: جماعات المساعدة المتبادلة وتحقيق التوافق الاجتماعى لأطفال الشوارع: دراسة مطبقة على جمعية قرية الأمل (فرع حدائق القبة)، رسالة دكتوراه غير منشورة، قسم طرق الخدمة الاجتماعية، كلية

الخدمة الاجتماعية بالفيوم، جامعة القاهرة، ٢٠٠٢.

١٠-عزة حسين زكى: المشكلات السلوكية التي يعانى منها أطفال المرحلة الابتدائية المحرومين وغير المحرومين من الرعاية الوالدية رسالة ماجستير غير منشورة، قسم الدراسات النفسية والاجتماعية، معهد الدراسات العليا للطفولة، جامعة عين شمس،.١٩٨٥.

١١-فاتن السيد على: المشكلات السلوكية التي يتعرض لها كل من أطفال المؤسسات وأطفال قرية الأطفال SoS، رسالة ماجستير غير منشورة، قسم الدراسات النفسية والاجتماعية، معهد الدراسات العليا للطفولة،جامعة عين شمس، ١٩٩٥.

١٢-مشيرة فتحي محمد العجمي:دراسة لبعض العوامل المرتبطة بفعالية المنظمات الصحية الريفية بمحافظة الدقهلية، رسالة ماجستير غير منشورة،قسم الاقتصاد الزراعي،كلية الزراعة،جامعة المنصورة،.١٩٩١.

١٣-مها صلاح الدين محمد: تقويم لبعض أساليب رعاية الأطفال فى المؤسسات الإيوائية، رسالة ماجستير غير منشورة، قسم الدراسات النفسية والاجتماعية، معهد الدراسات العليا للطفولة، جامعة عين شمس، ١٩٩٣.

هـ-المؤتمرات والندوات:

١-احمد عبد الـلـه احمد: بين طفل الشارع والطفل العامل اجـتماع الخـبراء وممثلئ المـنظمات، دراسة مقترحة مقدمة لمشروع التصدى لظاهرة أطفال الشوارع بالعالم العربى، المجلس العربى للتنمية والطفولة، القـاهرة، ٢٧-٢٨ أبريل ١٩٩٨.

٢-اسما حسين حافظ: "مواجهة مشكلة عمالة الأطفال من منظور إعلامى"مؤتمر معهد الدراسات العليـا للطفولـة بالتعـاون مـع هيئـة الإغاثـة الإسـلامية العالميـة بعنـوان " الطفـل المصرى بـين الخطـر والأمـان"، القاهرة،أبريل،١٩٩٥.

٣-البشرى الشوربجى: معالجة التشريع والقضـاء لظـاهرة أطفـال الشـوارع، بحـث مقـدم لمـؤتمر جمعيـة الحريـة لتنميـة المجتمـع بعنـوان "ظـاهرة الأطفـال المحرومين مـن الرعايـة وسـبل مواجهتهـا"، الإسـكندرية، نـوفمبر ١٩٩٧.

٤-جابر محمود طلبة:توجهات البحث التربوي في مجال تربية الطفل بكليـات التربيـة في مصر-دراسة حالة، بحث مقـدم للمـؤتمر السـنوى الرابـع عشر لقسـم أصـول التربيـة كليـة التربيـة جامعـة المنصـورة بعنـوان البحـث التربـوي.. مفاهيمـه.. أخلاقياتـه.. توظيفـه، المجلـد(١)، ٢٣-٢٤ ديسمبر، ١٩٩٧م.

٥-حافظ فرج أحمد: رؤية مستقبلية لتربية طفل ما قبل المدرسة، ورقة

عمل مقدمة للمؤتمر السنوى الأول لمركز رعاية وتنمية الطفولة، بعنوان "تربية الطفل من أجل مصر- المستقبل – الواقع والطموح، جامعة المنصورة، ٢٥-٢٦ ديسمبر، ٢٠٠٢.

٦-حسنى عبد الفتاح الفنجرى: بعض المتغيرات البيئية وعلاقتها بالسلوك العدوانى لدى الأطفال دراسة حضارية مقارنة بين الأطفال الريفيين فى مصر- والإمارات، بحث مقدم لمؤتمر معهد الدراسات العليا للطفولة بالتعاون مع هيئة الإغاثة الإسلامية العالمية، بعنوان الطفل المصرى بين الخطر والأمان، القاهرة، ابريل ١٩٩٥.

٧-خلف الله إسماعيل: مشكلة تشرد الأطفال فى السودان، بحث مقدم لعروض جمعيات السودان، المجلس العربى للطفولة والتنمية، القاهرة، ١٩٩٩.

٨-رئاسة مجلس الوزراء، المجلس القومى للطفولة والأمومة مشروع استراتيجية حماية وتأهيل الأطفال بلا مأوى لأطفال الشوارع فى جمهورية مصر- العربية، مارس ٢٠٠٣.

٩-سامى عصر: أطفال الشوارع الظاهرة والأسباب، ندوة عن جهود المجلس العربى للطفولة والتنمية لفئة الأطفال ذوى ظروف صعبة، المجلس العربى للطفولة والتنمية، مركز دراسات الطفولة، معهد دراسات العليا

للطفولة، جامعة عين شمس، القاهرة، ٢٠-٢٥ نوفمبر ١٩٩٩.

١٠-سمير سالم الميلادى: مشروع رعاية وتأهيل أطفال الشوارع فى السودان، بحث مقدم لمؤتمر المجلس العربى للطفولة والتنمية بعنوان " واقع الطفل العربى "، القاهرة، ١٩٩٠.

١١-سمير عبد الهادى عبد الحميد: دراسة عن عماله الأطفال من منظور اجتماعى واقتصادى واثرها على المجتمع، بحث مقدم للمعهد القومى للدفاع الاجتماعى، القاهرة، بدون سنة.

١٢-سهير على الجيار: الدور التربوى للمؤسسات الإيوائية فى مصر، بحث مقدم للمؤتمر السنوى الثالث بعنوان "الطفل المصرى (تنشئته ورعايته)"، مركز دراسات الطفولة بجامعة عين شمس، ١٠ – ١٣ مارس ١٩٩٠م.

١٣-شهندا الباز وآخرون: (أطفال الشوارع - السياسات)، تقرير ورشة عمل الندوة المصرية الفرنسية، المجلس القومى للطفولة والأمومة، السفارة الفرنسية بالقاهرة، القاهرة، ١٩٩٥.

١٤-صادق الخواجا: ظاهرة أطفال الشوارع فى الأردن، ورقة عمل مقدمة للمجلس العربى للطفولة والتنمية، ورشة عمل للتصدى لظاهرة أطفال الشوارع، القاهرة، (١٤

-١٦ سبتمبر ١٩٩٩).

١٥-طارق عكاش: التصدى لظاهرة أطفال الشوارع فى الجمهورية العربية السورية، وزارة الشئون الاجتماعية والعمل، المجلس العربى للطفولة والتنمية، بحث مقدم لورشة عمل للتصدى لظاهرة أطفال الشوارع، القاهرة، ١٤-١٦ سبتمبر ١٩٩٩.

١٦-عبد الباسط مرغنى: رؤية جديدة حول تكامل خدمات الرعاية والتأهيل، ورقة عمل لورشة أطفال الشوارع، المجلس العربى للطفولة والتنمية، القاهرة، سبتمبر ١٩٩٩.

١٧-عزة على كريم: الأبعاد الاجتماعية والاقتصادية لمشكلة أولاد الشوارع، بحث مقدم لمؤتمر جمعية الحرية لتنمية المجتمع بعنوان "ظاهرة الأطفال المحرومين من الرعاية وسبل مواجهتها، الإسكندرية، نوفمبر، ١٩٩٧.

١٨-ـ: أطفال فى ظروف صعبة الأطفال العاملين وأولاد الشوارع، بحث مقدم للمجلس القومى للطفولة والأمومة، القاهرة، يونيو، ١٩٩٧.

١٩-علا مصطفى أنور: الإساءة إلى الأطفال فى الورش الصناعية، المؤتمر العلمى الثامن المركز التعليم الطبى، كلية الطب، جامعة القاهرة بعنوان "انتهاك الأطفال "، القاهرة، ٢٥-٢٦ نوفمبر، ١٩٩١.

٢٠-فاطمة بلال، كوثر السعيد: تأثير برنامج ترويج رياضي مقترح على كل من مفهوم الذات والانحرافات السلوكية للفتيات الجانحات، بحث مقدم للمؤتمر السنوي الرابع بعنوان " الطفل المصري وتحديات القرن الواحد والعشرين" مجلد الأول، معهد الدراسات العليا للطفولة، جامعة عين شمس، ٢٧-٣٠ أبريل ١٩٩١.

٢١-فتوح أبو العزم: ظاهرة أطفال الشوارع من الناحية السلوكية والنفسية، بحث مقدم لمؤتمر جمعية الحرية لتنمية المجتمع...بعنوان ظاهرة الأطفال المحرومين من الرعاية وسبل مواجهتها، الإسكندرية، نوفمبر ١٩٩٧.

٢٢-ليلى عبد الجواد: عمل الأطفال في ظروف صعبة.. تصورات مستقبلية، مؤتمر معهد الدراسات العليا للطفولة بالتعاون مع هيئة الإغاثة الإسلامية العالمية بعنوان " الطفل المصري بين الخطر والأمان"، القاهرة، أبريل،١٩٩٥.

٢٣-ماجدة فؤاد: العلاقة بين المناطق العشوائية وانحراف الأحداث، بحث مقدم لندوة عن أوضاع الطفل في المناطق العشوائية، المركز القومي للبحوث الاجتماعية والجنائية، القاهرة، ١٩٩٨.

٢٤-المجلس اليمني لرعاية الأمومة والطفولة: مشروع تأهيل وحماية أطفال

الشوارع، المجلس العربى للطفولة والتنمية، ندوة بعنوان واقع الطفل فى الوطن العربى، القاهرة،
١٩٩٠.

٢٥-محمد المنير أحمد: مراكز الاستقبال المفتوحة ودورها فى إعادة تأهيل أطفال الشوارع: بحث
مقدم لورشة عمل بشأن التصدى لظاهرة أطفال الشوارع عربياً،
المجلس العربى للطفولة والتنمية، القاهرة، ١٤-١٦ سبتمبر ١٩٩٩.

٢٦-ـ: رأى مبدى حول ظاهرة أطفال الشوارع اجتماع الخبراء وممثلى المنظمات، دراسة مقترحة
لمشروع التصدى لظاهرة أطفال الشوارع بالعالم العربى، المجلس
العربى للتنمية والطفولة، القاهرة، ٢٧-٢٨ ابريل ١٩٩٨م.

٢٧-محمد محمد مصطفى،أهمية دور الأسرة فى رعاية الطفل وتنشئته إجتماعيا،بحث مقدم
للمؤتمر الثالث بعنوان الطفل المصرى "تنشئته
ورعايته"،المجلد(١)،مركز دراسات الطفولة،جامعة عين شمس،
١٩٩٠.

٢٨-محمد بيومى على: الأحداث الجانحون وتنشئتهم الأسرية، دراسة ميدانية بالمدينة المنورة،
ندوة الطفل والتنمية،وزارة التخطيط بالمملكة العربية
السعودية، ٢٤-٢٦ نوفمبر ١٩٨٧.

٢٩-محمود مطريد: أطفال الشوارع المعرضون للانحراف ودور الشرطة

والجهات الأمنية للحد من هذه الظاهرة، بحث مقدم لجمعية الحرية لتنمية المجتمع بعنوان "ظاهرة الأطفال المحرومين من الرعاية وسبل مواجهتها، الإسكندرية، ١٩٩٧.

٣٠-نبيل صمويل وآخرون: تقرير ورشة عمل أطفال الشوارع، التداخلات، مقدم للندوة المصرية، الفرنسية، والمجلس القومي للطفولة والأمومة، السفارة الفرنسية بالقاهرة، القاهرة، ١٩٩٥.

٣١-يوسف خليفه غراب: بنائية فكرية لتنمية القيم الجمالية للأطفال ساكني المقابر مجابهة لإشكاليات ملوثات التنشئة الاجتماعية في ضوء مفهوم الارجونوميكا، دراسة مقدمة للمؤتمر العلمي السنوي الخامس "التعليم من اجل مستقبل عربي أفضل" كلية التربية،جامعة حلوان،جامعة الدولة العربية، القاهرة، ٢٩-٣٠ أبريل ١٩٩٧.

و-الدوريات:

١-أحمد وهدان: اتجاهات التغيير في تشريعات الصغار المعرضين للانحراف، المركز القومي للبحوث الاجتماعية والجنائية، المجلة الجنائية، ع٣٧، مجلد ٣، القاهرة، ١٩٩٤.

٢-الجمعية المصرية لسلامة المجتمع EASS: وثيقة برنامج العمل

الاجتماعى فى الشارع مع الأطفال والشباب، القاهرة، يونيو ٢٠٠٠.

٣-جمال مختار حمزه: أطفال الشوارع.. رؤية نفسية، <u>مجلة جامعة القاهرة للخدمة الاجتماعية</u>، جـ١، العدد السابع، القاهرة، ١٩٩٦.

٤-خالد صيام: الجهود الدولية فى مواجهة ظاهرة أطفال الشوارع رؤية نقدية، المركز القومى للبحوث الإجتماعية والبيئية، <u>المجلة الجنائية</u>، مجلد ٣، ع ٣٧، القاهرة، ١٩٩٤.

٥-سميحة نصر: علم النفس ومشكلة الأحداث المعرضين للانحراف فى مصر. عرض نقدى للتراث، بمركز القومى للبحوث الاجتماعية والجنائية، <u>المجلة الجنائية</u>، ع٣٧، مجلد ٣، نوفمبر ١٩٩٤.

٦-شهيناز محمد محمد عبد الله: بعض الابعاد النفسية لأطفال المناطق العشوائية بمحافظة أسيوط، دراسة ميدانية، <u>مجلة كلية التربية بأسيوط</u>، المجلد ٢، العدد ١١، مطبعة جامعة اسيوط، يونيه ١٩٩٥.

٧-صموئيل أديب، فهيمه لبيب، أطفال الشوارع، الأسباب والمشكلات والجهود المبذولة لرعايتهم، <u>دراسات تربوية واجتماعية</u>، كلية التربية جامعة حلوان، يناير ٢٠٠٠م.

٨-عبد الفتاح عبد النبى، ثريا عبد الجواد وآخرون: الأحداث المعرضون

للانحراف في مصر- قراءة إحصائية اجتماعية، المجلة الجنائية القومية، مجلد ٣٧، العدد ٣، القاهرة، نوفمبر ١٩٩٤.

٩-فيصل الراوي: التربية الاقتصادية لطفل المدرسة الابتدائية، المجلة التربوية، كلية التربية بسوهاج، العدد٥،ج١، مطبعة الجامعة بسوهاج، يناير ١٩٩٠.

١٠-محمد أحمد محمد عوض: تربية الطفل قبل التعليم النظامي في مصر وبعض الدول العربية، دراسة مقارنة، المجلة التربوية، كلية التربية بسوهاج، العدد ٥، ج١، مطبعة الجامعة بسوهاج، يناير ١٩٩٠.

١١-محمد البدوي الصافي: الرعاية الاجتماعية ومكافحة الفقر , مجلة دراسات في الخدمة الاجتماعية والعلوم الإنسانية، العدد٦ , جامعة حلوان , ٦ابريل ١٩٩٩.

١٢-مدحت إدريس: رؤية تقييمية للقانون رقم (٣١) لسنة ١٩٧٤م في شأن مواجهة تعرض الصغار للانحراف، المركز القومي للبحوث الاجتماعية والجنائية، المجلة الجنائية، مجلد ٣، ع٣٧، القاهرة، ١٩٩٤.

١٣-ميادة محمد فوزي الباسل: "التعليم وعمالة الاطفال في المجتمعات الحرفية"، مجلة كلية التربية جامعة عين شمس، ج٣، العدد ١٨، ١٩٩٤.

١٤-نجوى حافظ:الاتجاهات الحديثة في الوقاية من الجريمة،المجلة الجنائية

القومية،العدد ٣،المجلد ٢٣، القاهرة، ١٩٨٠.

اللوائح:

١-اللائحة الداخلية لمؤسسات رعاية الأطفال المحرومين من الرعاية بقرار رقم ٦١٧ بتاريخ ١٩٩٧/١٢/١٦.

٢-اللائحة النموذجية لمؤسسات الأطفال المحرومين من الرعاية الأسرية، القرار الوزاري رقم ٨٥ بتاريخ ١٩٦٩/٦/٣م.

٣-اللائحة النموذجية لمؤسسة تربية البنين و البنات و المحرومين من الرعاية الأسرية من الجنسين، مديرية الشئون الاجتماعية بالدقهلية، إدارة الأسرة و الطفولة، قرار رقم ٢١٠ بتاريخ ١٩٧٧/٤/٥م.

ثانيا: مراجع باللغة الأجنبية:

1-Ahmed Tawfik: welfare / training & Drug Abuse prevention for working/ street children, meeting of Experts and organizations Representatives Regarding street children project, Arab council for childhood and Development, April 27-28, Cairo, 1998.

2-Banerjee , Nipa, Guidlines to monotoring management for results , Strategic planning , & Policy division , CIDA , June,1999.

3-Ben whitney: child protection for teachers and school, London, 1996.

4-Chetty, Vanitha R; Street children in Durban , An Exploratory investigation, ERIC, Vol.(33), No. (12), Dec. 1998.

5-CIDA, Testing new monotoring Approaches. "A frame for theme monitoring " Socil and economic reforme in Egypt , October,2000.

6-Day to day: Parent to child the Future of violence among children in America, ERIC, Vol.(33), No. (12), Dec1998.

7-Déjà vu; Family Homelessness in New york city, ERIC, Vol. (36), No.(11), Nov. 2001.

8-de–oliveira,-Tania– chalhub: Homeless Children in Rio de Janeiro:Exploring The meanings of street life, Journal of Child and youth care forum , vol. (26), No.(3), Brazil , Jun 1997

9-Dworkin, Jule: Families Hardest Hit ; Effects of Welfare Reformon Homeless Families, ERIC ,

Vol. (36), No.(9), SEP 2001.

10-Education of Homeless children and youth: <u>Published by the National coalition for the Homeless</u>, U.S.A, June,1999.

11-Gary. T.Mooore and Others: "Urban Children and the Physical Environment" Street and Homeless Children and their use of the urban Environment, internet Http: //WWW. Website, edith wilkins. Com/ street children html.

12-Green – Ronald – K and Others: No Home , No Family: Homeless children in Rural Ohio, <u>Journal of Human services in the Rural Environment</u>, vol (19,) No. (2) , Ohio - , 1996

13-Hall, Stuart Powney and others: The Impact of Homelessness on families, Research Report series, <u>ERIC</u>, No.5, Vol. 36, May 2001.

14-Hart shegos, Eller: Homeless Its Effects on childern , <u>ERIC</u>, Vol.(36,) No.(10,) Oct. 2001.

15-Jean – pierrevelis: <u>Blossoms in the dust street</u>

children in Africa , UNESCO publishing, france, 1995.

16-M D F , Project Management and programme Administration Netherlands, October , 2002.

17-Masten – Ann – s., and Others: Educational Risk for children Experiencing Homelessness, Journal of school Psychology, vol (35,) No.(1) , 1997.

18-^{Michael.}J. Polonsky and Others: Environmental Ngo,s Perspective of Australian Green Alliances , Internet http://www.ehrfound ation. org/effectiveness. Htm.

19-Norum, Karen E: En Lighten Me, Don't lose me: homeless youth and Education system, ERIC, Vol. (37), No.(4), APR 1999.

20-Rafferty, Yvnne: Meeting the Educational Needs of Homeless children, Journal of Educational leadership, vol. (55) , No. (4), 1998.

21-Somer indyke, Jennifer: Homeless, Not hopeless: under standing children who live in poverty,

Journal of Dimensions of Early childhood, vol. (28), No.(1), in 2000

22-Stronge, James- H., and Others: Educating Homeless children and youth with Dignity and care, Journal for a Just and caring Education, vol. (5), No. (1), Jan 1999.

23- Taylor and Others: Runaways , New York , 1999.

24-The cycle of Family Homelessness: Asocial policy Reader: Institute for children and poverty , New York, 1998

25-The others America; Homeless Families the shadow of the new Economy Family in Homeless in Kentucky, tennessee and the carolinas , ERIC, Vol.(36), No.(8), Aug 2001.

26-The united Nations Educational: Working with street children, France , 1995.

27-Toylor, Jennifer Mosteller, Frederick: Runaway: A Review of the Lilerature, ERIC, Vol. (34) , NO. (12), Aug 1999.

28-VEDP. VARMA: The Management of children with Emotional and Behavioural Difficulties, New York, 1990.

29-Vissing and Yvonne M: Homeless children: Addressing the challenge in Rural Schools, ERIC Digest, Vol. (34), nO.(4), 1999.

30-Wiener, Leonard: Back on the beat, U.S. News, Vol. (132) , P.(34), (Auc Library) ,2002.

31-Yamaguchi, Barbara and others: children who are Homeless Implications for Educational Diagnosticians, Journal of special services in the schools, vol (13), No. (1) , 1998.

32-Zima , - Bonnie – T., and Others: sheltered Homeless children: Eligibility and unmet Need for special Education Evaluations , California , Los Angeles , 1998.

ملاحق الدراسة

جامعة المنصورة

كلية التربيــة

قسم أصول التربية

استمارة استبيان حول

دور مؤسسات تربية البنين والبنات

فى مواجهة ظاهرة الأطفال المشردين فى مصر

إعداد

منى محمد زهران

المعلمة بالتعليم الإعدادى

لنيل درجة دكتوراه الفلسفة فى التربية

تخصص أصول التربية

الإشراف

أ.د/صلاح الدين إبراهيم معوض
أستاذ أصول التربية
ووكيل الكلية
لشئون الدراسات العليا والبحوث

أ.د/جابر محمود طلبة
أستاذ تخصص تربية طفل
ورئيس قسم رياض الأطفال بالكلية
ومدير مركز تنمية ورعاية الطفولة

٢٠٠٣

بسم الله الرحمن الرحيم

السيد الأستاذ/ ....

السلام عليكم ورحمة الله وبركاته...

هذه استبانة للتعرف على دور مؤسسات تربية الأطفال (المحرومين من الرعاية الأسرية) فى مواجهة ظاهرة الأطفال المشردين فى الشوارع فى مصر من وجهة نظر سيادتكم.

ونظرًا لخبرتكم العملية والعلمية فى هذا المجال، فقد آثرت الباحثة الاستفادة بخبرتكم الكبيرة فى إثراء هذا الاستبيان، ولذا المرجو من سيادتكم:

١) قراءة كل بعد والعبارات التى تندرج تحته بدقة.

٢) وضع علامة (✓) أمام كل عبارة فى الخانة التى تناسبها من وجهة نظركم.

٣) إذا كان لديكم مقترحات أو معوقات أخرى، فالرجاء كتابتها فى المكان المخصص لها، علما بأن البيانات والآراء الخاصة بهذه الإستمارة سرية ولن تستخدم إلا فى أغراض البحث العلمى.

وشكرا للمساعدة،،،

الباحثة

اسم المؤسسة:		المحافظة/المدينة:			
اسم المستبين (اختيارى):		المؤهل وتاريخه:			
الوظيفة:		سنوات الخبرة		النوع:	ذكر ☐ أنثى ☐

من فضلك حدد أهم المهام التى تقوم بها بالمؤسسة	أهم العراقيل التى تقف أمام تحقيقك لهذه الأعمال
λ	λ
λ	λ
λ	λ
λ	λ
λ	λ
λ	λ
λ	λ
λ	λ

يرجى من سيادتكم إبداء الرأى بوضع علامة (Ý) حول مستوى أهمية هذه المتطلبات ومستوى التطبيق الحالى لها.

أولا: مدخلات الأداء المؤسسى:

أ-السياسات والأهداف المؤسسية	درجة الموافقة			مستوى تطبيقه حاليًا		
	موافق	محايد	غير موافق	عالى	متوسط	ضعيف
١- تلتزم قيادة المؤسسة الأهداف الواردة باللائحة الخاصة بها.						

أ-السياسات والأهداف المؤسسية	درجة الموافقة			مستوى تطبيقه حاليًا		
	موافق	محايد	غير موافق	عالى	متوسط	ضعيف
٢-يلم القائمون جيدًا بالأنشطة بأهداف المؤسسة.						
٣-يتعاون جميع العاملين بالمؤسسة على تحقيق أهدافها.						
٤-توجد سياسات واضحة ومحددة تحكم العمل بالمؤسسة.						
٥-تتوافر لدى العاملين الشعور بحاجة مجتمع المؤسسة لخدماتهم.						

ب-الإمكانيات البشرية	درجة الموافقة			مستوى تطبيقه حاليًا		
	موافق	محايد	غير موافق	عالى	متوسط	ضعيف
١-كفاية أعداد الأخصائيين الاجتماعيين والنفسيين لإحتياجات المؤسسة.						
٢-كفاية أعداد المشرفين الليليين ومشرفى الأنشطة لأداء أعمالهم بالمؤسسة.						
٣-توافر أعداد من الأبناء يكفى لقيام المؤسسة.						
٤-توافر طبيب بعض الوقت وممرضة للكشف الطبى الدورى على الأبناء.						

مستوى تطبيقه حاليًا			درجة الموافقة			ب-الإمكانيات البشرية
ضعيف	متوسط	عالى	غير موافق	محايد	موافق	
						٥-يقـوم العمـل فى المؤسسة باستخدام التكامل لطاقة العاملين.

مستوى تطبيقه حاليًا			درجة الموافقة			ج-الإمكانيات المادية
ضعيف	متوسط	عالى	غير موافق	محايد	موافق	
						١-تـوافر التمويـل اللازم لتحقيـق أدوار المؤسسة (حكومى وتبرعات أهلية).
						٢-ملاءمة مساحة المبنى لحجم الأماكن.
						٣-توافر الشروط الصحية لمبنى المؤسسة من حيث التهوية والإضاءة..وغيرها.
						٤-توافر الأثاث والتجهيزات اللازمة لغرف الأطفال.
						٥-توافر الأجهـزة والأدوات اللازمـة للأنشطة والبرامج المختلفة.

مستوى تطبيقه حاليًا			درجة الموافقة			د-مناخ العمل
ضعيف	متوسط	عالى	غير موافق	محايد	موافق	
						١- يتم العمل فى المؤسسة بروح الفريق.

مستوى تطبيقه حاليًا			درجة الموافقة			د-مناخ العمل
ضعيف	متوسط	عالى	غير موافق	محايد	موافق	
						٢-تتمتع المؤسسة بالعلاقات الحسنة من قبل العاملين.
						٣-تعالج مشكلات العمل بالمؤسسة من قبل الرؤساء أولا بأول.
						٤-يشعر العاملون داخل المؤسسة بالرضا الوظيفى.
						٥- تهيـؤ الفرصة للعاملين للتجديد والابتكار.

ثانياً: العمليات والأنشطة الرئيسية المؤسسية:

مستوى تطبيقه حاليًا			درجة الموافقة			أ-الإدارة والإشراف
ضعيف	متوسط	عالى	غير موافق	محايد	موافق	
						١-تتميـز بالرغبـة فى الوصـول إلى نتـائج وأهداف متميـزة.
						٢-تعمل على تذليل العقبات التى تواجه سير العمل بالمؤسسة.
						٣-تكلـف العـاملين بـأعمال تتفـق مـع إمكاناتهم ومؤهلاتهـم.
						٤-توفر فرص للترقى مـن خلال توصيف وظيفى محدد.
						٥-تحتفظ بسجلات وبيانات عـن كل مـا يخص نظام المؤسسة.

مستوى تطبيقه حاليًا			درجة الموافقة			ب -الرضا الوظيفي
ضعيف	متوسط	عالى	غير موافق	محايد	موافق	
						١-يغطى أجر العمل الاحتياجات المعيشية والاجتماعية للعاملين.
						٢-تتوافر حوافز مادية ومعنوية ملائمة.
						٣-تتـوافر تسـهيلات اتصـالية وانتقاليـة للعاملين.
						٤-يقوم كل عامل بـأداء العمل المخصص له والملائم لتأهيله الدراسي.
						٥-تتـوافر بالمؤسسـة أو خارجهـا فـرص تدريبية لزيادة معارف ومهارات العاملين.

مستوى تطبيقه حاليًا			درجة الموافقة			ج- فعالية الأنشطة
ضعيف	متوسط	عالى	غير موافق	محايد	موافق	
						١-يسـتطيعون استثمار المـوارد المتاحـة للأنشطة.
						٢-تضـع المؤسسـة البـرامج الثقافيـة والاجتماعية.
						٣-يحسـن المشـرفون عـلى الأنشـطة فى الإعداد للبرامج والندوات.
						٤-يعرفون كل طفل أو كل

مستوى تطبيقه حاليًا			درجة الموافقة			ج- فعالية الأنشطة
ضعيف	متوسط	عالى	غير موافق	محايد	موافق	
						جماعة من الأبناء بمهامها أثناء ممارسة النشاط.
						٥-يستطيعون تقييم عمل الأطفال بالأنشطة وتصحيح مساراتهم.

مستوى تطبيقه حاليًا			درجة الموافقة			د-التصميم والمتابعة
ضعيف	متوسط	عالى	غير موافق	محايد	موافق	
						١- تضع أهدافًا للتقييم قبل القيام به.
						٢- تضع محكات ومعايير للتقييم بشكل علمى سليم غير متحيز.
						٣- تعرف أنواع المقاييس والإختبارات وشروطها..
						٤-تستعين بخبرات المراكز العلمية لتربية الطفل فى تقويم موضوعى للمؤسسة
						٥-تراجع الخطط الموضوعة فى ضوء نتائج ال---.

ثالثاً: مخرجات الأداء المؤسسي:

مستوى تطبيقه حاليًا			درجة الموافقة			أ-التنمية السلوكية والتربوية للأطفال
ضعيف	متوسط	عالى	غير موافق	محايد	موافق	
						١-ينمون فى الأطفال مهـارة العمـل الجماعـى والقيادى.
						٢-ينمى المشرفون علـى الأنشطة فى الأطفـال الشعور بالمسئولية أثناء ممارستهم للأنشطة.
						٣-يتيحـون تشجيع المواهب المتميـزة فى ممارسة الأبناء للأنشطة والبرامج المختلفة.
						٤-يعملون على تحقيـق مبـدأ تكـافؤ الفرص بين الأبناء أثناء ممارسة الأنشطة.
						٥-توافر إرشاد دينى للأبناء بالمؤسسة.

مستوى تطبيقه حاليًا			درجة الموافقة			ب-إدمـاج الأطفـال في مجـتمعهم المحلي
ضعيف	متوسط	عالى	غير موافق	محايد	موافق	
						١-تحـرص المؤسسـة عـلى خلـق منـاخ مؤسسى شبيه بمناخ الأسرة.
						٢-تتيح المؤسسة فرصة زيارة

مستوى تطبيقه حاليًا			درجة الموافقة			ب-إدمـاج الأطفـال في مجـتمعهم المحلي
ضعيف	متوسط	عالى	غير موافق	محايد	موافق	
						أسرة الطفل لهم إن وجدت أسبوعيًا.
						٣-تنوع المؤسسة من اختيار قطع الأثاث في غرف الأبناء لإشعارهم بالخصوصية.
						٤-تعمل علـى توجيه الأطفال المشردين للالتحاق بالمدرسة.
						٥-تمهد المؤسسة لتخرج الأبناء وتساعدهم على اختيار المهن التى تناسبهم.

مستوى تطبيقه حاليًا			درجة الموافقة			ج-دعم الدفاع الاجتماعي بالإقليم
ضعيف	متوسط	عالى	غير موافق	محايد	موافق	
						١-تـؤمن إدارة المؤسسـة بـدورها فى خدمـة المجتمع المحلى.
						٢-يعتبر التصدى لظاهرة الطفل المشرد واجب رئيسى للمؤسسة.
						٣-تقـوم المؤسسـة بـدور إيجـابى إصـلاحى فى الأسر المفككة اجتماعيًا.
						٤-ترتبط المؤسسة بالمنظمات الأخرى.

مستوى تطبيقه حاليًا			درجة الموافقة			ج- دعم الدفاع الاجتماعي بالإقليم
ضعيف	متوسط	عالى	غير موافق	محايد	موافق	
						٥- تعمل على بناء قنوات اتصال مع المؤسسات العلمية المتخصصة فى تربية الطفل.

- ما هى مقترحات سيادتكم لتطوير المؤسسة من أجل تحقيق أهدافها؟

- ....

- ....

- ....

- ما هى مقترحات سيادتكم لزيادة فعالية دور المؤسسات فى مواجهة ظاهرة الأطفال المشردين؟

- ....

- ....

- ....

جامعة المنصورة

كلية التربيــة

قسم أصول التربية

بطاقة مقابلة حول

مدى مقابلة الاحتياجات الأساسية والتربوية والنفسية والاجتماعية والثقافية لأبناء مؤسسات تربية البنين والبنات من قبل هذه المؤسسات

إعداد

منى محمد زهران

المعلمة بالتعليم الإعدادى

لنيل درجة دكتوراه الفلسفة فى التربية

تخصص أصول التربية

الإشراف

أ.د/صلاح الدين إبراهيم معوض
أستاذ أصول التربية
ووكيل الكلية
لشئون الدراسات العليا والبحوث

أ.د/جابر محمود طلبة
أستاذ تخصص تربية طفل
ورئيس قسم رياض الأطفال بالكلية
ومدير مركز تنمية ورعاية الطفولة

٢٠٠٣

بطاقة مقابلة مع أبناء المؤسسة

الاسم: .... (إن فضلت ذلك)   العمر: ....

س١: هل تدرس بالتعليم؟   ( ) نعم ( ) لا   فى أى مرحلة:......

س٢: هل أنت ملتحق بالتدريب بالورشة؟ ( ) نعم ( ) لا   فى أى نشاط:.......

س٣: هل توقفت عن التعليم؟   ( ) نعم ( ) لا   فى أى مرحلة:......

س٤: هل حضرت دروس محو الأمية بالمؤسسة؟   ( ) نعم ( ) لا

س٥: ما سبب التحاقك بالمؤسسة؟ ....

س٦: من الذى أحضرك إلى المؤسسة؟ ....

س٧: هل تشعر أن الجميع هنا أسرتك؟   ( ) نعم ( ) لا لماذا:........

س٨: هل أنت على علاقة جيدة بأسرتك؟   ( ) نعم ( ) لا

أذكر عدد مرات الزيارات الشهرية بينكم: ....

س٩: هل تشعر بالمعاملة الإنسانية داخل المؤسسة؟   ( ) نعم ( ) لا ....

س١٠: هل ترغب فى ترك المؤسسة وعدم العودة إليها؟ ( ) نعم ( ) لا ....

س١١: هل سبق لك الهروب من المؤسسة؟   ( ) نعم ( ) لا ....

س١٢: هل تمارس الأنشطة بالمؤسسة؟ ( ) نعم ( ) لا أى نوع:..........

س١٣: هل لك مكان مخصص للنوم والاستذكار والملابس وأدوات للمائدة؟( ) نعم ( )لا

س١٤: ماذا يوفره لك الأخصائى الاجتماعى بالمؤسسة؟ ....

س١٥:ماذا يوفره لك الأخصائى النفسى بالمؤسسة؟ ....

س١٦:ماذا يوفره لك المشرفون الليليون والنهاريون بالمؤسسة؟ ....

س١٧: هل سبق لك حضور أى ندوة أو محاضرة بالمؤسسة؟ ( ) نعم ( ) لا

عن أى موضوع كانت: ....

س١٨: هل زارك طبيب المؤسسة عندما كنت مريضا أو مع زملائك ؟ ( ) نعم ( ) لا

س١٩: ما الذى تعلمته من المؤسسة:

- ....
- ....
- ....
- ....

س٢٠: ما الذى لا تحبه فى المؤسسة:

- ....
- ....
- ....
- ....

س٢١: ما الذى تريده فى - أو من - المؤسسة:

- ....
- ....
- ....
- ....

قائمة المحتويات

الموضوع	الصفحة

مفهوم الأطفال المشردين فى الشارع ٥٦

سمات وخصائص الأطفال المشردين فى الشارع ٦٧

عوامل شيوع ظاهرة تشرد الأطفال فى الشوارع.. ٧٥

الأوضاع المعيشية للأطفال المشردين فى الشوارع ١٠٨

الآثار المترتبة على انتشار ظاهرة الأطفال المشردين فى الشوارع ١١٠

خاتمة ١١٨

الفصل الثالث

التطور التاريخى للفكر التربوى

لرعاية الأطفال المحرومين من الرعاية الأسرية

تطور الاهتمام بالأطفال المحرومين من الرعاية الأسرية عبر العصور.. ١٢٥

الشرائع السماوية وتطور الاهتمام بالأطفال المحرومين من الرعاية الأسرية ١٣٠

تطور الاهتمام بالأطفال المحرومين من الرعاية محليا فى العصر الحديث ١٣٨

تطور الاهتمام بالأطفال المحرومين من الرعاية عالميا.. ١٤٢

الاهتمام الفكرى الفلسفى بالأطفال المحرومين من الرعاية ١٥٢

الصفحة	الموضوع

الفصل السادس

الدراسة الميدانية

(واقع مؤسسات تربية الأطفال البنين والبنات

بمحافظتى الدقهلية وكفر الشيخ)

الفصل السابع

التصور المقترح لتفعيل دور مؤسسات تربية البنين والبنات

فى مصر فى مواجهة ظاهرة الأطفال المشردين

قائمة المحتويات

قائمة الجداول

قائمة المحتويات

قائمة الأشكال

تم بحمد الله تعالى

Printed in the United States
By Bookmasters